Sergio del Molino
LEERES SPANIEN

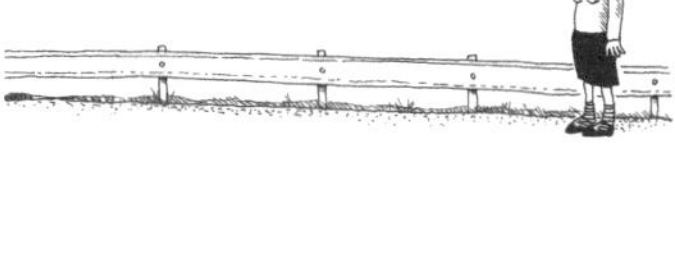

Sergio del Molino

LEERES SPANIEN

Reise in ein Land, das es nie gab

Aus dem Spanischen von Peter Kultzen

Verlag Klaus Wagenbach Berlin

Die spanische Originalausgabe erschien 2016 unter dem Titel *La España vacía. Viaje por un país que nunca fue* bei Turner Publicaciones S.L. in Madrid, die deutsche Erstausgabe 2022 bei Wagenbach.

La traducción de esta obra ha contado con la participación de Acción Cultural Española, AC/E. Die Übersetzung dieses Werks wurde gefördert von Acción Cultural Española, AC/E.

AC/E
ACCIÓN CULTURAL
ESPAÑOLA

Editorische Notiz:
In Absprache mit dem Autor wurde der Text für die deutsche Ausgabe teils bearbeitet und ergänzt, an anderen Stellen unwesentlich gekürzt.

MIX
Papier aus verantwortungsvollen Quellen
FSC® C014889
FSC www.fsc.org

Wagenbachs Taschenbuch 865

Emser Straße 40/41, 10719 Berlin www.wagenbach.de
Covergestaltung Julie August unter Verwendung einer Fotografie
© Guillermo Trapiello. Autorenfoto von Patricia Garcinuño.
Gesetzt aus der Andada und der AG Buch. Gedruckt und gebunden bei Pustet, Regensburg. Printed in Germany.

ISBN 978 3 8031 2865 2

Für Daniel. Für Cristina.
Die einzigen Bewohner meines Landes.

Die Madrider Bohémiens hatten Angst vor allem,
was sich jenseits des Teatro Real und der Kirche San José befand.

Ricardo Baroja

Viele Spanier, die führenden Kreise des Landes, waren der Ansicht,
Spanien sei nur in den Hauptstädten und Städten zu finden,
und sie wussten nichts von der Wirklichkeit der Dörfer und Weiler,
der kleineren Ortschaften, den Bedürfnissen und oft
unmenschlichen Lebensbedingungen großer Teile der Nation,
und von all dem wird Euch unsere Bewegung befreien.

Francisco Franco

Die Spanier haben in der neuen Welt unermessliche Entdeckungen
gemacht und kennen ihr eigenes Land noch nicht: Über ihre Flüsse
führen Brücken, die sie noch nicht entdeckt haben, und in ihren
Gebirgen gibt es Stämme, die ihnen unbekannt sind.

Charles de Montesquieu

Vorwort zur deutschen Ausgabe

Es wäre schön, die deutschen Leser wüssten zu Beginn der Lektüre dieses Buches ebenso wenig, was sie erwartet, wie die ersten ahnungslosen spanischen Leser, die sich *Leeres Spanien* 2016 vornahmen. Doch leider hat dieses Buch eine Geschichte, es ist kein harmloser, unschuldiger Text mehr, weshalb ein wenig Kontext sicherlich hilft.

Als ich *Leeres Spanien* schrieb, scherte sich niemand um die Entvölkerung und das Verschwinden des ländlichen Lebens im spanischen Hinterland. Es war viel darüber geschrieben worden, es gab sehr aktive Bürgerbewegungen, in der Literatur und im Film tauchte das Thema immer wieder auf, aber es stand keineswegs im Zentrum der Aufmerksamkeit, war weder auf Covern in den Schaufenstern der Buchhandlungen noch auf den Titelseiten der Zeitungen zu finden. Bestenfalls sah man es als ethnologische Angelegenheit oder Sache für Nostalgiker. Dass es größere politische Bedeutung annehmen, ja dass irgendwelche Gefahren oder ernstzunehmende Konflikte davon ausgehen könnten, glaubte niemand. Alle Spanier und viele ausländische Reisende wussten, welch ungeheure demografische Leere Madrid umgibt und dass diese sich fast auf das gesamte Landesinnere der Iberischen Halbinsel erstreckt, aber niemand hielt das für eine Frage von besonderer Relevanz.

Diese erzählerische Leerstelle brachte mich dazu, diesen Essay zu schreiben. Nachdem ich jahrelang dort umhergereist war, Zeitungsartikel verfasst und jede Menge gelesen hatte, war ich überzeugt, dass man Spanien nicht verstehen könne, wenn man das kulturelle, gesellschaftliche, wirtschaftliche und politische Gewicht dieser demografischen Eigenart unbeachtet lässt. Dabei habe ich stets betont, dass dies kein Essay über die Gründe oder mögliche Lösungen für das Problem der Entvölkerung ist, es geht hier vielmehr um deren Folgen, Auswirkungen und Spuren im heutigen Spanien. Und ich habe immer wieder darauf hingewiesen, dass ich es für ein äußerst wichtiges

Symptom halte, das jedoch in den sozioökonomischen Analysen und politisch-journalistischen Debatten bis dato kaum aufgetaucht war. Stets war die Rede vom Erbe des Bürgerkriegs und der Franco-Diktatur oder von den Spannungen zwischen den verschiedenen regionalen Nationalismen, der demografische Abgrund blieb dagegen unsichtbar. Weshalb ich mir vornahm, zu erklären, warum diese demografische Eigenart so wichtig ist und warum jeder, der über dieses Land genauer Bescheid wissen möchte, sie berücksichtigen sollte. In der Literatur und im Film ist diese Leere häufig präsent. Aber auch in der Ausgestaltung der demokratischen Institutionen, in unserem Verhältnis zur Vergangenheit, im Fortleben einer bestimmten politischen Kultur, in der wirtschaftlichen Ungleichheit, ja selbst im Profifußball zeigt sich ihr Einfluss. Am 8. September 2017 veröffentlichte *As*, eine der wichtigsten Sportzeitungen des Landes, einen Bericht mit der Überschrift »Die spanische Liga als Abbild der wirtschaftlichen Verhältnisse Spaniens«. Darin wurde mit Verweis auf mein Buch ausgeführt, dass in der Primera División kein einziger Verein aus dem leeren Spanien zu finden, die erste Liga des spanischen Profifußballs also eine exklusive Angelegenheit des »vollen« Spaniens sei.

Dieser Bericht ist nur einer von zahllosen Belegen dafür, dass die Gleichgültigkeit der spanischen Gesellschaft gegenüber der Entvölkerung des Landesinneren inzwischen der Vergangenheit angehört. Seit 2016 haben sich zahlreiche Stimmen in Politik, Kultur und Gesellschaft lautstark bemerkbar gemacht und meine These damit quasi widerlegt. Diese Konsequenz wird im vorliegenden Buch nicht erzählt, weil all dies erst nach seinem Erscheinen begann – ohne falsche Bescheidenheit (und mit umso größerem Erstaunen) muss ich daher darauf hinweisen, dass ich teilhatte an einem der äußerst seltenen Fälle, in dem die Literatur die Wirklichkeit beeinflusst, ja verändert.

Durch den Erfolg des Buches wurde *Leeres Spanien* zu einem vor allem in politischen Zusammenhängen weit verbreiteten und viel verwendeten Begriff. Von einem Tag auf den anderen fand er sich auf den Titelseiten von Zeitungen wieder, in Parlamentsdebatten, Fernsehdokumentationen und neuen Buchveröffentlichungen. Die Entvölkerung des Landes stand plötzlich im Mittelpunkt des Interesses, und ganz Spanien schien sich schlagartig der demografischen, gesellschaftlichen, wirtschaftlichen und politischen Situation im ländlichen Raum bewusst zu werden. Sogar außerhalb Spaniens wurde das Thema wahrgenommen. Journalisten von *Le Monde*, der *New York Times* und der *BBC* interviewten mich für ihre Reportagen und berichteten von den sich vollziehenden Veränderungen. Mehrere amerikanische Universitäten nahmen das Buch als Gebrauchsanweisung für das Spanien der Gegenwart in die Lektürelisten ihrer hispanistischen Studiengänge auf. Und zum ersten Mal ließ eine größere Anzahl ausländischer Reisender Madrid und die üblichen Tourismuszentren hinter sich und machte sich auf den Weg ins wüste Land im Inneren der Iberischen Halbinsel, wo sie eine unverhoffte, faszinierende Welt entdeckten, während die Bewohner dieser Landstriche sich geschmeichelt im Licht einer bislang nie erlebten Aufmerksamkeit sonnten. Bürgerbewegungen, die seit den neunziger Jahren des vergangenen Jahrhunderts Investitionen, Dienstleistungen und Schaffung und Sicherung von Infrastruktur in den wenig besiedelten Gegenden eingefordert hatten, erfuhren zum ersten Mal breite Zustimmung und Unterstützung seitens der Gesellschaft. Bei den Parlamentswahlen 2019 nahmen alle Parteien Pläne für den Kampf gegen die Entvölkerung der ländlichen Regionen in ihre Wahlprogramme auf und machten sie zu einem der thematischen Schwerpunkte ihrer Wahlkampagnen. Die aus diesen Wahlen hervorgegangene Regierung schuf eigens die Stelle eines Staatssekretärs für »demografische Herausforderungen«, die mit sehr vielen Mitteln für die damit verbundenen strategischen Aktivitäten ausgestattet wurde. Für Spanien war das etwas völlig Neues. Noch nie hatte eine Regierung Fragen von Entvölkerung und Landflucht zu einem der zentralen Themen ihrer Politik gemacht.

Die erhöhte Sensibilität für diese Fragen konterkariert die im letzten Teil dieses Buchs aufgestellten Thesen etwas, bestätigt dafür aber meine Behauptung, das Verschwinden der ländlichen Kultur sei das wichtigste Ereignis in der jüngeren Geschichte Spaniens, neben dem Bürgerkrieg, dessen Widerhall auch auf den folgenden Seiten an der einen oder anderen Stelle zu vernehmen ist.

Von den hier beschriebenen Vorgängen abgesehen, die weit über die ursprüngliche Absicht dieses Buches hinausgingen und tatsächlich die gesamte gesellschaftliche Debatte, ja die politische

Landschaft Spaniens verändert haben, hat *Leeres Spanien* einen universellen und überzeitlichen Anspruch. Das Land, von dem ich darin zu erzählen versuche, ist unabhängig von Moden und Konjunkturen, es basiert stark auf sehr wirkmächtigen literarischen und historischen Traditionen, deren Deutungen die Leser bei der Entdeckung dieser Nation ohne Meer und Touristen begleiten werden – dieses stillen, manchmal menschenscheuen und misstrauischen, aber auch weisen Spanien, das sich seines ruinösen Zustands sehr wohl bewusst ist. Ein Spanien, das viele Reisende und auch viele Spanier bislang lieber nicht sehen wollten, mich hingegen berührt es weiterhin so wie an dem Tag, an dem ich anfing, darüber zu schreiben. Herzlich willkommen, liebe deutsche Leser, in einem Spanien, wie Sie es sich womöglich nicht erwartet haben.

Saragossa, November 2021

Das Rätsel der verbrannten Häuser

Als die Polizisten ihm erklärten, es könne sich um einen Terrorangriff handeln, atmete der Priester auf. Vielleicht verwendeten sie gar nicht den Ausdruck »Terrorangriff«. Vielleicht war vielmehr von »politischen Beweggründen« die Rede. Für die Polizei war der Angriff jedenfalls Teil einer Kampagne, verhaftet worden war allerdings niemand, und Verdächtige gab es auch keine. Falls sie doch nicht von »Terrorangriff« gesprochen haben sollten, lag das daran, dass es in Irland richtigen Terrorismus gab. Hier dagegen schien es sich um etwas anderes zu handeln. Auch dem Priester kam das so vor. Seiner Ansicht nach steckten Leute aus dem Dorf dahinter, und er fürchtete, es könne der Beginn einer Gewaltspirale sein, doch die Polizisten beruhigten ihn. Der Angriff habe nicht ihm gegolten, ja nicht einmal seinem Haus. Er habe sich gegen das gerichtet, wofür es stehe. Der Priester war aus England, und das Haus, das angezündet worden war, sein Sommerhaus, ein einsam gelegenes *cottage* auf der Llŷn-Halbinsel.

Zwischen 1979 und 1991 zündete eine Gruppe mit dem Namen Meibion Glyndŵr (Söhne Glyndŵrs) in Wales 228 Landhäuser an. Es kam nur zu einer einzigen Festnahme – 1993 wurde ein Mann verhaftet, der mutmaßlich Briefbomben an englische Bewohner in der Gegend geschickt hatte. Mehr fand man nicht heraus. Der Fall der verbrannten Häuser blieb ein Rätsel. Gegen niemanden wurde Anklage erhoben.[1] Nach Ansicht der Ermittler hatte die Gruppe Meibion Glyndŵr nur sehr wenige Mitglieder.[2]

Im Europa der siebziger und achtziger Jahre stellte Terrorismus, ob er aus nationalistischen oder aus ideologisch-revolutionären Motiven erwuchs, eines der größten Probleme dar. Deutschland, Italien, Frankreich, Großbritannien und natürlich auch Spanien waren davon betroffen. Für britische Verhältnisse – in Nordirland galt damals der Ausnahmezustand – waren nächtliche Überfälle auf ein paar

Ferienhäuser kein Grund, von Terrorismus zu sprechen, auch wenn wiederholt Gruppen die Anschläge für sich reklamierten. Im Vergleich zu den Gewalttaten der ETA, der IRA oder der Roten Brigaden nahmen sich die Aktionen der Meibion Glyndŵr fast wie Dummejungenstreiche aus.

Die im Nordwesten von Wales gelegene Llŷn-Halbinsel ist eine sehr dünn besiedelte, ländliche Gegend. Anders als im walisischen Süden gibt es hier keine Industriestädte, und der englische Einfluss war bis vor einiger Zeit so gering, dass auf den Dörfern bis heute mehr Walisisch als Englisch gesprochen wird. In den siebziger Jahren kam dieser Landstrich vor allem unter Angehörigen der englischen Mittelschicht in Mode und erlebte einen regelrechten Immobilienboom. Innerhalb weniger Jahre legten sich viele Engländer hier Ferienhäuser zu, was das Leben der Dorfbewohner gehörig veränderte. Es gab Reibereien, und schon bald schlug den neuen Nachbarn nicht nur Misstrauen, sondern offene Feindseligkeit entgegen.

Daher auch die von dem Priester einem *BBC*-Reporter gegenüber zum Ausdruck gebrachte Erleichterung – es handelte sich also um keine Vendetta gegen ihn persönlich. Denn die Angriffe erschienen doch zunächst als eine aus dem Ruder gelaufene Reaktion erboster Dörfler, die durch das Auftauchen der Fremden ihr gewohntes Leben gefährdet sahen. Hatte die Sache dagegen einen politischen Hintergrund, konnte der Priester unbesorgt vor Ort bleiben, ohne bei jedem Pub-Besuch, Einkauf in der Metzgerei oder Spaziergang das Gefühl zu haben, in den Nachbarn potenzielle Verdächtige sehen zu müssen, Leute, die nicht wollten, dass er hier war, ja, Leute, die, damit er von hier verschwand, sogar bereit waren, sein Haus abzufackeln. Wie hätte er unter solchen Leuten leben sollen? War der Brand jedoch ein nationalistischer Angriff unter vielen gewesen, waren seine Nachbarn automatisch von jedem Verdacht befreit.

Hinter den Brandanschlägen schienen allerdings sehr wohl Dörfler zu stecken, die es auf unerwünschte Fremde abgesehen hatten. Wären sie auf Anweisung einer politischen Bewegung aktiv geworden, hätte die Polizei sie aufgespürt. Da sie jedoch offensichtlich auf eigene Faust gehandelt hatten, war höchstwahrscheinlich ihr ganz persönlicher Hass auf die Sommergäste, mit denen sie es vor Ort zu tun hatten, noch vor irgendwelchen nationalistischen Motiven entscheidend gewesen. Das Rätsel der verbrannten Häuser der Engländer sagt jedenfalls mehr über die Beziehung zwischen Stadt und Land aus als über die zwischen London und seiner Peripherie oder über Terrorismus und Nationalismus.

Ich denke an das Rätsel der verbrannten Häuser, während ich im Sommer mit meiner Familie durch Wales reise. Die Landsträßchen sind häufig so schmal, dass ich am Rand nach einer Stelle zum Ausweichen suchen muss, wenn uns ein Auto entgegenkommt. Oder ich danke dessen Fahrer, weil er uns die Vorfahrt lässt. Alle sind freundlich, lächeln unentwegt, scheinen sich durch nichts aus der Ruhe bringen zu lassen. Passen so vollkommen zu der grünen Landschaft und den behäbigen, dickfelligen Schafen. Wie soll es hier zu Hass und Gewalt kommen, hier, wo es nichts als Bauernhöfe und kleine Häuschen und noch mehr Bauernhöfe und kleine Häuschen gibt? Ich muss an *Straw Dogs* (*Wer Gewalt sät*) denken, einen der besten Filme von Sam Peckinpah, einem meiner Lieblingsregisseure. Dustin Hoffman spielt darin einen amerikanischen Mathematiker, der eine Engländerin heiratet (Susan George, Sexsymbol der Siebziger). Zu Beginn des Films ziehen sie in ein abgelegenes Dorf in England. Die Frau stammt von dort, er nicht. Die jungen Männer des Ortes haben das Gefühl, der Amerikaner habe ihnen das hübscheste Mädchen weggeschnappt. Als Vorlage dieser Geschichte brutaler Verfolgung und Gewalt diente *The Siege of Trencher's Farm*, ein ziemlich konventioneller Thriller des schottischen Schriftstellers Gordon Williams.[3] Das Paar, das im Roman ein Kind hat, im Film jedoch nicht, wirkt in Peckinpahs Version noch stärker isoliert. Auch den Titel änderte Peckinpah, er wird im Film selbst aber nicht erklärt. Die *Straw Dogs* beziehungsweise »Hunde aus Stroh« beziehen sich auf ein Zitat aus Laotses *Tao Te King*: »Himmel und Erde sind nicht gütig. Ihnen sind die Menschen wie stroherne Opferhunde.«[4]

Alle Häuser, an denen wir vorbeifahren, erinnern mich an das aus dem Film. Ich denke an die vielen gewalttätigen Vorfälle, die sich so oft in kleinen Gemeinschaften zugetragen haben und immer noch zutragen. An den jahrhundertealten Hass und die Streitereien, die durch das enge Beisammensein und die ebenso engstirnigen Moralvorstellungen verstärkt werden, an die Langeweile. Vor allem aber denke ich an dieses Buch, für das ich einige Monate mit Lektüren,

Recherchen und intensivem Nachdenken verbracht habe. Das Rätsel der verbrannten Häuser und Sam Peckinpahs Film aus dem Jahr 1971 sagen mir, dass ich darin etwas Allgemeingültiges erzähle, eine Geschichte des Misstrauens. Ich hatte vor, über mein Land zu schreiben und inwiefern es sich von anderen Ländern unterscheidet, aber in Wales, mit einem Mietwagen über die Dörfer fahrend, habe ich irgendwann begriffen, dass sich alles im Grunde auf die Frage nach der Angst vor dem Anderen reduzieren lässt.

Die hat wiederum mit unserer überkommenen tribalistischen Organisation zu tun, mit der Aufteilung in *wir* und *die anderen* sowie der Gleichsetzung dieser *anderen* mit Bedrohung. Wir Menschen sind unfähig, außerhalb unserer Gruppe zu leben. Für diesen – evolutionär gesehen – Vorteil haben wir seit jeher einen hohen Preis in Form von Kriegen und Massakern bezahlt. In komplexen, urban geprägten Gesellschaften ist der eigene Stamm jedoch immer schwieriger zu erkennen, es fällt dort schwer, die *Unsrigen* zu identifizieren. Wer gehört dazu? Unsere Landsleute? Die sind viel zu verschieden. Mit einem dreißigjährigen Schriftsteller aus Melbourne verbindet mich viel mehr als mit meinem unmittelbaren Nachbarn. Unsere Arbeitskollegen also? Nicht ohne Weiteres, auch wenn die »Arbeiterklasse« während der letzten hundert Jahre einer der am meisten diskutierten Stämme gewesen ist. Mit meinen Geschlechtsgenossen, den Leuten, die dieselbe Muttersprache sprechen, den Angehörigen derselben Religion, den Gleichaltrigen, den Mitgliedern derselben Rentengruppe, den Menschen derselben sexuellen Orientierung, den Menschen, die Kinder haben, oder denen, die keine haben? Bevor ich jetzt schreibe, die Heimat des Menschen sei seine Kindheit, finde sich in seinen Freunden oder ähnlichen Unfug, würde ich lieber klarstellen, dass die komplexen Gesellschaften unserer Tage die Stammesloyalität durch sehr spezielle, subtile und häufig wechselnde Wahlverwandtschaften ersetzt haben.

Was zwei Vorteile mit sich bringt: Diese Affinitäten zwingen uns nicht, in den Krieg gegen den Nachbarstamm zu ziehen, und sie beruhen zu einem großen Teil auf eigener Entscheidung. Viele haben mit Vorlieben zu tun, etwa für einen bestimmten Fußballverein oder eine bestimmte Musikrichtung. Eine derartige Vielfalt und Wandlungsfähigkeit ist jedoch nur in Städten möglich. Andere Faktoren spielen ebenfalls eine Rolle, aber in erster Linie ist es schlichtweg eine Frage der Menge an Menschen – je größer eine Stadt ist, desto mehr Möglichkeiten bietet sie, auf den unterschiedlichsten Ebenen und in die verschiedensten Richtungen Verbindungen zu knüpfen. In der Geschichte der Menschheit ist das etwas Neues. Bis vor etwa zweihundert Jahren verbrachten die Menschen ihr Leben normalerweise innerhalb eines Stamms, den sie sich nicht ausgesucht hatten, beziehungsweise dem sie von Geburt an angehörten. In kleinen Gemeinschaften funktionieren Stammeszugehörigkeiten weiter und können dafür sorgen, dass eines Nachts eine Handvoll Krieger die Häuser des anderen, invasorischen Stamms anzündet.

Es gibt zwei verschiedene Spanien, aber nicht die, von denen der Dichter Antonio Machado spricht.[5] Es gibt ein urbanes, europäisches Spanien, das sich in nichts von anderen urbanen europäischen Gesellschaften unterscheidet, und ein ländliches, entvölkertes Spanien, das ich *das leere Spanien* nenne. Das Verhältnis zwischen diesen beiden war und ist schwierig. Oft wirken sie wie zwei einander fremde Länder. Trotzdem lässt sich das urbane Spanien ohne das leere Spanien nicht verstehen. Die Geister des Letzteren leben auch in den Häusern des Ersteren.

Als Bewohner des urbanen Spanien ist meine Perspektive unweigerlich die des Engländers, der sich ein Haus in Wales zulegt. Ich stamme nicht von dort und neige dazu, meine Wahlheimat zu idealisieren, zu karikieren oder aus ihrer angeblichen Unverfälschtheit Profit zu ziehen. Als Verfasser dieses Buchs bin ich jedoch in der Pflicht, auch die Waliser zu verstehen, die mein Haus anzünden. Zu verstehen, warum sie mich hassen, warum sie mich nicht zum Nachbarn haben wollen. Ich werde weit in die Geschichte zurückgehen, viele Kilometer im Auto zurücklegen und noch einmal aufmerksam all die Bücher lesen müssen, die ich nur zerstreut durchgelesen habe, als ich noch nicht wusste, dass ich dieses Buch schreiben würde. Es geht mir aber weniger darum, zu verhindern, dass man mir das Ferienhaus niederbrennt, sondern vielmehr darum, seine verkohlte Ruine ohne Erstaunen zu betrachten und die Hände dabei in den Taschen zu lassen, statt sie über dem Kopf zusammenzuschlagen.

Erster Teil
Das große Trauma

1 Die Geschichte der Gabel (Eine Art Einführung)

Alle ihre Dörfer wurden zerstört und niedergebrannt, alle ihre Felder in Weide verwandelt. Britische Soldaten wurden zur Execution kommandirt und kamen zu Schlägen mit den Eingebornen. Eine alte Frau verbrannte in den Flammen der Hütte, die sie zu verlassen sich weigerte.

Karl Marx, *Das Kapital* (1867)

Ich bin im Ausland und möchte gerade anfangen zu essen, da merke ich, dass man mir keine Gabel hingelegt hat. Ich hebe die Hand, um den Kellner zu bitten, mir eine zu bringen, doch unversehens habe ich einen Blackout. Wie heißt Gabel noch gleich auf Französisch? Oder auf Englisch? Oder auf Italienisch? Ich überlege. Als das Wort *fork* in mir aufsteigt, hat der Kellner meine bis dahin vollführten Gesten längst verstanden und kommt mit einer Gabel in der Hand zu mir. Nicht zu wissen, wie man in fast egal welcher europäischen Sprache Gabel sagt, ist absurd, schließlich ist es nahezu überall ein ähnliches Wort: Gabel heißt auf Englisch *fork*, auf Französisch *fourchette*, auf Italienisch *forchetta*, auf Holländisch *vork*, auf Katalanisch *forquilla*, auf Maltesisch *furketta*, auf Rumänisch *furculiță*. Alle diese Wörter leiten sich vom lateinischen *furca* ab. Auch die germanischen Sprachen verwenden ein gemeinsames Wort. Es ähnelt zwar nicht der lateinischen Vokabel, seine Bedeutung entspricht aber dem spanischen Wort *horca* oder *forca*, das jenen Dreizack aus Holz bezeichnet, mit dem die Bauern früher das Heu wendeten oder das Dreschgut zur Seite räumten. Das gilt für das Wort *Gabel* genau wie für das skandinavische *gaffel* oder das isländische *gaffal*.

Die meisten europäischen Sprachen bezeichnen also ein landwirtschaftliches Werkzeug und einen Teil des Bestecks mit ein und demselben Wort, weil es sich im Grunde um denselben Gegenstand handelt, nur dass Letzterer gewissermaßen die Miniaturversion ist. Warum gebrauchen wir im Spanischen aber ein völlig anderes und äußerst seltsames Wort dafür? *Tenedor* – von dem Verb *tener*, haben, besitzen, halten. Ein *tenedor* ist eigentlich ein Mensch, der etwas hat beziehungsweise besitzt, und so wurde das Wort im Spanischen auch ursprünglich verwendet. Wie kam es dazu, dass dieser *tenedor* zusätzlich die Bedeutung *Gabel* annahm?

Verglichen mit Löffel oder Messer sind Gabeln erst seit recht kurzer Zeit Teil des gewöhnlichen Bestecks. Im *Don Quijote* isst zum Beispiel kein Mensch mit einer Gabel. Im Spanien des Siglo de Oro waren Gabeln etwas Besonderes, das sich nur Reiche leisten konnten, und so blieb es bis zum Spanischen Unabhängigkeitskrieg Anfang des 19. Jahrhunderts. Karl V. hatte Gabeln von irgendeinem Ort in Europa aus nach Spanien mitgebracht, aber dass er sie benutzte, erschien den anderen als kaiserliche Exzentrik. Erst einige Zeit nach Beginn des 19. Jahrhunderts lagen Gabeln regelmäßig auf den Esstischen bereit. Unter Hirten und Bauern verbreitete sich ihr Gebrauch erst kurz vor Beginn des 20. Jahrhunderts, und in vielen abgelegenen Dörfern, wo man weiterhin für die dicke Brotsuppe dem Löffel und für den Käse dem Messer die Treue hielt, blieben sie eine exotische Erscheinung. Erst Mitte des 19. Jahrhunderts nahm eine spanische Fabrik die Massenproduktion von Gabeln auf.

In der damals sogenannten zivilisierten Welt war die Gabel ein Distinktionsmerkmal und Zeichen des Elitismus: »Englands Oberschicht erfreute sich im frühen 20. Jahrhundert am ›Gabellunch‹ oder ›Gabeldinner‹ – buffetartigen Mahlzeiten, bei denen man vollständig auf das Messer verzichtete. Die Gabel galt als vornehm, weil sie nicht so brutal wie ein Messer zu sein schien und man bei der Benutzung weniger Unordnung anrichtete oder gar wie ein Kleinkind wirken konnte. Gabeln wurden einfach für alles empfohlen: von Fisch bis zum Kartoffelpüree; von grünen Bohnen bis zur Sahnetorte. Man entwickelte Spezialgabeln für Eiscreme und Salat; für Sardinen und für Schildkröten. Die Grundregel aller westlichen Tischkultur im 19. und 20. Jahrhundert lautete, im Zweifel eine Gabel zu verwenden.«[6]

Das Rätsel des Wortes *tenedor* sagt viel über die Spanier und ihre einstige und jetzige Lebensweise aus. Über eine Geschichte elitären

Denkens und der Verachtung, die dahinter steht. Über Grausamkeit, Herrschaft und Angst vor dem Anderen, wenn dieser Andere arm ist. Über das Bedürfnis, sich von den Ungeheuern abzugrenzen, die außerhalb des Palastes lauern. Ungeheuer, die mit den Händen essen und den Löffel, mit dem sie ihre Schüsseln auskratzen, anschließend benutzen, um irgendwelche barbarischen Folklore-Rhythmen zu klopfen.

Womöglich ist diese seltsame Eigenart paradoxerweise das Zeichen einer vollends gelungenen Romanisierung. Das moderne Spanien hat seine historischen Wurzeln in zwei Reichen, die die städtische Lebensweise verfeinert haben – dem römischen und dem arabischen. Das Wort Zivilisation kommt vom lateinischen *civitas*, Stadt. Neben *civitas* hatten die Römer auch den Begriff *urbs*. Die so vollzogene Unterscheidung ist bei uns verlorengegangen. Für die Römer war die *civitas* die Gesamtheit der Bewohner einer Stadt, die städtische Gesellschaft, wohingegen die *urbs* die Summe aller Gebäude, Straßen, Brunnen und Abwasserkanäle, also die Infrastruktur der Stadt umfasste. Kastilien und später Spanien war eine Welt aus Städten. Römer wie Araber teilten die Auffassung, dass das Land nichts weiter sei als das Gebiet, das der Versorgung der Stadt diene, beziehungsweise der weiße Fleck zwischen einer *urbs* und der nächsten. Teil der Zivilisation war das Land jedenfalls nicht. Kastilien erstreckt sich von Stadt zu Stadt. Der Hof wanderte beständig von einem Ort zum anderen, brauchte jedoch jeweils eine Stadt als Sitz. Es gab großartige Exemplare solcher Sitze: aus Stein, von starken Mauern umgeben, sicher. Als Kastilien die sogenannte Neue Welt erreichte, brachte es seine Städte mit. Die *urbs* mit rechtwinkligem Grundriss war das Modell der spanischen Stadtgründungen an den Küsten und im Inland gleichermaßen, vor allem entlang von Handelsstraßen wie der, auf der das Silber aus Peru über die Anden nach Buenos Aires gebracht wurde.

Spätestens zu Beginn des 19. Jahrhunderts war klar, dass Spanien das, was wir heutzutage Lateinamerika nennen, nicht wirklich beherrschte. Seine Macht konzentrierte sich auf eine Handvoll Städte, wenige Meilen landeinwärts aber schwand sie rapide. Im Großteil des Kontinents gab es keine Spanier, und niemand sprach ihre Sprache. Dass Alexander von Humboldt ungehindert Venezuela erforschen konnte, lag auch daran, dass die Spanier kein Interesse am Urwald hatten, sie wussten damit nichts anzufangen. Und dass ein Franzose und ein US-Amerikaner als Erste eine systematische Erforschung der Ruinenstadt Palenque im mexikanischen Chiapas in Angriff nahmen, lag daran, dass die Spanier für gewöhnlich San Cristóbal de las Casas und ähnliche Enklaven, die sie nach dem Modell Salamancas oder Valladolids errichtet hatten, nicht verließen.

In Spanien selbst war das, freilich nicht in vergleichbarem Ausmaß, kaum anders. Auch dort existierte das Land außerhalb der Städte nicht. 1539 erschien ein Buch, das sich seinerzeit europaweit zu einem wahren, häufig übertragenen Bestseller entwickeln sollte: *Menosprecio de corte y alabanza de aldea*. Die erste deutsche Übersetzung erschien bereits 1598 unter dem Titel *Verachtung dess Hoflebens und Lob dess Landtlebens.*[7] Verfasst hatte es ein asturischer Adliger, der am Hof Karls V. lebte. Manche Spezialisten vergleichen seinen Humor mit dem eines Rabelais, aber wie man weiß, neigen viele Philologen dazu, es mit der Feier nationaler Größe ein wenig zu übertreiben. Man kann das Buch auch heute noch lesen, schließlich ist es recht kurz, und dennoch zieht sich die Lektüre, weil seine Sprache so geschwollen und affektiert daherkommt. Der Autor, ein gewisser Antonio de Guevara, hatte keinerlei Hemmungen, seine Werke mit falschen lateinischen Zitaten und erfundenen gelehrten Referenzen anzureichern. In diesem Buch, das zugleich sein bekanntestes ist, stellt er eine Reihe zu seiner Zeit überaus beliebter Topoi über die Vorteile des einfachen Landlebens dem hektischen Treiben der Stadt gegenüber. Sein Erfolg verdankte sich vor allem der Tatsache, dass es einen Gegenstand behandelt, der vielen Lesern des 16. Jahrhunderts, insbesondere Adligen wie Guevara selbst, am Herzen lag: Das Leben bei Hofe eröffnete in politischer und wirtschaftlicher Hinsicht vielerlei Möglichkeiten, das Dorfleben dagegen, ach ja, das Dorfleben ...! Nur auf dem Dorf besteht Aussicht, Frieden und zu sich selbst zu finden. Mit anderen Worten: Das wahre Leben gibt es nur auf dem Dorf. Neben einem anderen Geistlichen, Luis de León, war Antonio de Guevara wohl der erste Spanier, der die Rückkehr zum ursprünglichen Landleben predigte und darüber klagte, dass seine Landsleute selbiges zugunsten des Lebens in der Stadt mit all ihrem Lug und Trug, das ja gar kein Leben war, aufgegeben hätten. Wenigstens in der Theorie, denn Guevara selbst handelte nicht gemäß seinen Einsichten. Der

König ernannte ihn zum Bischof: zunächst in Guadix, später auch in Mondoñedo, wo er schließlich starb. Angeblich ließ er sich an seinen Amtssitzen jedoch kaum sehen. Lieber verbrachte er seine Zeit bei Hofe oder als Begleiter Karls V. auf dessen zahlreichen Reisen durch Europa. Aufs Dorf, das er in seinen Pamphleten so rühmte, das bei ihm selbst aber nur allergische Reaktionen hervorzurufen schien, zog er sich offensichtlich bloß zurück, wenn es nicht anders ging. Der Erfolg seines Buches verweist jedoch darauf, dass die Spannungen zwischen dem ländlichen und dem städtischen Spanien schon lange vor der industriellen Revolution und jedweder Landflucht bestanden.

Die spanischen Herrscher hatten seit jeher die Gewohnheit, ihre politischen Gegner in abgelegene Landstriche zu verbannen. Francisco de Quevedo beispielsweise musste sich gezwungenermaßen in das in der heutigen Provinz Ciudad Real gelegene Torre de San Juan Abad zurückziehen. Wen man bestrafen oder sich aus den Augen schaffen wollte, den schickte man aufs Land. Lange bevor die Zaren damit anfingen, ihre Gegner nach Sibirien zu verschicken, nutzten die spanischen Inquisitoren, Könige, deren Günstlinge ebenso wie kleinere oder größere Diktatoren die Madrid umgebende riesige Hochebene dafür, all diejenigen von der Bildfläche verschwinden zu lassen, die meinten, besonders schlau zu sein. Für ein Land, in dem öffentliche Ketzerverbrennungen zur Belustigung des Volks durchgeführt wurden, war das zugegebenermaßen eine vergleichsweise milde Strafe. Dennoch offenbart es ein eigenartig imperialistisches Verhältnis zum eigenen Staatsgebiet. Während andere Reiche ihre Kolonien als Verbannungsorte für politische Gegner oder besonders schlimme Verbrecher nutzten, bedienten sich die spanischen Machthaber zum selben Zweck der Iberischen Halbinsel (und gelegentlich der dazugehörigen Inseln), und das, obwohl ihnen am anderen Ufer des Atlantiks ein ganzer Kontinent zur Verfügung gestanden hätte. Diese Gewohnheit hielt sich bis ins 20. Jahrhundert.

Alle Zivilisationen sind notwendigerweise städtisch geprägt, und doch unterscheiden sie sich durch die Art, wie sie die weißen Flecken zwischen ihren Städten integrieren oder ignorieren. Wie viele und welche Art von Menschen diese weißen Flecken bewohnen, spielt dabei eine nicht unerhebliche Rolle. In Spanien waren es immer sehr wenige, und die waren sehr arm und lebten weit verstreut auf einer

Hochebene mit äußerst unwirtlichem Klima. Dieser Umstand war von grundlegender Bedeutung für eine Geschichte der Grausamkeit und Verachtung, die im ganzen Land bis heute sehr einflussreich ist, jedoch kaum je in Betracht gezogen wird. Genauso, wie sich niemand Gedanken darüber macht, dass Spanisch die einzige europäische Sprache ist, in der das Wort für Gabel nichts mit einem landwirtschaftlichen Werkzeug zu tun hat, weil den kultivierten Sprechern aus der Stadt, also jenen, die die Sprachnormen bestimmen, der Gedanke unerträglich war, einen landwirtschaftlichen Begriff für einen derart feinen Gegenstand im Mund zu führen.

Eine grausame portugiesische Redensart lautet: »*Portugal é Lisboa e o resto é paisagem.*« (»Portugal, das ist Lissabon, der Rest ist Landschaft.«) Hierzulande könnte man sagen, Spanien ist Madrid, und der Rest ist nicht einmal Landschaft.

Die heutige Welt ist eine der Städte, nicht nur in demografischer und politischer Hinsicht, sondern auch aufgrund der Vorstellung, die wir uns von der Welt machen, in der Art, wie wir über sie nachdenken. Man könnte in Mesopotamien anfangen, bei den Skylines seiner Zikkurat-Tempeltürme, verortet wird die »Wiege der Kultur« jedoch normalerweise in der Modellstadt Athen. Endgültig durchgesetzt hat sich dann allerdings als Ideal die Stadt Rom. Die Römer füllten Europa, Nordafrika und den Nahen Osten mit lauter kleinen Rom-Kopien an und schufen auf diese Weise ein ganzes Netz von Städten. Die Zerstörung des Römischen Reichs war gleichbedeutend mit der Zerstörung dieser Städte. Woraufhin die Römer sich aufs Land zurückzogen, aufhörten, Latein zu sprechen, und den Feudalismus erfanden, eine barbarische Angelegenheit, von der die Historiker schon seit Längerem nachzuweisen versuchen, dass sie gar nicht so schlimm war. Ohne Erfolg. Bis heute erzählt man die Geschichte des Mittelalters mit der Stimme eines gebildeten Florentiners des 15. Jahrhunderts als eine Abfolge bestialischer Grausamkeiten.

In der Schule lernt man, dass das Wachstum der Städte begann, als der Handel wieder das zur Zeit des Römischen Reichs bestehende Niveau erreicht hatte, also ungefähr im 13. Jahrhundert, und dass sie von da an trotz der großen Pest von 1348 weiterwuchsen, und mit ihnen ihre immer höheren Kathedralen und ihre Hanse-Häfen und immer einflussreicheren Bankhäuser. Die Klasse, die die Demokratie erfand oder neu erfand, war das sogenannte Bürgertum, das im »burgus«, in der befestigten Stadt, zu Hause war. Und die gesamte Geschichte Europas in der Neuzeit und teilweise auch in der Gegenwart ist erzählt worden als die eines Kampfes zwischen den immer stärkeren und freieren Städten und dem immer ärmeren und immer mehr unter dem Einfluss der Kirche stehenden Land.

Während der so romverliebten und klassizistischen Französischen Revolution begnügte man sich nicht damit, die ländlichen Grundbesitzer mit der Guillotine hinzurichten, man machte sich vielmehr daran, per Dekret die ländlichen Gebiete insgesamt abzuschaffen. Der vom Abbé Sieyès in der Hitze des Gefechts 1789 in der Nationalversammlung präsentierte Entwurf einer territorialen Neuordnung Frankreichs vereinfachte und vereinheitlichte die Verwaltung des in Herzogtümer, Markgrafschaften, Grafschaften, Provinzen und Marken aufgeteilten Landes nicht nur, er löschte das historisch Gewachsene vielmehr mit einem Federstrich aus, indem er die überkommenen Ortsnamen einfach abschaffte. An ihre Stelle traten einundachtzig Départements, deren Namen bloßen geografischen Gegebenheiten geschuldet waren. Historisch überlieferte Gebietsbezeichnungen wie Provence, Languedoc, Aquitaine, Anjou, Pays Basque oder Picardie wurden durch die Namen von Flüssen, Bergen oder Himmelsrichtungen und zusätzlich durch Nummern ersetzt, allerdings gelang es seitdem keiner einzigen Regierung, die Franzosen dazu zu bewegen, ein Gefühl größerer Verbundenheit zu ihrer Départementsnummer zu entwickeln. Das blieb der Autoindustrie vorbehalten oder vielmehr der Tatsache, dass die Herkunft eines Fahrzeugs sich in Frankreich an den letzten beiden Ziffern seines Kennzeichens ablesen lässt, wodurch ein Provinzler in Paris wie auch umgekehrt ein Pariser in der Provinz sofort zu erkennen ist.

Bis zur Einführung der Regionen im Jahr 1982[8] blieben die alten französischen Ortsbezeichnungen den Weinetiketten und den Namen regionaler kulinarischer Spezialitäten vorbehalten, denen sich die Pariser Restaurants verweigerten. Außerdem lebten sie in den Gerüchen und Geschmäckern der von eben den Bauern erzeugten Produkte fort, die seit jeher den Großteil der Arbeit in jener feudal organisierten Welt geleistet hatten, aber sukzessive von den Landkarten wie auch aus der Verwaltung verschwunden waren. Der Verwendung der Nummern haftete allerdings stets etwas Künstliches und rein Funktionales an, die Verwendung von Namen geografischer Besonderheiten dagegen verfolgte eindeutig eine ideologische Absicht: Da ging es um ein ewiges, reines Frankreich, das dort zu finden war, wo niemand je einen Fuß auf den Boden gesetzt hatte. Von dem feudalen Frankreich der Scheunen und Weinkeller und seinen verstaubten Adelsnamen wollte man nichts mehr wissen.

Das neue Frankreich wurde in eine von freien Bürgern bewohnte Hauptstadt und die dazugehörige, von ihr beherrschte Umgebung gegliedert, eine Umgebung, auf die man jederzeit im Namen des Fortschritts einwirken konnte, und keine mehr oder weniger eigenständigen Teilgebiete, deren mehr oder weniger adlige Herrscher untereinander um die Vormacht wetteiferten. Die Aufteilung in Départements machte klar, dass Frankreich Paris war und der Rest Landschaft, aber eine Landschaft älter als der Absolutismus, soll heißen, so, wie die Flüsse und Berge sie gestaltet hatten, denen die affektierten Landschaftsgärtner von Versailles mit ihren Heckenscheren nichts hatten anhaben können. Vielleicht zum Ausgleich hierfür dachte der Nationalkonvent sich einen republikanischen Kalender aus – der 22. September 1792 des gregorianischen Kalenders, also der Jahrestag der Ausrufung der Republik, der zugleich die Herbsttagundnachtgleiche bezeichnete, wurde zum ersten Tag des ersten Jahres der neuen Ära erklärt. Das republikanische Jahr begann folglich mit der Weinlese – beziehungsweise mit dem nach ihr benannten Monat Vendémiaire – und endete mit dem Einsammeln der Feldfrüchte – beziehungsweise dem Monat Fructidor. Die Benennung der dazwischenliegenden Monate folgte den Entwicklungsschritten der Pflanzen und den sie bedingenden klimatischen Erscheinungen. Auf diese Weise fand das Land Eingang ins neue Frankreich, aber natürlich frei von adligem oder feudalem Beigeschmack.

Im ersten Band des *Kapitals* beschreibt Karl Marx den ursprünglichen Akkumulationsprozess des Kapitals als einen Triumph der Stadt über das Land.[9] In seiner Schrift *Der Achtzehnte Brumaire des Louis Bonaparte* wiederum stellte er einen vielfach gefeierten und vom Marxismus ohne Marx zum Dogma erhobenen Vergleich an: Die Bauern seien wie lauter Kartoffeln in einem Sack.[10] Womit er sagen wollte, dass die Bauern egoistisch und unfähig zur Entwicklung eines Klassenbewusstseins seien, eben wie Kartoffeln, die, auch wenn man sie alle zusammen in einen Sack steckt, ihr eigenes unverwechselbares Aussehen und ihre Individualität beibehalten. Die Bauern können zwar große Menschenmengen bilden, aber niemals Massen. Zumindest keine organisierten, solidarischen Massen. In Rumänien, Albanien, der sowjetischen Ukraine, China oder Kambodscha begründete man mit eben diesem Zitat Massaker, erzwungene Hungersnöte und Umsiedlungen im großen Ausmaß, wofür man meiner Ansicht nach aber nicht den deutschen Philosophen verantwortlich machen sollte. Jeder gebildete Verbrecher wird, wenn er will, eine Äußerung von wem auch immer finden, von der er sich zur Tat inspiriert fühlt, die Weltliteratur ist voll von Aufrufen zum Verbrechen. Was man Marx dagegen sehr wohl zum Vorwurf machen darf, ist die Tatsache, dass er sich das so bürgerliche Vorurteil gegen alles Bäuerliche dermaßen zu eigen gemacht und immer wieder zum Ausdruck gebracht hat und dass er wie so viele Denker vor und nach ihm die Bauern als unfähig betrachtet hat, ihr Schicksal selbst in die Hand zu nehmen, weshalb man sie für einen Störfaktor zu halten habe, dessen Wirkmacht auf ein Minimum zu reduzieren sei.

Bis auf die sozialistischen Utopisten und die Anarchisten des 19. Jahrhunderts haben alle politischen Reformer das Land stets nur als lästiges Hindernis empfunden. Liberale und Marxisten treffen sich in ihren romanisierten Vorlieben, in den Planungen der einen wie der anderen kamen die Menschen, die in der weiten Leere zu beiden Seiten der Landstraßen oder Eisenbahnstrecken lebten, schlichtweg nicht vor. Und wenn die Bauern sich zu Bauernparteien oder politischen Bewegungen zusammentaten, sahen viele Liberale wie Marxisten darin nur ein reaktionäres Aufflackern, das wilde Umsichschlagen einer Welt, die sich weigerte, unterzugehen, oder, wenn sie schon sterben musste, möglichst viele andere mit in den Tod reißen wollte. Nur die Anarchisten waren der Ansicht, die Bauern könnten tatsächlich Akteure der Veränderung und des Fortschritts sein. Weiterhin in so mancher Vorstellung der Renaissance befangen, betrachten wir, die Europäer von heute, die Geschichte als einen Prozess der Rückeroberung der Macht durch die Städte und der Niederlage des Feudalismus, und in diesem Sinne ist auch einer der am häufigsten geäußerten Kritikpunkte an den anarchistischen Klassikern zu verstehen – ihr angeblicher Archaismus. Marxisten wie Liberale beschuldigten Bakunin und seine Anhänger, es auf eine Zivilisation ohne Städte abgesehen zu haben, eine Rückkehr zur selbstgenügsamen Welt des Lehnswesens, nur dass die Lehnsherren hier keine Adligen, sondern Revolutionsräte sein sollten.

Diese beinahe natürlichen Tendenzen verstärkten sich in Spanien noch, war es doch bis weit ins 20. Jahrhundert ein in hohem Maße agrarisch geprägtes Land. Nach den Kriterien der Organisation für wirtschaftliche Zusammenarbeit und Entwicklung (OECD) gilt das bis heute für mehr als die Hälfte des spanischen Staatsgebiets, auch wenn die Bevölkerung inzwischen zu 80 Prozent in Städten lebt. Das damit verbundene »große Trauma« (siehe das folgende Kapitel) rührt daher, dass diese Verstädterung in kürzester Zeit erfolgte: Innerhalb von nicht einmal zwanzig Jahren verdoppelte, ja verdreifachte sich die Einwohnerzahl der Städte, während weite Gebiete im Hinterland, die noch nie besonders dicht bevölkert gewesen waren, sich endgültig leerten. Dieser Exodus vollzog sich zwischen 1950 und 1970. Zwar hatte es seit Ende des 19. Jahrhunderts eine beständige Abwanderung vom Land in die Stadt (wie auch von der Iberischen Halbinsel nach Lateinamerika) gegeben, doch innerhalb dieser zwei Jahrzehnte setzten Millionen von Menschen zu einer Reise ohne Wiederkehr an – was beinahe zum Kollaps in den überfüllten Städten führte. Die Baufirmen kamen mit der Errichtung billiger Wohnblocks an den Stadträndern nicht nach, sodass sich dort schon bald elende Hüttensiedlungen bildeten. Gleichzeitig verschwanden tausende Dörfer, während sich ebenso viele andere quasi in Altersheime verwandelten, in denen sämtliche wirtschaftlichen Aktivitäten zum Erliegen kamen und selbst grundlegende Versorgungsleistungen nicht mehr gewährleistet waren. Viele tausend Menschen wurden außerdem von der Guardia Civil mit vorgehaltener Waffe zum Verlassen ihrer Häuser gezwungen, da die Dörfer, in denen sie gelebt hatten, einer Infrastrukturpolitik der forcierten Errichtung großer Staudämme zum Opfer fielen. Und von den weiteren Millionen, die in derselben Zeit in andere europäische Länder oder nach Lateinamerika auswanderten und meist ebenfalls aus verarmten Dörfern stammten, war dann noch gar nicht die Rede.[11] Das hat im gesamten Land tiefe Spuren hinterlassen. Heute gibt es ein leeres Spanien, in dem bloß noch eine Handvoll Menschen leben, und ein zweites leeres Spanien, das im Bewusstsein und im Gedächtnis von Millionen Spaniern weiterlebt.

Diese Spannungen zwischen Stadt und Land hat man in Spanien in einer sonderbaren, ja bizarren Form der Dramatik durchlitten. Es gibt eine ganze Literatur, die ihren Stoff aus diesem »großen Trauma« bezieht. Vor allem aber gibt es eine Art des Blicks auf diese Vorgänge und auf sich selbst, die in anderen geografischen Zusammenhängen nur schwer zu verstehen ist. Einen Blick voller Hass. Voller Selbsthass.

Die Puerta del Sol ist bis heute der gefühlte Mittelpunkt Madrids. Obwohl die Geschäftszentren und sonstigen wichtigen Einrichtungen des Alltags sich längst anderswo befinden, ist der Platz mit seinen Strichern, Taschendieben, Verkäufern von gefälschten Lotterielosen und anderen Kleinganoven und den Touristen aus aller Herren Länder, die seit einiger Zeit die Madrider Müßiggänger verdrängt haben, noch immer das Herz der Stadt. Gewissermaßen die Definition des Urbanen in Spanien, der Salon der Nation. Hier wurden Republiken ausgerufen und Invasoren bekämpft. Hier wird in jeder Silvesternacht im Namen des ganzen Landes das neue Jahr eingeläutet.

Auf diesem so symbolträchtigen Platz steht auch eine symbolträchtige Statue. Noch nicht allzu lange – errichtet wurde sie 1967. Seither hat sie mehrfach den Standort gewechselt, ist aber stets an der Puerta del Sol geblieben und ein beliebter Treffpunkt der Madrider. Die Stadtverwaltung beauftragte seinerzeit den Bildhauer Antonio Navarro Santafé mit einer Darstellung des Madrider Stadtwappens. Was er letztlich ausführte, war das, was sich in der Mitte des Wappens befindet, ein Bär und ein Erdbeerbaum (*madroño*), auch wenn es in den historischen Quellen keinerlei Hinweis darauf gibt, dass es sich tatsächlich um einen Erdbeerbaum handelt. Die Wappen-Legende besagt lediglich, dass Bär und Baum eine Übereinkunft aus dem 13. Jahrhundert zwischen Bürgerschaft und Stadtregierung symbolisierten, der zufolge Erstere die städtischen Weidegründe nutzen durfte, der Letzteren die Wälder und das darin lebende Wild zugesprochen wurden. Der sich am Baum abstützende Bär soll beides verkörpern, das Jagd- und das Forstrecht. Oftmals beruhen heraldische Erklärungen auf Dokumenten aus einer Zeit lange nach den Ereignissen, auf die sie sich beziehen. Das gilt auch für das Madrider Wappen, die Angaben dazu stammen aus Chroniken des 18. Jahrhunderts, die erzählten Ereignisse spielten sich jedoch im 13. Jahrhundert ab, also fünfhundert Jahre früher. Kein Richter würde wohl ein derartiges Beweismittel in einem Prozess zulassen, aber die Geschichte ist ja keine Gerichtsverhandlung. Und so kommt es, dass wir oft genug Quellen akzeptieren, die bei genauerer Betrachtung mindestens eine Überprüfung nötig hätten. Sagen wir also trotzdem, dass es so war wie behauptet, auch wenn schwer nachzuvollziehen bleibt, warum ein Bär einen Erdbeerbaum umarmen sollte. Das eigentliche Rätsel ist jedoch die Frage, warum es sich unter allen möglichen Baumarten ausgerechnet um einen Erdbeerbaum handeln soll.

Die Stadtverwaltung, die von der Erdbeerbaum-These überzeugt war, ließ jedenfalls seit Beginn der sechziger Jahre überall in der Stadt Erdbeerbäume pflanzen, im Retiro, in der Casa de Campo und vielen anderen Parks. Das Symbol Madrids sollte in der Hauptstadt schließlich an so vielen Stellen wie möglich zu sehen sein. Zum Glück kam man nicht auf die Idee, an jeden Erdbeerbaum auch noch einen lebendigen Bären zu ketten. Die städtischen Gärtner merkten allerdings bald, dass die Erdbeerbäume nur schlecht wuchsen, der Madrider Boden war für die Baumart offensichtlich nicht geeignet, nur wenigen Exemplaren gelang es, ordentlich Wurzeln zu schlagen.

Die Botaniker bestätigten die Beobachtungen der Gärtner: Madrid gehört nicht zum natürlichen Lebensraum des Erdbeerbaums. Manche vermuteten gar, vielleicht sei auf dem Wappen doch ein anderer Baum abgebildet, schließlich kämen wildwachsende Erdbeerbäume auch in der Umgebung nicht vor. Im Prado und in der Gegend nördlich der Stadt sind Steineichen zu finden, Erdbeerbäume dagegen erst in höheren Gebirgslagen und auch in Segovia, in jedem Fall aber weit entfernt von dem Gebiet, das dem mittelalterlichen Madrid unterstanden hatte. Der einzige größere Erdbeerbaum im Stadtzentrum steht heute auf der Plaza de la Lealtad, neben dem Hotel Ritz. Der *Arbutus unedo*, wie er botanisch korrekt heißt, wächst wild im gesamten Mittelmeerraum, gerne am Rand von Schluchten oder auf abschüssigem Gelände. Neben der Steineiche gehört er zu den für das Landesinnere Spaniens typischen Bäumen.

Es ist offensichtlich dem Zufall geschuldet, dass der Erdbeerbaum, der normalerweise in der Einsamkeit abgelegener Gegenden zu Hause ist, als Wahrzeichen der größten Stadt Spaniens fungiert und als Bronzeskulptur auf dem bekanntesten Platz des Landes steht. Und dass diese Skulptur ausgerechnet 1967 auf ihrem Granitsockel platziert wurde, also zur Hochzeit des großen Exodus der spanischen Landbevölkerung, als so viele Bewohner der Gebiete, wo der Erdbeerbaum natürlicherweise vorkommt, sich eine Nische in der Stadt suchten. Ein Zufall, klar, aber es gibt auch schöne Zufälle. Wie die Erdbeerbäume, die die städtischen Gärtner damals erfolglos anzupflanzen versuchten, versuchten die neuen Bewohner Madrids damals Wurzeln in einer Stadt zu schlagen, die keinen Platz für sie hatte. Das Schöne daran ist, dass ein Vertreter eben der Landschaft, die dabei war, sich inmitten des »großen Traumas« in nichts aufzulösen, in Bronze gegossen im Herzen der Hauptstadt wiederauftauchte.

Es gibt eine sehr grausame Stelle in einem Reisebuch eines Schriftstellers, der aus der Grausamkeit eine Stilfrage gemacht hat. In *Viaje a la Alcarria* (Reise in die Alcarria, 1948) erzählt Camilo José Cela, dass die jungen Männer aus den Dörfern der Provinz Guadalajara junge Frauen, die in Madrid als Dienstmädchen gearbeitet hatten, nicht heiraten wollten – wer wusste schon, welche Hände sie dort berührt hatten. Ein uraltes, bereits aus der Bibel bekanntes Motiv. Die Stadt als Sündenbabel.

Die Genesis berichtet davon, wie die Menschen durch die Errichtung der Städte ihre Unschuld verloren. Wie sie von Hochmut und Verdorbenheit erfüllt wurden und die schlichte, fromme Lebensart aufgaben, die sie auf dem Land gepflegt hatten, bis sie anfingen, Tyrannen zu huldigen, und zur Strafe der gemeinsamen Sprache beraubt wurden. Eine Vorstellung, die ihre Wirksamkeit bis heute beibehalten hat. Die Stadt als das Falsche, Unreine, Sündhafte, als Sinnbild des Todes. Und das Land als das Wahre, Reine, Tugendhafte, als Sinnbild des Lebens. Ein Mythos, der sich in allen möglichen Variationen durch sämtliche Zeiten und Gesellschaften zieht. Auch in Spanien. Nur dass die Spanier seltsamerweise im Lauf der Zeit den Spieß umgedreht haben: Obwohl die Bauern und eine Vielzahl anderer von dieser Vorstellung durchdrungener Menschen dem Stadtleben weiterhin aus politischen, ökologischen oder religiösen Gründen misstrauen, gibt es eine untergründige Gegenströmung, die das Land als Wildnis betrachtet. Die Zivilisation im Kampf mit der Barbarei lautet die Parole eines anderen, jüngeren Mythos, dessen Entstehung eng mit der Ausbreitung von Ideen der Freiheit und des Fortschritts verknüpft ist. In einem Land wie Spanien, das so viele Eroberer und Plünderer hervorgebracht und sie zu beiden Seiten des Atlantiks hat wüten lassen, kann man gar nicht anders, als das wüste Land, das einen Großteil seines Territoriums ausmacht, als barbarischen Ort voller ebenso barbarischer Unholde zu betrachten. Indigene, die häufig die Sprachen der Christen nicht verstehen, untereinander unverständliche Dialekte brabbeln und hartnäckig an ihren Hexereien und heidnischen Bräuchen festhalten. Das Entsetzen – oder selbstgerechte Gelächter – Camilo José Celas angesichts der Bauernburschen, die Frauen verschmähen, die in Madrid in Dienst gestanden haben, ist um nichts geringer als das des Bauern, der sich beim Anblick dieses von allen Lastern und Sünden der Großstadt befallenen schriftstellernden Bürgersöhnchens bekreuzigt.

Politisch hat sich dies häufig in gewalttätigen Auseinandersetzungen, ja Kriegen niedergeschlagen. Karlisten gegen Liberale (siehe Kapitel 7). Zentralisten gegen nationalistische Separatisten.

In den sechziger Jahren begann Radio Barcelona, begünstigt durch das Klima einer vorsichtigen kulturellen Öffnung, die die neue Generation in der franquistischen Führung beförderte, mit der Ausstrahlung von Sendungen auf Katalanisch. Genau genommen handelte es sich um eine einzige Sendung, ein Folkloreprogramm unter dem Titel *La comarca ens visita* (Unser Landkreis zu Gast). Viele gutbürgerliche Barceloneser, die damals noch weit davon entfernt waren, sich zu katalanisieren, empfanden das als ländlich-rückständige Beleidigung. Was sollte das heißen, »unser Landkreis zu Gast«? Woher kamen auf einmal all diese Bauerntölpel mit ihrer derben Sprache, die sich nicht zu benehmen wussten und nach Salami rochen? Für den Schriftsteller Francisco Ferrer Lerín (der diese Anekdote in seinem Buch *Familias como la mía* [Familien wie meine] erzählt),[12] der damals noch sehr jung war und zur neuesten Autorengeneration gezählt wurde, war das der Anfang vom Ende des kosmopolitischen Barcelona.

Der Nationalismus hat große Städte bekanntlich noch nie gemocht. Ihre Komplexität und Vielschichtigkeit sind nicht kompatibel mit Versuchen, eine Gemeinschaft zu homogenisieren. Hitler hasste Berlin und liebte Bayern. Berlin sollte wie München werden, nicht umgekehrt. »Würde das Schicksal Roms Berlin treffen, so könnten die Nachkommen als gewaltigste Werke unserer Zeit dereinst die Warenhäuser einiger Juden und die Hotels einiger Gesellschaften als charakteristischen Ausdruck der Kultur unserer Tage bewundern«,[13] schreibt er in *Mein Kampf*. Ein Extrembeispiel, natürlich, vergleichbare Formulierungen lassen sich jedoch überall auf der Welt finden. Der Nationalismus hat meistens zuerst auf dem Land Fuß gefasst, die Bauern wurden mit Hetzreden gegen die Städte aufgeputscht, die den alten Mythos vom Sündenbabel beschwörten – was oftmals zu grotesken Auseinandersetzungen geführt hat. Als Ende der siebziger Jahre in Spanien die Autonomen Gemeinschaften eingeführt wurden, kam es in mehreren davon zu erbittertem Streit über die Frage, welchen Orten die Hauptstadtfunktion zukommen solle. Nach Ansicht der lokalen Nationalisten repräsentierten gerade die jeweils größten Städte einer Region, die herkömmlicherweise auch ihre Hauptstädte gewesen waren, deren Wesen nicht. Durch ihr Wachstum hätten sie sich der heimatlichen Umgebung entfremdet, zu viel Neues, Andersartiges in sich aufgenommen und darüber ein Gutteil ihrer Urtümlichkeit verloren. In anderen Fällen, wo es zwei etwa gleich große Kandidaten gab, schlug man, um Konflikte zu vermeiden, eine dritte Stadt als Kompromisslösung vor, die antiurbanen Vorurteile waren aber auch in diesen Debatten deutlich vernehmbare Hintergrundgeräusche. Im Allgemeinen entschieden sich die neuen Gemeinschaften für eher kleine Städte von umso größerer historischer Bedeutung. Traditionsbewusste und klerikal geprägte Städte, die nach Ansicht der jeweiligen Nationalisten die nationalen Werte und Besonderheiten in Reinform repräsentierten. So wurde Santiago de Compostela zur Hauptstadt Galiciens, obwohl in wirtschaftlicher und kultureller Hinsicht La Coruña diese Rolle zufällt. Und so setzte sich in Extremadura Mérida mit seiner römischen – soll heißen: unsterblichen, tiefverwurzelten, essentiellen – Vergangenheit gegen Cáceres und Badajoz durch. Wie auch im Baskenland Vitoria gegen Bilbao, das wichtigste Industriezentrum im Norden der Iberischen Halbinsel. In

Andalusien oder Aragón wiederum kam es zu Auseinandersetzungen, weil die Nationalisten Sevilla oder Saragossa das Recht auf die Hauptstadtrolle absprachen. In Aragón erschien damals eine Streitschrift mit dem vielsagenden Titel *Zaragoza contra Aragón* (Saragossa gegen Aragón), in der die Forderung erhoben wurde, Jaca und nicht das flatterhafte und korrupte Saragossa solle zur Hauptstadt der neuen Autonomen Gemeinschaft erkoren werden, da sich in der am Südrand der Pyrenäen gelegenen Stadt, dem einstigen aragonesischen Königssitz, das wahre Wesen Aragóns doch viel besser erhalten habe, seine Essenz. Und genau das ist das leere Spanien letztlich, eine Ansammlung von Fläschchen voller Essenzen. Obwohl sie fast leer sind, haben sich alle möglichen seltenen Düfte darin erhalten, eben weil sie so fest verschlossen sind ...

Aber ist von alldem im heutigen, so modernen und perfekt in die Europäische Union und den Westen integrierten Spanien tatsächlich noch etwas wahrnehmbar? Ich nehme es sehr wohl wahr. Es wäre auch verwunderlich, wenn der Charakter und die Lebensweise der Spanier des 21. Jahrhunderts nicht von den Erfahrungen so vieler Jahrhunderte und insbesondere vom »großen Trauma« der fünfziger und sechziger Jahre geprägt wären. Spanien hat noch immer viel zu verdauen – und nur einen sehr kleinen Magen.

Wer durch das leere Spanien reist, trifft allerorten auf Namen, die ihm bekannt vorkommen. Kaum verlässt man die Autobahn und setzt die Fahrt auf einer kleinen Landstraße fort, kommt man an Abzweigungen vorbei, die zu Dörfern führen, deren Namen von den Familien, die einst dort lebten, aber nie mehr zurückkehrten, in die Städte getragen wurden. Im dicht besiedelten und so homogenen Europa unserer Tage ist eine Reise durch das leere Spanien eine unvergleichliche Erfahrung. Karge Landschaften, Wüsten, öde Gebirge, Dörfer an den unmöglichsten Stellen, und bei alldem die Frage: Wer lebt hier? Und warum? Wie haben die Menschen jahrhundertelang so viel Einsamkeit, Hitze, Staub, Trägheit, Dürre, ja Hunger überstanden?

In Madrid, an der Puerta del Sol oder auf der Gran Vía, ist davon nichts zu spüren. Nur wenige zeigen Neigung – ungefähr so wenige, wie in der Ödnis des leeren Spanien ausharren –, die Weiten der Hochebene, der Meseta, unmittelbar vor Ort in Augenschein zu nehmen. Ich bin in Madrid geboren. Mütterlicherseits bin ich Madrider in der vierten Generation, für eine vor allem aus Zuwanderern bestehende Stadt etwas durchaus Seltenes. Mein Vater dagegen stammt aus Arcos de Jalón, einem Ort in der Provinz Soria. Aus Gründen, die mir nie recht klargeworden sind, haben meine Eltern eines Tages die der allgemeinen Wanderungsbewegung entgegengesetzte Richtung eingeschlagen und sind, statt in Madrid zu bleiben, wo meine Mutter einen guten Arbeitsplatz und viele Freunde hatte, in das nicht weit von Arcos de Jalón entfernte Almazán gezogen, in eine Wohnung an der dortigen Plaza Mayor. Meine Mutter erzählt, es sei dermaßen ungewöhnlich gewesen, dass ein junges Paar mit Kind aus Madrid sich hier niederließ – ausgerechnet aus Madrid, wo alle jungen Leute aus dem Ort unbedingt hinwollten –, dass sich sämtliche Nachbarn versammelten, um sich das Schauspiel ihres Einzugs nicht entgehen zu lassen. Almazán ist ein hübsches Städtchen mit mittelalterlichen Gässchen, in den schneereichen Wintern ist es dort jedoch neblig und kalt, und die Temperatur klettert kaum je über null Grad. Kein Wunder, dass meine Eltern bei der ersten sich bietenden Gelegenheit erneut einen Umzugslaster bestellten und sich an der Küste niederließen, in dem Dorf in der Provinz Valencia, wo ich aufgewachsen bin. Kulturell hatte dieser Ort womöglich nicht mehr zu bieten als Almazán, aber das Klima war herrlich, im Frühling dufteten die Orangenblüten, und mein Bruder und ich konnten vier Monate ununterbrochen am Strand verbringen.

Das Landesinnere haben wir darüber aber nie vergessen. Häufig besuchten wir die Verwandten meines Vaters auf dem Dorf in Soria. Mein Großvater mütterlicherseits hatte außerdem ein Haus in einem Dorf in Aragón, nahe der Grenze zu Kastilien. Diese im Sommer drückend heißen und im Winter schneebedeckten Orte sind für mich auf beinahe unerträgliche Weise emotional aufgeladen – meine zwei Combrays. Das Strandkind, das ich war, fragte sich jedes Mal, warum dort überhaupt Menschen wohnten.

Das Dorf meines Vaters war ein Eisenbahnknotenpunkt an der Strecke zwischen Madrid und Saragossa, das mit seinem Niedergang nur sehr schlecht zurechtkam. Zur Zeit der Dampflokomotiven belud man hier die Tenderwagen mit neuer Kohle und wechselte das

Zugfahrzeug. Die Elektrifizierung sorgte für den Verlust fast sämtlicher Arbeitsplätze, der Abstieg des Orts begann. Meine Großmutter und eine unverheiratete Schwester meines Vaters lebten noch dort. Meine Tante wurde eines Tages an einem unbeschrankten Bahnübergang von einem Talgo-Zug überfahren, der in voller Geschwindigkeit angerast kam. So wie sie starb auch das Dorf daran, dass die schnellen und wichtigen Züge hier nicht mehr hielten. Tante Vivi, wie wir sie nannten, studierte Geschichte und sammelte begeistert römische Münzen. Das Dorf war zu Zeiten des Römischen Reichs ein Militärstützpunkt gewesen und davor eine Festung der Iberer, weshalb hier archäologische Reste reichlich vorhanden waren und sind. Einmal ging Tante Vivi mit mir hinauf zur Burgruine und zeigte mir etwas, das bei mir, der ich zu diesem Zeitpunkt sechs oder sieben war, einen großen Eindruck machte. »Schau mal«, sagte sie, dem unter uns liegenden Dorf den Rücken zukehrend, und deutete auf ein weiteres Dorf aus Lehmziegeln. Sich in steilen Gassen aneinanderdrängende Häuser ohne Dächer, dazwischen immer wieder Haufen roter Ziegel. Kein Mensch lebte hier. Die tiefroten Ziegelmauern schienen kurz davor, zu zerfallen und wieder von der roten Erde der Umgebung verschlungen zu werden. Es war das alte Dorf. Oder vielmehr der alte Teil des Dorfes. Nach der Ankunft der Eisenbahn hatten die Leute ihn verlassen und waren in Häuser rund um den Bahnhof gezogen. Als ich Jahre später zum ersten Mal in das im Bürgerkrieg fast völlig zerstörte Belchite kam, musste ich an dieses Kindheitserlebnis zurückdenken. Heute weiß ich, dass der verlassene Teil des Dorfes meines Vaters längst nicht so groß war, wie er mir damals erschien. Als Kind hielt ich ihn für riesig.

Als Journalist und Reporter des *Heraldo de Aragón* bin ich viel im leeren Spanien umhergereist. Es verging kaum eine Woche, in der ich nicht mindestens einmal um fünf Uhr morgens aufstehen und, begleitet von einem Fotografen, mit dem Auto hundert, zweihundert, ja manchmal auch dreihundert Kilometer zurücklegen musste, um über einen Vorfall in irgendeinem abgelegenen Kaff zu berichten. Saragossa, wo ich wohne und wo sich auch die Chefredaktion dieser Zeitung befindet, hat etwa 700.000 Einwohner und ist die Hauptstadt einer Autonomen Gemeinschaft mit rund 1,3 Millionen Einwohnern.

Anders gesagt, die Hälfte der Bevölkerung lebt zusammengedrängt in einer Stadt, der Rest dagegen über ein Gebiet verstreut, das größer ist als die Niederlande (wo 17 Millionen Menschen leben). Nach den Kriterien der OECD ist Aragón eine Mischregion, die sowohl urbane als auch ländliche Züge aufweist, weshalb sie als Musterbeispiel für die spanische Bevölkerungsstruktur betrachtet wird. Ein Spanien in Miniaturformat, fast wie aus dem Labor.

Hier habe ich die schier unendliche Weite der Landschaft gründlich kennengelernt. Saragossa ist eine mittelgroße europäische Stadt mit einigen Besonderheiten, insgesamt jedoch anderen Städten dieser Größe wie Toulouse, Bordeaux, Bologna oder Bristol ohne Weiteres vergleichbar. Allerdings ist sie umgeben von Wüste. Wenn ihre Bewohner einen Sonntagsausflug machen wollen, müssen sie zunächst mindestens hundert Kilometer durch eine Gegend fahren, in der es außer Stromleitungen, Osborne-Stieren am Horizont und der einen oder anderen Ruine kaum ein Anzeichen menschlichen Lebens gibt. Gegenverkehr begegnet einem ebenfalls kaum. Meine journalistische Arbeit führte mich hier in Dörfer, in denen es so gut wie nichts gibt. Einmal pro Woche schaut ein Arzt vorbei, die aufgegebene Schule dient als Warenlager oder Laden, und an manchen Gebäuden

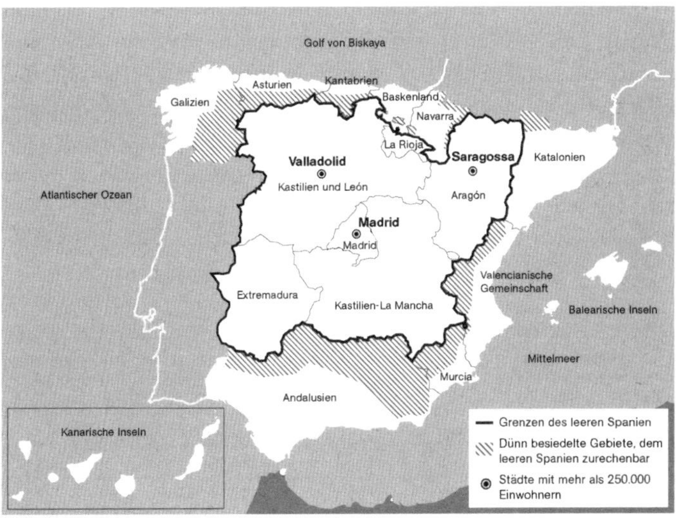

prangen noch immer die in Stein gemeißelten Wappenschilde aus der Zeit von Alfons XIII., weil sie damals, also Anfang des 20. Jahrhunderts, zum letzten Mal für öffentliche Zwecke genutzt wurden. Die Dorfkneipen öffnen jede Woche ein paar Stunden als Gemeinschaftstreff, Handyempfang gibt es keinen, und der Bürgermeister wohnt hundert Kilometer entfernt und übt sein Amt vor Ort nur für ein Weilchen am Freitagnachmittag aus. Im Winter leben hier oft bloß zwei oder drei alte Menschen, die den ganzen Tag am warmen Ofen sitzen und, sobald ein Fremder auftaucht, die Guardia Civil rufen. Dörfer, die kurz davor sind, zu verschwinden, beziehungsweise die verschwinden werden, wenn ihre letzten zwanzig oder dreißig Bewohner gestorben oder so krank sind, dass ihre Kinder sie zu sich in die Stadt holen.

Die Bewohner dieses leeren Spanien haben das Gefühl, dass man sie ihrem Schicksal überlassen hat. Viele sind verbittert. Sie reden sich ein, früher sei bei ihnen alles voller Leben gewesen und es habe viele Kinder und Nachbarn gegeben. Manche träumen davon, diese mythische Vergangenheit mithilfe von Einwanderern aus Osteuropa oder Lateinamerika wieder zum Leben zu erwecken – die einzigen jungen Menschen, die den Mut hatten, sich an Orten wie diesen niederzulassen.

In Wirklichkeit war das leere Spanien jedoch noch nie voll. Ja, wenn man so will, ist es heute sogar weniger leer als früher – Geografen sind der Ansicht, in den letzten hundert Jahren sei die Bevölkerungszahl hier um zehn bis zwanzig Prozent gestiegen. Ein im Vergleich zum gesamten Land insgesamt allerdings lächerlicher Anstieg, ist die spanische Bevölkerung doch im selben Zeitraum um etwa 230 Prozent gewachsen. Entvölkerung findet also statt, das Gefühl der Entleerung ist jedoch stärker der Tatsache geschuldet, dass die Einwohnerzahl mehr oder weniger stagniert, während sie im städtischen Raum

	Fläche (in km²)	% Fläche	Einwohner	% der Einwohner
Spanien	504.645	100	46.449.565	100
Leeres Spanien	268.083	53,12	7.317.420	15,75
Leeres Spanien*	-	-	4.636.050	9,98

* ohne Provinzhauptstädte

in extremer, historisch einmaliger Weise gewachsen ist. Das immer schon, auch vor der industriellen Revolution, stark ausgeprägte Ungleichgewicht zwischen Stadt und Land ist mittlerweile unumkehrbar geworden.

An dieser Stelle ist es wohl angebracht, das Land, das ich *leeres Spanien* nenne, einmal genauer zu kartografieren und in Zahlen zu fassen. Was zuallererst auffällt, ist, dass dieses Land nirgendwo ans Meer grenzt. In groben Zügen umfasst es geografisch die iberische Meseta sowie das Ebrobecken. Obwohl ich in diesem Buch ab und zu Ausflüge an die Peripherie unternehme und immer wieder auch Andalusien, Asturien, Galicien, Katalonien oder Navarra aufsuche, entspricht das leere Spanien dem spanischen Landesinneren und wird von den Autonomen Gemeinschaften Kastilien-La Mancha, Kastilien und León, der Extremadura, Aragón und La Rioja gebildet – für europäische Verhältnisse ein riesiges Gebiet. Wenn es auf Weltkarten nicht so groß aussieht, wie es tatsächlich ist, liegt das an der Mercator-Projektion: Sie verzerrt die Verhältnisse und lässt Länder umso größer wirken, je näher sie den beiden Polen sind. So kommt es, dass beispielsweise Finnland doppelt so viel Fläche zu umfassen scheint

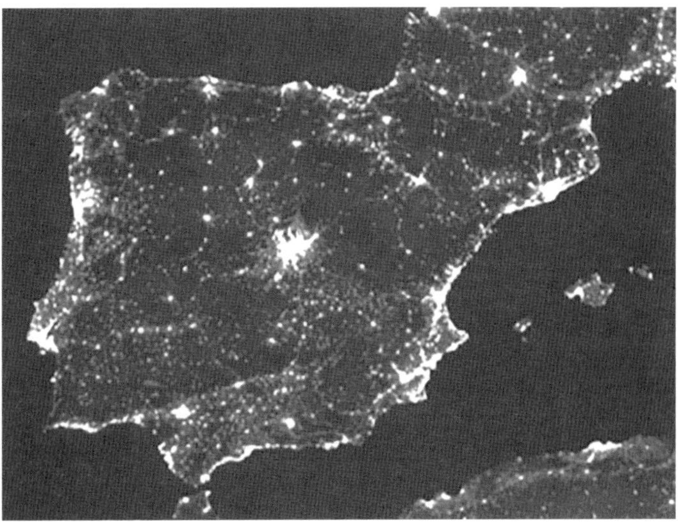

wie Spanien, obwohl es in Wirklichkeit um ein Drittel kleiner ist. Das wird notwendig, um die Erdkrümmung in eine zweidimensionale, flache Darstellung zu überführen. Die Meridiane sind sich an den Polen viel näher als am Äquator, auf der Weltkarte erscheinen sie jedoch zwangsläufig als Parallelen, was bewirkt, dass die im Norden gelegenen Gebiete auseinandergezogen werden. Das verzerrt unsere Wahrnehmung der Welt und vermittelt den Eindruck, Grönland sei größer als Australien, während Australien in Wirklichkeit fünfmal so groß wie Grönland ist. Insgesamt wirkt Europa auf diese Weise unverhältnismäßig groß, Afrika dagegen unangemessen klein. Weshalb die Mercator-Projektion inzwischen auch als typisches Produkt einer imperialistischen Weltsicht angesehen wird. Ich bestreite nicht, dass es Entscheidungen gibt, die rein eurozentrisch oder imperialistisch motiviert scheinen wie die Konvention, auf Karten den Norden oben und den Süden unten anzusiedeln oder Europa ins Zentrum zu stellen (wo sich genauso gut Japan oder Kalifornien befinden könnten) – Nachwirkungen einer Zeit, in der die Europäer über See und Land herrschten. Die Mercator-Projektion hingegen ist schlicht eine mathematische Operation, die es ermöglicht, Landkarten zu entwerfen, die man in Büchern wiedergeben oder einfach in die Tasche stecken kann – andernfalls müsste man ständig mit einem Globus in der Hand umherlaufen. Trotzdem sollte man ihren Verzerrungseffekt darüber nicht vergessen.

Die Wüste Sinai, die Moses und die Juden nach dem Auszug aus Ägypten vierzig Jahre lang durchwanderten, war beziehungsweise ist kleiner als das Gebiet, in dem Don Quijote seine Abenteuer erlebt. Trotzdem kommt es einem bei der Lektüre (vor allem des ersten Teils) des *Don Quijote* so vor, als hätte der Ritter von der traurigen Gestalt sich lediglich in der Umgebung seines Dorfs herumgetrieben. Doch die

	Einwohner (in Millionen)	Fläche (in km²)
Spanien	46,4	504.645
Frankreich	64,6	551.695
Deutschland	82,7	357.021
Italien	61	301.336
Großbritannien	63,5	242.900

Fläche der heutigen Autonomen Gemeinschaft Kastilien-La Mancha ist tatsächlich um zwanzig Prozent größer als die der Sinai-Halbinsel.

Das leere Spanien ist ein riesiges Gebiet, in dem es außerdem keine großen Städte gibt – bis auf Madrid, Saragossa und Valladolid. Madrid ist, wenn man so will, ein Schwarzes Loch, umgeben von gewaltiger Leere. Insgesamt umfasst das leere Spanien – in seiner strengsten, kleinsten Form – eine Fläche von 268.083 Quadratkilometern. Ohne jedes noch so kleine Stückchen Küste. Dafür fast durchgehend auf einer beträchtlichen Höhe über dem Meeresspiegel. Insgesamt nimmt das Gebiet mehr als die Hälfte des spanischen Territoriums ein, genau genommen 53 Prozent. Dafür leben hier lediglich 15,8 Prozent der spanischen Gesamtbevölkerung (derzeit rund 46,5 Millionen Einwohner) beziehungsweise 7.317.420 Menschen. Nur eine Stadt hat hier mehr als eine halbe Million Einwohner – Saragossa. Valladolid, die zweitgrößte Stadt, bringt es auf 300.000. Der Rest der Bevölkerung lebt in Agglomerationen von weniger als 200.000 Einwohnern. Zählt man nur die, die in Dörfern wohnen – lässt also die Hauptstädte der Provinzen und die der Autonomen Gemeinschaften weg –, kommt man auf gerade einmal 4.636.050 Menschen. Anders gesagt, ein Zehntel der spanischen Gesamtbevölkerung.[14]

Zusammengefasst leben also auf etwas mehr als der Hälfte der Fläche Spaniens gerade einmal 15,8 Prozent der spanischen Bevölkerung – oder auch bloß 9,9 Prozent, wenn man die Verwaltungszentren abzieht. Andersherum gesagt, 84,2 Prozent der Spanier drängen sich auf 47 Prozent des spanischen Territoriums zusammen. Die spanische Bevölkerung ist demnach sehr ungleich verteilt – sie konzentriert sich an einigen wenigen Punkten, während in einem großen Teil des Landes fast kein Mensch anzutreffen ist. Nachts sieht Spanien vom Weltraum betrachtet wie ein riesiger Schokoladendonut aus, mit Zucker an den Rändern und einem Stück Kandis in der Mitte. Dieser Kandis ist der Großraum Madrid, wo 13,7 Prozent der spanischen Gesamtbevölkerung auf lediglich 1,5 Prozent des spanischen Staatsgebiets Platz finden müssen. Fast ebenso viele Menschen wie im gesamten leeren Spanien, aber auf nur drei Prozent von dessen Fläche. Die restlichen 70,5 Prozent der Spanier drängen sich ebenfalls zusammen, aber nicht an einem Punkt, sondern entlang der

Küsten. Von Barcelona bis Murcia folgt mit kurzen Unterbrechungen Stadt auf Stadt, entlang eines Küstenstreifens mit 14,1 Millionen Bewohnern. Andalusien hat 8,4 Millionen Einwohner, von denen über fünf Millionen wiederum im Küstengebiet leben. Im Norden der Iberischen Halbinsel nähert sich die Bevölkerungsdichte noch am ehesten europäischen Durchschnittswerten an. Außerdem gibt es dort dicht besiedelte Zentren, die nahe beieinanderliegen, und eine reiche industrielle Vergangenheit. Insgesamt leben hier 6,5 Millionen Menschen. Im Rest des Landes dagegen sind nur wenige Menschen zu finden, und die wohnen weit voneinander entfernt.

Dies unterscheidet Spanien von den europäischen Ländern, mit denen es normalerweise verglichen wird. Frankreich, an dem Spanien sich in den letzten Jahrhunderten stets gemessen hat, hat ein nur wenig, um 9,3 Prozent größeres Territorium, aber viel mehr Einwohner, etwa 18 Millionen (beziehungsweise rund 38 Prozent) mehr.

Noch krasser sieht es beim Blick auf andere Länder aus. Italien ist 301.336 Quadratkilometer groß, also etwas größer als das leere Spanien, insgesamt entspricht seine Fläche aber nur drei Fünfteln derjenigen Spaniens. Und doch leben hier 61 Millionen Menschen, 14,5 Millionen beziehungsweise fast ein Drittel mehr als in Spanien. Noch etwas gravierender sind die Unterschiede zu Großbritannien, das mit 242.900 Quadratkilometern Fläche kleiner als das leere Spanien beziehungsweise nicht einmal halb so groß wie Spanien insgesamt ist, aber 63,5 Millionen Einwohner hat. Also 17 Millionen beziehungsweise ein gutes Drittel mehr als Spanien.

Am eindrücklichsten ist jedoch der Unterschied zu Deutschland. Auf einer Fläche von 357.021 Quadratkilometern, also 70,8 Prozent derjenigen Spaniens, leben 82,7 Millionen Menschen. Das heißt, 36,2 Millionen Menschen beziehungsweise 78 Prozent mehr, auf einer um ein Drittel kleineren Fläche.

Westeuropa ist dicht besiedelt, und seine Einwohner leben bemerkenswert gleichmäßig verteilt. Bei einer Autoreise durch Frankreich, England oder Deutschland folgt in kurzen Abständen Dorf auf Dorf, mit wenigen gänzlich leeren Zwischenräumen. Nur Irland hat in Westeuropa eine geringere Bevölkerungsdichte als Spanien, doch der spanische Wert – 93 Einwohner pro Quadratkilometer – gibt die tatsächlichen demografischen Verhältnisse keineswegs angemessen wieder. Während es in der Provinz Madrid um die 800 Einwohner pro Quadratkilometer sind, und in der Stadt Madrid selbst bis zu 5.000, weist Teruel, die am wenigsten dicht besiedelte Provinz, nur 9 Einwohner pro Quadratkilometer auf. Was zur Folge hat, dass einigen wenigen Gebieten mit mittlerer oder hoher Bevölkerungsdichte (von Überbevölkerung kann nirgendwo die Rede sein) ganze Regionen gegenüberstehen, die als praktisch unbewohnt anzusehen sind.

Die Gründe für diese Eigenheit Spaniens sind komplex, spielen aber im Zusammenhang dieses Buchs eigentlich keine übermäßig große Rolle. Worauf es mir vor allem ankommt, ist die Tatsache, dass dieses Ungleichgewicht schon seit Langem besteht und strukturelle Ursachen hat, die weder Fortschritt noch zunehmender Wohlstand haben beseitigen können. Im europäischen Vergleich machen sie Spanien jedoch in vielerlei Hinsicht zu einem Sonderfall. Passend hierzu ähnelt das Bild, das die Spanier selbst sich von Spanien machen, wohl eher dem, das die Bewohner Russlands oder der USA von ihren so viel größeren Ländern haben. Manchen Landstrich bezeichnen die Einheimischen als das »spanische Sibirien«. Und in den Wüsten gleich mehrerer spanischer Regionen sind bekanntlich Western gedreht worden. Auch dass die Iberische Halbinsel insgesamt wie ein Subkontinent an Europa angefügt ist – und zugleich durch die Pyrenäen davon abgeschnitten –, bewirkt, dass die Spanier das Gefühl haben, in einem Gebiet zu leben, in dem sich Entfernungen und sonstige Parameter nicht ohne Weiteres mit dem europäischen Standard vergleichen lassen. In vielerlei Hinsicht hat sich Spanien längst vollständig der europäischen Normalität angeglichen, die Ausnahmen und Unterschiede sind allerdings auffällig genug, um darauf zu bestehen, dass das Land inzwischen zwar tatsächlich europäisch sein mag, und doch – ja, worin besteht dieses Und doch? Es lässt sich besser erklären, wenn man die Pyrenäen, von Süden kommend, in Richtung Norden überquert.

Zwei Dinge fallen einem Spanier auf, wenn er auf französischen und später belgischen, deutschen, schweizerischen oder österreichischen Straßen unterwegs ist. Das eine ist die Landschaft. Nahezu übergangslos gelangt man von einem Gebiet mit trockenem in ein Gebiet mit feuchtem Klima, und statt Dornsträuchern umgeben ihn auf einmal Rasenflächen. Hinter den Pyrenäen wird es grün, wie man so sagt, und das stimmt buchstäblich, regnen sich die Wolken aus dem Norden doch normalerweise an den Bergen ab, sodass ihr Wasser nur dem französischen Boden zugutekommt. Diese so grüne Landschaft passt zu der Vorstellung von der Schönheit Europas, die man uns schon in den ersten Kindergeschichten vermittelt hat. Die zweite Überraschung stellen die Dörfer dar. Ihre Gestalt und ihre Ähnlichkeit. Zunächst einmal gibt es viele, und sie sind meist nur wenige Kilometer voneinander entfernt. Manchmal gehen sie sogar unmittelbar ineinander über, sodass die Dorfgrenze durch eine Straße bezeichnet wird, hinter der sogleich das Nachbardorf beginnt. Auch wenn auf der Straße in diesen Dörfern nicht allzu viel los ist – wie überhaupt das Leben in anderen europäischen Ländern weniger auf der Straße stattfindet als in Spanien –, stößt man hier doch, normalerweise samstags, regelmäßig auf eine Überraschung: Es gibt einen Wochenmarkt. Und was dort verkauft wird, stammt von Bauern aus der Umgebung. Käse, Wein, Brot, Wurst, Gemüse, Eingemachtes, Kuchen ... Viele Leute kaufen hier für ihren täglichen Bedarf ein. Sie kennen sich und grüßen einander, und es fällt noch etwas auf: Es sind Leute aller Altersstufen da. Selbst im kleinsten Dorf scheinen Kinder, Jugendliche, nicht mehr ganz so junge Menschen und Alte zu leben. Auch unter den Bauern gibt es junge und mittelalte. In unterschiedlichen Anteilen, aber keinesfalls bloß welche im Rentenalter. Warum nun wundert sich der spanische Reisende darüber? Weil es so etwas in Spanien kaum mehr gibt. Für gewöhnlich finden derartige Bauernmärkte hierzulande nur noch im Rahmen irgendwelcher Feste oder als schicke Feinkost-Präsentationen statt. Die spanische Landwirtschaft und Viehzucht ist heutzutage vor allem in der Hand von Betrieben, die auf riesigen Flächen und in Intensivanbau für den Großhandel oder den Export produzieren. Lokale Zusammenschlüsse von Kleinerzeugern, die auf diese Weise vom Verkauf ihrer eingemachten Produkte oder traditionell hergestellten Käsesorten leben könnten, gibt es so gut wie nicht. Weshalb diese Märkte den Reisenden von südlich der Pyrenäen geradezu exotisch anmuten, genau wie die vielen jungen Menschen dort – je kleiner ein spanisches Dorf, desto schwieriger, dort Menschen anzutreffen, die nicht mindestens fünfzig sind.

Wenn ich hier Spanien sage, meine ich selbstverständlich stets dieses Land im Land, das leere Spanien.

Auch das Aussehen der Dörfer ist denkbar verschieden. Nördlich der Pyrenäen machen sie einen viel geordneteren, homogeneren und wohlhabenderen Eindruck. Zwischen ihnen und den spanischen Dörfern tut sich ein historisch gewachsener Graben auf. Jahrhundertelange Vernachlässigung und Rückständigkeit haben dafür gesorgt, dass die Dörfer in Kastilien, Aragón oder der Extremadura sich immer noch als Ansammlungen kleiner, sich entlang ineinander verschachtelter Gassen zusammendrängender Häuser präsentieren. Was zum Teil mit dem Klima zu tun hat – so soll trotz der unerträglichen Hitze Schatten und Kühle erzeugt werden. Zum anderen Teil liegt es an der ebenfalls jahrhundertealten Armut. Während die europäischen Dörfer, wenngleich nicht unberührt von ständigen Kriegen und Revolutionen, von zweihundert Jahren Fortschritt profitierten, fehlte es im leeren Spanien fast bis in die siebziger Jahre selbst am grundlegendsten Komfort. Auch ein reiches Dorf der Meseta war stets ärmer als ein armes Dorf aus Frankreich oder Deutschland. Die Anlage der Dörfer im spanischen Landesinneren ist zentripetal, wohingegen sie im übrigen Europa häufig zentrifugalen Charakter hat: Die Straßen bilden verschlungene Labyrinthe, die an arabische Siedlungen denken lassen, und die Häuser ballen sich, oft um einen Felsen herum, zu einer kompakten Masse. Ihren Mittelpunkt, das Fest- oder politische Zentrum des Orts, markiert unweigerlich ein Kirchturm, dem die Häuser entgegendrängen, als wollten sie sich vor der beängstigenden Weite der sie umgebenden Ebene in Sicherheit bringen. Die anderen europäischen Dörfer dagegen liegen oft weit ausgebreitet da, mit vereinzelten Häusern und Gehöften entlang der Wege. Manchmal ist es gar nicht so einfach, ihr Zentrum zu erkennen. Die Dörfer des leeren Spanien wiederum wirken oft wie Festungen inmitten von erobertem Feindesland. Und die Dörfer der Mancha ähneln eher mexikanischen Dörfern, ihre niedrigen Häuser scheinen sich an den Boden zu pressen, als wollten sie sich vor dem weiten Horizont unsichtbar machen, wie Soldaten, die sich auf die Erde geworfen haben, um möglichst wenig Angriffsfläche zu bieten. Außerhalb dieser Dörfer gibt es nichts. Die französischen Dörfer, wie Proust nur zu gut wusste, formen Netze aus Wegen, die allesamt zum Haus von Monsieur Swann oder auf Schloss Guermantes führen. Dorf und Umgebung bilden dort eine

Einheit. Im leeren Spanien ist das Dorf nur das Dorf, und wehe dem, der auf offenem Feld vom Einbruch der Dunkelheit überrascht wird.

Die Sprachen und die Gastronomie ändern sich, aber in der Art, wie die Dörfer angelegt sind und wie sie bewohnt werden, gibt es von der walisischen Küste bis zur italienischen Adria nur wenige Unterschiede. Die Hüter der Reinheit beklagen regelmäßig, dass die globalisierte Wirtschaft die großen Städte ihrer Einzigartigkeit und Unverwechselbarkeit beraubt hat – in den Einkaufsstraßen sämtlicher Großstädte befänden sich heute überall Ableger derselben internationalen Ladenketten. Was ja auch stimmt, und doch nimmt sich diese Vereinheitlichung im Vergleich zu der, die Romanik, Gotik oder noch früher das Römische Reich Europa beschert haben, geradezu bescheiden aus. Ein mittelalterliches europäisches Dorf ähnelt einem mittelalterlichen Dorf eines anderen europäischen Landes mehr als seinem nichtmittelalterlichen Nachbardorf. Die nationalen oder regionalen Variationen sind nicht markant genug, um die gemeinsame europäische Grundlage auszulöschen. Beim Betrachten einer Postkarte mit der Ansicht einer Straße oder eines Dorfes irgendwo in Europa kann man sich fragen: Ist das jetzt in Deutschland oder der Schweiz? In Italien oder Frankreich? In England oder Belgien? Klar hingegen ist, dass es sich um eine Straße oder ein Dorf irgendwo in Europa handelt.

Für die Dörfer des leeren Spanien gilt das nicht. Sie unterscheiden sich nicht nur sehr von denen im übrigen Europa, auch je nach Region variiert ihre Erscheinungsform stark. Die ockerfarbenen Dörfer der Rioja haben so gut wie nichts mit den langgezogenen flachgedrückten weißen Dörfern der Meseta zu tun. Bilder mancher Dörfer in Aragón oder der Extremadura könnte man zur Illustration eines Marokko-Führers verwenden, während man auf Reisen durch die Meseta immer wieder von dem Gefühl befallen wird, in Mexiko unterwegs zu sein. Hier ist die Geschichte anders gelaufen, auch was die geografischen Verbindungen angeht. Innerhalb Europas ist Spanien, vor allem das leere Spanien, ein ziemlich seltsames Land. Das bemerkt man schon beim Blick durchs Autofenster.

Das heißt nicht, dass die ländlichen Gebiete in Frankreich, England oder Deutschland nicht von Überalterung und Abwanderung betroffen wären. Dieses Phänomen tritt schon seit Langem in sämtlichen

Industriestaaten auf, hat sich aber noch einmal verstärkt, als nach Ende des Zweiten Weltkrieges die Städte Europas wiederum in kurzer Zeit beträchtlich wuchsen. Für die wenig begüterten Landflüchtlinge – zu denen insbesondere in England und Frankreich mit dem Zerfall der Kolonialreiche die ersten Immigrationswellen aus Afrika und der Karibik kamen – wurden in den fünfziger und sechziger Jahren (zeitgleich mit dem Babyboom) in aller Eile riesige Hochhausiedlungen aus dem Boden gestampft, deprimierende Bienenstöcke aus Beton, die in ganz Europa mehr oder weniger gleich aussahen. Für viele ländliche Regionen Westeuropas hatte dies dramatische Folgen, besonders traumatisch war jedoch die Erfahrung in Großbritannien, wo die ökonomische Neuorganisation des Landes Millionen von Bauern die Lebensgrundlage entzog.

All dies ist wissenschaftlich gut erforscht. Der Niedergang des ländlichen Raums präsentiert sich dabei als klassischer Teufelskreis: Durch die Mechanisierung und Industrialisierung des Agrarsektors sinkt der Bedarf an Arbeitskräften drastisch. Die daraus resultierende Abwanderung der jungen Leute in die Städte hat die Einschränkung öffentlicher Dienstleistungen und eine Abnahme der Unternehmensgründungsrate zur Folge. Was einen noch größeren Mangel an Arbeitsplätzen hervorruft, der die Abwanderung von umso mehr Menschen erzwingt. Zuletzt bleiben nur die Alten übrig, die eines Tages ebenfalls in die Städte umsiedeln, es sei denn, sie erhalten grundlegende Dienstleistungen wie eine gute Gesundheitsversorgung. Gelingt es nicht, diesen Kreis zu durchbrechen, ist es nur eine Frage der Zeit, bis das Leben auf dem Land vollständig zum Erliegen kommt.

Diese Abwärtsspirale, die sich im Lauf der fünfziger und sechziger Jahre immer schneller zu drehen begann, traf in Spanien auf eine ohnehin schon ziemlich katastrophale Situation. Die Bauern dort lebten in – für europäische Maßstäbe des 20. Jahrhunderts – nahezu unvorstellbarer Armut, weshalb ihre Dörfer noch viel anfälliger für die negativen Folgen der Abwanderung waren.

In Deutschland, Frankreich und Großbritannien hat man versucht, diesem Niedergang etwas entgegenzusetzen, in manchen Fällen mit Erfolg. So ist es gelungen, einen Teil der jungen Bevölkerung zum Bleiben zu bewegen und sogar den einen oder anderen Städter aufs Land zu locken. Auch wenn die Dörfer ihre einstige Lebendigkeit nicht wiedererlangt haben, lässt sich doch feststellen, dass die Abwärtsbewegung teilweise zum Stillstand gelangt ist. Anders gesagt, nicht wenige Dörfer verfügen noch oder wieder über genügend Bewohner und Dienstleistungen, um ein gutes Beschäftigungsniveau und einen akzeptablen Lebensstandard aufrechtzuerhalten. Bekannt geworden sind in diesem Zusammenhang Programme wie »Rural Pathfinders« und »Local Strategic Partnerships«, die in Großbritannien alternative Entwicklungsmodelle für den ländlichen Raum erproben sollen. In Deutschland gab es das Modellprogramm »Regionen aktiv«, in Kanada die sehr erfolgreiche Initiative »Rural Lens« sowie ähnliche Unternehmungen in Finnland und Holland. Allen gemeinsam ist, dass sie den Fokus auf die lokalen Gegebenheiten richten – den Betroffenen werden keine globalen Lösungen übergestülpt, zum Ausgangspunkt genommen wird stattdessen die Situation der jeweiligen Gemeinde und Gegend, woraufhin mit den dort lebenden Menschen über die am besten geeignete Vorgehensweise verhandelt wird, Investoren gesucht und Finanzierungsmöglichkeiten ausgelotet werden, bis schließlich mit Unterstützung der Regierung konkrete Entwicklungspläne in Gang gesetzt werden.[15]

Spanien hatte bis 2016 kein spezifisches Programm dieser Art, sowohl das Landwirtschaftsministerium wie auch die Autonomen Gemeinschaften nutzen jedoch in von Fall zu Fall angepasster Form das Leader-Programm der Europäischen Union, das den oben genannten Programmen sehr ähnlich ist und allen Mitgliedsländern der EU offensteht. Die bisherigen Erfolge fielen allerdings um einiges bescheidener aus.

Die Provinz Cuenca grenzt an die Provinz Madrid. Unmittelbar an dieser Grenze, auf der Madrider Seite, liegt die Zweitausend-Seelen-Gemeinde Fuentidueña de Tajo. Die Bewohner von Fuentidueña sind verwaltungstechnisch vollgültige Bürger der Provinz Madrid und können deren Zentrum an Tagen, an denen nicht allzu viel Verkehr ist, mit dem Auto in einer Dreiviertelstunde erreichen. An diesem Ort käme man jedoch niemals auf den Gedanken, sich auf Madrider Gebiet zu befinden. Wie der Name besagt, liegt Fuentidueña de Tajo am Ufer des Tajo, der sich hier vorbeischlängelt. Hier gibt es einen Uhrturm, eine Burgruine und eine quadratische Plaza Mayor. Ein in jeder Hinsicht typisches Dorf der Mancha inmitten einer unendlich weiten braunen Ebene.

Dies ist eine weitere Besonderheit des Landesinneren auf der Iberischen Halbinsel: Kaum hat man eine Stadt hinter sich gelassen, befindet man sich im leeren Spanien. Fährt man von Fuentidueña aus in nördlicher Richtung auf der Autobahn A-3, stößt man nach dreißig Kilometern auf den Industriegürtel Madrids. Der Verkehr wird dichter, man fährt über Autobahnkreuze, neue Siedlungen und Satellitenstädte wechseln sich ab mit Gewerbegebieten voll riesiger Werkhallen, Supermärkten und all den Dingen, die eine Großstadt braucht, aber nicht in ihrem Zentrum haben will – Mülldeponien, Schrottplätze, Lagerhäuser. Gerade einmal dreißig Kilometer trennen Fuentidueña von dem städtischen Ungeheuer, aber in Fuentidueña lebt man, als existierte dieses Ungeheuer nicht. Es gibt eine klare, nicht-imaginäre Grenzlinie, an der sich hier der Beginn des leeren Spanien festmachen lässt: Wo das Gebiet der ebenfalls zu Madrid gehörenden Gemeinde Arganda del Rey endet, wird die Meseta schlagartig wieder zu der endlosen braungelben Weite, in der seit jeher Wind und Sonne regieren. In der gleich hinter Fuentidueña beginnenden Provinz Cuenca wiederum beträgt die Bevölkerungsdichte bloß noch zwölf Einwohner pro Quadratkilometer. Das ist eine der niedrigsten in Europa, niedriger als jene Finnlands, fast wie am Nordpol. Fuentidueña ist also Teil der Autonomen Gemeinschaft Madrid, seine Bewohner leben jedoch in einer völlig anderen Welt.

Diese Gegensätzlichkeit ist nicht neu. Seit sich Madrid Ende des 19. Jahrhunderts allmählich in eine Großstadt verwandelte, weisen sämtliche spanischen Reisebücher darauf hin. Ciro Bayo etwa schildert in einem seiner Texte den Übergang vom Gedränge an der Puerta del Sol zur provinziellen Ruhe der ersten Dörfer gleich nach Verlassen der Stadt. Arturo Barea wiederum beschreibt, wie die Stadt verschwindet, sobald die Postkutsche am Ende der Calle de Toledo angekommen ist. Und José Martínez Ruiz, besser bekannt als Azorín, wie auch Camilo José Cela verweisen darauf, wie schnell sich der Reisende, kaum hat er sich in Bewegung gesetzt, inmitten der Meseta wiederfindet. Egal auf welchem Weg und mit welchem Verkehrsmittel – durchs Kutschen- wie durchs Zugfenster war und ist zu erleben, wie an die Stelle des chaotischen Wirrwarrs der Stadt auf einmal die beunruhigende

Leere der Ebene tritt. Heute hat sich nur die Ausdehnung dieser Stadt verändert, der Übergang dagegen erfolgt noch immer genau so abrupt, wie ihn die Reiseschriftsteller des 20. Jahrhunderts geschildert haben. In welcher Richtung auch immer man Madrid verlässt – es sei denn vielleicht auf dem Weg ins Guadarrama-Gebirge –, irgendwann stellt sich plötzlich das leere Spanien ein, als wäre man soeben über die Schwelle in eine andere Dimension getreten. Für den Fall, dass man vorher einschläft und irgendwann aus dem Schlaf hochschrickt, könnte es durchaus sein, dass man den Eindruck hat, hunderte Kilometer zurückgelegt zu haben, ja sich in einem anderen Land zu befinden. Und mit Letzterem hätte man durchaus recht – das leere Spanien ist ein anderes Land. Wer Madrid hinter sich lässt, muss mindestens dreihundert Kilometer fahren, um wieder auf eine Stadt zu stoßen, die diese Bezeichnung verdient. Keine andere europäische Hauptstadt ist von einer derartigen Wüstenei umgeben.

Nach dem spanischen Beitritt zur Europäischen Union 1986 und einer gewissen Stabilisierung der Abwanderung begann man in einigen Gebieten des leeren Spanien, der Verärgerung über die jahrhundertelange Benachteiligung Ausdruck zu verleihen. Man sah sich bei der Verteilung europäischer Fördermittel wie auch bei der Reform der Gemeinsamen Agrarpolitik (GAP) der Union übergangen, sodass sich die überkommenen Probleme sogar noch verstärkt hatten. In Soria, Teruel und Zamora, drei der bevölkerungsärmsten Provinzen Europas, entstanden Bürgerbewegungen, die mit Unterstützung von Gewerkschaften und Stadtverwaltungen die Entwicklung von Plänen forderten, die das Ausbluten der Dörfer aufhalten und junge Neusiedler anlocken sollten. Außerdem sollte eine bessere medizinische Versorgung sichergestellt werden, damit alte Menschen nicht gezwungen seien, ihre Dörfer zu verlassen. Darüber hinaus sollten keine weiteren Schulen geschlossen, für mehr Verkehrsverbindungen gesorgt und öffentliche wie private Investitionen sinnvoller eingesetzt werden. Die Proteste waren zusehends besser organisiert. Sobald die Regierung wegen sinkender Fahrgastzahlen die Schließung der nächsten Eisenbahnlinie ankündigte, tauchten Demonstranten mit ihren Plakaten auf. Sobald eine Schule geschlossen oder ein Betrieb verlegt werden sollte, waren sie wieder da. Auch im Umgang mit den Medien wurden sie immer routinierter. So gelang es ihnen, sich mehr und mehr Aufmerksamkeit zu verschaffen, bis die Proteste schließlich im ganzen Land wahrgenommen wurden. Ende der neunziger Jahre demonstrierten Mitglieder der Bewegungen *Teruel Existe* (Teruel gibt es), *Soria Ya* (Für Soria jetzt) und *Foro de Zamora* (Forum für Zamora) mehrfach in Madrid und brachten die Regierung dazu, spezifische Entwicklungspläne für die jeweiligen Regionen zu beschließen. Pläne, die allerdings in den meisten Fällen nichts oder so gut wie nichts bewirkten.

Immerhin ist es ihnen jedoch gelungen, in akademischen Kreisen Interesse an einer wissenschaftlichen Beschäftigung mit den Gründen und möglichen Lösungen des Problems zu wecken. Auch wenn es in Madrid und anderen großen Städten des Landes vielleicht nicht so wahrgenommen wird, ist der gegenwärtige Zustand der Bevölkerungsverteilung in Spanien keineswegs befriedigend. Er macht die öffentliche Verwaltung in vielerlei Hinsicht ineffektiv. Davon abgesehen ist es nicht gut, wenn ein Teil der Bevölkerung sich von der Gesamtentwicklung des Landes abgekoppelt fühlt und erleben muss, dass seine Probleme der Mehrheitsgesellschaft exotisch vorkommen und überhaupt kaum je auf der Tagesordnung erscheinen.

An der Universität Saragossa kam es so vor einigen Jahren zur Gründung des Instituto Celtiberia de Investigación y Desarrollo Rural (Keltiberisches Institut für Erforschung und Entwicklung des ländlichen Raums) mit Sitz in Teruel. Dort entwickelte man ein eigenwilliges geografisches Konzept. Es bezieht sich auf ein wesentlich kleineres Gebiet als das leere Spanien, das ich hier umrissen habe, und wird als Celtiberia bezeichnet. Celtiberia soll aus den gegenwärtigen Provinzen Guadalajara, Cuenca, Teruel, Soria, La Rioja, Burgos sowie dem Hinterland von Valencia und Castellón bestehen. Wichtige Anregungen zieht die Idee aus den Arbeiten von Mariano Íñiguez Ortiz, der zu Beginn des 20. Jahrhunderts als Anthropologe die These vertrat, die Mythen und Rituale der keltiberischen Bevölkerung aus der Zeit vor der römischen Herrschaft hätten sich, aufgrund ihrer Abgelegenheit und Unzugänglichkeit, in den wenig besiedelten Bergregionen dieser Provinzen erhalten. (Zusammen entsprechen sie ungefähr dem sogenannten Iberischen Gebirge, mit nicht allzu hohen Bergen, aber steilen Schluchten und einer überhaupt sehr abwechslungsreichen Landschaft.) Íñiguez Ortiz, der von Julio Caro Baroja und anderen berühmten spanischen Anthropologen gerne voller Bewunderung zitiert wird, glaubte, in den Festen jener Bergdörfer Elemente nachweisen zu können, die aus dem ersten vorchristlichen Jahrhundert nahezu unverändert in die Gegenwart gelangt seien. Celtiberia wäre demnach eine Region, in der sich die Vergangenheit wie in einem Eisschrank oder einer Kühlkammer erhalten hat. 1924 schrieb er: »Diese jahrhundertelang in ihren engen Tälern eingeschlossenen und von jeglicher Erneuerung abgeschnittenen Dörfer spüren die Last des kulturellen Erbes auf unvergleichliche Weise. In ihrer äußerlichen Erscheinung entsprechen ihre Bewohner dem keltiberischen Typus, wie ihn die klassischen Autoren beschrieben haben, und ihre Sitten und religiösen Gebräuche weisen unauslöschliche Spuren längst vergangener Zeiten auf, die eine Vorstellung davon vermitteln, wie die einstigen Bewohner der Duero-Hochebene gedacht und empfunden haben.«[16]

Im Vergleich zu dieser seinerzeit unter europäischen Wissenschaftlern weit verbreiteten Betrachtungsweise, die häufig dem Wunsch folgte, in der eigenen Nation ganz besondere und »unauslöschliche« Eigenschaften zu entdecken, hat sich der Blick der modernen Anthropologie stark verändert. Nichts deutet darauf hin, dass die Bewohner dieses »Keltisch-Iberien« sich genetisch vom Rest der Europäer unterscheiden würden. Sie sind vielmehr das Ergebnis derselben Mischung aus Ethnien und Kulturen wie ihre Nachbarn. Sie sprechen Spanisch – allerdings, wie manche behaupten, ein reineres Spanisch als die Städter –, so wie sie sich einst auf Arabisch oder Latein oder einer der iberischen oder anderen Sprachen verständigten, die jeweils in Spanien gesprochen wurden. Ihre Traditionen sind mit dem Christentum verbunden, so wie sie dies zuvor mit dem Islam oder noch davor mit Jupiter oder den Göttern aus vorrömischer Zeit waren. Und sie unterscheiden sich nicht vom Rest der Spanier, so sehr man auch versucht hat, ihre Besonderheit herauszustellen, sei es, indem man ihnen eine unverdorbene iberische Seele zuschrieb, die sich in der kühlen Abgeschiedenheit ihrer Täler erhalten habe, sei es, indem man sie als Barbaren darstellte, die vom Fortschritt Spaniens nichts mitbekommen hatten und als solche quasi Fremde waren.

Sie sind jedenfalls ganz normale Spanier, bis auf die Tatsache, dass es sehr wenige von ihnen gibt und sie über ein riesiges Gebiet verstreut leben, das den Rest ihrer Landsleute nicht im Geringsten interessiert. Das mit dem Begriff Celtiberia überschriebene Projekt ist eng verknüpft mit der Tatsache, dass die Bevölkerungsdichte in diesem Teil Spaniens vielfach unter acht Einwohnern pro Quadratkilometer liegt. In Europa gibt es nur zwei Regionen, wo sie genauso niedrig ist: Nordschweden und Lappland, die arktische Zone Finnlands, die die nördliche Hälfte des Landes einnimmt.

Die von dem Professor für Vorgeschichte Francisco Burillo-Mozota angeführten Verfechter des Celtiberia-Projekts berufen sich auf eine mythische Vergangenheit, die untergegangene Stadt Segeda. Ihren Untersuchungen nach, die sich auf archäologische Funde und römische Quellen stützen, war Segeda die größte Stadt im vorrömischen Spanien, größer als Sagunt und Numantia, wenn auch längst nicht so bekannt, und spielte eine wichtige Rolle während der Spanischen Kriege. Offenbar befand es sich in der Nähe des heutigen Calatayud, zwischen den Dörfern Mara und Belmonte de Gracián, und sein Einflussbereich erstreckte sich zeitweilig über fast sämtliche oben genannten Provinzen. Seit Jahren bemühen sich Burillo-Mozota und sein Team, hieraus eine kulturelle Identität abzuleiten, die die Bevölkerung dieser gebirgigen Region vereint. Sie unternahmen sogar den Versuch, die Gegend als Teil des UNESCO-Weltkulturerbes anerkennen zu lassen, ließen jedoch wegen mangelnder Unterstützung davon ab.

Dem Ganzen liegt die Idee zugrunde, die geschichtliche Vergangenheit zu nutzen, um den Tourismus und damit die lokale Entwicklung anzukurbeln. Vorläufig ist das Projekt gescheitert. Obwohl die Verwaltung der Autonomen Gemeinschaft sowie diverse Fördertöpfe des Leader-Programms der Europäischen Union zeitweilig Mittel für das Vorhaben zur Verfügung stellten, lässt sich auch nach dreißig Jahren keine nennenswerte Verbesserung der Verhältnisse erkennen. Der zögerliche Zuzug einer geringen Zahl von Immigranten hat in einigen Dörfern zu einer leichten Entspannung und sogar dazu geführt, dass deren Schulen wieder geöffnet wurden, insgesamt bleibt Celtiberia jedoch eine einsame, kalte und winddurchtoste Gegend, die jungen Neuankömmlingen nur wenig Anziehendes zu bieten hat.

Initiativen wie das Celtiberia-Projekt erinnern mich in gewisser Weise an das, was der französische Schriftsteller Michel Houellebecq in seinem Roman *Karte und Gebiet* entwirft.[17] Ausgehend von einer Reflexion über die zeitgenössische Kunstwelt beschreibt er eine Dystopie, in der ganz Europa sich in einen Themenpark verwandelt hat. Als einziger Ausweg bietet sich dem alten Kontinent – deindustrialisiert, in unaufhaltsamem wirtschaftlichem Abstieg begriffen und von den aufsteigenden neuen Mächten eingekesselt – der Tourismus. Prostitution, Gastronomie und Drogen sind die wichtigsten Zweige einer Wirtschaftsordnung, die nur noch für die Touristen und neuen Herrscher, vornehmlich Russen und Chinesen, da ist. Frankreich wird zum Themenpark seiner selbst, und man ist stets bemüht, den historischen Klischeevorstellungen der Besucher Genüge zu tun, die gotische Kathedralen sehen, Roquefort essen und mit Prostituierten schlafen wollen, die auszusehen haben wie die Frauen auf berühmten impressionistischen Gemälden oder gleich wie Kiki de Montparnasse.

Wer hat schon Lust, ein Greis zu sein, der bloß noch in alten Fotoalben blättert und mit falscher Nostalgie von einer Vergangenheit träumt, die in Wirklichkeit nie stattgefunden hat? Die Bestrebungen, Celtiberia der UNESCO anzudienen oder »Keltenwege« anzulegen, die mit entsprechenden Routen in Frankreich oder England verbunden sind: Das sind Luftschlösser, die die Leute aus den abgelegenen Tälern eine Zeitlang von Touristen träumen lassen, die ihre Dörfer aufsuchen und in den Läden einkaufen werden, in denen man ihnen die eigene Vergangenheit verkauft. Die meisten dieser Unternehmungen scheitern. Die eifrig angebrachten Hinweisschilder mit den Logos der örtlichen Institutionen setzen schon bald Rost an, und die Leute stehen am Ende so enttäuscht da wie die Dörfler aus dem Film *Willkommen, Mister Marshall*. Es fällt kein Manna vom Himmel, und das Gefühl der Einsamkeit wird zuletzt bloß stärker – bislang ist jedenfalls kein Mittel gefunden worden, um den Prozess der Abwanderung und wachsenden Isolation umzukehren.

Das Grenzgebirge zwischen den Provinzen Cuenca und Teruel heißt Montes Universales. Schön, dass ein so vergessener Ort – womöglich der abgelegenste und verlorenste der gesamten Iberischen Halbinsel – einen so weltverbindenden Namen trägt. Vielleicht offenbart er ja, wie sehr man sich hier danach sehnt, aus seinem Versteck herauszukommen und sich der ganzen Welt zu zeigen. Dieses Buch, so viel ist klar, wird ihm dazu nicht verhelfen können. Das ist auch nicht seine Absicht. Ebenso wenig soll es die Arbeit von Geografen, Anthropologen, Soziologen und Historikern ersetzen oder gar übertrumpfen. Ich arbeite vor allem mit literarischen Mitteln, und so ist der Blick, den ich auf das leere Spanien richte, der eines Schriftstellers, der viel in dieser Gegend unterwegs gewesen ist, sie kennen- und lieben gelernt und eine Menge über sie gelesen hat. Und der hier zu einer Reise durch den Raum und die Zeit eines ungewöhnlichen Landes-im-Land einlädt.

Dabei werde ich zunächst den Mythen nachgehen, die sich um das leere Spanien gebildet haben. Den Begriff Mythos verwende ich in einem sehr freien Sinn, ich meine damit all die Topoi und Archetypen, die das Bild, das man sich heutzutage vom leeren Spanien macht, geprägt und Einfluss auf seine historische, gesellschaftliche und kulturelle Konfiguration genommen haben. Vorzugsweise beschäftige ich mich mit den damit verbundenen Erzählungen: Wie haben andere in Literatur, Kunst oder Film dieses Land gesehen?

Mein Ausgangspunkt ist das große Trauma, also der um die Jahrhundertmitte einsetzende Exodus, dessen Folgen bis heute unmittelbar zu spüren sind. Am Ende dieses Essays steht ein weiterer Essay – so wie das leere Spanien ein Land innerhalb eines Landes ist. Darin beschreibe ich Spanien als ein Haus voller Gespenster. Echter Gespenster, die sich durch keinerlei Exorzismus vertreiben lassen. Wie die Leser schon im Vorhergehenden festgestellt haben werden, gibt es in diesem Text gewagte Hypothesen und eigenwillige Behauptungen aller Art. Obwohl ich viele Quellen zu Rate gezogen habe, sehe ich mich keiner wissenschaftlichen Methode im Besonderen verpflichtet, wie ich auch auf keinem der dazugehörigen Gebiete eine Spezialausbildung vorzuweisen habe. Ich schreibe mit der glücklichen Unbekümmertheit des Dilettanten. Es gibt alle möglichen Spekulationen und jede Menge Dichtung und Freiheit auf diesen Seiten, die Teil meines literarischen Werks sind, zu dem auch das Nachdenken über mein Land gehört. Die Leser lade ich ein, diese Seiten ebenso entspannt und freimütig zu lesen, wie sie geschrieben wurden, in der Hoffnung, dass der Ärger über die eine oder andere überzogene Assoziation, die mir beim Verfassen dieses Textes in den Sinn gekommen ist, durch die Freude über die eine oder andere unerwartete und womöglich nicht ganz nutzlose Entdeckung aufgewogen wird.

2 Das große Trauma

Wie Sand wird die Stille die Häuser begraben.
Wie Sand werden die Häuser zerbröseln. Ich höre schon ihr
Klagen. Einsam. Düster. Erstickt vom Wind und den Pflanzen.
Julio Llamazares, *Der gelbe Regen* (1988)

Die Kamera ist an der Vorderseite der fahrenden Lokomotive angebracht. Sie verschlingt Schienen und Schwellen, während der Vorspann mit seinen in groben weißen Pinselstrichen gehaltenen Titeln abläuft. Zuvor hatten die Furchen frisch bestellter Felder die Fluchtlinien gebildet. Durch geschickte Überblendung haben sie sich in ein Gleis verwandelt, das in die Stadt hineinführt, ins Innere eines großen Bahnhofs: Atocha. Die Musik von Jesús García Leoz bricht ab. Die Kamera nimmt nun den Bahnsteig in den Blick. Die Hauptfiguren steigen aus. Eine Bauernfamilie, Dörfler mit Baskenmütze, frisch eingetroffen in Madrid.

Zwanzig Jahre lang wird das spanische Kino diese Reise wieder und wieder erzählen, meist in Komödienform. Der große Komiker im Spanien Francos, Paco Martínez Soria, wird aus dieser Geschichte ein ganz auf ihn zugeschnittenes Genre machen, mit so vielsagenden Titeln wie *La ciudad no es para mí* (Die Stadt ist nichts für mich, 1966), *El turismo es un gran invento* (Tolle Erfindung, dieser Tourismus, 1968) oder *Abuelo, Made in Spain* (Opa, Made in Spain, 1969), allesamt große Publikumserfolge. Regie führte jedes Mal Pedro Lazaga. Bei dem eingangs beschriebenen Film handelt es sich jedoch um keine Komödie, sondern um ein Drama – mit Zug ins Melodramatische – aus dem Jahr 1951. Während Paco Martínez Sorias tollpatschiger Humor die damals zu Tausenden in der Großstadt zusammenströmenden Bauern zu Karikaturen macht, widmet sich jener seltsame und schöne Film dem großen Trauma der Landflucht mit ästhetischen Anklängen an den italienischen Neorealismus und im Stil eines Dokumentarfilms, der seine aufklärerisch-anklagende Absicht kaum kaschiert. Mit nüchtern-objektiver Kameraführung und unter Verzicht auf jede Effekthascherei entfaltet sich das Drama fast von ganz allein. Manche Sequenzen wurden gar mit versteckter Kamera gedreht, und die Madrider, die darin ihren Auftritt haben, sind Passanten aus dem proletarischen Stadtteil Lavapiés, die nicht wissen konnten, dass sie eines Tages fast schon kultische Verehrung genießen würden und das Material, mit dem sie aufgezeichnet wurden, von Kinematheken restauriert werden würde. Der Film heißt *Surcos* (*Furchen*) und ist ein ziemlich ungewöhnlicher Beleg für die Lücken, die die franquistische Propaganda manchmal ließ. Die Protagonisten sind die Mitglieder einer armen Familie, die vom Land in die Stadt flieht und eine kleine Wohnung in einem ärmlichen Mietshaus in Lavapiés bezieht. 1951 war noch Platz in Lavapiés. Zehn Jahre später waren alle derartigen Unterkünfte belegt, und die Neuankömmlinge fingen an, Hüttensiedlungen zu errichten. Einige davon sind in dem Film schon zu sehen, vor allem aber werden die bekannten Teile Madrids gezeigt, wo arbeitslose Bauern mit sehnsüchtigem Blick vor den Auslagen der Lebensmittelläden stehen und über die Vielfalt der dort angebotenen Dinge staunen, die sie sich nicht leisten können, wo Mädchen eines Tages zu Prostituierten werden, Habenichtse Lastwagen ausrauben, um die Waren auf dem Schwarzmarkt zu verkaufen, und Diebe bei jeder sich bietenden Gelegenheit zugreifen. All das jedoch ohne jeden Humor oder irgendwelche Anklänge an den klassischen spanischen Schelmenroman. *Surcos* will auf das große Trauma aufmerksam machen und filmt dafür die Bauern in ihrem Ausgeliefertsein, verleiht ihnen jedoch Würde und fordert einen Blick ein, der ihrem Dasein Gerechtigkeit widerfahren lässt.

Surcos zeigt nicht das Spanien, das Franco vorführen wollte. Der Film stellte eine unerträgliche Provokation dar, weil er die Behauptung aufstellte, die Menschen vom Land, die Bewohner des leeren Spanien, hätten unter dem allgemeinen Elend mehr zu leiden als andere. Gezwungen, eng zusammengepfercht in einem schmutzigen und düsteren Madrid dahinzuvegetieren, nachdem sie ihre unbestellten Felder und ihre Häuser ohne Strom und fließendes Wasser zurückgelassen beziehungsweise für den Preis einer Zugfahrkarte und einen mickrigen Zuschlag verhökert hatten, dank dem sie die ersten Wochen in der Hauptstadt überstehen sollten. Millionen Spaniern war es so ergangen. An den Rändern der großen Städte, vor allem in Madrid, Barcelona und Bilbao, siedelten sich Familien von Dörflern an, die an Flüchtlinge erinnerten. Warum aber war gerade dieser Film so unerträglich für das Regime? Am neorealistischen Duktus der Anklage konnte es nicht liegen, an der Darstellung der Armut ebenso wenig – die sparten andere Filme ebenso wenig aus. Und doch rief keiner so viel Missfallen bei offiziellen Stellen und Ablehnung durch die Presse hervor wie *Surcos*. Das lag auch daran, dass bereits der Titel einen Frontalangriff auf die Propagandalinie des Regimes darstellte. Francos »Kreuzzug« hatte sich die Rückgewinnung der unvergänglichen Werte der Nation zum Ziel gesetzt. Bildete Spanien für die Seinen »die geistige Reserve des Okzidents«, fiel diese Rolle in Spanien den ländlichen Gebieten Kastiliens zu. Dort hatte Francos Aufstieg begonnen, dort hatte seine Bewegung den größten Zulauf erfahren, und dort hatte er das Fundament für seinen »Neuen Staat« gelegt. In Burgos und Salamanca wurde er zum Caudillo, und dort versprach er auch, dass er dem kosmopolitischen und korrupten Madrid ein Ende bereiten und ihm mithilfe der ewigen Werte der spanischen Bauernschaft und ihres katholischen Glaubens, ihrer Einsatzbereitschaft und Stärke neues Leben einhauchen werde. Diesem Spanien, das die Moderne und der Liberalismus an den Rand gedrängt hatten, werde er seine Würde zurückgeben. *Surcos* hielt dem entgegen, dass eben diese Bauern, die angeblich die Seele der Nation verkörperten, von ebenjenem Regime im Stich gelassen worden waren, das angetreten war, sie zu retten, sich jetzt aber nicht darum scherte, dass sie in den Gassen von Lavapiés zugrunde gingen. Was war aus dem Kreuzzug geworden, der diesen Menschen, den Söhnen der Konquistadoren und Enkeln des glorreichen Cid, zu neuem Ansehen verhelfen sollte? Warum ließ man zu, dass die Nachfahren der heldenhaften Guerrilleros, die einst Napoleons Franzosen aus dem Land vertrieben hatten, an den schäbigsten Ecken von Lavapiés mit Messern übereinander herfielen? Über Armut durfte man im franquistischen Spanien sprechen. Die bedauernswerte Lage der Armen konnte beklagt und kritisiert werden. Was jedoch nicht ging, war der Verweis darauf, dass die Menschen aus dem mythischen Kernland, die Bevölkerung des wahren Spanien, ihre elenden Dörfer verließen, um nicht gänzlich vor Hunger zu sterben, und sich deshalb in die mindestens so elenden Viertel am Rand der großen Städte flüchteten. Darüber zu sprechen war bestenfalls in dem volkstümelnd-humoristischen Stil eines Paco Martínez Soria zulässig.

Warum konnte *Surcos* dennoch die Zensur passieren? Weil der Film unzensierbar war – er war im Umkreis des harten Kerns des Falangismus alter Schule entstanden, der Kämpfer der ersten Stunde, die sich dem Vereinigungsdekret der traditionalistisch-falangistischen Bewegungen vom April 1937 widersetzt hatten und sich von Franco betrogen fühlten, weil dessen »Neues Spanien« in Wirklichkeit das alte war. Diese Leute, unter ihnen Helden aus Bürgerkriegstagen, konnte das Regime nicht einfach so zum Schweigen bringen, dafür schuldete Franco ihnen zu viel, weshalb er selbst dafür gesorgt hatte, dass sie quasi unangreifbar waren. Dummerweise machten diese widerspenstigen Falangisten sich jedoch ihre eigenen Gedanken über soziale Gerechtigkeit. Sie hatten der Rede von der nationalen »Revolution« geglaubt und erwarteten wirklich, dass der »Neue Staat« ein Sozialstaat sein würde, der den Armen Gerechtigkeit, Brot und Arbeit bescherte. Von Wohltätigkeit und Almosen wollten sie nichts wissen. Manche von ihnen hatten egalitaristische, ja fast jakobinische Ansichten. Doch weder Franco noch einer seiner Minister hätten es gewagt, ihnen den Mund zu verbieten. Lieber ließ man sie machen, auch wenn sie nahe daran waren, sich in Dissidenten, ja echte Oppositionelle zu verwandeln. Dass innerhalb der führenden Kreise des Regimes durchaus nicht alle einer Meinung waren und keineswegs nur eitel Sonnenschein herrschte, sollte niemand erfahren. 1951 hatte Franco noch immer genug damit zu tun, die Niederlage der Achsenmächte zu verdauen und sich den USA anzudienen – mit der Aussicht auf wirtschaftliche Unterstützung. Während seine Diplomaten dabei waren, mit Präsident Truman zu verhandeln, wäre es denkbar ungelegen gekommen, durch die Unterdrückung unbequemer Stimmen hässliche Störgeräusche zu erzeugen. Da stellte es ein kleineres Übel dar, einen Film wie *Surcos* an die Öffentlichkeit gelangen zu lassen.

Und es gab ein weiteres virulentes Problem: Der Film war gut. Er war das anspruchsvolle Werk von intelligenten, gewandten Leuten. Es handelte sich weder um ein Pamphlet noch um ein Melodram.

Maßgeblich für die Entstehung verantwortlich waren zwei Galicier. Die Ausgangsidee stammte von Eugenio Montes, einem galicischen Schriftsteller und Nationalisten, der in Madrid unmittelbar nach ihrer Gründung der Falange beigetreten war und zum engsten Kreis um José Antonio Primo de Rivera gehört hatte. Die Ausarbeitung von Handlung und Storyboard übernahm Montes' Ehefrau Natividad Zaro, sie leitete auch die Produktionsfirma Atenea, die *Surcos* finanzierte. Ihre Beteiligung gab wiederum den Ausschlag dafür, dass der Regisseur José Antonio Nieves Conde sich auf das Vorhaben einließ. Der andere Galicier, der hinter der Sache steckte und seinerseits Montes' Idee weiterentwickelte, war der Schriftsteller Gonzalo Torrente Ballester. Er gehörte nicht zur ganz alten Garde, war vielmehr erst während des Bürgerkriegs Mitglied der Falange geworden und hielt stets Kontakt zu den Intellektuellen der sogenannten Burgos-Gruppe, unter denen sich besonders die Dichter Dionisio Ridruejo, Pedro Laín Entralgo und Luis Rosales hervortaten. Von der falangistischen Rhetorik hatte Torrente Ballester sich 1951 bereits gelöst, allerdings noch nicht öffentlich losgesagt. Der bedeutende Autor, der er später werden sollte, war er damals ebenfalls noch nicht. In jedem Fall war er ein dem Regime nahestehender Intellektueller, der sich in seiner Rolle zusehends unbehaglich fühlte und diese mehr und mehr infrage stellte. Der Regisseur José Antonio Nieves Conde war noch so ein Fall für sich. Er war tatsächlich Falange-Mitglied der ersten Stunde und dazu Kriegsheld. Und hatte mit dem patriotischen Film *Balarrasa* einen Kassenerfolg erzielt.

Die Falangisten, die hinter der Produktion von *Surcos* steckten, waren der Ansicht, das Regime habe sich all dem ergeben, wogegen sie einst gekämpft hatten, und zugelassen, dass Spanien ein liberales Land wie viele andere geworden sei, samt dem dazugehörigen kapitalistischen Elend und moralischen Niedergang. Viele alte Kämpfer waren dieser Ansicht, sie hatten das Gefühl, umsonst in den Krieg gezogen zu sein, weil all die Übel, deretwegen sie zu den Waffen gegriffen hatten, weiterhin existierten, ja triumphierten. Vor allem seitdem Spanien 1945 isoliert am Rand des von den Alliierten befreiten und demokratischen Europa stand und sich vor die Notwendigkeit gestellt sah, die Sichtbarkeit faschistischer Symbole im Alltag einzuschränken.

Als sich 1959 die verheerenden Auswirkungen der Landflucht nicht länger leugnen ließen, wurde Franco in Valladolid ein Orden verliehen. Bei der Übergabe hielt er eine Rede, in der er dem bäuerlichen Spanien seinen Dank dafür ausdrücken wollte, dass es ihn bei seinem Kreuzzug so entschlossen unterstützt und die besten und edelsten Werte des Vaterlands vor dem Untergang bewahrt habe:

> Viele Spanier, die führenden Kreise des Landes, waren der Ansicht, Spanien bestehe nur aus den Hauptstädten und Städten, und sie wussten nichts von der Wirklichkeit der Dörfer und Weiler, der kleineren Ortschaften, den Bedürfnissen und oft unmenschlichen Lebensbedingungen großer Teile der Nation, und von all dem wird Euch unsere Bewegung befreien. Mit unvergleichlicher Tatkraft ist sie dabei, ein großes Programm für sämtliche Provinzen unserer Nation zu erarbeiten, dessen Umsetzung in den kommenden Jahren die Träume und Hoffnungen aller Spanier erfüllen soll.[18]

Was unter Francos Regierung jedoch tatsächlich umgesetzt wurde, widersprach auf grobe und schmerzhafte Weise den Heilsversprechen des Caudillo. Kein Diktator hat das ländliche Spanien dermaßen und derart hartnäckig schlecht behandelt wie Franco. Er begünstigte nicht nur den Exodus, der für das große Trauma verantwortlich war und das Ungleichgewicht zwischen Stadt und Land so aus dem Ruder laufen ließ, dass bis heute weder Hilfsgelder in Milliardenhöhe noch irgendwelche Entwicklungspläne oder sonstige agrarpolitische Initiativen der EU daran etwas hätten ändern können. Darüber hinaus machte er es den Menschen auf dem Land vielerorts mit enormer Grausamkeit unmöglich, ihre bisherige Lebensweise beizubehalten. So ist bekannt, mit welcher Besessenheit er Staudämme anlegen ließ, um die unaufhörlich wachsenden Städte mit Wasser und Strom zu versorgen. Vielfach wurden dabei ganze Täler überschwemmt, deren bisherige Bewohner gezwungen wurden, ohne Möglichkeit auf Widerspruch umzusiedeln. Wer die Enteignung nicht hinnehmen wollte, wurde von der Guardia Civil gewaltsam aus seinem Haus geschleppt. In dem Bestreben, das Land so schnell wie möglich zu industrialisieren, ruinierte er viele wirtschaftlich schwache Gegenden, die Investitionen benötigt hätten, um Landwirtschaft und Infrastruktur zu modernisieren. Das Ausbleiben dieser Investitionen und die damit verbundene Aussicht auf einen zähen Überlebenskampf im Rahmen einer reinen Subsistenzwirtschaft bewegte noch mehr Menschen dazu, in die Städte abzuwandern. Alle agrarwirtschaftlichen Bereiche, die sich nicht für die Umstellung auf Massenproduktion und Export eigneten, verschwanden innerhalb weniger Jahre. So ging es auch nach dem Tod des Diktators noch einige Zeit weiter, bis schließlich die Gemeinsame Agrarpolitik der EU auf den Plan trat, die allerdings bestimmte Tendenzen vielfach noch verstärkte.

Franco hat immer wieder bewiesen, dass er das Landesinnere Spaniens, wo angeblich die Seele seines geliebten Vaterlands zu finden war, zutiefst verachtete. 1965 begann der Bau des ersten spanischen – und inzwischen wieder abgerissenen – Kernkraftwerks in der Nähe des Ortes Zorita de los Canes in der Alcarria, einer der am stärksten entvölkerten Gegenden Spaniens mit großer ökologischer Vielfalt, der Camilo José Cela, wie bereits erwähnt, eins seiner bekanntesten Reisebücher widmete. Zugegebenermaßen wurden auch in wohlhabenderen Provinzen Kernkraftwerke errichtet, vorzugsweise jedoch in solchen, die, wie etwa Burgos oder die Extremadura, von den Industriezentren weit entfernt waren, und dort meist in winzigen Dörfern, deren Bewohner sich über die damit verbundene Schaffung von Arbeitsplätzen freuten. Im nordandalusischen Andújar wiederum, schon fast auf der Meseta, eröffnete man eine Uranmine, die selbst heute, wo sie unter Tonnen von Beton begraben liegt, radioaktive Strahlung verbreitet und seinerzeit bei vielen Dorfbewohnern schwere gesundheitliche Schäden hervorrief.[19] Wenn es um den Bau gefährlicher, übelriechende oder gesundheitsschädliche Dämpfe ausstoßender oder in sonstiger Hinsicht die Umwelt belastender Anlagen ging, entschied sich das von der Idee der industriellen Entwicklung besessene Regime in der Regel für Orte innerhalb des leeren Spanien: Falls dort etwas schiefgehen sollte, kämen schlimmstenfalls eine Handvoll Bauern ums Leben, die höchstwahrscheinlich nicht einmal lesen und schreiben konnten und denen kein Mensch eine Träne nachweinen würde.

Diese Haltung zeigte sich seit den Anfängen des Franquismus. So erlaubte Franco der Legion Condor der deutschen Wehrmacht 1938, vier Dörfer im Maestrazgo in der Provinz Castellón zu bombardieren – zu Übungszwecken und um Waffen auszuprobieren. Es gab keinerlei militärischen Grund für den Angriff, der überhaupt erst vor Kurzem bekannt wurde.[20] Das Gleiche gilt für zahlreiche ähnliche Militäroperationen an anderen Orten. Nach dem Kriegsende schuf Franco eine »Generaldirektion für den Wiederaufbau zerstörter Gebiete«, die zahlreiche Dörfer neu errichtete. Allerdings war die Vorgehensweise einigermaßen willkürlich. Während eine Reihe von Ortschaften mit symbolischer Bedeutung wie etwa Brunete fast Stein für Stein rekonstruiert wurde, beließ man andere bewusst im Ruinenzustand, angeblich zur ewigen Erinnerung an das Wüten des Bürgerkriegs. Ein besonders drastisches Beispiel hierfür stellt Belchite in der Steppe südlich von Saragossa dar, nicht weit von Fuendetodos, dem Geburtsort Goyas, der die »Schrecken des Krieges« mehr als hundert Jahre zuvor mit seiner gleichnamigen Serie von Grafiken künstlerisch verarbeitet hatte. »Altes Belchite, in dir tollen keine Kinder mehr. Und die Lieder, die unsere Eltern sangen, werden auch nie mehr zu hören sein«, steht als Graffiti an den Überresten der örtlichen Kirche.

Um 1950 verzeichneten drei spanische Provinzen den größten Bevölkerungszuwachs ihrer Geschichte, während in vierzehn anderen ein dramatischer Einwohnerschwund einsetzte. Schon seit Mitte des 19. Jahrhunderts waren beständig Emigranten aus anderen Teilen der Iberischen Halbinsel nach Madrid, Barcelona und in die Provinz Biskaya gekommen, jetzt aber wusste man in diesen drei Zielregionen nicht mehr, wie man mit dem plötzlichen Ansturm von tausenden Bauern fertigwerden sollte. Die spanische Landkarte veränderte sich völlig. Der ländliche Raum leerte sich in rasender Geschwindigkeit, während sich die Einwohnerzahl von Madrid, Barcelona und Bilbao verdoppelte, ja verdreifachte. Auch Städte wie Valencia, Saragossa, Sevilla oder Malaga erlebten damals ein ähnlich starkes Wachstum, das jedoch nicht zu so dramatischer Überfüllung und damit einhergehender Entstehung von Elendssiedlungen führte wie in den drei zuerst genannten Städten. Den Provinzhauptstädten erging es nicht anders, flüchteten die Bauern doch in einem ersten Schritt in die jeweils nächstgelegene Stadt. Wenn dort keine Arbeit mehr zu finden war, zogen sie weiter. Zu Beginn des 21. Jahrhunderts hat Spanien erneut einen Bauboom erlebt, der sich jedoch vor allem der Grundstücksspekulation und politischen Korruption verdankte. Für die dabei errichteten Gebäude fehlte die entsprechende Nachfrage. Jedenfalls kann man sagen, dass die spanischen Städte insgesamt sehr jung sind. Ihre historischen Kerne, die sich jahrhundertelang mehr oder weniger unverändert erhalten hatten, verwandelten sich in pittoreske, häufig aber auch ziemlich heruntergekommene Viertel, die mehrheitlich von armen marginalisierten Bevölkerungsgruppen bewohnt wurden. Auch die Rede vom alten Europa stimmt ja nur bedingt. Die meisten europäischen Städte sind in ihrer Struktur vielmehr ziemlich neu und wurden auf den Ruinen des Zweiten Weltkriegs errichtet. Wien, Prag, Berlin oder Warschau sind neben vielen anderen genau genommen bloße mehr oder weniger geistvolle Rekonstruktionen dessen, was sie vor dem Krieg einmal waren. Spanien nahm am Zweiten Weltkrieg nicht unmittelbar teil, hatte davor jedoch seinen eigenen Krieg durchgemacht, bei dem viele Stadtkerne, und nicht nur die, in Schutt und Asche gelegt worden waren. Die einschneidendste Veränderung erfolgte aber nicht durch den Krieg, sondern durch die um 1950 einsetzende massenhafte Zuwanderung der Landbevölkerung. So sind die spanischen Städte im Prinzip zwar alt, ja sehr alt, ein Großteil ihrer Häuser und Straßen ist jedoch erst vor Kurzem entstanden.

Man braucht bloß einen Stadtplan von Madrid aus dem Jahr 1900 mit einem des Jahres 1956 sowie des Jahres 1984 zu vergleichen. Die ersten beiden unterscheiden sich nicht allzu sehr – auf dem von 1956 taucht beispielsweise die Gran Vía auf, und die Umgebung der heutigen Plaza de España hat sich ebenfalls verändert, wie auch die Vorstädte im Norden und Süden ein wenig gewachsen sind. Der Plan von 1984 dagegen bietet ein gänzlich anderes Bild. Die bebaute Fläche hat sich nahezu verdoppelt und sich bis in Gegenden ausgedehnt, die 1956 noch weit jenseits der Kartenränder lagen. Außerdem gibt es jetzt alle möglichen Autobahnen und die Schnellstraße M-30. Die Stadt ist nicht wiederzuerkennen – und dazwischen liegen kaum dreißig Jahre. Die älteren Pläne sind nur mit einiger Anstrengung im Herzen desjenigen von 1984 zu identifizieren. Dass wir uns heutzutage dermaßen über das rasante Wachstum der chinesischen Städte wundern, könnte auch daran liegen, dass wir die Erinnerung an die entsprechenden Vorgänge der Stadtentwicklungspolitik hierzulande verdrängt haben.[21]

In Barcelona und Bilbao lief es ganz ähnlich ab – und, in geringerem Maße, ebenso in den mittelgroßen Städten, aber auch in den Provinzhauptstädten und selbstverständlich allen größeren Siedlungen entlang der Küsten. Zwei vorherrschende Stile lassen sich hierbei unterscheiden, der jener Zeit des rasanten Wachstums der fünfziger und sechziger Jahre sowie der der »Wohnanlagen« – wie ich ihn nenne – der neunziger und der nuller Jahre.

Die Stadt, in der ich lebe, stellt einen Extremfall dar. Offiziell wurde Saragossa im Jahr 14 unserer Zeitrechnung von römischen Soldaten gegründet. Angeblich neben (oder auf) den Überresten eines iberischen Dorfs mit Namen Salduie, das dort schon seit mindestens dem 7. Jahrhundert vor Christus existiert haben soll. Was aber nicht stimmt, wie fast alles, was in Stein gemeißelt oder in Bronze gegossen wird. Soll heißen, natürlich hat es jenes Saragossa gegeben, während der zwei Belagerungen durch französische Truppen in den Jahren 1808 und 1809 wurde es jedoch fast bis auf die Fundamente zerstört. Zu Kriegsbeginn lebten hier um die 50.000 Menschen. Beinahe alle kamen ums Leben. Wer nicht der napoleonischen Artillerie zum Opfer fiel, starb an Hunger oder Seuchen. Um die Mitte des 19. Jahrhunderts waren noch an vielen Stellen der Stadt Ruinen zu sehen. Unter großen Anstrengungen wurde Saragossa über hundert Jahre hinweg wiederaufgebaut. Von der früheren Stadt sind bloß noch einige Renaissance-Paläste sowie ein halbes Dutzend Kirchen übrig. Andere Gebäude aus der Zeit vor 1808 sind schwer zu finden. Und außerhalb des historischen Stadtzentrums – ebenso wie innerhalb eines großen Teils davon – gilt dasselbe für Gebäude, die vor 1950 errichtet wurden. Im Wesentlichen entstand das heutige Saragossa tatsächlich in den fünfziger Jahren. Wie viele andere spanische Städte ist es ein Produkt jener Epoche des schlagartigen und kaum gezügelten Wachstums. Was sich an Saragossas Äußerem ablesen lässt.

Gleichzeitig ging es mit vierzehn anderen spanischen Provinzen rapide bergab, wovon sie sich bis heute nicht erholt haben. Huesca, Guadalajara, Teruel, Soria, Ávila, Cuenca, Zamora, Burgos, León, Salamanca, Palencia, Segovia, Lugo und Ourense leerten sich fast völlig. Zwölf von ihnen gehören zum leeren Spanien, die anderen beiden,

Lugo und Ourense, stellen Erweiterungen eben jenes Spanien dar – wenngleich ich Galicien eingangs nicht hinzugerechnet habe, sind diese Provinzen doch um nichts weniger entvölkert. Obgleich der Unterschied zwischen Stadt und Land hier schon vorher beträchtlich war und sich bei den Volkszählungen seit 1860 feststellen lässt, führte das, was sich um die Mitte des 20. Jahrhunderts innerhalb weniger Jahre vollzog, dazu, dass ein Spalt in einen Abgrund verwandelt wurde.

Mit dem neuen Wahlgesetz gab die junge Demokratie nach Francos Tod dem leeren Land ein Mittel an die Hand, um sich zu rächen. Auf einmal verfügten die zugrunde gerichteten Dörfer über Macht. Die Verfassung von 1978 und das zusammen mit ihr eingeführte neue Wahlsystem verschafften den wenig besiedelten Provinzen die Möglichkeit, parlamentarische Mehrheiten zu bilden. Das vergessene und verspottete Spanien, das Spanien der Bauerntölpel, Barbaren und Verbrecher, bekam politischen Einfluss in einem Ausmaß, das es sich nicht einmal während der Karlistenkriege des 19. Jahrhunderts hätte träumen lassen.

Veranlasst wurde das Ganze durch die Notwendigkeit, das im Prinzip auf Proportionalität fußende System so anzupassen, dass die weniger besiedelten Gegenden nicht ohne parlamentarische Vertretung dastanden. Ein neuer Zuschnitt der Wahlkreise sollte dafür sorgen, dass Provinzen wie Zamora, Teruel oder Soria genügend eigene Abgeordnete bekämen, die sich im Parlament in Madrid für ihre Interessen einsetzen könnten. Mit dem Argument, durch ein strikt die Bevölkerungsverhältnisse abbildendes System bleibe das ländliche Spanien außen vor, versuchte man der Tatsache der wachsenden Kluft zwischen Stadt und Land gerecht zu werden, indem man den Stimmen des Letzteren ein übermäßig großes Gewicht verschaffte. Anders gesagt: indem man durch politische Überrepräsentation des Landes einen Ausgleich für dessen wirtschaftliche und gesellschaftliche Bedeutungslosigkeit herzustellen versuchte. Und das mittels einer Festlegung der Anzahl an Parlamentssitzen, die den Provinzen jeweils zustanden. Das führte dazu, dass in den stärker besiedelten Regionen das Verhältnis zwischen Wählerstimmen und Sitzen nahezu proportional war, während dies für die weniger besiedelten nicht mehr galt – in Wahlkreisen, in denen bloß zwei oder drei

Sitze zu vergeben sind, herrschen seitdem genau besehen die Regeln des Mehrheitswahlrechts. Soll heißen, der Partei mit den meisten Stimmen fallen dort sämtliche Sitze zu, während alle übrigen leer ausgehen. Durch eine Zusatzregelung wurde versucht, wenigstens einen gewissen Ausgleich zu schaffen, indem man den zweit- oder drittplatzierten Parteien einen Anspruch auf eine kleine Anzahl von Restsitzen zugestand. Letztlich kommt es auf diese Weise im leeren Spanien aber so gut wie nie vor, dass es mehr als zwei verschiedenen Parteien gelingt, einen Parlamentssitz zu erobern. Das hat das Paradox zur Folge, dass eine Partei, die beispielsweise in Soria zwanzig Prozent der Stimmen auf sich vereint, keinen Sitz erringt, während eine andere mit dreißig Prozent der Stimmen mit gleich zwei Sitzen belohnt wird. Unter diesem Fluch haben seither nahezu alle Parteien des Dritten Weges zu leiden gehabt, insbesondere Izquierda Unida (Vereinigte Linke), ein postkommunistischer Zusammenschluss, der regelmäßig mitansehen musste, wie hunderttausende über die entsprechenden Provinzen verstreut eingesammelte Stimmen so gut wie nichts brachten, während nationalistische Parteien mit weniger als halb so vielen Stimmen zwei- oder dreimal so viele Parlamentssitze gewannen.

Theoretisch lautete die Begründung für die Einführung dieses Systems, wie schon gesagt, dass das leere Spanien nicht ohne parlamentarische Stimme bleiben solle, in Wirklichkeit steckt jedoch ein ganz anderes Kalkül dahinter, das für jedermann offen zutage liegt. Wie Politologen erklären,[22] wurde das Wahlgesetz in dieser Weise gestaltet, um stabile Mehrheiten im Parlament zu sichern – eine beschönigende Umschreibung für die Tatsache, dass diese Ausgestaltung vor allem den Sieg der konservativ-liberalen Partei Unión de Centro Democrático (UCD) garantieren und zugleich verhindern sollte, dass die Kommunisten übermäßig stark im Parlament vertreten wären. So wie es in Italien von 1945 an bis in die bleiernen siebziger Jahre hinein praktiziert worden war. Dass die UCD sich nach der Wahlniederlage 1982 auflöste und verschwand, ist kein Beleg für den Misserfolg dieses Systems, hat es doch allen nachfolgenden Regierungsparteien gute Dienste geleistet und auf lange Sicht das Wechselspiel an der Regierung zwischen den Sozialisten von der PSOE und dem Partido Popular, also den Erben der UCD, begünstigt.

Die vom ersten demokratischen Ministerpräsidenten Adolfo Suárez gegründete UCD entstammte dem franquistischen Verwaltungsapparat, sie repräsentierte dessen effizientesten und am wenigsten ideologischen Teil, der die Gestalt einer konservativen Partei angenommen hatte, um die Interessen der Mittelschicht zu vertreten. Ganz im Sinne des berühmten Zitats aus Giuseppe Tomasi di Lampedusas Roman *Der Leopard* sahen die Gegner der UCD in dieser Parteigründung einen Versuch franquistischer Technokraten, alles zu verändern, damit alles so bleiben kann, wie es ist. Suárez und seine wichtigsten Parteigänger setzten ihre Hoffnungen jedenfalls mehr in die konservative Grundeinstellung der Bewohner des leeren Spanien als auf den Pluralismus in den Städten, wo ihnen linke und progressivere Wahlalternativen den Erfolg streitig machten. Ihrer Meinung nach konnte es der UCD nur zugutekommen, wenn man den weniger dicht besiedelten Teilen des Landes eine wahlrechtliche Überrepräsentation verschaffte, und die Zeit hat ihnen recht gegeben. Das Debakel der UCD bei den Wahlen 1982 war jedenfalls anderen Ursachen geschuldet. Dass den Provinzen des leeren Spanien stets eine vorab festgelegte Anzahl an Parlamentssitzen zugerechnet wurde, hat dafür gesorgt, dass die zwei einander an der Macht abwechselnden Parteien – ganz besonders der Partido Popular – jeweils über weit größere Parlamentsmehrheiten verfügten, als ihnen bei strenger Anwendung des Verhältniswahlrechts zugestanden hätte. Mit weniger als 40 Prozent der Stimmen konnten sie so mit absoluten Mehrheiten regieren.

Die Wählerstimmen auf dem Land haben also wesentlich mehr Gewicht als die der Städter. Es ist keineswegs so, dass jedem Bürger eine Stimme entsprechen würde, im Gegenteil, die Stimme eines Wählers aus Soria hat den Wert von 5,9 Stimmen aus Madrid. Politisch gesehen ist ein Bewohner Sorias also viel mächtiger als ein Madrider. Beziehungsweise ein Teil der Bewohner Sorias, nämlich die, die die mehrheitsfähigen Parteien wählen – der Rest zählt nicht.

Und hier tut sich die zweite große Kluft auf: Ein Teil der Bewohner Sorias hat sehr viel Macht, alle übrigen haben gar keine.[23] Im leeren Spanien gibt es für die Wähler letztlich keine Alternativen zu den beiden großen, einander an der Macht abwechselnden Parteien. Etwa einem Drittel der Bevölkerung dieses Landes-im-Land verweigert man eine politische Vertretung, was im Übrigen auch für die Parlamente der Autonomen Gemeinschaften gilt. Dort herrscht zwar ein wenig mehr Verhältnismäßigkeit, dennoch begünstigt der Zuschnitt der Wahlkreise weiterhin die großen Parteien und verurteilt die kleineren zur Bedeutungslosigkeit, wie ein Blick auf die Zusammensetzung etwa der Parlamente der beiden Autonomen Gemeinschaften von Kastilien-La Mancha, Kastilien und León oder der Extremadura zeigt. Häufig sind dort ebenfalls bloß zwei Parteien vertreten.

Doch die parlamentarische Überrepräsentation der ländlichen Regionen beziehungsweise ihrer Wahlsieger ist letztlich auch nur eine Illusion. Die Absicht, mit der die Gesetzgeber die Regelung begründet hatten, hat sich in der Praxis nicht verwirklicht. Die Interessen der wenig bevölkerten Provinzen sind auch auf diesem Weg im Parlament weder adäquat vertreten noch geschützt worden. Was unter anderem daran liegt, wie innerhalb dieses Parlaments gearbeitet wird. Formal präsentieren sich die Abgeordneten als Vertreter ihrer jeweiligen Wahlkreise, in Wirklichkeit sind sie jedoch in Fraktionen organisiert, die der Parteidisziplin folgen. Die Vertreter Sorias sprechen im Parlament normalerweise nicht über Soria. Nur sehr selten wenden Abgeordnete der Sozialisten oder des Partido Popular sich mit Fragen an die Regierung, in denen es um lokale Angelegenheiten von geringer gesamtstaatlicher Bedeutung geht. Wenn, dann machen das Vertreter nationalistischer oder regionaler Gruppierungen. Letzten Endes, und das ist allen Wählern bewusst, debattieren die Abgeordneten über nationale Fragen, statt die Stimme der verlorenen Dörfer ins Parlament zu tragen. Weshalb die großen Parteien, insbesondere der Partido Popular, die unverhältnismäßig vielen Abgeordneten aus den ländlichen Regionen stets systematisch dazu benutzt haben, ihre Fraktionsgröße im Parlament aufzublähen, ohne dass dies zu tatsächlichen Verbesserungen für die angeblich so unverhältnismäßig stark repräsentierten Gebiete geführt hätte.

Ihr politisches Gewicht und ihre Sprachrohre, die regionale Probleme thematisieren, verdanken diese Regionen im Wesentlichen der administrativen Gliederung Spaniens in Autonome Gemeinschaften. Die damit einhergehende Dezentralisierung wirkt sich auch auf die Macht der großen Parteien aus, die sich hier auf die sogenannten *barones* verteilt, »Provinzfürsten« und regionale Anführer, die über großen Einfluss verfügen – der sich des Öfteren auf ein dichtes Netz von Abhängigkeiten und nepotistischen Beziehungen stützt – und im Tausch für die von ihnen eingesammelten, unverhältnismäßig viel zählenden Stimmen Investitionen und Hilfsgelder in ihre Provinzen lenken. Das Ganze ist eine Art Rückkopplungsschleife: Die vom spanischen Staat oder der Europäischen Union ausgehenden Geldströme dienen den Provinzfürsten dazu, ihr Netz aus Gefälligkeiten und Begünstigungen zusammenzuhalten, was ihnen ihrerseits Stimmen und Regierungsmacht sichert. Die von ihnen gelieferten Stimmen beziehungsweise Abgeordneten wiederum begünstigen die großen Parteien im Parlament in Madrid, aber natürlich nur, solange ihre lokalen Landesfürsten stark sind und ihre Wählerschaft bei der Stange halten, weshalb man ihnen weiterhin Investitionen und Hilfsgelder zuleitet. Dieses symbiotische Verhältnis funktioniert nur, weil die Wählerstimmen vom Land im Vergleich zu denen der Städter so überbewertet sind und das System gleichzeitig dafür sorgt, dass keine nicht an diesem Geschachere beteiligte Kraft sich in das Spiel einklinken und den Kreislauf unterbrechen kann. Nur eine Wahlrechtsreform könnte die ländliche Überrepräsentation und damit dieses Übel beseitigen, das eine der Hauptursachen für Korruption und Vetternwirtschaft in Spanien darstellt. Außerdem macht dieses System jeden Versuch unmöglich, Entwicklungsmodelle auszuprobieren, die nicht auf der Grundlage erbettelter Investitionen oder politischer Erpressungsmanöver von Provinzfürsten, Neo-Kaziken oder Anführern nationalistischer Gruppierungen beruhen.

Durch dieses verquere System hat das leere Spanien sich nur oberflächlich für die jahrhundertelange Vernachlässigung rächen können. Dafür hat sich dieses System in eines der gravierendsten Hindernisse für die Entwicklung der spanischen Demokratie verwandelt. Niemand scheint sich deswegen jedoch allzu große Sorgen zu machen, nicht einmal die neuen politischen Gruppierungen zeigen sich übermäßig interessiert, etwas daran zu ändern. Was zum einen daran liegt, dass ein Teil der Bewohner des leeren Spanien mit diesem System gut zurechtkommt, da es ihnen öffentliche Dienstleistungen und die Aufrechterhaltung der Infrastruktur sichert. An das spezielle Verhältnis zwischen ihren Provinzfürsten und Madrid gewöhnt, nehmen sie die damit verbundenen Abhängigkeiten als kleineres Übel hin, ist es doch immer noch besser, als völlig leer auszugehen. Ohne die Arbeitsplätze und öffentlichen Mittel, die durch dieses System bereitgestellt werden, verschwände in den Dörfern des leeren Spanien auch die letzte Möglichkeit, irgendetwas zu bewegen. Zum anderen ist das demografische Übergewicht des urbanen Spanien so überwältigend, dass nicht einmal die eklatante Höherwertung der Stimmen vom Land wirklich ausschlaggebend für die politischen Kräfteverhältnisse ist. Auch ohne die auf dem Land verlorenen Stimmen können die kleineren Parteien zu einflussreichen oder politisch entscheidenden Gruppierungen werden. Zudem sorgt die Übergewichtung der ländlichen Stimmen nicht automatisch dafür, dass die großen Parteien das Parlament nach Belieben unter Kontrolle halten können. Sie macht es ihnen einfacher, blind darauf verlassen können sie sich dennoch nicht. In den Städten gut verankerte politische Kräfte können die Macht der traditionellen Parteien durchaus so stark einschränken, dass ihnen auch der Trick mit den Stimmen der Landbevölkerung nicht weiterhilft.[24] Anders gesagt, das System verzerrt und begünstigt einen Teil der Parteien, aber es ist trotzdem nicht so wirksam und entscheidend, dass seine Änderung als wirklich dringend angesehen würde. Ich wage vorherzusagen, dass es bestehen bleiben wird, und fühle mich bislang in meiner Prognose bestätigt. Vor allem, weil die neu aufkommenden Parteien wie die linke Podemos oder die bürgerlich-liberalen Ciudadanos eines Tages auch im leeren Spanien Fuß fassen und die Vorzüge dieses Systems erkennen werden, das eine so paradoxe Grundlage besitzt: Solange sich eine Partei dadurch benachteiligt sieht, ist sie unfähig, es zu verändern, weil das System selbst ihm die dafür notwendige Unterstützung verwehrt. Sobald dieselbe Partei jedoch endlich die nötige Mehrheit beisammenhat, will sie das System nicht mehr reformieren, weil sie die nun errungene Macht unter anderem diesem System zu verdanken hat, das ihr früher so zugesetzt hat. So lief es zum Beispiel bei den Sozialisten des PSOE in den achtziger Jahren. Und so wird es anderen Parteien künftig wieder ergehen. Das ist die Rache des Herrn Cayo. Der Preis einer Offenbarung.

»Wir, die Schlaumeier aus der Stadt, haben die Leute hier dazu gebracht, von ihren Eseln abzusteigen – so kann man heutzutage doch nicht mehr durch die Welt reisen, haben wir verkündet. Als Ersatz haben wir ihnen aber bloß Schusters Rappen angeboten. Und wie soll es hier weitergehen, wenn eines Tages in dieser heruntergekommenen Welt kein Mensch mehr weiß, wozu Holunderblüten gut sind, kannst du mir das sagen, Laly?«[25]

So äußert sich gegen Ende von Miguel Delibes' Roman *El disputado voto del señor Cayo* (Die umstrittene Stimme des Herrn Cayo) ein gewisser Víctor, Kandidat der Sozialisten (auch wenn der Name seiner Partei im Text nie fällt) bei den verfassungsgebenden Wahlen des Jahres 1977, nach einer Reise durch die entlegensten Dörfer seiner Provinz, auf der er den titelgebenden Herrn Cayo kennengelernt hat – Bürgermeister von Cureña und zugleich einer der zwei verbliebenen Bewohner des Dörfchens. Delibes' Text, 1978, kurz nach den ersten auf Francos Tod folgenden Wahlen veröffentlicht, ist ein kleiner Roman in Dialogform, fast eine Novelle, und spürbar unter dem Eindruck der damaligen Geschehnisse verfasst. Das hat jedoch nicht verhindert, ja, im Gegenteil, womöglich half es sogar, dass das Buch zu einem der meistgelesenen und beliebtesten Werke des kastilischen Autors wurde und einige Jahre Pflichtlektüre an vielen spanischen Sekundarschulen war.

Víctor also hat auf dem Land eine Offenbarung erlebt. Um Werbung für sich und seine Partei zu machen, hat er sich mitsamt seinem Wahlkampfteam in den am wenigsten bevölkerten und am weitesten entfernten Landkreis der Provinz begeben. In dem Dorf Cureña, dessen nur zwei verbliebene Bewohner nicht mehr miteinander sprechen, lernt er jenen Herrn Cayo kennen, der über achtzig ist, sich aber weiterhin um seinen Gemüsegarten und die sonstigen landwirtschaftlichen Aufgaben kümmert und so ungläubig wie sarkastisch auf die Äußerungen der Politiker reagiert. Vom fremdartigen Auftreten und der aufs Wesentliche konzentrierten Einfachheit des Alten fasziniert, überlassen Víctor und seine Helfer Rafa und Laly Herrn Cayo zusehends das Wort. Die Begegnung führt zu einer tiefgreifenden Veränderung Víctors, der am Ende der Novelle eine schlagartige Erleuchtung erlebt und so hellsichtig wie selten in der spanischen Literatur den Abgrund beschreibt, der das leere Spanien vom dicht bevölkerten trennt: »Wir haben es nicht geschafft, diese Leute zu verstehen, und jetzt ist es zu spät. Wir sprechen verschiedene Sprachen.« Eben das hatte Herr Cayo gleich zu Beginn der Begegnung klargestellt

(Herr Cayo weiß ohnehin stets vor allen anderen Bescheid): »Ich glaube, wir werden uns nicht verstehen.« Delibes stammte aus Alt-Kastilien, war Jäger, Wanderer, Frühaufsteher und bestens vertraut mit der ländlichen Welt. Nur jemand wie er konnte die Entfremdung von Stadt und Land so genau ermessen, weil er gleichermaßen hier wie dort unterwegs war. Ihm war bewusst, dass in dieser Frage nichts mehr zu retten, die Kluft unüberbrückbar geworden war. Sein Text ist Diagnose und Prophezeiung in einem. Es gibt keine Lösung für das leere Spanien, weil es sich nicht mehr verstehen lässt, es ist schon Teil einer anderen Welt.

Das Paradox, das ich hier als die Rache des Herrn Cayo bezeichne, besteht darin, dass das neue Wahlsystem allen Herrn Cayos aus dem leeren Spanien nominell große Macht verliehen hat. Sie können politische Mehrheiten im Parlament erzwingen. Und dennoch hat diese Macht zu nichts geführt, ist sie doch nicht real, sondern ein bloßes Werkzeug für die Zwecke anderer. Víctor wird am Ende des Romans klar, dass weder dem System noch seiner Partei an diesem leeren Spanien in irgendeiner Weise gelegen ist, es soll lediglich ihren Absichten von Nutzen sein. Und dagegen lehnt er sich auf. Man sollte die Menschen dort in Ruhe lassen, erklärt er, sie brauchen uns nicht. All die Jahre haben wir uns nicht um sie gekümmert, da dürfen wir jetzt nicht daherkommen und versuchen, sie mit falschen Versprechungen und geheucheltem Interesse für unsere Zwecke einzuspannen. Leider ist aber genau das passiert. Víctor hat Skrupel, aber er ist ja nur eine Romanfigur. In Wirklichkeit hat niemand irgendwelche Skrupel an den Tag gelegt. In den vierzig Jahren seit Erscheinen des Romans hat sich ein Wahlsystem verfestigt, das, im Namen des leeren Spanien eingeführt, dessen künstlich aufgewertete Stimmen nutzt, um seine Interessen zu übergehen wie eh und je. Den Cayos haben sie dafür, wo es sich einrichten ließ, einen Arzt, eine Apotheke und eine Schaukel für die wahrscheinlich nie eintreffenden Kinder spendiert. Der Rest ist und bleibt Schweigen.

Delibes bedient sich einer so wunderbaren wie überzeugenden Erzähltechnik, um dem Leser die Größe von Herrn Cayos Einsamkeit zu vermitteln. Ihm ist sehr daran gelegen, seinen Dörfler als würdevollen Menschen zu präsentieren, mit der Ausstrahlung eines weisen Eremiten, zugleich aber verleiht Delibes ihm keinerlei Bekehrungseifer, der Cayo, wie er weiß, nur in eine unfreiwillig komische Figur verwandeln würde. Wie in vielen seiner Bücher macht sich Delibes hier vielmehr die Sprache selbst und ihre Besonderheiten zunutze. Das bewahrt den Roman davor, ein nettes, letztlich aber eben doch bloß harmlos-moralisierendes Büchlein zu sein. Die Stadt ist hier dreckig und laut, voller Zigarettenqualm, Stress und bedrückend enger Räume. Das Land und die umgebenden Berge dagegen sind mit zahlreichen positiven Eigenschaften assoziiert. Die Anziehungskraft, die die Hauptfiguren verspüren, als sie immer tiefer in die leere Landschaft eintauchen, würde gekünstelt und unglaubwürdig wirken, vollzöge sie sich nicht mithilfe eines klassischen Zaubermittels – der Sprache.

Delibes nutzt das umfangreiche lexikalische Repertoire, das ihm zur Verfügung steht, um – wie ein Druide seine Heilkräuter – alle möglichen veralteten, lokalen oder auch bildungssprachlichen Ausdrücke zu einem Trunk zusammenzurühren, von dessen aufsteigendem Dampf dem Leser fast ein wenig schwindlig wird, woraufhin er sich wie betäubt durch die seltsame Welt führen lässt, in der sich nur noch Herr Cayo auskennt. Mithilfe von Archaismen, die auf Dinge verweisen, die ein städtischer Leser kaum je gesehen oder berührt haben wird, versetzt der Autor diesen gewissermaßen in einen veränderten Bewusstseinszustand.

Die alten Begriffe sind außer Gebrauch gekommen und verschwunden, Verständigung ist nicht mehr möglich. Um sich wieder verstehen zu können, muss man zunächst die Sprache neu erlernen und dabei ganz von vorne anfangen. Das Ausmaß der Landflucht war so umfassend und hat in so kurzer Zeit zu so tiefgreifenden Veränderungen geführt, dass es an niemandem in Spanien spurlos vorübergegangen ist. Durch die neuen Vorstädte in Gestalt elender Hüttensiedlungen rings um Madrid und Barcelona zu spazieren war ein erstickendes und bedrückendes Erlebnis. Es brachte Romane wie Luis Martín-Santos' *Tiempo de silencio* (*Schweigen über Madrid*, 1961) oder Filme wie *Surcos* hervor. Der Anblick, der sich auf dem Land bot, war jedoch nicht weniger deprimierend: Tausende Dörfer, in denen nur die zurückgeblieben waren, die nicht einmal die wenigen Peseten für die Reise in die Stadt aufbringen konnten, und nochmal tausende, endgültig aufgegebene Ortschaften. Aus dieser Welt stammen die Romane von Miguel Delibes, nicht nur der um Herrn Cayo, auch seine großen Werke wie *Los santos inocentes* (*Die heiligen Narren*, 1981), *Las ratas* (*Die Ratten*, 1962) oder noch früher *La hoja roja* (*Das rote Blatt*, 1959). Martín-Santos wie auch Delibes gehörten bis vor Kurzem zur Pflichtlektüre für die spanische Abiturprüfung. Mehrere Generationen von Spaniern haben sich mit diesen Büchern beschäftigt, daneben sind sie zuhauf in den Wohnzimmerregalen zu finden. Mehrere Romane von Delibes wurden zudem sehr erfolgreich verfilmt. Deshalb ist die von mir zu Beginn dieses Buches umrissene Landkarte des leeren Spanien nicht korrekt, ja gewissermaßen willkürlich – das leere Spanien reicht viel weiter, als ich behauptet habe. Andererseits kommt es auf die geografischen Grenzen gar nicht so sehr an, ist das leere Spanien doch vor allem ein imaginärer Raum, ein literarisches Territorium, ein (nicht zwangsläufig veränderter) Bewusstseinszustand. Wie bei vielen Fragen, die mit Identität und Gedächtnis zu tun haben, lässt sich auch dieses imaginäre Gebiet besser verstehen, wenn man nachliest, was osteuropäische Dichter dazu geschrieben haben. Weshalb ich mir an dieser Stelle meines so sehr von der kastilischen Hochebene geprägten Buchs erlaube, den polnischen Schriftsteller Adam Zagajewski als Zeugen aufzurufen.

Zagajewski hatte das Glück oder Unglück, 1945 in Polen zur Welt zu kommen. Das heißt, eigentlich kam er gar nicht in Polen zur Welt. Oder doch, allerdings lag der Ort, wo er zur Welt kam, bald schon nicht mehr in Polen. Bei seiner Geburt war das heutige Lwiw – polnisch Lwów, deutsch Lemberg – noch eine polnische Stadt, vier Monate später rückten die polnischen Grenzen jedoch nach Westen, und Lwów wurde Teil der Sowjetunion (und hauptsächlich von dorthin umgesiedelten Ukrainern bewohnt). Viele polnische Bewohner der Stadt wurden zwangsumgesiedelt, und so kam Zagajewski mit seiner Familie nach Gliwice, das bis dahin eine deutsche Stadt namens Gleiwitz gewesen war. Die deutschen Bewohner waren ihrerseits zuvor umgesiedelt worden, und die Polen bezogen ihre Häuser wie Ukrainer ihre in Lwów. Adam Zagajewski wuchs also in Gliwice auf, einer oberschlesischen Industriestadt, stammte jedoch aus Lwów, einer schönen, aber verlorengegangenen polnischen Stadt. Wenn er als Kind mit seinem Großvater und seinem Vater durch Gliwice ging, merkte er, dass die beiden in Gedanken in Lwów unterwegs waren:

> Ich wanderte also mit meinem Großvater, denn ihn begleitete ich am häufigsten, durch die Straßen von Gleiwitz, in Wahrheit aber spazierten wir durch verschiedene Städte. Ich, ein forsches Kerlchen mit einem Gedächtnis winzig wie eine Haselnuss, war mir, während ich durch die Straßen von Gleiwitz schlenderte, zwischen preußischen Wohnhäusern im Jugendstil, verziert mit schweren Karyatiden aus Granit, dessen völlig bewusst, dass ich dort war, wo ich mich befand. Mein Großvater hingegen, obwohl er neben mir herging, befand sich im selben Moment in Lemberg. Ich ging durch Gleiwitzer Straßen, er durch Lemberger. Ich befand mich in einer langen Straße, die in Amerika sicher Main Street hieße, hier aber (nach so vielen Niederlagen) den höhnischen Namen Siegesallee trug und den kleinen Marktplatz mit dem ebenfalls mäßig großen Bahnhof verband, Großvater aber spazierte zur selben Zeit durch die Sapiehastraße in Lemberg. Dann betraten wir zur Abwechslung den Chrobry-Park (...), er hingegen befand sich selbstverständlich im Jesuitengarten in Lemberg.[26]

Adam Zagajewskis Großvater ist wie der Großvater von Millionen Spaniern. Viele haben ihn durch sein Viertel in Madrid, Barcelona oder anderen Städten spazieren sehen, in Wirklichkeit war er jedoch auf Straßen unterwegs, die nicht mehr existierten – auf den Straßen seiner Erinnerung. Die Landflucht hat das leere Spanien in die Städte getragen. Es reiste in den Köpfen der Emigranten. Zagajewski betrachtet sich als »heimatlos«, genau das, was man von Millionen in den großen Städten aufgewachsenen Spaniern sagen könnte, denen man dabei jedoch die Mythen ihrer verlorenen Dörfer eingeimpft hat. Bei allem, was einem als familiäres Erbe zufällt, schwankt man zwischen Zurückweisung und Bewunderung, oft empfindet man auch beides gleichzeitig, ein Paradox, das Funken schlägt und das Denkvermögen selbst der klarsichtigsten Menschen auszuschalten vermag. Das leere Spanien lebt in den innerfamiliären, heimischen Mythen und in der Literatur. Deswegen also ist es nicht so sehr Territorium oder Land, sondern ein Bewusstseinszustand.

Eines Sonntags waren wir im aragonesischen Pyrenäenvorland unterwegs, wo die Berge noch nicht so hoch, aber nicht weniger schroff und einsam emporragen als in den eigentlichen Pyrenäen. Irgendwann meinte einer von uns, ganz in der Nähe müsse sich ein verlassenes Dorf befinden. Na, dann sehen wir uns das doch mal an, sagten wir anderen. Das Auto ließen wir am Ortseingang stehen und gingen vorsichtig zwischen den Ruinen umher. Das Dorf hieß Ruesta. (Es ist seit 1959 verlassen, weil die Bewohner wegen der Errichtung einer Talsperre umgesiedelt und ihre Grundstücke überflutet wurden.) Verrostete Schilder warnten vor möglichen Gefahren und wiesen die Besucher darauf hin, dass für eventuelle Unfälle keinerlei Haftung übernommen werde. Worin sich einiger Optimismus ausdrückte, ging die Warnung doch davon aus, dass es vor Ort noch etwas gab, was einstürzen könnte. Wenn die uns umgebenden Mauern aber unbeaufsichtigt dreißig lange Gebirgswinter überstanden hatten, würden sie auch bis ans Ende der Zeiten halten. Ihre Erbauer hatten sie einst mit Blick auf die Ewigkeit errichtet, weshalb sie widerstandsfähiger und fester im Boden verankert waren als das Dorf insgesamt, das sich zweifellos auch für unsterblich gehalten hatte. Was wiederum kein Wunder war, hatte es doch das ganze Mittelalter mit all seinen Kriegen überdauert. Aber welchen Sinn hatte es, sich erfolgreich den Eroberungszügen Almansors zu widersetzen und anschließend tausend Jahre auszuharren, nur um dann durch ein simples Enteignungsdekret ausgelöscht zu werden? Anders als die von wenig skrupulösen Bürgermeistern und Bauunternehmern im Eiltempo hochgezogenen Wohnblocks, die all die stolzen Tagelöhner aufnehmen sollten, die auf einmal in die Städte strömten, sollten die Häuser von Ruesta ihren Bewohnern bis zum Jüngsten Tag eine Heimstatt bieten. Sie sollten nicht bloß vor Kälte schützen, sie waren als ewiges Vermächtnis gedacht, das in einer nie endenden Folge von den Eltern auf ihre Kinder übergehen sollte. Sie zu verlassen, ja dem Verfall preiszugeben war angesichts der Zeitwahrnehmung und des Sinns für die eigene Geschichtlichkeit, die sich in dem Dorf ausdrückten, eigentlich undenkbar.

Ich war damals noch nicht volljährig, aber bereits ein begeisterter Filmliebhaber. Luchino Viscontis *Leopard* hatte mir die Sprache verschlagen (wenngleich ich mich bei dem Versuch, Lampedusas Romanvorlage zu lesen, unsäglich gelangweilt hatte). Während ich mich durch die vom Gestrüpp fast zugewachsenen Gassen Ruestas kämpfte und immer wieder auf dem Boden liegenden Steinen, Schuttbrocken und Dachziegeln ausweichen musste, dachte ich an Burt Lancasters Graf Salina, wie er vom Salz der Erde spricht. Und ich empfand Trauer über das, was sich für ewig gehalten hatte und trotzdem erleben musste, dass es über Nacht dem Verschwinden anheimfiel. Almansor war nicht gelungen, was Franco mit einer schlichten Anordnung durchgesetzt hatte. Aufmerksam hielt ich nach Dingen Ausschau, die Zeugnis von dem früheren Leben an diesem Ort hätten ablegen können, vielleicht ein altes Spielzeug, eine Zigarrenkiste, ein Hochzeitsfoto, ein Kleidungsstück ... Aber vergeblich. Dreißig Gebirgswinter waren zu viel, in den Häusern mit den eingestürzten Dächern hatte sich nichts erhalten. Ruesta war dabei, endgültig zu zerfallen, die Gassen waren nur noch mit Mühe von den Häusern zu unterscheiden, zwischen herumliegenden Steinen und den emporwachsenden Kräutern und Büschen verschwanden alle Konturen des einstigen Dorfs. Ich dachte an die Menschen, die in Ruesta aufgewachsen waren, als es noch ein Dorf war. Stolz und traditionsbewusst hielten sie, im Wissen, Teil einer uralten Geschichte zu sein, an Gewohnheiten fest, deren Ursprung sich im Dunkel der Vergangenheit verlor. Das konnte bedrückend sein, einem die Luft zum Atmen nehmen, aber auch befreiend wirken, als große Erleichterung. Ein Gefühl von Zugehörigkeit, die Möglichkeit, sich auf etwas berufen zu können, was seit jeher so gewesen ist. Das haben wir hier schon immer so gemacht. Seit ich lebe, ist das so gewesen. Wer daran gewöhnt ist, sich auf derart selbstgewisse Weise zu äußern, ist auf unklare Situationen und Veränderungen schlecht vorbereitet. Die Leute hier fürchteten das Wetter, die Dürre, das Ungeziefer, die wilden Tiere aus dem Wald, aber sie schützten sich davor mit Häusern aus Stein, die sie an ihre Kinder weitergaben. »In bloß vier Jahren haben der Efeu und der Hausbock die Arbeit einer ganzen Familie und eines ganzen Jahrhunderts zerstört«, sagt Andrés aus Casa Sosas, der Erzähler und Protagonist von Julio Llamazares' Roman *La lluvia amarilla* (*Der gelbe Regen*, 1988).[27]

»Ainielle gibt es«, lautet der erste Satz dieses Buches. Der Autor weist die Leser darauf hin, dass der Ort, an dem die Handlung spielt, real ist, auch wenn die erzählten Geschehnisse frei erfunden sind. Was mich an dieser Eröffnung irritiert, ist das Präsens. *Der gelbe Regen* erzählt von den letzten Lebensjahren des letzten Bewohners eines aragonesischen Pyrenäendorfs. In der Einleitung heißt es weiter: »Im Jahr 1970 war es endgültig verlassen.«[28] Gibt es Ainielle also wirklich noch? Müsste es nicht vielmehr heißen, »Ainielle hat es gegeben«? Kann man von einem Dorf ohne Bewohner behaupten, dass es existiert? Bei der Besichtigung einer archäologischen Ausgrabungsstätte sagt man normalerweise nicht, man befinde sich jetzt an diesem oder jenem Ort. Man spricht von den Ruinen dieses Ortes. Die Ruinen von Palenque, die Ruinen von Pompeji. Verlassene Städte sind nun einmal verlassen, das Präsens passt nicht dazu. Warum aber verkündet Julio Llamazares zu Beginn seines Buches rundheraus, Ainielle gebe es? »Seine Häuser halten noch stand«, fügt er hinzu, aber diese physische Tatsache rechtfertigt noch lange nicht die Behauptung, dass es Ainielle gebe.

Um physische Tatsachen geht es hier jedoch nicht. Anders gesagt, es stimmt, Ainielle gibt es, so wie es Julio Llamazares' Roman mit dem Titel *Der gelbe Regen* gibt – es existiert, so wie das leere Spanien in der Erinnerung der Menschen existiert, die einst dort gelebt haben, oder in den Mythen, die in ihren Familien an Kinder und Kindeskinder weitergegeben werden. Ainielle und das leere Spanien existieren als Ideen, und deshalb gibt es an ihrer Existenz nichts zu bezweifeln.

Der gelbe Regen erschien 1988 (die deutsche Übersetzung 1991). Als ich viele Jahre später an der ersten Fassung dieses Buches arbeitete, veröffentlichte Llamazares in der Tageszeitung *El País* einen Artikel mit der Überschrift »Die Mühle«. Darin berichtet er von der Wiederinstandsetzung der Mühle von Ainielle, die in seinem Roman eine wichtige Rolle spielt. »Na schön, aber wen interessiert das? Warum sollte eine im ganzen Land gelesene Zeitung darüber berichten, wo es doch so viel anderes mitzuteilen gibt?«, fragt Llamazares, um sich selbst zu antworten: »Dass es, während hunderte Dörfer und Gemeinden sich entvölkern, sodass sich Erstere in Friedhöfe unter freiem Himmel und Letztere in unbewohntes Ödland verwandeln, trotzdem Menschen gibt, die sich darum kümmern, dass die Erinnerung daran nicht auch noch verschwindet, und deshalb das eine oder andere Gebäude oder auch immaterielle Bestandteile ihres Erbes bewahren wie beispielsweise ihren Dialekt oder ihre alten Bräuche und Feste: Das ist eine großartige Nachricht, für mich viel wichtiger als die meisten

Nachrichten, die Tag für Tag in der Zeitung zu lesen sind.« [29] Friedhöfe unter freiem Himmel und unbewohntes Ödland sind natürlich Pleonasmen – welcher Friedhof befände sich nicht unter freiem Himmel? Und ein Ödland heißt so, weil es dort nichts gibt und niemand dort wohnt. Derlei Unsauberkeiten kommen bei Llamazares auch in den Romanen öfters vor. Beim Versuch, die Einsamkeit und Verlassenheit der von ihm beschriebenen Welt hervorzuheben, greift er leicht zu unnötigen Dramatisierungen. Davon abgesehen bedeutet die Wiederinstandsetzung der Mühle von Ainielle, fünfundvierzig Jahre nachdem der Ort endgültig verlassen worden war, in der Tat, dass es Ainielle gibt – obgleich es sich nur um eine symbolische Geste handelt, die nicht zur Wiederbesiedelung des Ortes führen wird, offenbart sie, dass das Dorf Ainielle in der Erinnerung fortlebt. Was es unter anderem Llamazares' Roman zu verdanken hat. Und kaum eine Existenzform ist für uns Menschen so wirkmächtig wie das Fortleben in der Erinnerung.

Ende der achtziger Jahre geschah etwas im endlich in Europa angekommenen und Techno tanzenden Spanien. Mit dem 1986, elf Jahre nach Francos Tod, vollzogenen EU-Beitritt schien sich für viele das Leiden an Spanien, das so viele Intellektuelle des 20. Jahrhunderts bewegt hatte, endgültig erledigt zu haben. Die Zeit der Unamunos, Ortega y Gassets und Marañóns war vorbei. Auch die der Melancholiker à la Antonio Machado. Man hatte Großes vor. Die Olympischen Spiele 1992, Hochgeschwindigkeitszüge, Autobahnen. Man machte sich an die Arbeit, das Land war eine einzige Baustelle. Europa forderte eine grundlegende Modernisierung und steuerte viele Milliarden Peseten dazu bei. Um unproduktive Fabriken zu schließen, die Fischereiflotte auf den neuesten Stand zu bringen, vor allem aber, um die Landwirtschaft anzupassen. Beim Blick in die Presse und andere Nachrichtenmedien jener Tage stößt man auf eine sehr iberische Form von Sarkasmus und Skepsis. Die altbekannte Perspektive aus dem *Don Quijote* wirkte sich weiterhin aus, die Neigung, die Welt voll ironischer Verachtung zu betrachten und den Optimisten Misstrauen entgegenzubringen. Das Ausmaß und die Geschwindigkeit der Veränderungen mussten allerdings so manchem damals schwindelerregend vorkommen. Für den Geschmack einer Mittelschicht, die an die endlosen geselligen Tischgespräche des Franquismus gewohnt war – bei denen niemand aufstand –, entwickelte sich das Land viel zu schnell. Deshalb machte sich gegen Ende der achtziger Jahre in Büchern und Filmen eine Art Nostalgie bemerkbar. Und dass Nostalgie eine sanfte und etwas resignative Form von Angst ist, dürfte ja bekannt sein.

In diesem Zusammenhang wird der Erfolg von Julio Llazamares' Roman verständlich. Er rührte an eine latente Empfindung, die in vielen spanischen Wohnzimmern vor sich hin gedöst hatte. 1988 sahen die Spanier zum einen eine verheißungsvolle Zukunft innerhalb der weiten Grenzen Europas vor sich, vielen von ihnen aber geriet darüber die Vergangenheit nicht aus dem Blick; sie hatten das Gefühl, dass es da ein verlorengegangenes Land gab, um das sich niemand kümmerte. Jenes Land, dem sie selbst entstammten und das in den Überlegungen der Ingenieure, die die neuen Autobahnen entwarfen, nur als topografisches Problem oder bei der Frage vorkam, wo man am besten Tankstellen und Raststätten platzierte. Umso dankbarer waren diese Spanier den Schriftstellern, die auf einmal den Blick auf eben diese Orte richteten, die niemand sonst noch wahrnehmen zu wollen schien.

Das war nicht ohne Risiko. Wer sich innerhalb einer von den Nachfolgern Juan Benets und den Bewunderern Thomas Bernhards beherrschten Szene mit einem nostalgischen Landroman präsentierte, lief durchaus Gefahr, den Spott von Kritikern und Kollegen auf sich zu ziehen. Kostumbrismus, Provinzschmonzette, Heimatkitsch – die Madrider und Barceloneser Intellektuellen hatten genügend boshafte Ausdrücke auf Lager, um sich über die neuen Dorfschriftsteller lustig zu machen. Dennoch war *Der gelbe Regen* ein Riesenerfolg, berührte der Text seine Leser doch offensichtlich, wo wohl alle Schriftsteller ihre Leser berühren wollen – in ihrer Seele. Der Roman erzählte, wie erwähnt, von den letzten Jahren des letzten Bewohners von Ainielle, in Wirklichkeit erzählte er jedoch die Geschichte aller Dörfer des leeren Spanien. Und weckte in seinen Lesern ein Bewusstsein für die Katastrophe, die sich an den Orten, wo sie zur Welt gekommen waren, abgespielt hatte und immer noch abspielte.

Ein Jahr vor der Veröffentlichung von Llamazares' Roman kam *El bosque animado (Der beseelte Wald)* in die spanischen Kinos, José Luis Cuerdas Filmversion des gleichnamigen Romans von Wenceslao Fernández Flórez, der ausgiebige Anleihen bei der galicischen

Mythologie nahm und vom urbanen Publikum ebenfalls sehr gut aufgenommen wurde. 1988 wiederum erschien der Erfolgsroman *Camí de sirga (Die versinkende Stadt)* des katalanischen Schriftstellers Jesús Moncada, der einen ganzen Erzählkosmos rund um das Städtchen Mequinenza im Osten Aragóns erdachte, einer gleichermaßen von Abwanderung und Vereinsamung gezeichneten Region. 1989 folgte der nächste Film José Luis Cuerdas, *Amanece, que no es poco* (Es wird hell, das ist doch schon mal was), der zwar nicht ganz so erfolgreich war wie sein Vorgänger (und außerdem sehr schlechte Kritiken bekam), jedoch geradezu Kultstatus erlangte, nachdem er als Mehrteiler im Fernsehen gezeigt worden war. Seine Mischung aus Surrealismus und Nostalgie in der Darstellung der ländlichen Welt kam mit ihrem vielfach gebrochenen und grotesken Humor bei jüngeren wie älteren Zuschauern gut an und schärfte auf ihre Weise das Bewusstsein auch der Kinder und Enkel der einstigen Dorfbewohner für das, was mit diesen Orten verlorengegangen war. Darüber hinaus rief die archaisierende und gewählte Sprache, die in dem Film verwendet wurde, bei vielen Anklänge an die Geschichten wach, die man sich weiterhin in ihren Familien erzählte.

Auch in den neunziger Jahren blieb diese Thematik präsent, ja, sie wurde noch sichtbarer. 1991 gewann Antonio Muñoz Molina mit dem anspruchsvollen und dichten Roman *El jinete polaco (Der polnische Reiter)* den höchstdotierten Literaturpreis der Welt, den Premio Planeta.[30] Das Buch war eine Spurensuche des Autors in seiner ländlichen Heimatregion, der andalusischen Provinz Jaén. Insbesondere jüngere Leser, die wie Muñoz Molina ihre Dörfer verlassen hatten, um anderswo zu studieren oder zu arbeiten, fühlten sich von der Geschichte angesprochen, verband sie doch mit ihren Herkunftsorten dieselbe Hassliebe, die der Autor in seinem Text ein wenig kryptisch, aber doch so eindrücklich zur Sprache brachte, dass sie seinen Lesern unmöglich verborgen bleiben konnte.

Julio Llamazares kam 1955 in Vegamián in der Provinz León zur Welt. Vegamián gibt es heute nicht mehr. José Luis Cuerda wuchs zwar in Madrid auf, geboren wurde er aber 1947 in Albacete, und die Gebirgsregion dieser Provinz war und blieb lebenslang der Bezugspunkt seiner Geschichten. Jesús Moncada wiederum kam 1941 in Mequinenza zur Welt und verwandelte seinen Geburtsort von seiner

Wohnung in Barcelona aus in eine Art katalanisch-aragonesisches Pendant zu Gabriel García Márquez' Macondo. In dem sehr persönlichen und ein wenig absurden Kosmos dieses Ortes, dessen Darstellung zudem von einem ziemlich speziellen sarkastischen Humor geprägt ist, fanden seine Leser sich und ihre Dörfer oder auch die ihrer Großväter wieder. Antonio Muñoz Molina schließlich wurde 1956 in Úbeda in der Provinz Jaén geboren. In seinen Romanen erhält der Ort den Namen Mágina.

Alle diese Autoren erschufen sagenhafte ländliche Welten, die dem lateinamerikanischen magischen Realismus wie auch dem Werk William Faulkners viel zu verdanken hatten, ohne dem einen noch dem anderen völlig zu entsprechen. In José Luis Cuerdas Film *Amanece, que no es poco* gibt es sogar eine ziemlich schräge Szene, in der eine Figur wegen Plagiats verhaftet wird, weil sie unberechtigt Anleihen bei Faulkners Roman *Licht im August* genommen hat: »Wussten Sie denn nicht«, sagt der Guardia-Civil-Beamte vorwurfsvoll, »dass Faulkner einer der Ortsheiligen dieses Dorfes ist?« Die Nähe zum magischen Realismus wie auch zu Faulkners Yoknapatawpha County sollte man tatsächlich nicht unterschätzen, vor allem nicht die zu Ersterem. Der magische Realismus steht in gewisser Hinsicht für eine mythische Überhöhung der ländlichen Vorstellungswelt – entworfen von Großstadtbewohnern für ein urbanes Publikum, das große Veränderungen erlebt hatte, waren doch auch die lateinamerikanischen Riesenstädte das Ergebnis massenhafter Landflucht. Außerhalb Lateinamerikas triumphierte beispielsweise García Márquez, weil seine Romane bestimmten Klischeevorstellungen von Europäern und US-Amerikanern über seinen Heimatkontinent entgegenkamen, die mit schlecht verdauten Exotismen und oberflächlich gelesenen Abenteuerromanen zu tun hatten. Unter Lateinamerikanern triumphierte er dagegen, weil den Lesern aus Mexiko City, Bogotá, Santiago de Chile, ja selbst aus Buenos Aires die darin dargestellte Welt seltsam vertraut vorkam. Vielleicht nicht so innig vertraut wie den spanischen Lesern die Welt der oben genannten Romane und Filme, da die Leser aus der städtischen Mittelschicht Lateinamerikas doch seltener Nachkommen einheimischer Landflüchtiger als die europäischer Immigranten sind. In jedem Fall zeigt aber ihre Reaktion, wie groß die Kluft zwischen der regionalistisch-separatistischen und der urbanen Realität der Entwurzelung war und weiterhin ist. In diesem Sinne rührte auch *Hundert Jahre Einsamkeit* an lange Zeit vor sich hin dämmernde Empfindungen.

Wie die lateinamerikanischen Autoren des magischen Realismus konstruieren die spanischen Schriftsteller, die sich Ende der achtziger und Anfang der neunziger Jahre sehnsuchtsvoll ländlichen Themen zuwandten, mythische Erzählungen, die sich nicht unmittelbar mit der Wirklichkeit abgleichen lassen. Sie schreiben über verschwundene Dörfer und vergangene Leben oder schildern groteske Szenen, ohne allzu viel Rücksicht auf deren Glaubwürdigkeit zu nehmen. Trotzdem teilen sie gewissermaßen eine gemeinsame Erzählwelt – diese Schriftsteller und Filmemacher kommen samt und sonders aus dem leeren Spanien. Indem sie dieses imaginäre Land als Material für ihre Fiktionen verwenden, sprechen sie eigentlich über sich selbst. Über ihre Kindheit. Ihre Sehnsüchte. Ihre Texte gleichen einem in einer Karaffe gereichten Wein, dessen Aroma und Geschmack nahezu jedem Spanier vertraut vorkommen. Sie beschwören eine verlorene Welt herauf, von der in der neuen Welt der für die Olympischen Spiele umgestalteten Hafenpromenaden, Designer-Restaurants und Hochgeschwindigkeitszüge nichts mehr zu erkennen war. Umso intensiver lebte sie jedoch in den Familien und deren Überlieferungen fort. Wie in dem Text von Adam Zagajewski. Diese Spanier waren in großen Städten aufgewachsen, aber ihr innerster Kern, ihre Muttersprache, ihre Gutenachtgeschichten, ihre dialektalen Ausdrücke entstammten dem leeren Spanien, das bei der Lektüre dieser Bücher und beim Ansehen dieser Filme als unabweisbare Wirklichkeit wieder vor ihnen aufstieg. Sie befanden sich in einer Stadt, spazierten aber durch ein Dorf. Das Land konnte innerhalb von zwanzig Jahren seinen bäuerlichen Charakter abstreifen und einen durch und durch urbanen annehmen, seine Bewohner jedoch brauchten mehrere Generationen, um diesen Prozess zu durchlaufen. Sie verließen die ländlichen Gebiete, doch die Provinz lebte in ihnen, ihren Kindern und Enkeln weiter. Darum eröffnet Julio Llamazares seinen Roman *Der gelbe Regen* zu Recht mit den Worten »Ainielle gibt es« – Ainielle hat nie aufgehört zu existieren.

1995 nahm sich auch das Fernsehen des Themas an. Der aus Aragón stammende Liedermacher José Antonio Labordeta, der bis dahin vor allem mit mehr oder weniger folkloristisch geprägten Protestsongs bekannt geworden war, bereiste für eine Dokumentarfilmserie mit dem Titel *Un país en la mochila* (Ein Land im Rucksack) einige der abgelegensten Ecken Spaniens. Durch seine leutselig-unverstellte Art gelang es ihm, das Vertrauen selbst der verschlossensten Dörfler zu gewinnen, die ihn zu sich nach Hause einluden, wo sie ihm riesige Portionen von deftigen Eintöpfen aller Art auftischten. Und auch bei den Zuschauern kam das gut an. Schon in seinen Liedern hatte Labordeta immer wieder auf die Landflucht und das Elend des bäuerlichen Lebens Bezug genommen, ja, einige spöttische Verse eines 1975 auf einer Schallplatte veröffentlichten Songs könnte man geradezu als scherzhafte Vorwegnahme von Llamazares' Roman ansehen. Unter dem Titel *Meditaciones del Severino el Sordo* (Einige Überlegungen von Severino dem Tauben) heißt es darin: »Von den hundert, die wir mal waren, / sind heute nur noch zwei da: / Don Florencio, der Herr, und ich, / sein treu ergebener Diener. / Don Florencio wohnt in Huesca, / und hier, da bin bloß noch ich, / mit einer bekloppten Ziege, / und Dudelsack und Trommel dazu. / Eines Tages aber nehm ich die Ziege, / die Trommel und Trompete dazu, / und mach mich auf nach Saragossa, / soll der Herr doch selbst musizieren.«

Die Serie lief volle fünf Jahre, hatte ein treues Publikum und machte Labordeta zu einer bekannten und beliebten Persönlichkeit. Natürlich folgte sie einem ethnografischen Antrieb, ja, das Ganze hatte durchaus etwas von folkloristischer Feldforschung, wichtiger war jedoch die Wiederentdeckung der von Labordeta aufgesuchten Landschaften, sein offener, niemals herablassender Blick auf deren Bewohner. Er wollte sie weder erlösen noch retten. Ebenso wenig hatte er es auf Klischees und derbe Bauernwitze abgesehen. Er beschränkte sich auf schlichtes Zeigen. Die Lakonie von Labordetas Offkommentaren, die knappen Wortwechsel mit seinen Gesprächspartnern, manchmal nur Einwortsätze, manchmal bloß lobende Äußerungen übers Essen – auf die Frage, ob es schmecke, nickte er heftig, ohne den Blick vom Teller zu heben –, wurden von vielen Spaniern dankbar angenommen. Labordeta kam nicht, um den Eingeborenen das Dichten beizubringen, und ebenso wenig war es seine Absicht, den feinen Damen aus der Stadt einen Schreck einzujagen, indem er ihnen möglichst schaurig-grobe Bauernflegel vorführte.

Er wanderte einfach von Dorf zu Dorf, aß, was man ihm vorsetzte, unterhielt sich ein Weilchen mit jemandem, blieb vor einer romanischen Kirche stehen und zog weiter. Diese Schlichtheit war etwas unerhört Neues. Das Einzige, was man ihm möglicherweise vorwerfen könnte, war eine gewisse Neigung zu Postkartenidyllen oder einen manchmal eben doch bloß ethnografischen Blick, der die unmittelbare Beziehung zum Erzählten störte und ihm etwas Museales verlieh, im Großen und Ganzen wich sein Team dieser Gefahr aber sehr geschickt aus. Im Vergleich zu der Verachtung, den übelwollenden Stereotypen und gehässigen Karikaturen, die den Blick auf das leere Spanien lange Zeit geprägt hatten – in den folgenden Kapiteln dieses Buches gehe ich ausführlicher darauf ein –, ist dies jedoch ein ziemlich harmloser Vorwurf.

Un país en la mochila knüpfte an die Wanderfreude der Mitglieder der reformpädagogischen Institución Libre de Enseñanza und der Schriftsteller und Philosophen der sogenannten »Generación del 98« um Azorín, Unamuno, Ortega y Gasset, Machado, Pío Baroja und andere an, die überzeugt gewesen waren, dass man sich als guter Patriot seine Heimat mit den Füßen erobern müsse. Labordetas Serie kam jedoch ohne alle essentialistische Mystik oder religiös-politische Überhöhung aus, wie sie den Schriftstellern der Jahrhundertwende um 1900 zu eigen gewesen war. Dafür gelang es der Serie – und wie bei allen wirklich guten Dingen, ohne dass man sich das eigens vorgenommen hätte –, eine Art Versöhnungsprozess in Gang zu setzen.

Was aber nicht genug war. Die Kluft zwischen dem dicht besiedelten und dem leeren Spanien ist zu tief. Wahrscheinlich wird sie sich nie überbrücken lassen. Je weiter sich die Spanier im Lauf der Zeit von ihrer ländlichen Herkunft entfernen, desto mehr verblassen die in ihren Familien weitergegebenen Geschichten dieses leeren Spaniens. Wodurch einerseits deren Kraft zunimmt, denn je diffuser die Überlieferung, desto mythischer der Mythos, und je unklarer Zeitangaben, Namen und sonstige konkrete Bezugspunkte, desto größer die suggestive und auch identitätsbildende Kraft, die von ihnen ausgeht. Es ist tatsächlich einfacher, sich mit einer verschwommenen, über ein unbestimmtes Territorium verstreuten Herkunftsgeschichte zu identifizieren als mit einem genau bestimmten Haus in einem genau bestimmten Dorf, das während einer genau bestimmten Zeit bewohnt wurde. Die Kindheit ist eine mächtige Heimat, erst recht die Kindheit der Eltern und Großeltern. Da das leere Spanien sich nicht füllen wird – ja, mehr noch: Glaubt man den Bevölkerungsprognosen, droht sogar noch mehr Entleerung und Verödung, falls es in den nächsten Jahren nicht zu grundlegenden Veränderungen kommt –, werden diese Überlieferungen sich weiter verändern und an Kraft gewinnen. Zugleich werden aber auch das Stigma und die Spuren des großen Traumas fortbestehen. Über zu viele Jahrhunderte hinweg hat man die ländlichen Gebiete mit unverändert abschätzigem Blick betrachtet. Dagegen anzukommen ist eine kaum zu bewältigende Herausforderung. Labordetas Dorfbesuche waren nur die Ausnahme von einer uralten Gewohnheit. Es ist sehr schwierig, das leere Spanien zu bereisen, ohne in die Rolle des Erforschers exotischer Welten oder die Illusionen des Missionars zu verfallen, der kommt, um die Seelen der Indigenen zu retten.

In den folgenden Kapiteln gehe ich der Entstehungsgeschichte einiger dieser Klischees in Gestalt negativer Mythen nach – das böse und verbrecherische Spanien, das arme und verrohte Spanien, das trockene, raue und hässliche Spanien, das reaktionäre Spanien. All diese Vorurteile speisen sich aus der Angst vor dem Anderen, Unbekannten. Niemals schließt ihr Blick den anderen mit ein, niemals gibt es den Versuch, ihn zu verstehen, statt ihn gewaltsam den eigenen vorgefertigten Vorstellungen anzupassen. Manche dieser Vorurteile sind noch ganz neu und halten sich hartnäckig. Alle zusammen ergeben sie das Klischeebild vom leeren Spanien, das die Spanier mit sich herumtragen. Jedes einzelne ist es wert, widerlegt zu werden.

Zweiter Teil
Die Mythen des leeren Spanien

3 Die Wissenschaft von der Langeweile

Wenn der Höfling die Anliegen, Weisen und die Gedancken, so er zu Hof bekommen, mit sich nach Hause bringt, so were ihm viel besser, daß er nie heim kommen were, dieweil die Laster viel hefftiger zusetzen, wenn einer allein, und die Menschen alßdann viel weicher seynd.

Fray Antonio de Guevara,
Verachtung dess Hoflebens und Lob dess Landtlebens (1539)

Bei dem Gedanken an *Fago* sehe ich Spuren im Schnee vor mir, ein Plakat an einer Hauswand mit der Aufschrift *Fago ist nicht New York* und eine Reporterin von Televisión Española, die daneben steht und behauptet, sie befinde sich in Fargo. Trotz ihres Irrtums hatte sie recht. Viel Schnee, ein einsames Dorf und ein Verbrechen. Die Coen-Brüder wären begeistert gewesen – ein Szenario ganz wie in ihrem berühmten Film *Fargo*.

Wie in *Fargo* gab es in Fago jede Menge Spuren im Schnee. Von der Plaza des Ortes führten sie in alle erdenklichen Richtungen, aber keine einzige stammte von einem der einunddreißig Einwohner, die Fago damals, im Januar 2007, aufwies. (Laut der letzten Zählung sind es heute nur noch einundzwanzig.) Hinterlassen hatten sie wir Journalisten, Fotografen, Kameraleute und Tontechniker diverser Zeitungen, Fernseh- und Radiosender, die wir weit mehr waren als die Dorfbewohner, die sich in ihren Häusern verbarrikadiert, Türen und Fenster geschlossen hatten. Zu war auch die Bar, neben deren Eingang sich das oben erwähnte Plakat befand. Um der Januarkälte zu entfliehen, mussten wir Journalisten in den Nachbarort Ansó fahren, dessen Cafés geöffnet hatten. In Ansó waren auch Dorfbewohner auf der Straße anzutreffen. Viele kannten das Opfer, schließlich war Fago verwaltungstechnisch ein Teil ihrer Gemeinde. In der verzweifelten

Hoffnung, ein paar Sätze für die Mittagsnachrichten zusammenzubekommen, liefen die Journalisten den Bewohnern Ansós hinterher und hielten ihnen ihre Mikrofone unter die Nase.

Ich schloss mich ihnen nicht an, sondern machte mich niedergeschlagen auf die Suche nach meinem Fotografen. Die Leute in Fago hatten uns als Leichenfledderer beschimpft, uns mehrfach die Tür vor der Nase zugeschlagen oder, kurz davor, in Tränen auszubrechen, angefleht, zu verschwinden. Aasgeier seien wir, wir sollten sie endlich in Ruhe lassen. Und ich, der ich bloß noch einen Kaffee wollte, gab ihnen recht. Auch mir schien es würdelos, in dieser Weise auf der Plaza eines Dorfes mit einunddreißig Bewohnern den Schnee zu zertrampeln. Dreißig, genauer gesagt. Denn der einunddreißigste war mit mehreren Gewehrkugeln im Leib tot in einer Schlucht ein paar Kilometer südlich von Fago aufgefunden worden. Die Guardia Civil war dabei, die Spuren am Tatort zu sichern. Sämtliche Bewohner Fagos kamen als Täter in Betracht.

Am 12. Januar 2007 war Miguel Grima, der Bürgermeister von Fago, das einsam im Ansó-Tal in den Zentralpyrenäen liegt, ermordet worden, als er sich auf dem Rückweg von einem Treffen mit anderen Bürgermeistern seines zur Provinz Jaca gehörenden Landkreises befunden hatte. Es war eine sehr kalte Nacht, und im ganzen Tal lag Schnee. Wie ein Wegelagerer früherer Zeiten musste ihn jemand auf der Straße abgepasst haben. Mit seinem quergestellten Auto versperrte er den Weg. Er forderte Grima auf, auszusteigen, und schoss mit einer Jagdflinte auf ihn. Der noch lebende Grima versuchte, sich hangabwärts in Sicherheit zu bringen, doch der Angreifer setzte ihm nach und brachte ihn mit mehreren weiteren Schüssen endgültig zur Strecke.

Der Mörder hieß Santiago Mainar, war aber in diesen ersten Tagen nach dem Verbrechen noch nicht überführt worden. Mainar war damals der einzige Bewohner Fagos, der sich darauf einließ, mit den Journalisten zu sprechen. Er lud sie sogar zu sich nach Hause ein, machte Kaffee und erzählte, dass Miguel Grima ein Kazike, ein Tyrann gewesen sei, der den anderen das Leben zur Hölle gemacht habe, das Zusammenleben im Ort sei völlig zerrüttet gewesen, alle hätten ihn gehasst. Als die Beamten der Guardia Civil ihm später beim Verhör die gegen ihn vorliegenden Beweise präsentierten, brach er zusammen und gestand die Tat.

Der winzige Ort Fago liegt in einem engen Tal, das lange Zeit von der Welt nahezu abgeschnitten war. Wie bei so vielen Pyrenäenorten hatte die Abwanderung hier fatale Auswirkungen. Zudem hat der Bau einer Straße in den Bergen fast immer vor allem dafür gesorgt, dass Leute weggehen, statt neue anzulocken. Dass überhaupt noch jemand dort lebt, ist erstaunlich genug. Acht Kilometer nördlich von Fago liegt Ansó. Jenseits davon gibt es in einem Umkreis von zwanzig Kilometern bloß noch Wälder und Berge. Bis in die Mitte des 20. Jahrhunderts tauchten hier im Frühjahr die Bären auf. Allerdings immer seltener, denn um zu verhindern, dass sie sich über die Schafe hermachten, setzten die Jäger den Bären so sehr zu, dass es bald keine mehr gab. Schafe blieben auch keine übrig, nur noch Jäger. Dass hier jemand eine Waffe im Haus hat, ist jedenfalls nichts Besonderes. Bei ihren Ermittlungen ließ sich die Guardia Civil zunächst von sämtlichen Bewohnern der Umgebung, die im Besitz eines Waffenscheines waren, die Gewehre aushändigen, um sie einer ballistischen Untersuchung zu unterziehen.

Was mich an diesem Fall besonders faszinierte, war die Tatsache, dass Opfer und Täter gleichermaßen Stadtflüchtige waren. Von diesen gab es seit den neunziger Jahren immer mehr. Häufig entschieden sie sich für vollständig oder nahezu vollständig verlassene Dörfer. Manchmal ließen sich mehrere Familien zusammen dort nieder, Gruppen von Freunden, die von einem neuen Arkadien träumten. Oft kamen sie aus der Umweltbewegung. Oder waren einfach Liebhaber des Landlebens. Was sie verband, war der Hass auf die Stadt und die Überzeugung, ein Leben auf dem Dorf, in den Bergen, in der Abgeschiedenheit – in Thoreaus Blockhütte gewissermaßen[31] – sei dem städtischen Trubel unbedingt vorzuziehen.

Unter den Stadtflüchtigen gibt es natürlich die unterschiedlichsten Persönlichkeiten, es ist ungerecht, sie auf ein Klischeebild festzulegen, trotzdem ist ihnen die Ablehnung all dessen gemeinsam, wofür die Stadt steht. Die Stadt ist der Ort des Bösen, Falschen, sie lässt einen das Leben nicht in der Intensität und Freude leben, die das Leben verdient. Unter den Stadtflüchtigen gibt es die eher mystisch und die eher praktisch veranlagten. Die eher nachdenklichen und die eher impulsiven. Manche sind New-Age-Fans, andere eher prosaische Zeitgenossen. Viele sind Selbständige. Anwälte, Ärzte und natürlich

Architekten. Letztere verfügen über den Vorteil, dass sie sich auf dem neuen Grund ihr eigenes Haus entwerfen können.

Miguel Grima stammte wie sein Mörder Santiago Mainar aus Saragossa. Beide lebten seit zwanzig Jahren in Fago und waren früher Freunde gewesen. Unter den einunddreißig Einwohnern Fagos waren sie nicht die einzigen Stadtflüchtigen. Manche hatten hier familiäre Wurzeln, andere waren jedoch nur der Schönheit und Einsamkeit der Berge wegen hergezogen. An anderen Orten spielten sich ähnliche Dinge ab. Einige Monate vor dem Mord in Fago war ich in einem Dorf der Gemeinde Serrablo gewesen, das dank einer Gruppe Stadtflüchtiger zu neuem Leben erwacht war. Das Dorf war in den siebziger Jahren verlassen worden, fast alle Gebäude waren in abbruchreifem Zustand. In den neunziger Jahren wurden einige davon wiederhergestellt. Nach und nach zogen die neuen Bewohner ein. Anfangs nutzten sie die Häuser als Zweitwohnsitze, später blieben sie das ganze Jahr über hier. Ich erwartete, dort eine Gruppe glücklicher Hippies anzutreffen, die zufrieden ihre Gärten mit dem Bio-Gemüse pflegten, wenn sie nicht gerade im Schatten prächtiger Kiefern saßen und Thoreaus *Walden* lasen. Auf die feindselige Stimmung, die ich vorfand, war ich nicht vorbereitet. Der Begründer des Wiederaufbauunternehmens, der als Erster sein Haus vor Ort fertiggestellt hatte, war zurück nach Saragossa gezogen und hatte das Dorf schon seit Längerem nicht mehr betreten. Weil er Angst hatte, wie er sagte, als ich mich ein paar Tage später mit ihm unterhielt. »Vor wem?«, fragte ich. »Vor den anderen«, erwiderte er.

Bei meinem Besuch führte mich ein Mann, der mit am längsten hier wohnte, überall herum, zeigte mir, woher sie ihren Strom bezogen, erklärte, wie sie es geschafft hatten, Anschluss ans Internet zu bekommen, wo sie ihr Brennholz aufbewahrten und so weiter. Beim Aufbruch winkte mich ein finster dreinblickender Mann, der uns von seinem Garten aus beobachtet hatte, zu sich her und führte mich hinter sein Haus direkt am Waldrand. »Glaub dem bloß kein Wort«, sagte er dort zu mir. »Hier passieren schlimme Dinge. Wir haben es alle so was von satt. Wir sind mit viel Vorfreude ans Werk gegangen, aber jetzt ist es der reine Horror. Wir sprechen nicht mehr miteinander. Und bald kommt der Winter, und der verfluchte Schnee, ich glaube nicht, dass ich das noch einmal durchstehe. Du kannst gerne schreiben, dass ich von hier abhaue, sobald ich kann.«

Als es ein paar Monate später tatsächlich zu schneien anfing, fragte mich ein Kollege: »Du warst doch damals in diesem Dorf im Serrablo, stimmt's?« – »Ja«, sagte ich. – »Da geht's ja ganz schön zu, neulich ist eins von den Häusern dort abgebrannt. Die von der Guardia Civil tippen auf Brandstiftung. Die Leute, die in dem Haus waren, sind um ein Haar lebend davongekommen.« Da fiel mir der Mann wieder ein, der sich nicht mehr in den Ort zurücktraute. Und der andere, der erklärt hatte, er werde sich bei nächster Gelegenheit davonmachen. Voller Angst vor den anderen. Und vor dem Winter. Vielleicht auch vor sich selbst.

Ich bin in vielen solchen einsam gelegenen Orten gewesen und habe Leute aus der Stadt getroffen, die sich dort wunderschöne Traumhäuser errichtet hatten. Oft hatten sie ein paranoides Flackern im Blick. Eine Frau, die in einem mehrere Kilometer Waldweg vom nächsten bewohnten Ort entfernten alten Bauernhaus in den Bergen von Teruel lebte, gestand, dass sie überlege, sich ein Gewehr anzuschaffen, weil sie sich seit einem Streit mit der Gemeindeverwaltung bedroht fühle. Ein Bildhauer erklärte bekümmert, während er mir ein paar Eier in der Pfanne briet, dass sein Haus und der Traum vom Landleben seine ganze Existenz zerstört hätten. Er könne verstehen, dass seine Frau es hier nicht ausgehalten und ihn verlassen habe – hätte er nicht sein gesamtes Geld in dieses Haus gesteckt, in dem er nicht weiterleben, das aber auch niemand kaufen wolle, würde er sich selbst ebenfalls davonmachen. Manchmal, selten genug, traf ich auch jemanden, der glücklich war. Die meisten vergaßen jedoch spätestens beim ersten Schluck Kaffee, dass sie einem Journalisten gegenübersaßen, und gaben zu, dass sie ihren Entschluss bereuten. Manche erzählten, dass sie ständig Angst hätten und nicht schlafen könnten, weil sie sich ausmalten, dass nachts jemand in ihr Haus eindrang, um sie zu ermorden.

Vielleicht habe ich nur Pech gehabt und lauter Unglücksraben getroffen, deren Beispiele nicht stellvertretend stehen können für ein größeres Scheitern dieses Trends der Rückkehr aufs Land. Statistisch untermauern kann ich meine Erfahrungen nicht. Vielleicht hatte der Zufall die Hand im Spiel. Und dennoch war ich irgendwann imstande, schon nach kürzester Zeit das leise Flackern im Blick meiner Gesprächspartner zu erkennen, die mehr als einen Winter in ihren von endlosem Nichts umgebenen Behausungen verbracht hatten.

Die Psychologie bietet hier, wie fast immer in solchen Fällen, erschreckende Erklärungen. Die berühmteste verdankt sich den Erfahrungen mit der sogenannten sensorischen Deprivation, also dem möglichst vollständigen Entzug von Außenreizen. Seit den vierziger Jahren haben Verhaltensforscher Experimente mit dem Ziel durchgeführt, herauszufinden, wie sich Isolation auf Menschen mit gesundem Bewusstsein auswirkt. 1961 nahm die damals fünfundzwanzig Jahre alte kanadische Krankenschwester Winnifred Kelm an einem solchen Versuch teil. Sie ließ sich achteinhalb Tage lang in ein dunkles Zimmer einschließen, ohne die Möglichkeit, sich umzuziehen oder auch nur die Zähne zu putzen. Schon nach kurzer Zeit setzten Wachträume ein, sie weinte stundenlang, hatte Halluzinationen und war irgendwann überzeugt, ihr Freund sei bei einem Autounfall ums Leben gekommen. Sie erbrachte dabei eine Rekordleistung – die meisten Probanden hielten es nicht länger als drei Tage unter vergleichbaren Umständen aus. In einem später veröffentlichten Bericht räumte Kelm ein, dass sie lange gebraucht habe, um sich von dem Erlebnis zu erholen, und die Folgen immer noch spüre.[32]

Die aus solchen Untersuchungen abgeleitete Theorie war nicht nur innerhalb der Psychologie sehr erfolgreich. Vor allem Geheimdienste haben unmittelbar praktische Schlussfolgerungen daraus gezogen. Die britische Polizei etwa wandte diese Erkenntnisse auf Mitglieder der IRA an. Isolation und Reizentzug haben sich zu verbreiteten und wirksamen Foltermethoden entwickelt. Ein völlig verdunkeltes Zimmer bricht den Willen eines Menschen zuverlässiger als unmittelbare blutige Gewaltanwendung.

Die Krankenschwester Kelm hat gewissermaßen sensorische Deprivation im Reinzustand erlebt, unterhalb dieser Extremerfahrung gibt es jedoch eine ganze Palette von Zuständen, die man ebenfalls als Isolation oder Reizarmut bezeichnen kann und deren Auswirkungen auf die menschliche Psyche eine genauere Betrachtung wert sind. So haben sich Untersuchungen mit dem Zusammenleben der Mitglieder von Forschungscamps in der Antarktis oder der Astronauten in Raumstationen beschäftigt. Wie auch mit Seeleuten auf

Langstreckenfahrten, Nachtwächtern, Waldhütern und natürlich Bewohnern abgelegener Orte in dünn besiedelten Gegenden. Der Theorie nach könnte der Mangel an sensorischen Reizen verheerende Auswirkungen auf die Betroffenen haben und psychische Störungen hervorrufen. In besonders schweren Fällen Halluzinationen und Ausbrüche von Psychosen, in leichteren Paranoia, Beziehungswahn, hohe Reizbarkeit oder extremes Misstrauen.[33]

Die moderne Psychologie nimmt die Sache aber auch gerne von einem anderen, wesentlich interessanteren und konstruktiveren multidisziplinären Standpunkt aus in den Blick – und entwirft eine Art Theorie der Langeweile. Der kanadische Neuropsychologe James Danckert vertritt etwa die Ansicht, Langeweile könne ähnliche Wirkungen hervorrufen wie ein Hirntrauma. Genauer gesagt wie ein Hirntrauma, von dem sich der Patient unter massivem Einsatz von Medikamenten erholt hat. Danckert zufolge verändert sich die Persönlichkeit der Betroffenen, weil die bei der Behandlung eingesetzten Endorphine und Schmerzmittel das Gehirn daran hindern, den psychologischen Mechanismus in Gang zu setzen, der bei Belohnung und Freude greift. Weshalb Menschen, die ein Hirntrauma erlitten haben, häufig anfällig für Drogen sind, riskante Sportarten betreiben oder sich in anderer Hinsicht leichtsinnig und draufgängerisch verhalten – wenn sie früher einen Kaffee brauchten, um wach zu werden, brauchen sie jetzt drei. Sie sind auf der Suche nach starken Reizen, weil nur die ihr Gehirn dazu bringen, sie ein Gefühl von Freude und Lust empfinden zu lassen.[34]

Des Weiteren nimmt Danckert an, dass Menschen, die sich über lange Zeit häufig langweilen, eine ähnliche Hirnstruktur aufweisen. Wenn die Langeweile einsetzt, benötigen sie starke Emotionen, um diesem Zustand zu entkommen. Dies ist nur eine Hypothese, bewiesen ist davon nichts.

Rings um Fago gibt es kilometerweit nichts. Das einzige Nachbardorf Ansó hat 456 Einwohner. Fünfzig Kilometer im Umkreis gibt es keinen einzigen Ort mit mehr als fünfhundert Einwohnern. Bis zum nächsten Kino, in Pamplona, sind es hundert Kilometer. Andere typische städtische Attraktionen findet man im mehr als fünfzig Kilometer auf schlechten Landstraßen entfernten Jaca. Für einen Schaufensterbummel, eine Ausstellung oder um nur die

Tiefkühltruhe mit Nahrungsmitteln aus dem Supermarkt zu füllen, muss man auf Reisen gehen. Im Winter häufig mit Schneeketten. Was auch die Kinder betrifft, wenn sie täglich die knapp zehn Kilometer zur Schule nach Ansó zurücklegen müssen. Was man in der Stadt mit einem Spaziergang erledigen kann, erfordert in Fago sorgfältige logistische Planung. Kein Wunder, dass die Leute dort kaum etwas unternehmen. Wie Winterruhe haltende Bären verlassen sie ihre gut mit Brennholz ausgestatteten, warmen Quartiere im Winter so gut wie nie. Aber auch in ihren Häusern herrscht mehr Langeweile als in einer Stadtwohnung, gibt es in den meisten Dörfern doch kein Kabelfernsehen, man empfängt nur wenige Radiosender – und die oft bloß schlecht. Dazu kommt das langsame Internet, wenn überhaupt vorhanden.

Wie sehr haben die winterliche Isolation und Einsamkeit das Verbrechen von Fago beeinflusst? Haben die Leute dort sich dermaßen gelangweilt, dass zwischen ihnen Feindseligkeit und offener Hass bis hin zum Mord ausbrachen? Streit gab es jedenfalls im Ort. Der Bürgermeister verhängte Ordnungsgelder und Gebühren, die die anderen als ungerecht empfanden. Die Besitzer der Bar beklagten sich über die in ihren Augen maßlos überhöhte Abgabe, die sie für den Betrieb ihrer Sommerterrasse bezahlen sollten. Sie war der Auslöser für das eingangs erwähnte Plakat mit der Aufschrift *Fago ist nicht New York*. Mehrere Bewohner, unter ihnen der spätere Mörder, waren der Ansicht, ihr Traum von einem hierarchiefreien Zusammenleben sei durch die bevormundenden Aktivitäten und Schikanen des Bürgermeisters zerstört worden. Sie waren in die Berge gezogen, um frei zu sein und sich nicht um irgendwelche administrativen Vorschriften zu Schornsteinhöhen und Parkverboten kümmern zu müssen. Trotzdem gab es zum Zeitpunkt des Mordes jede Menge Streitigkeiten unter den einunddreißig Bewohnern Fagos. Nach Ansicht – fast – aller war jedoch keine davon so gravierend, dass es deswegen zu Gewalt hätte kommen müssen. Im Gegenteil, in Wirklichkeit handelte es sich um lauter Nichtigkeiten. Hat der Winter sie größer erscheinen lassen? Hätte es – zugespitzt formuliert – im Ort ein Kino gegeben, und nicht erst im weit entfernten Pamplona, wäre Miguel Grima sein grausames Ende dann womöglich erspart geblieben? Dass das Unterhaltungsangebot einer Stadt befreiende Wirkung hat, wird ja kaum jemand bestreiten – und wie viele Spannungen lassen sich nicht bei einem gemeinsamen Abendessen und ein paar Gläsern Wein lösen! Oder durch eine Stunde Training im Fitnessstudio. Oder bei einem Einkaufsbummel.

Fast alle, die sich schriftstellerisch mit diesem Thema beschäftigt haben, vertreten eine ähnliche These. Der Journalist Carles Porta zum Beispiel hatte bereits eine romanhafte Reportage über eine Reihe makabrer Vorfälle in dem Pyrenäendorf Tor in der Provinz Lérida veröffentlicht, bevor er sich dem Verbrechen von Fago zuwandte.[35] Dass er sich für den Mord an Miguel Grima interessierte, war nur folgerichtig, schien der doch Portas These zu bestätigen, dass es unmöglich sei, in einer abgeschiedenen ländlichen Gegend friedlich zusammenzuleben.[36] Jesús Duva[37] und Eduardo Bayona[38] wiederum, Polizeireporter von *El País* beziehungsweise *El Periódico de Aragón*, argumentieren in ihren Büchern über den Fall ähnlich. Das erstickende Gefühl des Eingeschlossenseins, der lange Winter, der Mangel an Austausch mit anderen. Bis das Leben irgendwann unerträglich wurde. War Fago eine Art sozialpsychologisches Experiment, das leider schiefgegangen war? Oder vielmehr genau so ausgegangen war, wie es ausgehen musste? Unter Laborbedingungen hätte man jedenfalls keine bessere Versuchsanordnung herstellen können. Die immer gleichen paar Gesichter während der nicht enden wollenden Wintertage und der stets zur gleichen Uhrzeit vorbeikriechende Schneepflug auf der einzigen Straße, die durch den Ort führt. In seinem Gefolge die immer gleichen paar Autos. Darin die immer gleichen bekannten Gestalten. Und immer so weiter bis zum Sommer, wenn endlich die ersten Touristen kommen ...

Ich kehre noch einmal zurück auf die Plaza von Fago an jenem Tag im Januar 2007: Dass die Menschen hier, wie auch in Ansó, auf uns Journalisten so schlecht zu sprechen waren, schob ich damals darauf, dass wir uns so ungehemmt in ihr Privatleben drängten und keine Rücksicht auf den Schockzustand nahmen, in die das Verbrechen sie versetzt hatte. Heute dagegen habe ich den Verdacht, dass noch etwas anderes dahintersteckte, vor allem an ihrer so heftigen Zurückweisung der Fernsehreporter mit ihren riesigen Übertragungswagen, Kameras und grellbunten Mikrofonen. Neben ihnen wirkte ich wie ein diskreter, vornehmer Gast. Einzig mit meinem Notizbuch bewaffnet, konnte ich es mir leisten, meinen Fotografen anzuweisen, woanders auf mich zu warten, um gleichermaßen zurückhaltend wie kumpelhaft ein Gespräch mit dem nächstbesten Einheimischen anzufangen, ohne dass dieser das Gefühl hatte, von mir ins Scheinwerferlicht oder vor eine Kameralinse gezerrt zu werden. Was es mir ermöglichte, mich den Schmeißfliegen moralisch überlegen zu fühlen, die sich in Fago und Ansó gierig auf jeden stürzten, der es wagte, einen Fuß vor die Haustür zu setzen. Aber da redete ich mir bloß etwas schön – in Wirklichkeit tat ich das Gleiche wie meine Kollegen. Andererseits sorgte womöglich gerade mein schlechtes Gewissen dafür, dass ich damals nicht wahrnahm, was mir heute offensichtlich erscheint: Die Bewohner von Fago schämten sich. Aber nicht einfach nur, weil man der Öffentlichkeit ihr Privatleben vorführte. Das Schlimme war, dass sich dabei vor aller Augen gnadenlos ihre Schwächen offenbarten. Die Konflikte, die ihnen so schwerwiegend, umfassend und ausweglos erschienen waren, wirkten auf einmal geradezu lächerlich. Im Zusammenhang des Dorfes ergab das Plakat mit der Aufschrift *Fago ist nicht New York* Sinn, in den Fernsehnachrichten erschien es dagegen als pure Spinnerei. Manche Bewohner Fagos müssen sich wie Kinder vorgekommen sein, die von den Erwachsenen mitten im Streit überrascht werden. So wie wenn plötzlich der Vater im Zimmer steht und fragt, was denn los ist. Woraufhin die Kinder, während sie aufzählen, was die jeweils anderen alles getan haben, irgendwann selbst merken, dass es eigentlich gar keinen Grund gab, so aufeinander loszugehen. Kinder vergessen jedoch schnell, auch ihre Scham, sie sind imstande, schon im nächsten Augenblick wieder friedlich zusammen zu spielen. Bei den Erwachsenen ist die Sache komplizierter. Dazu kommt die allen Kulturen eingefleischte Gewohnheit, den Überbringer einer schlechten Nachricht für ihren Inhalt verantwortlich zu machen. Verfluchte Journalisten, dachten die Bewohner Fagos sich folglich und sprachen das auch laut aus. Verdammte Kameras, nur wegen euch sehen jetzt alle, mit was für lächerlichen Nichtigkeiten wir unsere Zeit vertun.

Was mich an dieser These vom Motiv Langeweile jedoch stört, ist, dass sie viel zu gut passt. Sobald eine Erklärung für menschliches Verhalten ganz und gar überzeugend klingt, sollte man ihr misstrauen, denn das Glaubhafte und Plausible ist häufig nur eine elegante

Umschreibung unserer Vorurteile. Plausibilität ist eine Kategorie des Erzählens, und ob etwas plausibel ist oder nicht, hängt von der Erzählung ab, nicht von den erzählten Tatsachen. Plausibilität ist nötig, um einer Geschichte Sinn zu verleihen, folglich steckt in ihr schon eine Deutung. Dass etwas plausibel wirkt, hängt aber nicht nur vom Willen der Erzählerinstanz oder der Bereitschaft der Lesenden ab, der Erzählung zu glauben. Eine wichtige Rolle spielt auch der kulturelle Kontext, und der wiederum setzt sich aus Archetypen und stillschweigend vorausgesetzten Überzeugungen zusammen. Wenn die Leser dem in den vorigen Abschnitten Gesagten zugestimmt haben, liegt das auch daran, dass es so gut zu der Vorstellung passt, die wir uns vom Leben an einem einsamen, abgelegenen Ort machen, auch wenn die meisten von uns kaum je mehr als einen Tag an einem solchen Ort zugebracht haben. Wir stellen uns die dort herrschende einschläfernde Langeweile vor, das Gefühl, dass einem die Decke auf den Kopf fällt, die Verzweiflung angesichts der Wiederholung des Immergleichen und des Mangels an Reizen und Stimulation, und ohne größere Schwierigkeit malen wir uns aus, wie all diese Elemente irgendwann einen Gewaltausbruch hervorrufen. Die entsprechenden Bücher und Filme kennen wir: Sam Peckinpahs *Wer Gewalt sät*, David Lynchs *Twin Peaks* oder das von der Reporterin von Televisión Española unfreiwillig beschworene *Fargo* der Coen-Brüder. Alle erzählen sie von Gewaltausbrüchen in kleinen Gemeinschaften, von Menschen, die zu Bestien werden, verstärkt vielleicht von Alkohol und Drogen – in Fago allerdings offenbar nicht –, Eiseskälte und langen Winternächten. Genau diese Geschichten erwarten wir, weil man sie uns schon so oft erzählt hat.

Und dennoch waren all die Journalisten im Januar 2007 eben deshalb nach Fago gekommen, weil dort etwas Ungewöhnliches passiert war. In Spanien gibt es tausende von Dörfern wie Fago. Und ein paar Zehntausend Spanier leben nicht anders als die Bewohner Fagos. Doch nur in Fago hatte man dem Bürgermeister aufgelauert, um ihn mit einer Jagdflinte zu erschießen. Warum geschieht so etwas nicht auch in all den anderen abgelegenen einsamen Bergdörfern Spaniens? Es hat natürlich vergleichbare Fälle gegeben. So wurde am 19. Januar 2010 in dem Dorf Petín in der galicischen Provinz Ourense ein gewisser Martin Albert Verfondern umgebracht. Der Mörder versteckte Verfonderns Auto samt Leiche im Wald. Erst vier Jahre später wurden die Überreste entdeckt und Ermittlungen eingeleitet. Auch Verfondern war ein Stadtflüchtiger, wie Miguel Grima und Santiago Mainar. Ein Niederländer, der sich in einem winzigen Dorf im galicischen Hinterland niedergelassen hatte, in dem bloß zwei Familien lebten. Er liebte die galicische Landschaft und die Lebensweise der Einheimischen, irgendwann kam es jedoch zu Konflikten mit seinen Nachbarn, die schließlich in Morddrohungen mündeten. Aus diesem Grund führte Verfondern von einem bestimmten Zeitpunkt an ständig eine Kamera bei sich. Damit nahm er auch auf, wie sein mutmaßlicher Mörder eines Tages zu ihm sagte: »Schön fett bist du geworden, jetzt komme ich und murkse dich ab.«[39]

Auch diese Geschichte hätte Sam Peckinpah als Vorlage dienen können. Oder Federico García Lorca, um jemanden aus der spanischsprachigen Welt zu nennen. Seine Tragödie *Bodas de sangre (Bluthochzeit)* beruht auf einem Verbrechen, das sich in der Provinz Almería zugetragen hatte. Doch auch Lorcas Geschichte stellt eine Ausnahme dar, nicht die Regel. Im leeren Spanien gibt es viele kleine Dörfer. Aber nur in sehr wenigen wird gemordet.

Streit und Spannungen gibt es selbstverständlich ständig, und in einer abgeschiedenen Umgebung mit einem kleinen Kreis von Beteiligten können sie ein unerträgliches Gewicht annehmen. In der Stadt löst sich so etwas auf, verlieren viele Dinge an Bedeutung. Auseinandersetzungen und Differenzen müssen aber weder hier noch dort unweigerlich ein Verbrechen nach sich ziehen. Es muss noch etwas Besonderes hinzukommen, damit jemand zur Waffe greift. Fago tauchte nur dieses eine Mal in seiner gesamten Geschichte in den Medien auf, und das, obwohl der Ort anscheinend schon an die tausend Jahre existiert. Wenn über die Dörfer des leeren Spanien in den überregionalen Zeitungen berichtet wird, dann meist in dem Teil, wo es um Kriminalfälle und dergleichen geht. Wenn wir überhaupt etwas über sie erfahren, dann hauptsächlich etwas Negatives. Es ist leicht, ihnen alle möglichen düsteren Geschichten anzudichten, sie sich als Orte vorzustellen, an denen schreckliche Dinge passieren, weil wir kaum etwas anderes erfahren, als dass dort schreckliche Dinge passieren. Dort werden Menschen auf grausame Weise ermordet, und das aus den nichtigsten Gründen.

Spanien hat eine der niedrigsten Tötungsraten der Welt. Pro Jahr werden etwa 1.200 Menschen vor Gericht wegen Tötungsdelikten verurteilt. In der Hälfte der Fälle liegt allerdings kein Vorsatz vor, das heißt, es ging beispielsweise um Verkehrsunfälle, um Unfälle aufgrund von Fahrlässigkeit und so weiter. 2014 zum Beispiel gab es gerade einmal 244 Schuldsprüche wegen Mordes. Was für ein Land mit 46 Millionen Einwohnern ziemlich wenig ist. Und nichts weist darauf hin, dass in Spanien auf dem Land mehr gemordet würde als in der Stadt, oder umgekehrt. Im Allgemeinen sind die Spanier ein wenig gewalttätiges Volk, Morde sind hier keineswegs etwas Normales und stellen auch kein größeres gesellschaftliches Problem dar. In der Vergangenheit war das allerdings nicht immer so. Zu früheren Zeiten gab es in Spanien auf dem Land unbestreitbar eine Menge Gewalt. Für die letzten Jahrzehnte gilt das indes nicht mehr, auch wenn sich einige der spektakulärsten Kriminalfälle dieser Zeit tatsächlich im leeren Spanien zugetragen haben. Mehrere davon wurden verfilmt, für das Kino oder das Fernsehen. Meine Generation ist mit den Geschichten des sagenumwobenen Lute und Pilar Mirós *Crimen de Cuenca* (Verbrechen in Cuenca) aufgewachsen, die beide häufig im staatlichen Fernsehen zu sehen waren. Die Generation meiner Eltern – die die gerade erwähnten Filme produzierte – wuchs mit der in den sechziger und siebziger Jahren vielgelesenen Wochenzeitung *El Caso* (Der Fall) auf, in der mit morbider Lust vorzugsweise über Morde berichtet wurde, die irgendwo auf dem Dorf begangen worden waren.

Nichts erregte jedoch ein derart großes Aufsehen wie der Mord in dem Dorf Puerto Hurraco in der Extremadura am 26. August 1990. Damals zogen die Brüder Antonio und Emilio Izquierdo mit Gewehren bewaffnet los und schossen auf jeden, der ihnen über den Weg lief. Am Ende waren neun Tote zu beklagen, und die Guardia Civil brauchte einen ganzen Tag, um die beiden festzunehmen. Die Bilder der Izquierdo-Brüder sorgten im ganzen Land für Verstörung. Ihr Auftreten ging weit über das gängige Klischeebild vom derben Bauernflegel hinaus. Sie sprachen ein kaum verständliches rudimentäres Spanisch und hatten die Gesichter brutaler Höhlenmenschen. Noch grausiger war die Entdeckung, dass die beiden offenbar von ihren Schwestern, zwei schwarz gekleideten Frömmlerinnen, die stets gleichzeitig zu sprechen schienen, zu der Tat angestiftet worden waren. Dahinter steckte eine alte Geschichte von Blutrache, wie es sie in so vielen Dörfern gegeben hatte. Ein Streit zwischen Familien um ein Stück Land oder was auch immer. Vier Jahre später verfilmte Carlos Saura, der García Lorca so viel zu verdanken hat, den Vorfall unter dem biblischen Titel *El séptimo día* (Am siebten Tag).

Puerto Hurraco ist heute in Spanien ein Synonym für bestialisch-unzivilisierte Zustände auf dem Land. Das Jahr 1990 wiederum war ein ganz besonderes Jahr. Fünfzehn Jahre nach Francos Tod hatte Spanien sich rundum modernisiert, was die regierenden Sozialisten sich nun auch vom Ausland bestätigen lassen wollten, hatten die Spanier doch zum ersten Mal in ihrer Geschichte das Gefühl, in einem normalen fortschrittlichen europäischen Land zu leben. 1989 hatte Camilo José Cela, der gemeinhin als repräsentativer Vertreter der spanischen Literatur gelten konnte, den Nobelpreis gewonnen. In Sevilla arbeitete man an den Vorbereitungen zur Weltausstellung, die dem Bild eines bedrückenden und heruntergekommenen Provinznests, das die andalusische Hauptstadt so lange abgegeben hatte, ein Ende bereiten sollte. In Barcelona sollten die ebenfalls für 1992 geplanten Olympischen Spiele die gleiche Funktion übernehmen. Durch all dies sollte Spanien seine jahrhundertelange Geschichte von Unterentwicklung und Armut endgültig hinter sich lassen. Wochenzeitungen wie *El Caso* gab es inzwischen nicht mehr oder sie fanden kaum noch Leser. In den Universitäten drängten sich die Kinder eines neuen Babybooms, die Englisch lernten, um anschließend im Ausland Karriere zu machen. Die Schüsse der wildgewordenen Izquierdo-Brüder rissen das Land aus seiner selbstzufriedenen Siesta. Auf einmal war es wieder da, das düstere Spanien der Vergangenheit. Grausamer und blutrünstiger denn je, unzugänglich für jede Art von Moderne und Demokratie. Die Gesichter der Izquierdo-Brüder machten vielen auf schmerzhafte und beschämende Weise bewusst, dass die iberische Erbsünde sich nicht einfach so, mit ein wenig Design und ein wenig zeitgenössischer Kunst, aus der Welt schaffen ließ.

Das Vorurteil über das leere Spanien ist älter als die in den fünfziger Jahren einsetzende massenhafte Landflucht. Im Januar 1933 bestieg der damals noch junge Journalist und Schriftsteller Ramón J. Sender zum ersten Mal in seinem Leben ein Flugzeug und überquerte die Iberische Halbinsel. Verdattert betrachtete er den braunen

Teppich, der sich auch heute noch beim Überfliegen des spanischen Landesinneren unter einem ausbreitet. Sein Spanienbild änderte sich grundlegend. Das endlose Stoppelfeld deprimierte ihn. Es war tatsächlich *un mar de tierra*, »ein Meer aus Erde«, ganz wie seine Dichterfreunde verkündeten, oder auch die alten Nervensägen Miguel de Unamuno und Konsorten. Sender flog Richtung Süden, nach Sevilla. Er wollte so früh wie möglich dort sein, vor allen anderen Reportern. Auch vor den Soldaten. Er wollte das Schlachtfeld sehen, bevor das Blut und die herumliegenden Leichen beseitigt worden waren. Sein Ziel war Casas Viejas, ein kleines Dorf in der Provinz Cádiz, wo sich die Anarchisten erhoben hatten, wie schon an vielen anderen Orten auf dem in Aufruhr versetzten andalusischen Land. Die aufständischen Bauern hatten eine Kaserne der Guardia Civil belagert, in der sich zwölf Beamte verschanzt hatten. Einer von einem anderen Dorf zu Hilfe geeilten Gruppe der Guardia Civil gelang es ohne größere Schwierigkeiten, ihre Kollegen zu befreien. Als sie einen gewissen Seisdedos als den Anführer der Aufständischen ausgemacht hatten, begab sich ein Trupp Guardia-Civil-Beamter zu Seisdedos' Hütte und umzingelte sie. Wie in einem Western ließen sie aus Flinten und Maschinengewehren so lange einen Kugelhagel auf die Hütte niedergehen, bis alle, die sich in ihrem Inneren befanden, tot waren. Die Ermordung von Seisdedos' gesamter Familie genügte den Beamten jedoch nicht, alle aufständischen Bauern sollten für ihre Tat bezahlen. Also gingen sie von Haus zu Haus und schleppten jeden, der für sie wie ein Anarchist aussah, zu Seisdedos' Hütte. Dort zeigten sie den Festgenommenen die Leichen von Seisdedos und seinen Familienangehörigen. Insgesamt nahmen sie zwölf Bauern fest, die sie schließlich alle zusammen im Inneren der Hütte erschossen. Sender wollte als Reporter aus erster Hand über ein Massaker berichten, das die linke Regierung der spanischen Republik in eine äußerst heikle Lage brachte. Offenbar hatten die Mörder auf Anweisung der Leitung der staatlichen Sicherheitsbehörde gehandelt.[40]

Was Sender vorfand, war ein elendes, von jahrhundertelanger Vernachlässigung, Grausamkeit und Armut gezeichnetes Dorf. Umstandslos erkannte er in dem Gemetzel den unverwechselbaren Ausdruck einer Raserei, wie sie so nur in diesen Gegenden vorkommt, den Beleg für eine genuin iberische Veranlagung zur Gewalt, bezeichnend für die Barbarei Spaniens und seiner Regierung, die die Bauern genauso barbarisch behandelte, wie sie der Zuschreibung eben dieser Regierung nach waren. Später sollte Sender, der selbst in einem Dorf in dem wilden, einsamen Grenzgebiet zwischen Aragón und Katalonien aufgewachsen war, einen kanonischen Roman über den Hass schreiben, der sich während des spanischen Bürgerkriegs auf dem Land austobte: *Requiem por un campesino español* (*Requiem für einen spanischen Landmann*, 1953/1960).[41] Sender empfand Mitleid. Vor allem als politisch denkender Mensch. Die Gewissheit, dass es so etwas wie eine angeborene Disposition zur Grausamkeit bei den Bewohnern der Iberischen Halbinsel gebe, war für ihn jedoch nicht zu hinterfragen. Die ländlichen Gebiete als Reich der Maßlosigkeit, in dem jederzeit die primitivsten Gefühle unter dem dünnen Firnis der Zivilisation hervorbrechen können. Eine Welt, in der Opfer und Täter gleichermaßen einer uralten Gewalt ausgeliefert sind, die unmittelbar dem Boden unter ihren Füßen entströmt.

Diese Sichtweise ist ungerecht, hält sich jedoch hartnäckig. Alles Übel kommt in Spanien aus dem leeren Landesinneren. Wird ein Verbrechen auf dem Land begangen, findet es unweigerlich viel stärkeren Widerhall in der Presse, als wenn es in der Stadt begangen worden wäre. All dem liegt etwas zugrunde, das Lorca nur zu genau erfasste und in *Bluthochzeit* im Tonfall einer griechischen Tragödie in Literatur verwandelte.

In Fago hatte ich ein seltsames Gefühl, weil es nur selten vorkam, dass ich bei meiner Arbeit zusammen mit anderen Journalisten unterwegs war. Ich kannte viele halbverlassene Orte, an denen sich Stadtflüchtige niedergelassen hatten, fast nie war ich aber wegen einer schlechten Nachricht dorthin gefahren. Normalerweise ging es um Reisereportagen, Geschichten über mehr oder weniger gut erhaltene historische Gebäude oder seltsame Leute, die im leeren Spanien ihr Glück versuchten. Was das angeht, waren diese Gegenden für mich die reinste Goldmine. Eine Goldmine, die nach Ansicht der meisten längst ausgebeutet war, was mir nur recht sein konnte, brauchte ich mir so doch keine Gedanken wegen der Konkurrenz anderer Goldsucher zu machen. Bei den Leuten, über die ich schrieb, kamen meine Berichte und Reportagen meist sehr gut an, allerdings glaube ich, dass viele nicht ganz verstanden, was ich so interessant an ihnen fand. Es war geradezu, als ließen sie sich aus Mitleid von mir befragen und fotografieren, so als wollten sie den armen Kerl nicht hängenlassen, der sich ihretwegen so früh aus dem Bett gequält und den weiten Weg über schlechte Landstraßen bis hin zu ihnen zurückgelegt hatte.

Das leere Spanien verfügt über keine Geschichten, in denen es sich wiederfinden könnte. Was man sich über dieses Land erzählt, gefällt den Leuten, die nicht dort leben, und es bedient zweierlei Arten von Vorurteilen: das vom düster-rückständigen Spanien und das vom seligen Arkadien. Für die Verbreitung des Ersteren sind vor allem die Fernsehnachrichten zuständig, für das andere der Guide Michelin. Hölle oder Paradies, dazwischen gibt es nichts. Mörder oder Mönche. Oder auch, wenn ein geschickter Drehbuchautor am Werk ist, mordende Mönche.

In dem Film *Das war Roy Bean* macht Paul Newman es sich als selbsternannter Richter zur Aufgabe, den gesetzlosen Zuständen »westlich des Rio Pecos« ein Ende zu bereiten. In der Vorstellung nicht weniger Menschen befindet sich auch das leere Spanien »westlich des Rio Pecos«. Die Guardia Civil brauchte, wie schon erwähnt, einen ganzen Tag, um die beiden Izquierdo-Brüder zur Strecke zu bringen. Zwei Beamte wären dabei fast ums Leben gekommen. Es ist offenbar gar nicht so einfach, in diesen Gegenden dem Recht Geltung zu verschaffen, ja, es geht dort nachgerade zu wie im dunklen Wald der Märchen, wo es von Hexen und bösen Wölfen wimmelt. Dass diese Vorstellung sich durchsetzen konnte, liegt auch daran, dass das leere Spanien (sich) seine eigene Geschichte kaum je selbst erzählt hat. Meistens hat man das widerspruchslos anderen überlassen.

Ein Jahr später fuhr ich noch einmal nach Fago. Santiago Mainar saß unterdessen im Untersuchungsgefängnis und wartete auf sein Urteil, das dann Ende 2009 verkündet wurde: zwanzig Jahre Haft. Das Plakat neben dem Eingang der Bar war nicht mehr da, Spuren im Schnee waren auch nicht so viele zu sehen. Das Dorf wirkte leer. Nur ein alter Mann, der sich im Jahr davor mit seinem Stock fuchtelnd die Journalisten vom Leib gehalten hatte, stapfte vorbei. Wir grüßten uns, wie man sich auf dem Dorf grüßt, und er musterte mich von Kopf bis Fuß, wie es die Dörfler mit Leuten von außerhalb machen.

Um uns herum war alles still und leer. Manche Fenster waren erleuchtet. Aus mehreren Schornsteinen stieg Rauch auf. Der Alte war offenkundig nicht der einzige Mensch im Ort. Wie es aussah, ließen die Bewohner Fagos unerschütterlich den nächsten Winter über sich ergehen. Während der Schnee unter meinen Sohlen knirschte und ich eine Menge dafür gegeben hätte, einen Kaffee zu trinken, sagte ich mir, dass diejenigen, die sich dafür entschieden hatten, in dieser Einsamkeit zu leben, auch von dem Wunsch nach Stille getrieben waren. Vielleicht wollten sie einfach in niemandes Erzählung vorkommen, so wie manche Menschen sich um keinen Preis fotografieren lassen mögen. Sie wollten nicht, dass andere über sie reden, und erst recht nicht wollten sie die Klischeebilder vom Leben auf dem Land oder von der Zurückgebliebenheit und Finsternis des leeren Spanien verkörpern. Das Erzählen stattdessen selbst übernehmen wollten sie aber ebenso wenig. Der Alte betrat sein Haus und verriegelte die Tür von innen. Als wollte er sichergehen, dass ihn dort drinnen nichts und niemand behelligen könne.

Viele Bewohner des leeren Spanien leben dort, weil sie sich dafür entschieden haben. Anderswo wäre es bequemer, aber das hält sie nicht davon ab, zu bleiben. So auch die Alten, die sich von ihren Kindern nicht dazu überreden lassen, fortzugehen. Natürlich sitzen manche von ihnen einfach fest. Würden sie ihr Land verkaufen, brächte das nicht genug ein, um einen Umzug zu bezahlen. Ihr Haus, ihre Arbeit, ihre Wurzeln, was auch immer, hält sie zurück. Ein guter Teil derjenigen, die sich der Tortur aussetzen, an einem gottverlassenen Ort den Winter zu ertragen, hätte jedoch sehr wohl die Möglichkeit, in die Stadt zu ziehen, tut das aber nicht. Man widersetzt sich, hält durch. Und mir scheint, dass sich diese Menschen nicht nur für ein Leben am Rand entscheiden, weil sie das so wollen, dasselbe gilt vielmehr auch für ihren Wunsch, am Rand der Erzählungen zu verharren. Wer gern im Vordergrund steht, bewirbt sich meinetwegen um das Amt des Ministerpräsidenten oder wirft sich zu jeder Gelegenheit auf Fotos in Pose. Wer sich dagegen an einen Ort zurückzieht, wo es fünfzig Kilometer im Umkreis nichts gibt als Stille und Berge – oder wer einfach bleibt, wo er immer schon gelebt hat –, bringt unmissverständlich zum Ausdruck, dass er in Ruhe gelassen werden möchte.

Das wird trotzdem nicht gelingen. Immer gibt es einen Feind, der bezwungen, ein Ungeheuer, das gezähmt, oder einen Unglücksraben, der gerettet werden muss, dem kann man sich nicht entziehen. Und da muss ich an eine Gegend denken, die beispielhaft für die Geschichte des leeren Spanien steht, für die Beziehung des dicht besiedelten Spanien zu seinem fernen, fremden, nahezu menschenleeren Teil. Wie bei einem Pawlowschen Reflex lässt der Name dieser Gegend in egal welchem Spanier sofort die schrecklichsten Bilder aufsteigen. Die Gegend heißt Las Hurdes.

4 Stämme ohne Verbindung zur Außenwelt

»Hier?«, sagte er. »Hier sieht's aus wie in Las Hurdes, verdammt!«
»Warst du da schon mal?«
»Nein, verdammt, du auch nicht, und der da auch nicht, keiner von uns. Darum sage ich ja, hier sieht's aus wie in Las Hurdes. Oder sagen wir, mit Las Hurdes ist es wie mit dem Kapital *– alle reden darüber, aber keiner kennt's wirklich.«*

Miguel Delibes, *El disputado voto del señor Cayo* (1978)

Das genaue Datum ist nicht bekannt, in jedem Fall war es im Dezember 1933, kurz vor den Weihnachtsferien. Eine Gruppe Erwählter traf sich vor dem Eingang des Pressepalasts an der Madrider Gran Vía. Man zeigte seine Einladung vor und drängte sich hinein. Man trug warme Mäntel, begrüßte sich per Handschlag, klopfte einander auf die Schulter, umarmte sich. Mehr oder weniger alle kannten sich. Anwesend waren, wahrscheinlich, Rafael Alberti, Federico García Lorca, mehrere nicht mehr ganz so junge, aber immer noch reichlich aufmüpfige Mitglieder der berühmten Residencia de Estudiantes – unter ihnen die Malerin Maruja Mallo – und eine Reihe eher ernst und misstrauisch dreinblickender Intellektueller, die die Kommunistische Partei repräsentierten wie César Muñoz Arcada. Dazu Benjamín Jarnés und der eine oder andere Anarchist, so etwa Ramón J. Sender. Die Gruppe dieser stürmischen jungen Leute hielt Abstand zu den gesetzten Herren, die womöglich geradewegs aus der nahegelegenen Redaktion der Zeitung *El Sol* eintrafen, unter ihnen José Ortega y Gasset und Doktor Gregorio Marañón. In einer Ecke stehend spöttelte ein Mann aus Huesca – dem die nervöse Anspannung anzumerken war – hemmungslos über die Anwesenden. Es handelte sich um den Produzenten des Films, dessen private Vorführung all diese

Leute zusammengeführt hatte. Seiner eigenen Aussage nach war er ein anarchistischer Agitator, er hieß Ramón Acín. Finanziert hatte er den Film mit zwanzigtausend Peseten, die er im Lotto gewonnen hatte. Mehrere Jahre zuvor hatte er einem Landsmann versprochen: »Luis, falls ich mal im Lotto gewinne, gebe ich dir das Geld für deinen Dokumentarfilm.« Pech für Acín, denn eines Tages kam es genau so. Für ihn stand an diesem Dezemberabend folglich viel auf dem Spiel. »Luis«, wurde er nicht müde zu sagen, »tu was für den Film, sieh zu, dass er in die Kinos kommt, ich will meine Kohle nicht verlieren.«

Der wichtigste Gast des Abends war zweifellos Gregorio Marañón, herausragender Republikaner der ersten Stunde und eine der angesehensten und einflussreichsten Stimmen der spanischen Politik jener Tage, dazu noch Vorsitzender des Real Patronato de Las Hurdes, des Königlichen Hilfswerks für Las Hurdes.[42] Bereits 1922 hatte Marañón einen Bericht über die prekäre Gesundheitsversorgung in dieser Gegend der Extremadura verfasst und den damaligen spanischen König Alfons XIII. im April desselben Jahres auf einer Reise dorthin begleitet. Falls Marañón der Film gefallen sollte, würde er vielleicht eine positive Einschätzung für das zuständige Ministerium abgeben und so verhindern, dass der Film der Zensur zum Opfer fiel. Die Möglichkeit, ihn im Kino zu zeigen und auf diese Weise Geld einzuspielen, hing also von dieser Privatvorführung im Pressepalast ab. Deshalb war Ramón Acín noch aufgeregter als sein Regisseur – Luis Buñuel.

Der betrat jetzt die Bühne und begrüßte das Publikum mit knappen Worten zum Protokoll. Dann begann der Projektor zu rattern. Aus einem Grammofon erklang eine Brahmssymphonie. Neben der Leinwand stehend kommentierte Buñuel, ein Mikrofon in der Hand, die Handlung des Films *Las Hurdes*, der damals noch nicht den Untertitel *Tierra sin pan (Land ohne Brot)* hatte. Wahrscheinlich sprach er frei, improvisierte, kannte er die einzelnen Sequenzen doch in- und auswendig.

Die heutige Fassung – mit der Stimme des Schauspielers Paco Rabal aus dem Off – entspricht weitgehend der ersten, bei dieser Gelegenheit gezeigten. Der Film dauert etwa eine halbe Stunde und berichtet von einer Reise von dem Ort La Alberca (in der Provinz Salamanca) bis tief hinein in die zur Provinz Cáceres gehörende Gegend Las Hurdes. Die ersten Einstellungen zeigen ein Volksfest in La Alberca, bei der auf

Pferden sitzende junge Männer Hähne köpfen. Man befindet sich hier an der Grenze der zivilisierten Welt. Anschließend geht es in südliche Richtung weiter, durchs menschenleere Tal Las Batuecas. Bilder verlassener Einsiedeleien und Kapellen, deren Ruinen offensichtlich von Pflanzen und Tieren in Besitz genommen wurden. Jetzt sind die Zuschauer bereits in der Wildnis, allerdings noch nicht bei den Barbaren. In den Minuten danach folgen Bilder von erbärmlichen Dörfern und ausgehungerten Menschen in zerlumpter Kleidung. Buñuel spricht davon, dass sie ständig hungern, vielfach einen Kropf aufweisen und unter Sumpffieber leiden. Es sind dieselben Ausdrücke, wie sie Marañón in seinen Artikeln und Berichten benutzt. Man sieht mehrere Kinder, die ihre steinharten Brotkanten in einen Fluss tauchen, um sie weich zu bekommen. Buñuel sagt dazu, dass das ihre einzige Nahrung sei – und das Flusswasser verseucht. Dann folgt die Schulszene. Wie der Regisseur erklärt, handelt es sich um eine ganz normale Schule. Die Kinder machen geometrische Übungen und lernen, Subjekt und Prädikat zu unterscheiden. Und natürlich werden sie auch in Moral und Religion unterwiesen. Wie in jeder anderen Schule. Hier wirft Buñuel womöglich einen verstohlenen Blick hinüber zu dem Platz, auf dem Marañón sitzt. Er möchte sehen, ob der sich an diesen Worten stört, will Buñuel damit doch offenkundig sagen, dass nicht mangelhafte Missionierung das eigentliche Problem von Las Hurdes ist. Die Bewohner dieser Gegend sind keine Wilden, sagt er damit implizit, sondern einfach nur arm. So hätten die Leute vom Hilfswerk für Las Hurdes es jedoch wohl kaum ausgedrückt. Marañón schnaubt. Und was jetzt kommt, trägt nicht dazu bei, seine Laune zu verbessern. Gemeint ist die berühmte Szene mit dem Esel, der Bienenstöcke auf dem Rücken trägt. Ein Korb fällt hinunter, und die ausschwärmenden Bienen stürzen sich auf das Tier, das vor den Augen der Betrachter verendet. Wer Buñuels zwei vorausgegangene Filme gesehen hat, wird seinen drastischen Stil wiedererkennen. Genüsslich führt die Kamera das Leiden des Tieres vor, zeigt immer wieder den im Todeskampf geschüttelten Kopf und den gepeinigten, mit Bienen übersäten Körper in Großaufnahme. Aus dem Publikum ist angewidertes Raunen zu vernehmen. Besonders empfindsame Zuschauer legen die Hände vors Gesicht. Mit ernster Miene rutscht Marañón auf seinem Stuhl herum. Und als der Leichenzug gezeigt wird, der ein totes Kind über einen Fluss transportiert, hellt sich seine Miene erst recht nicht auf. Was auch für die Schwachsinnigen und Zwergwüchsigen gilt, die nun vor den Augen der Zuschauer vorbeiziehen. Der sich vor seinem Haus in Fieberkrämpfen windende Bauer macht es ebenfalls nicht besser. So reiht sich erbarmungslos ein bedrückendes Bild ans andere. Dreißig qualvolle Minuten lang sieht sich die intellektuelle Crème de la Crème des urbanen Publikums Madrids in dem eleganten Art-déco-Saal des Pressepalasts einer ununterbrochenen Abfolge von Missbildungen, Tod und Elend ausgesetzt. Trotz der Dezemberkälte sehnt sich ein Teil des Publikums danach, endlich wieder draußen auf der weihnachtlich geschmückten Gran Vía zu stehen, wo sich die Leute drängen, die auf Einkaufsbummel sind oder der nächsten Bar zustreben. Aus dieser Gruppe klatscht niemand, als der Film zu Ende ist, und man verzichtet darauf, dazubleiben, um dem Regisseur die Hand zu schütteln und ihm zu seinem Geniestreich zu gratulieren.

Buñuel wiederum geht hastig zu Marañón, fragt, wie es ihm gefallen habe, und bittet, ihm beim Überwinden der Zensur zu helfen. Aber wie die meisten der im Vorführsaal Verbliebenen schon ahnen, schlägt Marañón ihm den Wunsch ab: »Weshalb eigentlich immer das Hässliche, das Unangenehme zeigen?«, fragt er. »Ich habe in Las Hurdes Karren voll Korn gesehen. Weshalb zeigen Sie nicht die Volkstänze von La Alberca, die zu den schönsten der Welt gehören?« So erzählt es zumindest Buñuel selbst in seiner 1982 veröffentlichten Autobiografie, wo er hinzufügt: »Ich erwiderte Marañón, wenn man den Bewohnern glauben wolle, besitze jedes Land die schönsten Volkstänze der Welt, und aus seinen Worten spreche ein ordinärer und abstoßender Nationalismus. Ich ging ohne ein weiteres Wort, und der Film blieb verboten.«[43]

Buñuel hat diese Geschichte allerdings mehrfach geschildert. Seinem Freund Max Aub erzählte er Ende der sechziger Jahre, Marañón habe den Film nicht bei der Erstaufführung 1933 gesehen, sondern »als die Radikalen nicht mehr da waren«. Soll heißen, nachdem Alejandro Lerroux wegen eines Korruptionsskandals in Ungnade gefallen war. Lerroux und seine Anhänger waren die engsten Verbündeten der damaligen, von der Confederación Española de Derechas Autónomas (CEDA) geführten rechts-katholischen Regierung gewesen. Buñuel zufolge war deren Bildungsminister Filiberto Villalobos der

Hauptverantwortliche dafür, dass *Las Hurdes* nicht gezeigt werden durfte. Was durchaus sein könnte, war Villalobos doch aus Salamanca und fühlte sich möglicherweise deshalb durch den Film persönlich angegriffen. Als der zu Lerroux' Leuten zählende Villalobos nicht mehr im Amt war, wandte Buñuel sich, wie er Aub weiter erzählte, an Marañón, der seine Bitte aber mit ähnlichen Worten wie in der zuerst wiedergegebenen Version abgelehnt habe. Woraufhin Buñuel diesmal erwidert haben will: »Sie reden wie ein Minister von Lerroux.«[44] Womit er, falls die Geschichte stimmt, zielsicher einen wunden Punkt traf, gab es doch kaum etwas, was den guten Doktor Marañón schlimmer hätte kränken können als ein Vergleich mit diesem populistischen Politiker und seiner Gefolgschaft, die sich aus den schäbigsten Halbweltkreisen Barcelonas rekrutierte. Lerroux stand für alles, was Marañón zutiefst verachtete.

Das Problem an dieser Version der Ereignisse ist, dass sie nicht zu der Chronologie passt, die Leute wie Javier Herrera von der Spanischen Filmothek nach gründlicher Untersuchung erstellt haben.[45] Ob sich die Erstaufführung tatsächlich so abgespielt hat, wie ich sie geschildert habe, weiß ich nicht, meine Darstellung folgt aber dem, was die Experten in geduldiger Forschungsarbeit zusammengetragen haben.

Ramón Acín wurde im August 1936 von den Faschisten ermordet und erlebte nicht mehr, wie der Film, den er mit seinem Lotteriegewinn bezahlt hatte, zum Mythos wurde. Ein Mythos, der zu den eigenartigsten der Filmgeschichte gehört, wenn man bedenkt, dass ihn in Spanien bis Ende der siebziger Jahre wohl kaum mehr als hundert Menschen zu sehen bekommen hatten, und das, mit einer Ausnahme, nur bei mehr oder weniger heimlichen Vorführungen. Viele sprachen und schrieben über diesen Film, ja, gesehen hatte ihn jedoch so gut wie niemand. Bekannt war, dass er ein düsteres und elendes Spanien zeigte. Bekannt war auch – und das war das Schlimmste –, dass man ihn in Frankreich gesehen hatte, dass die französischen Zeitungen ihm zum Teil mehrere Seiten gewidmet hatten und dass sein Regisseur, der berühmte, von den Franzosen eingemeindete Kommunist *Louis* Buñuel bei zahlreichen Auftritten auf ausländischen Bühnen über ihn gesprochen und dabei das Ansehen Spaniens beschmutzt hatte. Als Buñuel 1940 auf Einladung der Columbia University in New

York war, erklärte er anlässlich einer von der Universität organisierten Vorführung des Films: »Meine Absicht war es, die Tatsachen, die die Wirklichkeit mir lieferte, objektiv wiederzugeben, ohne zu versuchen, sie zu interpretieren, und vor allem, ohne etwas zu erfinden.«[46]

Die Filmkritik, selbst die mit der größten hagiografischen Tendenz, ist sich heute weitgehend einig, dass *Las Hurdes* nur dem Namen nach ein Dokumentarfilm ist. Mehr oder weniger unumwunden räumen die Fachleute ein, dass es sich hier vielmehr um ein Werk der Fiktion handelt, das aber paradoxerweise die Wahrheit sagt. In den Worten des bereits erwähnten Javier Herrera, der den Film für die Filmoteca Nacional in Madrid restauriert hat und als einer seiner besten Kenner gelten darf:

> Hier wird nicht gelogen, vielmehr entspricht die von Buñuel wiedergegebene Wahrheit/Wirklichkeit nicht dem, was man im so genauen wie nüchternen Sinne als dokumentarische – oder notariell beglaubigte – Wahrheit/Wirklichkeit versteht. Anders gesagt, es gibt hier »schauspielerisches Handeln« und »Darstellung« im strengen Wortsinn, und dennoch ist das, was dargestellt und in schauspielerisches Handeln umgesetzt wird, wahr. Es gibt also (und das ist entscheidend) nicht das kleinste bisschen »Fantasie« – Buñuel weist diesen Begriff zurück, als er sagt: »Und vor allem, ohne etwas zu erfinden.« Es gibt eine Rekonstruktion der Wirklichkeit, soll heißen, eine Inszenierung, die aber (und das ist von fundamentaler Bedeutung) an natürlichen Schauplätzen und nicht in irgendwelchen Kulissen aufgenommen wird.[47]

Herreras Formulierung stellt den – reichlich ungeschickten – Versuch dar, zwei für Buñuel-Hagiografen überaus lästige Widersprüche aufzuheben: Wenn Buñuel einen »objektiven« Dokumentarfilm drehen wollte, ohne zu interpretieren oder zu erfinden, warum ist der Film dann trotzdem fast von der ersten bis zur letzten Einstellung eine Erfindung? Und wenn er, wie die Fachleute behaupten, mit den Mitteln der Fiktion eine filmische oder erzählerische Wahrheit erreichen wollte, warum bestand er dann innerhalb wie außerhalb des Films dermaßen darauf, dass dieser wahrheitsgetreu und »objektiv« sei? Diesen Widerspruch hat man mit dem eleganten, bewährten

Verweis zu überspielen versucht, Buñuel sei nun mal Surrealist, was sei von einem Surrealisten schon anderes zu erwarten? Max Aub hat jedoch in meinen Augen eine bessere Erklärung zu bieten: »Unser grundlegendster Unterschied liegt im Politischen. Ihm geht es mehr um die Gerechtigkeit als um die Wahrheit. Mir nicht. Ob er Kommunist war oder nicht, ist eine Frage, die mich nichts angeht, die ich nicht beantwortet habe, und auf die es mir auch nicht ankommt. Er stand zweifellos im Dienste der Kommunisten. Seine besten Freunde waren und sind Kommunisten, und als solche – als Freunde – sind sie für ihn so wichtig wie für mich.«[48] In diesem Kontext, der allen Intellektuellen der dreißiger Jahre vollkommen klar war, sollte man *Las Hurdes* beurteilen.

Als heutige postmoderne Zuschauer, die wir gelernt haben, unfallfrei auf dem Hochseil des Zynismus und der Ironie zu balancieren, können wir uns auf gleichermaßen großzügige und subtile, vor allem aber entpolitisierte Deutungen einlassen. Wir können es uns leisten, vom historischen Kontext abzusehen, und erkennen, was den Film *Las Hurdes* mit seinen Vorgängern *Ein andalusischer Hund* und *Das goldene Zeitalter* verbindet. Für einen in den hyperpolitisierten Gegensätzen seiner Zeit befangenen Zuschauer der dreißiger Jahre aber folgte aus Buñuels Behauptung, er zeige die Wahrheit, dass jene, die für diese himmelschreienden Zustände verantwortlich waren, unverzüglich an der Puerta del Sol aufgeknüpft werden mussten.

Es ging darum, in den Zuschauern eine heftige und tiefgreifende Gefühlsreaktion hervorzurufen. In Wirklichkeit starb jedoch niemand in dem *Land ohne Brot* Las Hurdes, nicht einmal der von den Bienen gepeinigte Esel. Höchstens – möglicherweise – die abgestürzte (oder in den Abgrund gestoßene?) Ziege. Und natürlich die Hähne bei dem Fest in La Alberca. Das kleine Kind, das im Film zum Nachbarort getragen wird, um es dort zu beerdigen, war, wie wir heute wissen, in Wirklichkeit gar nicht tot. Und das Mädchen, das angeblich kurz nach den Dreharbeiten starb, hatte noch ein langes Leben vor sich: Es starb 1996. Wie auch der Veitstanz des fiebergeschüttelten Bauern für die Kamera inszeniert wurde. Was die Drehorte angeht, wissen wir heute ebenfalls, dass Buñuel bewusst die abgelegensten und elendsten Siedlungen dafür auswählte, obwohl es dort ansehnlichere gegeben hätte. Er ließ also alles weg, was die staatlichen Aktivitäten vor Ort in einem besseren Licht hätte erscheinen lassen können – die durchaus vorhandenen Werkstätten oder die Imkereigenossenschaften, die einigen Familien aus dem Elend geholfen hatten, oder die Ambulanzen, die sich unter anderem der Bekämpfung der vielen Kröpfe und des Sumpffiebers verschrieben hatten.

Ich frage mich, ob sich die beiden Kategorien begründen lassen, in die sich die Kritik zum Dokumentarfilm *Las Hurdes* aufgespalten hat – die Lesart als »französisch-surrealistisch« und »à la Buñuel« sowie jene, die auf die »realistische« Tradition der spanischen Kunst abhob. Sie ergänzen sich, sind aber absolut unvereinbar miteinander. André Breton und Francisco de Zurbarán. Besteht in dieser Spannung im Grunde nicht Buñuels Kino? Meiner Ansicht nach bleiben andere Einflüsse dabei jedoch unberücksichtigt, womöglich, weil sie nicht so elegant sind, für eine Analyse dieses Films als unangemessen erachtet werden. Im Herbst 1929 kam ein Film in die Madrider Kinos, der mit bemerkenswertem Erfolg bereits in den USA und Europa gezeigt worden war: *White Shadows in the South Seas (Weiße Schatten).* Luis Buñuel könnte ihn bei der Uraufführung an der Gran Vía gesehen haben, oder irgendwann 1930 – der Film lief ziemlich lange –, oder sogar schon 1928 in Paris, wo Buñuel während der Vorbereitungen zu *Ein andalusischer Hund* lebte.

1952 befragten die berühmten *Cahiers du Cinéma* hundert Regisseure nach ihren zehn Lieblingsfilmen. Buñuel nannte an siebter Stelle *White Shadows in the South Seas.* Es war mehr als zwanzig Jahre her, dass er ihn gesehen hatte, trotzdem war er ihm als einer der besten Filme seines Lebens in Erinnerung geblieben. 1982, also noch einmal dreißig Jahre später, erwähnte er ihn in seiner Autobiografie *Mein letzter Seufzer* erneut: »Zu meinen Lieblingsfilmen gehören der englische Film *Dead of Night*, eine köstliche Zusammenstellung von mehreren Schauergeschichten, und *White Shadows in the South Seas,* den ich viel besser finde als *Tabu* von Murnau.«[49] Der Film war ihm also offensichtlich stets präsent. Dennoch haben die Exegeten von *Las Hurdes* ihn überraschenderweise bislang kaum in ihre Überlegungen einbezogen.

Die Geschichte dieses Films ist überaus aufschlussreich. Metro Goldwyn Mayer hatte die Filmrechte an dem gleichnamigen Reisebuch von Frederick O'Brien erworben. Da es sich um keinen Roman, sondern einen tagebuchartigen Text handelte, gespickt mit Reflexionen und Beschreibungen des Autors zu einem Aufenthalt auf den Marquesas-Inseln in Französisch-Polynesien, nahm der mit der Verfilmung beauftragte Regisseur Robert Flaherty an, man habe die Rechte bloß des Titels wegen erworben, ohne sich darüber im Klaren zu sein, dass das Buch keine Handlung im eigentlichen Sinne enthielt. Auch unter diesen Umständen nahm Flaherty den Auftrag an, weil er den Verfasser kannte und überzeugt war, trotz allem etwas Gutes aus der Vorlage machen zu können. Flaherty war einer der angesehensten Regisseure der zwanziger Jahre. Seinem Film *Nanuk, der Eskimo* hat er es zu verdanken, dass man ihn als Begründer des modernen Dokumentarfilms betrachtet. Seine Art der Landschaftsdarstellung und sein sanfter Blick auf die Menschen machten ihn schon bald zu einem gefeierten Regisseur, dem der Ruf eines geheimnisvollen Abenteurers vorauseilte. Bevor er anfing, Filme zu drehen, hatte er für die kanadische Eisenbahngesellschaft gearbeitet und daneben die abgelegensten und kältesten Regionen der Hudson Bay durchwandert. Diesem Pioniergeist entsprang *Nanook of the North (Nanuk, der Eskimo)*. Die Leute von Metro Goldwyn Mayer hatten ihn jedoch ausgewählt, weil er gerade erst den Film *Moana (Moana, der Sohn der Südsee)* abgeschlossen hatte, für dessen Dreharbeiten er eineinhalb Jahre auf Samoa zugebracht hatte, um den Alltag der dortigen Bevölkerung zu dokumentieren. Mit der Südsee kannte er sich folglich aus. Wer wäre also für das neue Projekt besser geeignet gewesen als er? Trotzdem war irgendwer bei Metro Goldwyn Mayer offensichtlich nicht restlos von dem Kandidaten überzeugt, denn man stellte Flaherty ein zweites Drehteam unter der Leitung des hauseigenen Regisseurs – so etwas gab es damals bei den großen Filmproduktionsgesellschaften – W. S. Van Dyke an die Seite. Van Dyke war Assistent von D. W. Griffith bei den Dreharbeiten des Klassikers *Intolerance (Intoleranz)* gewesen und galt als wendiger Profi, der zuverlässig Fristen und Etats einhielt. Womit er das genaue Gegenteil des für seine ständigen Verzögerungen gefürchteten Schöngeists Flaherty verkörperte, der wiederum den Eindruck hatte, man wolle ihm einen bezahlten Streber unterschieben, um ihn zu überwachen.

Die beiden kamen sehr schlecht miteinander aus und gerieten dauernd in Streit. Flaherty wollte mit seiner Familie für ein ganzes Jahr nach Tahiti übersiedeln, Van Dyke plädierte dafür, mit herkömmlichen Kulissen und kurzen, schnellen, wirksamen Einstellungen zu arbeiten. Flaherty streifte auf der Suche nach dem Wesen der Insel umher und verbrauchte Unmengen Filmmaterial für letztlich unverwertbare Aufnahmen. Nach Ablauf der Hälfte der vorgesehenen Zeit kündigte Flaherty die Zusammenarbeit mit Van Dyke auf und kehrte nach Kalifornien zurück. Van Dyke setzte die Dreharbeiten vor Ort auf eigene Faust fort, mit voller Rückendeckung der Produktionsgesellschaft, die zufrieden feststellte, dass endlich die Zeit- und Kostenpläne eingehalten wurden. In Flahertys Augen hätte man dafür nicht eigens ein Filmteam nach Polynesien zu verfrachten brauchen, ein paar gut ausgeleuchtete Palmen in einem der vielen Studios von Metro Goldwyn Mayer hätten genügt. Van Dyke taucht in den Credits heute als alleiniger Regisseur des Films auf, der die ziemlich triviale Geschichte eines amerikanischen Arztes erzählt, der den Zynismus, die Habgier und Korrumpiertheit der zivilisierten Welt in jenes unberührte Paradies trägt und das unschuldige Glück seiner Bewohner zerstört. Weit davon entfernt, ernstzunehmende Kritik am Kolonialismus zu formulieren, steht *White Shadows in the South Seas* vielmehr für die altbekannte moderne Klage über den Verlust der eigenen Beziehung zur Natur. Während Flaherty es gewissermaßen mit Thoreau hielt, war Van Dykes Ideal schon eher der edle Wilde à la Rousseau. Van Dyke machte in dieser Richtung weiter: Nach dem Erfolg von *White Shadows in the South Seas* erzielte er 1932 mit *Tarzan* einen legendären Kassenschlager.

Flaherty dagegen scheiterte erneut an einem polynesischen Projekt, dessen Regie an seiner Stelle schließlich Friedrich Murnau übernahm. Es handelte sich um *Tabu*, also den Film, den Buñuel als bei Weitem nicht so bedeutend wie *White Shadows in the South Seas* betrachtete. Flaherty wiederum versuchte sein Glück als Nächstes in London, wo er nach schwierigen Jahren mit dem Film *Man of Aran* (*Die Männer von Aran*, 1934) über das mühevolle Leben auf den vor der irischen Westküste liegenden Aran-Inseln an seine früheren Erfolge anknüpfte. Orson Welles, der viel von ihm gelernt und die Idee des fiktiven Dokumentarfilms wohl am weitesten getrieben hat, bezeichnete ihn nach seinem Tod als »eine der zwei oder drei größten Persönlichkeiten, die je im Kino gearbeitet haben«. Eine Insel in der eisigen Hudson Bay ist nach ihm benannt.

Bemerkenswert finde ich in jedem Fall, dass, während Orson Welles sich auf Flaherty als den Begründer des Dokumentarfilms beruft und sich in Filmen wie *Citizen Kane* oder *F for Fake (F wie Fälschung)* als sein gelehriger Schüler erweist, Luis Buñuel stattdessen Tarzan beziehungsweise den edlen Wilden aus *White Shadows in the South Seas* den Vorzug gibt. Als er seinen eigenen Dokumentarfilm mit fiktiven Elementen drehte, ließ er sich demnach offensichtlich nicht von den ethnografischen Feinheiten eines Flaherty, sondern dem grobschlächtigen Exotismus eines Van Dyke leiten.

Zwei auffällige Moden bilden sich gerade heraus, als Buñuel an *Las Hurdes* arbeitet: verlorene Paradiese und Monster. Aus psychoanalytischer Sicht sicherlich zwei Paradebeispiele für die Sublimationsstrategien einer Gesellschaft, die sich als im Abstieg begriffen erlebt, ja, sich durch den Börsencrash von 1929 und das Vorrücken des Faschismus kurz vor dem Zusammenbruch befindet. Erstaunt nehmen die Menschen im Westen ihre fortschrittliche, hoch technisierte, mit Leuchtreklamen und Schnellstraßen ausgestattete Zivilisation und deren Anfälligkeit wahr. Gleichzeitig sehen sie sich von dunklen Bedrohungen umgeben, die ihr glückliches Großstädterdasein gefährden. Den heute so erfolgreichen Zombiefilmen und postapokalyptischen Szenarien aller Art entsprachen in den dreißiger Jahren Geschichten von Monstern und Wilden, die uns verborgen im Dickicht belauern, fern der Städte, an Orten, wo die hellen Lichter der Boulevards nicht hinreichen. Entweder macht sich in diesen Filmen ein Vertreter der zivilisierten Welt auf, um einen der noch zahlreich vorhandenen weißen Flecken auf der Landkarte zu erkunden, und findet dort das große Abenteuer. Oder aber die Wildnis dringt in die Stadt ein. In beiden Fällen liegt dem Ganzen die Furcht vor dem Fremden, Missgestalteten, Grauenerregenden zugrunde, das der Schönheit und Harmonie der Zivilisation entgegensteht, sich aber normalerweise in sicherer Entfernung befindet. Allein im Jahr 1932, als *Las Hurdes* gedreht wurde, kamen die Filme *Freaks*, *Mord in der Rue Morgue*, der erste Tarzan-Film mit Johnny Weissmüller, *Die Maske des Fu-Manchu* mit Boris Karloff, der verstörende *Graf Zaroff – Genie des Bösen*, *Die Insel des Dr. Moreau*, *Dschungel im Sturm*, *Luana – eine Schreckensnacht auf Hawaii*, *Vampyr – Der Traum des Allan Gray*, *Kongo* et cetera in die Kinos. Bereits 1931 waren *Dracula* und *Frankenstein* an der Reihe, 1933 folgten *King Kong und die weiße Frau* sowie *King Kongs Sohn.* Dass Buñuel alle diese Filme gesehen hat, glaube ich nicht. Vielleicht keinen einzigen davon. Aber das Kinoprogramm von Madrid wie Paris war randvoll mit Monstern, schrecklich deformierten Gestalten, Riesen- und Mörderaffen, Vampiren, in der Wildnis verschwundenen Kindern und Reisen in so geheimnisvolle wie gefährliche Grenzgebiete, wo in bedrohlichen Urwäldern feindselige Eingeborene ihr Unwesen trieben.

In *Las Hurdes* konnte der Surrealist, Großstadtmensch, Pariser und Aragonese Buñuel, der einer der urtümlichsten Gegenden Spaniens entstammte und wie kaum ein anderer den so komplexen, wechselhaften, ambivalenten und kosmopolitischen Geist seiner Zeit erfasste, endlich sein eigenes Abenteuer in der Wildnis erleben. *Las Hurdes* ist in einem ganz klassischen Sinne eine Reise von der Zivilisation in die Barbarei. Schon die gewählte Route im Film verrät die zugrundeliegende Absicht. Herkömmlicherweise näherten sich Reisende der Gegend von Süden aus, über Las Hurdes Bajas. Buñuel und sein Team starten jedoch im Norden, in La Alberca, dem letzten Ort, der noch zu Kastilien und León gehört. Statt eines allmählichen Übergangs bringt das einen mehr oder weniger schlagartigen Wechsel der Szenerie mit sich. Nachdem sie das typisch mittelalterliche Städtchen hinter sich gelassen haben, geht es durch Las Batuecas, eine tiefe menschenleere Schlucht voller Ruinen, erste Anzeichen des bevorstehenden Grauens. Bis sie schließlich den Monstern selbst gegenüberstehen, den Ureinwohnern, dem Stamm ohne Kontakt zur Außenwelt, der mitten im modernen Spanien sein allen fremden Blicken entzogenes Dasein führt. Wie der verliebte und ach so menschliche King Kong, wie die Indigenen aus *White Shadows in the South Seas*, wie die Zirkusmonster aus *Freaks*, ja, wie das Scheusal Frankenstein, als es von den verängstigten Dörflern gejagt wird, erscheinen die Bewohner von Las Hurdes vor Buñuels Kamera, um zu demonstrieren, dass auch sie Menschen sind und Mitleid verdient haben.

Damit das mit dem Mitleid auch klappt, müssen sie einen bedauernswerten Anblick abgeben. Unüberbietbares Elend präsentieren. Wie Bettler, die bewusst ihre verstümmelten Glieder vorzeigen, weil das mehr Almosen einbringt. Buñuel bedient sich also genau der Mittel, von deren Nutzen Landstreicher ebenso zu berichten wissen wie Hollywoodproduzenten. *Las Hurdes* mag typisch für Buñuels surrealistische Anfänge wie auch für die realistische Tradition in der spanischen Malerei sein, und dennoch bin ich der Ansicht, dass es vor allem ein Film über Monster und exotische Abenteuer nach dem Geschmack seiner Zeit ist. Ein Film, der wie ein engagierter Dokumentarfilm daherkommt, sich dabei jedoch ganz in der Bilderwelt von *Tarzan, der Affenmensch* bewegt.

In dieser Hinsicht folgte Buñuel genau besehen ebenfalls einer bereits bestehenden Tradition im Umgang mit dieser Region. Wenn er sich bei den Dreharbeiten zu *Las Hurdes* fühlen konnte, als wäre er der Seemann Charles Marlow, der auf der Suche nach dem sagenumwobenen Elfenbeinhändler Kurtz den Kongo hinauffährt, liegt das auch daran, dass sein Blick auf Las Hurdes eine lange Vorgeschichte hat. Schon in dem 1846 erschienenen *Diccionario geográfico-estadístico-histórico de España y sus posesiones de Ultramar* (Geografisches, statistisches und historisches Lexikon Spaniens und seiner Besitzungen in Übersee) beschrieb dessen Autor Pascual Madoz die Bewohner von Las Hurdes als »degenerierten und zu keinerlei Gefühlsempfindungen fähigen Menschenschlag«, »Zerrbild der spanischen Zivilisation«, »Wilde«, »Sittenlose«.[50] Riesen, Zwerge, Missgeburten, Gesetzesflüchtige, Kannibalen, Teufelsanbeter, Animisten. Es hieß, es gebe nirgendwo in Las Hurdes auch nur ein einziges Buch, und zu essen habe man dort auch nichts. Derlei Klischees waren in der ersten Hälfte des 20. Jahrhunderts regelmäßig in der Zeitung zu lesen und tauchten immer wieder in politischen Debatten auf. Kein Spanier, der etwas auf sich hielt, hatte nicht schon einmal öffentlich seine Betroffenheit über die Zustände in Las Hurdes geäußert. Las Hurdes war der Inbegriff von Elend und Rückständigkeit, und jede Region hatte ihr eigenes Las Hurdes vorzuweisen. Richtete ein politischer Vertreter aus der Provinz Forderungen an Madrid, berief er sich auf Las Hurdes, um das Elend in seiner eigenen Region zu verdeutlichen. Las Hurdes, das waren all die isolierten, weit abgelegenen Dörfer, die vom Staat nicht erreicht wurden. Orte, die überhaupt erst noch entdeckt werden mussten, eine Wildnis, in der die Leute gelegentlich nicht einmal Spanisch sprachen, weil sich noch nie ein Lehrer dorthin verirrt hatte. Man rief zu ihrer Missionierung auf, es galt, sie zu einem Teil der christlich-spanischen Zivilisation zu machen. 1932, also in dem Jahr, in dem *Las Hurdes* gedreht wurde, scheiterte eine Verschwörung gegen die Republik. Der bekannte Rechtsradikale José María Albiñana wurde deswegen vor Gericht gestellt und mit Verbannung bestraft. Und wohin verbannte man ihn wohl? Nach Las Hurdes. Selbst die damalige Linksregierung, in der die Sozialisten eine gewichtige Rolle spielten, weigerte sich, jene abgelegenen Täler als normalen Bestandteil des nationalen Territoriums anzuerkennen, und betrachtete sie stattdessen als eine Art iberisches Sibirien, wo man politische Gegner in der Versenkung verschwinden lassen konnte. Nur ein bekannter Spanier schlug in Bezug auf Las Hurdes andere Töne an.

Der wanderlustige Miguel de Unamuno, der regelmäßig sofort aufbrach, um »sich den Wind um die Nase blasen zu lassen«, sobald der Lehrkalender ihm drei freie Tage hintereinander gewährte, wurde schon seit einiger Zeit von seinem Freund Maurice Legendre, dem späteren Direktor der Casa de Velázquez in Madrid und besten Kenner der Region, bedrängt, ihn auf eine Exkursion nach Las Hurdes zu begleiten und dabei sein Führer zu sein. Ohnehin konnte Don Miguel sich der Tatsache nicht länger verschließen, dass quasi vor der Tür seines gelehrten und hyperzivilisierten Salamanca ein Stück barbarischer Wildnis vor sich hin gärte. Lange bearbeiten musste man den Herrn Universitätsrektor jedenfalls nicht, um ihn hinaus in die Natur zu locken. Ob zu Fuß, ob auf dem Rücken eines Esels, Unamuno liebte es über alles, den heiligen Boden des Vaterlands unter sich zu spüren. Im August 1914 verfasste er einen Bericht über einen von mehreren Ausflügen, die er in die Gegend um Las Hurdes unternommen hatte, und kam darin zu dem Ergebnis: So schlimm war das alles gar nicht. Und wenn doch, so überraschte es ihn wenigstens nicht. Einem wie ihm, der die abgelegensten und bäuerlichsten Gegenden der Iberischen Halbinsel durchwandert hatte, konnte eine Handvoll Gehöfte mit Kindern in Lumpenkleidung doch keinen Schreck mehr einjagen. Schmutzige Kinder gab es in Spanien allerorten, und gehungert wurde auch in anderen Bergdörfern. Als er sich die Bastschuhe übergestreift hatte, schwirrte ihm jedenfalls schon der Kopf vor Legenden, geheimnisvollen Geschichten und Warnungen. Er war aufs Schlimmste gefasst. Kein Wunder also, dass er das Ganze anschließend relativierte. Zumal es seiner grundsätzlichen Gewohnheit entsprach, Dinge zu relativieren. Gerne präsentierte er sich als erfahrenen Wanderer und Menschen, der sich nicht zierte, sich auf alles einstellen konnte. Einer wie er aß, was es gerade gab, und streckte sich auf egal welcher Unterlage zufrieden zum Schlafen aus. Über die feinen jungen Herren aus der Stadt, die über das schlechte Essen in den Gasthäusern und die unbequemen Strohmatratzen jammerten, konnte er regelrecht in Zorn geraten. Ja, was wollten sie denn? So war es nun mal auf dem Land.

Unamuno und Legendre starteten ihre Reise im Süden, in Las Hurdes Bajas, die für den Professor aus Salamanca mit ihrem eigentlichen Ziel aber noch nicht allzu viel zu tun hatten: »Wären wir doch endlich in den richtigen Hurdes, also da, wo die Menschen, wie man uns immer wieder erzählt hat, bellen statt zu sprechen, sich mit Fellen bekleiden und beim Anblick zivilisierter Menschen Reißaus nehmen!«[51] Angeblich gab es ja in Las Hurdes nirgends ein Buch, aber Don Miguel übernachtet einmal in einem Zimmer, dessen Wände »mit den bunten Umschlägen von Fortsetzungsromanen geschmückt waren.« Bei anderer Gelegenheit entdeckten die beiden Wanderer zwischen den Orten Cabezo und Las Mestas am Wegesrand menschliche Exkremente samt mehrerer Streifen Zeitungspapier. Zeitungen und Bücher in Las Hurdes! Obgleich ihrem eigentlichen Zweck entfremdet, waren sie doch offensichtlich, von wem auch immer, hierher, ins Herz der Finsternis, gebracht worden.[52] Und was Unannehmlichkeiten anging, hatte Unamuno seine ganz eigenen Vorstellungen: »Jede der vier Nächte, die ich in Las Hurdes verbracht habe, schlief ich in einem anderen, guten, weich gepolsterten und sauberen Bett.«[53] Und das, wo er sich für sein Leben gern unmittelbar auf der geliebten Erde des Vaterlands ausstreckte. Solcherlei Luxus war für ihn eigentlich überflüssig. Nun gut, weder bellende Männer noch Mütter, die ihren Kindern den Hals umdrehen – nicht eines der Schauermärchen, die man ihm erzählt hatte, hatte sich bewahrheitet. Was er in Las Hurdes vorfand, hatte er so oder so ähnlich schon in vielen anderen spanischen Bergregionen erlebt. Einmal waren sie einer Gruppe von Kindern begegnet, die sich damit brüsteten, wie gut sie lesen konnten – ihr Lehrer hatte es ihnen beigebracht. Bei einer anderen Gelegenheit fiel einem Bauern Legendres ausländischer Akzent auf, und als er erfuhr, dass Legendre Franzose war, wusste der Bauer zum Erstaunen der beiden

Wanderer sehr wohl, wo dieses Land auf der Weltkarte zu finden war. »Arme Hurdaner! Arm ja, aber auch wild? Nichts weniger als das. Nein, nein, nein, was mein Freund Legendre, dieser kluge Liebhaber Spaniens, über Las Hurdes schreibt, ist kein Widerspruch. Die Hurdaner machen unserem Vaterland alle Ehre.«[54]

Das war 1914. Damals gab es in Las Hurdes noch keine einzige ausgebaute Straße, und auch sonst glänzte der spanische Staat, inklusive König, durch Abwesenheit. Als Buñuel 1932 herkam, sah es dagegen ziemlich anders aus, hatten zehn Jahre staatlicher Investitionen doch einiges an Infrastruktur entstehen lassen. Und trotzdem verkündete Unamuno bereits seinerzeit, so schlimm sei das alles gar nicht, während für Buñuel katastrophale Zustände herrschten.

Dem Mythos Las Hurdes kann sich jedoch niemand ganz entziehen. Wer auch immer über dieses Thema schreibt, zeigt sich davon beeinflusst. Alle berichten von der Empfindung, dort etwas vorzufinden, was nicht zur zivilisierten Welt gehört, ja, sich ihrem Einfluss hartnäckig widersetzt. Nicht einmal Maurice Legendre kann sich in seiner bislang unübertroffenen und wegweisenden Untersuchung vollends davon befreien. »Überall sonst auf der Welt wartet die Erde, bis der Mensch tot ist, um sich seine Überreste einzuverleiben, hier hingegen macht sie sich bei lebendigem Leibe über ihn her«, schreibt er in einer finsteren Anwandlung. Weiter heißt es: »Stößt man in der Einsamkeit von Las Hurdes doch einmal auf eine menschliche Siedlung, sind deren Bewohner niemals zu sehen, man ahnt ihre Anwesenheit bloß, hat der Mensch sich hier doch noch längst nicht von der Erde frei und unabhängig gemacht.« Wie im Horrorfilm: Der weiße Entdecker dringt in die Finsternis vor, begleitet von befreundeten Indigenen. Eine ungreifbare Bedrohung liegt in der Luft wie in einem Roman von Stephen King. Der Erde entsteigt hier eine urzeitliche Kraft, die die Menschen verschlingt oder sie zu Zombies macht. Dem Reisenden bricht der Angstschweiß aus. Zum Glück ist er mit seinem Kundschafter unterwegs, einem gewissen Onkel Ignacio aus La Alberca, der ihm als Führer dient und den unverständlichen Dialekt der Wilden, wenn sie sich denn einmal äußern, für ihn ins normale Spanisch übersetzt. Onkel Ignacio ist gewissermaßen der edle Wilde, der zumindest teilzivilisierte Indianer, der der Welt der Europäer wie auch seiner Geburtsregion angehört. Geschickt gelingt es ihm, das

Vertrauen beider Seiten zu gewinnen. Als Legendre beim Anblick eines »bleichen Wesens mit vom Sumpffieber grünlicher Haut, von elenden Lumpen bedeckt und stumm und ausdruckslos wie die ihn umgebende prähistorische Landschaft« vom Grauen überwältigt wird, drängt er sich schutzsuchend an Onkel Ignacio, ohne den er in der Einöde von Las Hurdes hoffnungslos verloren wäre. Onkel Ignacio wiederum scheint sich diese Abhängigkeit, vielleicht auch unbeabsichtigt, zunutze gemacht zu haben. Bis 1833 unterstand Las Hurdes der wirtschaftlichen wie politischen Kontrolle von Onkel Ignacios Heimatort La Alberca. Dann wurde Las Hurdes im Zuge der Neugliederung des spanischen Staatsgebiets der Provinz Cáceres zugeschlagen, während La Alberca Teil der Provinz Salamanca wurde.[55] Wie viele Leute aus La Alberca hatte Onkel Ignacio Bienenstöcke, die er den Winter über in Las Hurdes abstellte. Wie viele Leute aus La Alberca hatte Onkel Ignacio von klein auf gelernt, die Nachbarn aus dem Süden mit ihren heruntergekommenen Dörfern, zerlumpten Kleidern und barbarischen Sitten zu verachten. Mit anderen Worten: Für ihn waren die Leute aus Las Hurdes der letzte Dreck. Und so sehr Legendre auch stets um die wissenschaftliche Objektivität des Geografen und Anthropologen bemüht war, gab es offenkundig Momente, in denen er sich der Sichtweise Onkel Ignacios nicht verschließen konnte. Zu diesem Eindruck kommen viele, die sich mit dem Thema befasst haben. Legendre übersetzte demnach unter dem Einfluss Onkel Ignacios die über Jahrhunderte genährten und mündlich weitergetragenen klassistischen Vorurteile der Leute aus La Alberca streckenweise in sozialwissenschaftliche Begriffe.[56]

Unamuno und Legendre waren gleichermaßen begeisterte Wanderer, Ersterer folglich für den Franzosen der ideale Begleiter. Schon 1909 waren sie gemeinsam in der Gegend um die Peña de Francia und im Süden der Provinz Salamanca unterwegs gewesen. Damals hörte Legendre auch von Las Batuecas und einer sich an dieses Tal anschließenden geheimnisvollen Bergregion. Gleich im nächsten Frühjahr brach er dorthin auf, um bis zur Veröffentlichung seines großen Buchs im Jahr 1927 immer wieder in Las Hurdes umherzuwandern, mehrmals auch in Gesellschaft Unamunos. So wurde er ein leidenschaftlicher Las-Hurdes-Liebhaber, noch leidenschaftlicher als all die Las-Hurdes-Liebhaber, die es damals bereits in Spanien gab.

Mehrfach vergleicht Legendre das Erscheinungsbild von Las Hurdes mit einem versteinerten Meer. Die Berge wie Wellen, kurz bevor sie brechen, in der Bewegung erstarrt, als hätte ein Gott plötzlich den Pauseknopf seiner Fernbedienung gedrückt. Der Vergleich mit dem Meer stammt jedoch nicht von Legendre. Er hat ihn von Unamuno, aber auch bei Azorín und Antonio Machado kommt er vor, ja, später sogar bei Neruda. Das spanische Landesinnere, die Meseta, als Ozean oder Meer aus Erde – gerade die große Trockenheit der Landschaft und ihre Distanz zu irgendeinem Meer lässt die Metapher treffend erscheinen. Auch die Einsamkeit des Matrosen, der um sich herum nichts als Wasser sieht, lässt sich hier empfinden. Legendre, Unamuno, Azorín, Machado und viele andere spüren sie schmerzlich inmitten der endlosen Weite, die sie umgibt. Wie einsame Wanderprediger. Wie Rufer in der Wüste. Bilder, die Legendre womöglich unabsichtlich von Unamuno übernommen hat, die bei ihm aber auf fruchtbaren Boden fielen, war er doch schon als junger katholischer Intellektueller in Paris von missionarischem Eifer erfüllt. Wenn man so will, kam Legendre nach Spanien, um arme Seelen zu retten, und stieß in Las Hurdes auf einen schier unerschöpflichen Vorrat.

Für alles, was mit Las Hurdes zu tun hatte, war seine Studie lange Zeit das ultimative Buch. Auch Lösungsansätze für die Probleme dieser Region hatte es zu bieten. Während Legendre – der wie Gregorio Marañón 1922 den spanischen König Alfons XIII. auf dessen Reise durch Las Hurdes begleitet hatte – die von vielen befürwortete Maßnahme zurückwies, die Bevölkerung einfach in eine gesündere Umgebung umzusiedeln und ihr bisheriges Wohngebiet für immer abzuriegeln, teilte er die Ansicht seiner krausistischen Freunde von der Institución Libre de Enseñanza, dass der Staat sich tatkräftig an der Entwicklung dieser Gegend beteiligen solle. Im Grunde schlug er in seinem Buch lauter Dinge vor, die man 1927 bereits in Angriff genommen hatte. Wirklich neue Erkenntnisse hatte es darüber hinaus nicht zu bieten. Dafür besaß es zwei unbestreitbare Vorteile: Es fasste alles, was zu dem Thema bekannt war, in einem Band zusammen und stellte das Problem in einen internationalen Zusammenhang. Es erschien unter dem Titel: *Las Jurdes – Étude de géographie humaine.* Und es war ein französisches Buch für französische Leser, wie man an den Erklärungen und geografischen Zuordnungen erkennen kann. (Wenn von den Pyrenäen die Rede ist, ist immer klar, dass sie vom Norden aus in den Blick genommen werden.) Buñuel las es auf Französisch. Wie auch mehrere Exemplare des Buches unter den spanischen Las-Hurdes-Freunden zirkulierten. Unamuno und Marañón haben es zweifellos gelesen, womöglich sogar schon als Manuskript oder in den Druckfahnen. Und alle Spezialisten, die sich im Lauf des 20. Jahrhunderts mit dem Thema befasst haben, setzten sich intensiv damit auseinander. Dass es über die akademischen Kreise hinaus von allzu vielen Leuten zur Kenntnis genommen wurde, scheint mir jedoch zweifelhaft. Es wird zwar ständig zitiert und sogar in den Schulbüchern erwähnt und in vielen Bibliografien aufgeführt. Was den Schluss nahelegt, dass es seinerzeit sehr einflussreich gewesen sein muss. Warum wurde es dann aber erst 2006 ins Spanische übersetzt, neunundsiebzig Jahre nach Erscheinen des französischen Originals? Und zudem in einem Regionalverlag aus der Extremadura, also nicht einmal in einem kommerziellen Verlagshaus. Meine These ist, dass es ihm ähnlich erging wie Buñuels Film: Es war einflussreich, aber gewissermaßen nur durch sein Prestige. In Spanien bekam niemand Buñuels Film zu sehen, und niemand dort las Legendres Buch. Trotzdem trugen beide, der Film und das Buch, dazu bei, dass Las Hurdes sich in einen Mythos verwandelte. So wie die meisten Katholiken die Bibel nicht gelesen haben und ihren Inhalt nur aus dem Religionsunterricht und den wenigen Passagen kennen, die in der Messe vorgetragen werden, wussten die Spanier über Las Hurdes und seine Schrecken nur, was – angeblich – in Buñuels Film und Legendres Buch vorkam, in Wirklichkeit aber kannte sie so gut wie niemand. So verfestigte sich eine Vorstellung, die auf keiner realen Erfahrung beruhte. Bis heute war der Film bloß ein paarmal im Fernsehen zu sehen und, mit Ausnahme diverser Reihen in Filmotheken oder Museen, nie im kommerziellen Kinoverleih. Von der ersten Ausgabe der spanischen Übersetzung wiederum sind auch nach neun Jahren noch nicht alle Exemplare verkauft – im regulären Buchhandel war sie ohnehin nie zu bekommen.

Es ist im Grunde wie mit den Evangelien: Ihre Botschaft hat sich verbreitet, wenn auch nicht durch Lektüre. Es fanden sich genügend Redner und Prediger, die dafür sorgten, dass der Mythos Las Hurdes in der spanischen Kultur und Politik des 20. und zum Teil auch noch des 21. Jahrhunderts stets präsent war. Und wenn jemand seine Bedeutung erfasst hat, dann war das Franco. Soll heißen, weniger Franco selbst als vielmehr der Teil der franquistischen Intelligenzija, der mit der Propaganda für den nach dem Bürgerkrieg errichteten »Neuen Staat« betraut war. Diese Leute begriffen intuitiv, dass Legendre und Buñuel auf unterschiedlichen Wegen zum gleichen Ergebnis gekommen waren – Legendre als katholischer Intellektueller, Buñuel als kommunistisch engagierter Künstler. Las Hurdes retten hieß: Spanien retten. Wenn Las Hurdes als Metapher Spaniens funktionierte, musste es auch als Synekdoche funktionieren, als Pars pro Toto. Durch die Erlösung und Zivilisierung von Las Hurdes könnte das Regime, das vorhatte, Spanien vor sich selbst zu retten, sich in bestem Licht präsentieren. Zugleich könnte es dadurch die unhaltbaren, anarchischen Zustände zu Zeiten der Republik vorführen, die sich ihrerseits die Rettung von Las Hurdes auf die Fahnen geschrieben hatte, jedoch nicht imstande gewesen war, diese Gegend aus ihrem uralten Elend zu befreien. Die Monarchisten und traditioneller gesinnten Konservativen, die das neue Regime mittrugen – auch wenn sie der parlamentarischen Demokratie nicht vollständig die Berechtigung absprachen und bei Paraden den Arm nur ungern zum faschistischen Gruß erhoben –, wären zudem sicherlich erleichtert, wenn sie sähen, dass man ein Vorhaben wieder aufgriff, bei dem einst schon Alfons XIII. federführend gewesen war. So feilte man während des Franquismus ohne großes Getöse, das Ziel aber stets fest im Blick, an der *leyenda negra*, am negativen Mythos, der »schwarzen Legende«, über Las Hurdes.

1964 meinte schließlich eine kleine Schrift des Servicio Informativo Español, also der Propagandaabteilung des spanischen Informations- und Tourismusministeriums, die schwarze Legende über Las Hurdes endlich beerdigen zu können. Unter dem Titel *Las Hurdes, leyenda y verdad* (Las Hurdes, Legende und Wahrheit) berichtet der Verfasser Leandro de la Vega von den erfolgreichen Aktivitäten des Regimes. In triumphierendem und dennoch zurückhaltendem, um Nüchternheit und Tatsachentreue bemühtem Tonfall verweist er darauf, dass das Elend, die allgegenwärtigen Kröpfe, die Menschen mit grüner Haut, die flussabwärts geschwemmten Kinderleichen, der Handel mit Findelkindern und die sich an die Brüste todkranker Mütter klammernden Säuglinge – falls es all dies tatsächlich jemals gegeben haben sollte – im Las Hurdes der Franco-Ära endgültig der Vergangenheit angehörten.

Dass die Schrift 1964 erschien, war kein Zufall. In diesem Jahr feierte der Franquismus »Fünfundzwanzig Jahre Frieden«. Ein Vierteljahrhundert nach Bürgerkriegsende hatte sogar die Kommunistische Partei den Kampf gegen das Regime aufgegeben und befürwortete vom Exil aus eine neue Politik der nationalen Aussöhnung. In Spanien selbst bemühte sich das diktatorische Regime, zu beweisen, dass eine solche Aussöhnung überflüssig, weil längst erfolgt sei. Die Kriegsnarben im Land waren verschwunden. Die zerbombten Dörfer hatte man wiederaufgebaut, die Strände waren voller ausländischer Touristen, und die anständigen Spanier stotterten brav die Raten für ihre Seat-Autos und ihren Telefunken-Fernseher ab. Das Land florierte, ganz ohne Groll und Neid, so wie es der Caudillo empfahl. Eine solch sonnig-wohlgefällige Sicht auf das Land vertrat an vorderster Stelle ein junger Minister mit großem Talent für audiovisuelle Propaganda (ein Gebiet, auf dem Franco, der ein miserabler Redner und steifer Schauspieler war, regelmäßig versagte): Manuel Fraga. Fraga sprach Englisch, verstand sich gut mit den Amerikanern und repräsentierte die Interessen der aufstrebenden spanischen Mittelschicht, in der man sich für die eigenen Kinder eine Karriere wie die seine erträumte, der es mit einigem Ellbogeneinsatz und großen Anstrengungen von seinem abgelegenen Geburtsort in der galicischen Provinz Lugo bis zum Diplomaten und Minister gebracht hatte.

Fraga war der Sohn eines Dorfbürgermeisters und wusste besser als die Militärs und feinen jungen Herren aus dem Madrider Barrio de Salamanca, wie wichtig es ist, ein Postamt und einen Bahnhof in erreichbarer Nähe zu haben. Und ebenso klar war ihm, dass der Staat kein abstrakter Begriff und auch keine finstere Macht sein durfte, die sich hinter hohen Mauern verschanzt. Der Staat musste vielmehr bis in den letzten Winkel des Landes Präsenz zeigen. Das leere Spanien, das den Franquismus mitgetragen hatte und in dem – für jemanden wie Fraga bereits absehbaren – Fall, dass es sich in eine europäische Demokratie verwandelte, auch deren konservative Regierungen mittragen würde, hatte besondere Aufmerksamkeit verdient. Und er, als Verkörperung dieses Staates, würde ihm diese Aufmerksamkeit selbstverständlich zuteilwerden lassen. Als Politiker, der für sein Leben gern vor Kameras auftrat, reiste er unablässig übers Land, als befände er sich im Dauerwahlkampf. In Wirklichkeit bereitete er sich damit auf die Wahlkämpfe der Zukunft vor. So wie er sollten ihre Söhne werden, sagten sich träumerisch die spanischen Mütter, wenn sie die eigenen Kinder auf die Universität schickten. Doch zugleich war Fraga der väterlich-patriarchale, kazikenhafte Anführertyp, der die Menschen in der Provinz besser zu verstehen schien als jeder andere. Denn, wissen Sie, so erklärte er unweigerlich bei jeder Stippvisite, sobald man ihm einen Schluck selbstgekelterten Wein oder hausgemachten Chorizo anbot, ich stamme selbst vom Dorf, ich bin einer wie Sie.

Und deshalb vergaß Fraga Las Hurdes nicht. Und sorgte dafür, dass im Rahmen der Feierlichkeiten zu »Fünfundzwanzig Jahre Frieden« ein modernes Las Hurdes gezeigt wurde: mit neuen Schulen, Stromleitungen, Sozialwohnungen und Krankenhäusern. Mit fülligen, wohlgenährten, vergnügt in die Kamera lächelnden Bewohnern. Auch daher suchte er nach Francos Tod erneut Las Hurdes auf, diesmal als Präsidentschaftskandidat für das neue demokratische Spanien und Anführer des großen rechtskonservativen Parteienbündnisses Alianza Popular.

Franco starb am 20. November 1975. Auf seinen Tod folgte ein Winter banger Ungewissheit und voller Veränderungen, doch sobald die ersten Frühlingswinde wehten, machte Manuel Fraga sich auf ins leere Spanien, um zu zeigen, dass er der Freund der Dörfler war. Ende Februar 1976 erschien er auch in Las Hurdes, besuchte die Orte Caminomorisco, Martilandrán, Aceitunilla, La Fragosa und Asegur. Im *No-Do*, der damals noch verpflichtend vor dem Beginn von Kinofilmen gezeigten offiziellen Wochenschau *Noticiario y Documentales* (Nachrichten und Dokumentationen), wurde seine Reise in kurzen schnellen Schnitten nacherzählt, wobei gelegentlich Plakate zu sehen waren, die Dinge verkündeten wie: »Las Hurdes dürstet nach Kultur« oder »Wir wollen arbeiten, nicht auswandern«.[57] Allen Spaniern, die in der ersten Märzwoche 1976 im Kino waren, wurde so vorgeführt, wie Fraga Hurdaner umarmte und Hurdanerinnen küsste. Auch wenn zu dieser Zeit zugegebenermaßen viele erst nach Ende des *No-Do* den Vorführsaal betraten oder den immer gleichen, abgestandenen Bildern Reden schwingender franquistischer Minister wenig Aufmerksamkeit schenkten, übertraf die Anzahl von Zuschauern, die der zweiminütige Bericht von Fragas Las-Hurdes-Besuch erreichte, die von Buñuels Dokumentarfilm höchstwahrscheinlich bei Weitem. Und die Dörfer, die sie dabei zu sehen bekamen, unterschieden sich in nichts von x-beliebigen anderen Dörfern Spaniens. Es hätte auch ihr eigenes Dorf sein können.

Doch nicht einmal Manuel Fraga und seinen glücklichen wohlgenährten Dörflern vor dem Hintergrund nagelneuer Strommasten gelang es, die schwarze Legende über Las Hurdes aus der Welt zu schaffen. Die Wirkung der – wenngleich von kaum jemandem gesehenen – Bilder von Buñuels Dokumentarfilm auf das Bewusstsein der Spanier war stärker. 1960 tauchten einige diese Bilder unversehens wieder auf, als Illustrationen eines kleinen Reisebuchs mit dem Titel *Caminando por las Hurdes* (Zu Fuß durch Las Hurdes). Verfasst hatten es Antonio Ferres und Armando López Salinas. Es erschien in einer Reihe des berühmten Verlages Seix Barral, die mit Reisereportagen über die Gegenden des leeren Spanien an den großen Erfolg von Camilo José Celas *Viaje a la Alcarria* anzuknüpfen versuchte. Im Vorwort heißt es:

> Anders als in manchen Büchern wie etwa der Espasa-Enzyklopädie behauptet, ist die Rückständigkeit von Las Hurdes noch nicht überwunden. Unserer Ansicht nach ist das Problem jenes Landstrichs so unauflöslich mit seinen kargen und unergiebigen Böden verknüpft, dass weder das Hilfswerk Las Hurdes noch alle anderen zu diesem gutgemeinten Zweck geschaffenen Institutionen kurzfristig dazu in der Lage sein werden, das Leid auf diesen abgelegenen Gehöften aus der Welt zu schaffen, wie es eigentlich zu wünschen wäre.
>
> Wie schon andere Reisende vor uns gezeigt haben, steht man, sobald man La Alberca hinter sich gelassen und Portillo de la Cruz erreicht hat, an einer Grenze, hinter der die Zeit einen Salto rückwärts zu vollführen scheint. In Richtung des Tals Las Batuecas und des dahinter ansteigenden Berglands macht sich große Stille breit, ein angstvolles Schweigen, das jeden erfüllt, dem bewusst ist, dass dort, in den engen Tälern der oberen Extremadura, Menschen leben – in diesem Land ohne Land, diesem traurigen Land des Hungers.[58]

Auch hier wieder die bekannten Bilder der Grenze, der Eroberung fremder Welten, der weißen Schatten der Südsee.

Im Grunde prallen hier zwei Auffassungen aufeinander – da sind diejenigen, die an den Staat glauben, und diejenigen, die ihn zerstören oder durch einen anderen ersetzen möchten. Marañón, ein überzeugter Mann des Staates und hoch angesehene Persönlichkeit, will es nicht hinnehmen, dass Buñuel die Menschen aus Las Hurdes fast wie Tiere betrachtet. Nicht dass sein Blick mitleidiger oder puritanischer wäre als der Buñuels, Marañón ist vielmehr nicht bereit, zuzugeben, dass die Zivilisation an diesen barbarischen Zuständen schuld sein soll. Ein Teil Spaniens hat von den Segnungen des Fortschritts bislang nichts abbekommen, nun gut, aber das lässt sich ändern. Es braucht nur ein bisschen politischen Willen, man muss bloß den Blick des Staates dorthin lenken, wohin er ihn zu richten hat. Im Unterschied zu Buñuel ist der Staat für Marañón kein böser Leviathan, der seine Untertanen absichtlich verhungern lässt. Für Buñuel dagegen ist Las Hurdes Grund für eine Kriegserklärung – ein Staat, der so etwas zulässt, hat weder Gehorsam noch Respekt verdient.

Letztlich hat Marañón die Oberhand behalten. Die Filme über Monster und exotische Abenteuer kamen irgendwann aus der Mode, reformerische Ansätze hingegen gibt es bis heute, weil Politiker weiterhin nichts lieber machen, als sich zu Spatenstichen oder der feierlichen Eröffnung von irgendetwas fotografieren zu lassen. Es ist zwar immer noch beeindruckend, wenn sich das Las-Batuecas-Tal vor einem auftut, selbst wenn man dabei wie ich in diesem Augenblick durch die Windschutzscheibe eines Citröen C4 guckt. Das Gefühl, eine Grenze zu überqueren, habe ich trotzdem nicht. Hier sind Radfahrer unterwegs, am Straßenrand stehen Hinweisschilder zu allen möglichen Wanderwegen, und immer wieder gibt es vorschriftsmäßig mit Abfalleimern ausgestattete Rastplätze. Es ist nicht zu übersehen, dass ich mich in einem typisch europäischen Naturschutzgebiet befinde. In Las Mestas, dem nächsten Ort auf meiner Route, gibt es Restaurants und jede Menge Werbung für die Erzeugnisse von Onkel Picho, einem Imker, der sich diverse Produkte hat patentieren lassen, unter anderem einen Honiglikör. Der Laden erinnert an ein Feinkostgeschäft im Zentrum Madrids oder Barcelonas. Klimaanlage, sanfte Musik – eine angenehme, elegante Umgebung zur Verkostung der

Produkte, die man sich anschließend in moderne Designverpackungen eingeschlagen mitnimmt. Der echte Onkel Picho, ein kerniger Dörfler, der auch auf den Etiketten der angebotenen Konserven und Flaschen zu sehen ist, sitzt an einem Tisch und unterhält sich mit mehreren Nachbarn. Das Geschäft scheint gut zu laufen. Ich trage dazu bei, indem ich für mehrere Mitbringsel vierunddreißig Euro auf den Tresen lege. Erschrocken über die hohe Summe überlege ich schon, auf einen Teil zu verzichten. Für die paar Sachen ist das viel zu viel Geld, außerdem mag ich eigentlich keinen Honig, aber Onkel Picho beobachtet mich aus dem Augenwinkel. Und so zahle ich, ohne zu murren. Ich will nicht schuld daran sein, dass Las Hurdes wieder zum Land ohne Brot wird.

Noch besser lässt sich der Triumph der Zivilisation über die Barbarei an dem schicken Landhotel Hurdes Reales ablesen. Es liegt auf einem Hügel neben Las Mestas und wurde in den neunziger Jahren im Auftrag der Regionalregierung der Extremadura errichtet, auf den Ruinen einer ehemaligen Fabrik, die Alfons XIII. 1922 bei seinem Besuch vor Ort als Unterkunft gedient hatte. Das Gebäude ist ein Denkmal des regionalen Sozialismus unter Führung von Juan Carlos Rodríguez Ibarra und des Europäischen Fonds für regionale Entwicklung. Ein durchaus luxuriöses Hotel mit Pool, Spa und gutem Restaurant, und das im Herzen einer der einstmals ärmsten Gegenden Europas. Im Inneren sind unter anderem Fotos von dem Besuch zu sehen, den König Juan Carlos Las Hurdes im Jahr 1998 abstattete. *El País* schrieb damals: »Mit diesem Besuch setzt der Hof endgültig den Schlusspunkt unter die ›schwarze Legende‹ von Las Hurdes.«[59] Noch Juan Carlos' Großvater hatte, hoch zu Ross, die Gegend mit der damals höchsten Sterberate Europas erkundet. Sein Enkel besichtigte Schulen, Gesundheitszentren und kleine Agrarbetriebe. Das Restaurant des Hotels, in dem ich köstliche Weine und Käse aus der Extremadura probiere, trägt den Namen »Alfonso XIII.«.

1984 gewann ein junger sozialistischer Professor die Parlamentswahlen in der Extremadura. Dass er Akademiker war, verbarg er geschickt hinter seinem charismatischen Auftreten als echter Sohn der Region, der stolz den heimischen Akzent hören ließ. In Spanien haben sich populistische Politiker seit jeher als fleißige Kinder der Provinz präsentiert, die es auf die Universität geschafft haben, um anschließend in die Heimat zurückzukehren und Wein aus dem Schnabelkrug ihrer Großeltern zu trinken. Juan Carlos Rodríguez Ibarra holte die absolute Mehrheit und verwandelte sich schon bald in einen typischen *barón*, einen Provinzfürsten, der in seiner Region so viel Zustimmung und Unterstützung erfährt, dass er imstande ist, auch auf die nationale Politik Einfluss zu nehmen. Fast fünfundzwanzig Jahre war Rodríguez Ibarra Präsident der Extremadura. Und dazu gewissermaßen der König der Provinzfürsten, ja, nach Ansicht mancher Beobachter schuf er sich während seiner Herrschaft – vielleicht ohne eigentliche Absicht, nur dank des Beharrungsvermögens von Macht und Charisma – ein klientelistisches System, das sich nicht wesentlich von dem lateinamerikanischer Caudillos unterschied.

Für die neue Extremadura, in der man nun eine eigene Fahne hatte, seine Regionalidentität entdeckte und sich das Recht nahm, Dialekt zu sprechen, galt es, gleich mehrere negative Vorurteile zu überwinden. Rodríguez Ibarra triumphierte mit seinem Versprechen, die Extremadura in die Moderne zu führen. Seit Ende der achtziger Jahre gab es eine Rockband aus Plasencia, die Extremoduro hieß. Sie spielte auch extrem harten Rock mit Punk-Einflüssen, und ihre Texte feierten Sex und Drogen, kein Wunder, wenn man bedenkt, dass Plasencia eine typische, um eine Kathedrale herum gebaute Stadt im spanischen Hinterland ist wie Sigüenza, Tarazona, Segorbe oder Calahorra, die jahrhundertelang unter der strengen Herrschaft des Klerus standen. Extremoduro stand für genau die Rosskur, die eine Stadt wie Plasencia brauchte, zu einer Zeit, als die Kathedralen des leeren Spanien allmählich in sich zusammenfielen. Der erste große Hit der Band hieß »Extremaydura« und beschrieb die Heimatregion der Musiker unter anderem so: »Das Wasser steht uns bis zum Hals / wegen all der beschissenen Staudämme. / Radioaktiv verseuchte Eicheln, / was bloß sollen unsere Schweine fressen?« Anders gesagt: Auch diese Gegend hatte unter den zwei großen Obsessionen Francos zu leiden gehabt, der nichts lieber tat, als Staudämme und Kernkraftwerke in die Welt zu setzen, mit fatalen Folgen für die Viehzucht, die hier ursprünglich die Haupteinnahmequelle gewesen war.

An einer anderen Stelle heißt es: »Land der Konquistadoren, / solche Eier haben wir nicht mehr, / willst du nicht von hier verschwinden, / ziehen sie dir das Fell über die Ohren.« Aus der Extremadura stammten bekanntlich Francisco Pizarro und Hernán Cortés, die Eroberer Perus und Mexikos, die in diesem Text in Bezug zur Arbeitsmigration aus der Extremadura nach Katalonien oder Lateinamerika während des 20. Jahrhunderts gesetzt werden. Und auch eine skatologische Lesart der Schöpfungsgeschichte hat das Stück zu bieten: »Er schuf die Welt in sieben Tagen. / Die Extremaydura am achten. / Um zu sehen, was passiert. / Naja, er hatte lange nicht geschissen.« Mit dem logischen Refrain: »Cagó Dios / en Cáceres y en Badajoz« (»Also kackte Gott / auf Cáceres und Badajoz«).

Während andere Lokalpolitiker entsetzt die Hände über dem Kopf zusammenschlugen und sich über so viel dreiste Nestbeschmutzung empörten, stellte Provinzfürst Rodríguez Ibarra sich demonstrativ an die Seite der Band: Dass eine scheinbar so hinterwäldlerische Gegend etwas so Urbanes und Modernes wie Extremoduro hervorgebracht hatte, darauf könnten alle Extremeños nur stolz sein, verkündete er. Es beweise, dass sie das Elend und das negative Image ihrer Heimat überwunden hätten und vorbildliche Europäer geworden seien. Die Extremadura sei keine abgelegene Region mehr, von der nie etwas zu hören war, von wegen, nun sei sie bedeutender Teil der Gegenwartskultur. Und geschickt schlug Rodríguez Ibarra einen großen historischen Bogen, der das Kloster Yuste, wo Karl V. seine letzten Lebensjahre verbracht hatte – und heute eine europäische Akademie ihren Sitz hat –, über die noch vorzeigbaren Elemente der lateinamerikanischen Conquista bis hin zur Musik von Extremoduro miteinander verband. Denn es gebe etwas, das allen gemeinsam sei: eine kosmopolitische Gesinnung, der Wunsch nach Erneuerung, das Bestreben, sich der Welt jenseits der Viehweiden der Extremadura zu präsentieren. Rodríguez Ibarra war tatsächlich ein genialer Demagoge, der imstande war, jede Kritik in ein Lob – auch seiner Person – umzumünzen.

Auf diese Weise gelang es, die schwarze Legende von Las Hurdes durch eine Erfolgsgeschichte zu ersetzen, deren Zustandekommen sich der weisen Führung des Fürsten Rodríguez Ibarra verdankte. Ein Laden wie der von Onkel Picho – in dem 197-Seelen-Ort Las Mestas, Teil der Gemeinde Ladrillar – erfüllt dabei eine ganz ähnliche Funktion wie die Rockband Extremoduro. Die Regionalregierung der Extremadura hat im Übrigen dafür gesorgt, dass ihr Logo allerorten zu sehen ist. An allen öffentlichen Einrichtungen prangt ihr Wappen, und an den Straßen stehen regelmäßig Schilder, die über Investitionen und neue Projekte Auskunft geben. Und obwohl Las Hurdes immer noch einen irgendwie halbfertigen Eindruck macht, gewinnt man als Besucher den Eindruck, dass die Regionalregierung die Sache gut im Griff hat.

Von Buñuel dagegen keine Spur. Als die Frau an der Rezeption des Hotels Hurdes Reales mir auf der Karte den Weg zu einem Las-Hurdes-Dokumentationszentrum zeigt, sagt sie immerhin dazu, dass die berühmtesten Szenen seines Films dort gedreht worden seien. Ich schreibe mir den Namen des Ortes nicht auf und stelle wenig später fest – ich habe gerade erst beschlossen, dorthin zu fahren –, dass ich ihn vergessen habe. Ich gehe noch einmal zur Rezeption, wo inzwischen jedoch jemand anders arbeitet. »Ihre Kollegin hat mir vorhin gezeigt, wie man zum Dokumentationszentrum kommt, aber ich habe den Namen des Ortes vergessen. Offenbar hat Buñuel dort einen Teil seines Films gedreht.« »Wo Buñuel gedreht hat? Keine Ahnung, das weiß ich leider nicht«, sagt die Frau. Und damit ist sie nicht allein. So wie sie scheint auch sonst niemand Bescheid zu wissen oder wissen zu wollen. Offenbar interessiert sich niemand dafür. An der Rezeption kann man verschiedene Bücher über Las Hurdes kaufen, sogar das von Legendre ist darunter, das hatte ich mir aber schon vor der Fahrt hierher besorgt. (Ich muss einen seltsamen Eindruck machen, als ich mich am späten Nachmittag neben dem Pool auf einem Liegestuhl ausstrecke und mit einem Bleistift Stellen in Legendres Text anstreiche, während um mich herum Eltern mit ihren kreischenden Kindern im Wasser spielen.) In keinem der angebotenen Bücher wird Buñuel auch nur erwähnt – von einer Omertà würde ich nicht unbedingt sprechen, trotzdem scheint mir offensichtlich, dass die Regionalregierung alles dafür tut, den Namen des verfluchten Dokumentarfilms nirgendwo auftauchen zu lassen. Während meiner Reise wird mir gegenüber niemand den Namen Buñuel erwähnen.

Der Ort heißt El Gasco und liegt tief in Las Hurdes Altas. Er ist immer noch schwer zu erreichen, die Straße ist sehr schmal und kurvig. Sie endet auf dem Dorfplatz, weiter geht es von hier aus nicht. Der Journalist Luis Carandell hat einmal erzählt, dass es in El Gasco

Anfang der neunziger Jahre – Extremoduro war schon dabei, die alten Lieder der Extremadura umzuschreiben – noch kein fließendes Wasser gab, was aber wohl vor allem auf Streitigkeiten mit einem Anwohner zurückzuführen war, durch dessen Grundstück die Leitungen verlegt werden sollten.[60] Ich gehe in eine dunkle und sehr schmutzige Bar, bestelle einen Kaffee und erkundige mich nach dem Dokumentationszentrum. Niemand kann mir etwas dazu sagen. Auf dem Dorfplatz deutet später ein alter Mann, der ohne Weiteres als Kind in Buñuels Film mitgespielt haben könnte, in Richtung einer Anhöhe und erklärt, dort irgendwo müsse es sein, es seien aber schon lange keine Besucher mehr da gewesen. Als ich schließlich davorstehe, stelle ich fest, dass er recht hat: Das Haus ist verschlossen. Ich spähe durch die Fenster, die voller Staub und Spinnweben sind. Und das, obwohl gerade Sommer ist, Hochsaison.

Das typische Haus von Las Hurdes, das dieses Dokumentationszentrum präsentieren soll, ist und bleibt eine elende Hütte aus nacktem Stein, egal wie sehr man versucht, es zum Museum aufzuwerten. So wie es hier steht, ruft es viel zu sehr das einstige Elend in Erinnerung, man spürt förmlich die Kälte, die den Alten auf dem Dorfplatz immer noch in den Knochen sitzen muss. Und man denkt an Buñuel. Die Straße, an der es steht, kommt einem auf einmal auch bekannt vor, aus seinem Film. Ja, der ganze Ort El Gasco wirkt plötzlich wie ein Bild daraus. Vielleicht kümmert sich deshalb niemand um das Haus. Niemand vermisst es, so wie sich niemand nach den Zeiten der Monster, Zwerge und Kröpfe zurücksehnt.

Auch auf akademischem Gebiet hat die Regionalregierung große Anstrengungen unternommen, um dem schlechten Ruf der Gegend endgültig ein Ende zu bereiten. Ein wichtiger Schritt dazu war der Zweite Nationale Kongress der Bewohner und Freunde von Las Hurdes, der 1988 in Casar de Palomero stattfand, in Anlehnung an den ersten Kongress, der achtzig Jahre zuvor in Plasencia abgehalten worden war. Zwei Dinge waren diesmal jedoch anders: Man traf sich innerhalb des Gebietes von Las Hurdes, nicht in einer nahegelegenen Stadt. Und auch die Bewohner von Las Hurdes selbst konnten teilnehmen. Beim ersten Kongress waren die »Freunde von Las Hurdes« noch unter sich geblieben. Die, um die es eigentlich ging, hatte man nicht eingeladen. 1908 in Plasencia versammelten sich also ausschließlich philanthropisch gesinnte Bischöfe, katholische Intellektuelle und Professoren. In erzähltheoretischen Begriffen ausgedrückt, vollzog der zweite Kongress den Wechsel von einem – fälschlicherweise so genannten – »allwissenden Erzähler« zu einem Ich-Erzähler. Denn 1988 erzählten die Bewohner von Las Hurdes ihre Geschichte zum ersten Mal selbst. Gewissermaßen zur Bekräftigung veröffentlichte die von der Regierung der Provinz Cáceres herausgegebene Zeitschrift *Alcántara* 1994 eine mehr als vierhundert Seiten starke Monografie, die alles enthielt, was zum damaligen Zeitpunkt über die Geschichte, Geografie, Wirtschaft, Literatur, Anthropologie und Demografie von Las Hurdes bekannt war. Eine bis heute unübertroffene Informationsquelle, die auch Legendres Buch – das hier außerdem nahezu vollständig widerlegt wird – weit hinter sich lässt.[61] 2006 fand dann der dritte Kongress statt, diesmal in dem Ort Caminomorisco, noch um einiges tiefer in Las Hurdes und von regionalen Institutionen selbst organisiert: »Mit diesem Kongress wollen wir die neue Normalität von Las Hurdes zeigen. Unsere Region mit all ihren Schwierigkeiten, aber auch mit Stolz auf das, was wir in den letzten zwanzig Jahren geschafft haben. Es beweist, dass wir mit allen übrigen Regionen der Extremadura mithalten können«, verkündete den Journalisten damals der Vorsitzende des Verbands zur kommunalen Entwicklung von Las Hurdes. Der erste Beitrag in der Monografie der Zeitschrift *Alcántara* hatte bereits den Titel getragen: »Las Hurdes ist *nicht* anders als die anderen.« Die Botschaft war klar.

Wenn die Erzählperspektive von der dritten zur ersten Person wechselt, lösen sich häufig die weißen Schatten auf. Es gibt keine Indigenen, keine unbekannten, zu entdeckenden Gebiete mehr, denn die Bewohner von Las Hurdes sind längst »entdeckt«. Dieser Perspektivwechsel hat eine moralische Dimension, führt jedoch nicht automatisch zur Wahrheit. Mehr Würde aber bringt er mit sich – völlig zu Recht bemächtigen sich die Betroffenen ihrer eigenen Geschichte. Es ist nicht dasselbe, ob andere von einem erzählen oder man selbst, genauso wenig wie es dasselbe ist, ob andere über einen herrschen oder man selbst. Eine Schwäche der Ich-Erzählungen besteht allerdings darin, dass sie zur Verschönerung und Idealisierung neigen. Selbstporträts haben oft etwas Selbstgefälliges. Außerdem sind sich Berichte über erfahrenes Elend oft ähnlich.

Das lernte ich auch im Zusammenhang mit meinem 2014 erschienenen Roman *Lo que a nadie le importa* (Was niemanden kümmert), der vor allem im Madrider Stadtteil Embajadores spielt. Die – sehr lange – Calle de Embajadores führt von Lavapiés hinab bis fast nach Vallecas. In den fünfziger und sechziger Jahren wohnten hier nur arme Leute, manche von ihnen waren jedoch ärmer als die anderen Armen. Je weiter unten sie wohnten, desto ärmer waren sie. Am oberen Ende, in Lavapiés, gab es bescheidene Mietshäuser, am unteren Ende Baracken. Meine Familie wohnte in El Portillo, also jenseits der Bezirksgrenze von Lavapiés, in der Nähe einer Mauer, die diesen Stadtteil wiederum von dem sich südlich anschließenden trennte. Nun gut, eines Tages aß ich mit den beiden Musikern Víctor Manuel und Ana Belén in einem Restaurant im Madrider Norden. Víctor hatte einige Zeit davor mein Buch vorgestellt, und Ana hatte es gerade gelesen. Sie war begeistert, denn auch sie war in der Calle de Embajadores aufgewachsen, allerdings im oberen Teil, in Lavapiés. Sie erinnerte sich noch, dass ihre Mutter ihr verboten habe, mit den Kindern aus El Portillo zu spielen, also mit den Kindern aus dem sich anschließenden Abschnitt der Straße. Weil sie ärmer und folglich wenig vertrauenswürdig seien, kurz: Gesindel. Meine Mutter und Ana Belén waren also in unmittelbarer Nachbarschaft aufgewachsen, aber durch das mütterliche Verbot daran gehindert worden, miteinander zu spielen. Als ich das meiner Mutter erzählte, gestand sie lachend, dass es ihr genauso ergangen sei, allerdings in Bezug auf die Kinder, die noch weiter unten, jenseits der Mauer, wohnten. Meine Großmutter hatte ihr verboten, sich mit ihnen einzulassen. Und so dürfte es, denke ich mir, die Straße hinunter immer weitergegangen sein. Diese Anekdote gab ich von da an bei allen Vorstellungen des Buchs zum Besten, schließlich kam sie jedes Mal gut an.

Als ich die Geschichte bei einer Veranstaltung in einem Kulturzentrum in Getafe, im Madrider Süden, gerade ein weiteres Mal erzählen wollte, merkte ich plötzlich, dass eine alte Frau mich streng und gekränkt ansah. Sie war um die achtzig. Man hatte mich vorgewarnt: Über einige Passagen des Romans – welche, hatte man mir nicht gesagt – war die Frau offenbar sehr empört. Verunsichert überließ ich ihr das Wort und versuchte dabei möglichst unbefangen zu lächeln. Die Wut, die der Frau anzuhören war, berührte mich. »Ich möchte mal wissen«, sagte sie, »wer dir gesagt hat, dass wir, die Leute, die südlich der Mauer von Peñuelas gewohnt haben, Gesindel waren. Wer bist du, so was zu behaupten? Wir waren arme Arbeiter, anständige Leute aus Andalusien, wir sind nach Madrid gekommen, um uns unser Brot zu verdienen. Aber klar, wir hatten immer ein Messer dabei, um andere zu überfallen und auszurauben!«

Ich schluckte und merkte, dass die übrigen Anwesenden, etwa zwanzig bis dreißig Personen, mich ungeduldig anblickten. Der Moderatorin der Veranstaltung war das Ganze offensichtlich noch unangenehmer als mir, verlegen sah sie zu mir hinüber, als wollte sie mich um Verzeihung bitten. So liebenswürdig und ruhig wie möglich versuchte ich, der alten Frau zu erklären, dass ich eben das nicht geschrieben hätte, dass ich vielmehr versucht hätte, die Angst wiederzugeben, die eine der Romanfiguren empfunden habe, weil andere ihr gesagt hatten, mit den und den Leuten dürfe man sich auf keinen Fall einlassen. Damit hätte ich zeigen wollen, wie Vorurteile und Ängste zu Überheblichkeit und klassistischer Herabsetzung, ja, manchmal sogar zu Gewalt führen können. Dass in Städten verschiedene Schichten aufeinandertreffen und dass die Reichen Angst vor den Armen haben, weshalb sie sich mit Mauern und Alarmanlagen vor ihnen zu schützen versuchen, aber nicht nur damit, sondern auch mit erfundenen Geschichten, in denen die Armen immer die Bösen sind. Allmählich entspannte sich die Frau, offensichtlich hatte sie mich verstanden. Erleichtert hörte ich auf zu schwitzen.

Erlebnisse wie dieses haben mir gezeigt, dass es armen, benachteiligten Menschen nicht gefällt, wenn Fremde ihre Geschichte erzählen. Und dass sie, wenn es ihnen gelingt, selbst zu erzählen, vor allem ihre Würde, ihre Anstrengungen und Ehrbarkeit hervorheben. Sozial benachteiligte Gemeinschaften oder arme Viertel bestehen in diesem Fall aus lauter Menschen, die sich gegenseitig helfen und liebhaben, während das Böse stets nur von außen eindringt. (Womöglich aus einem noch ärmeren Viertel?) So auch in Las Hurdes: Statt Abenteuer- und Horrorgeschichten bekommt man jetzt geschönte Autobiografien erzählt. Beides hat zweifellos seine Schwächen und wird der Wahrheit wissentlich nicht gerecht – der Wahrheit im Sinne dessen, was man zu sehen bekommt, wenn man sich bemüht, das in den

Blick zu nehmen, was man wirklich vorfindet, und nicht, was man dort vorzufinden erwartet. Doch so unvollkommen sie auch sein mag, ist unter den beiden Herangehensweisen die Selbsterzählung bei Weitem vorzuziehen. Auch wenn sie dazu führt, dass sich jemand wie die alte Dame bei der Buchvorstellung über Beleidigungen beschwert, die nur in ihrer Fantasie existieren. Besser, die Betroffenen sind empfindlich und dünnhäutig, als dass sie gar keine Möglichkeit haben, dem, was die anderen über sie sagen, etwas entgegenzuhalten.

Im Fall von Las Hurdes gibt es jedoch das Paradox, dass die heutige Selbstdarstellung mit dem einstigen franquistischen Narrativ weitgehend übereinstimmt. Die Ausführungen des Servicio Informativo Español sind so gut wie identisch mit den auftrumpfenden Einlassungen eines Rodríguez Ibarra bei all den Einweihungszeremonien, mit denen die endgültige Überwindung der dunklen Vergangenheit belegt werden sollte. Ebenso wenige Unterschiede sind zu erkennen zwischen den Wochenschau-Bildern von Manuel Fragas Besuch in Las Hurdes 1976 und den Fotos in den Lokalzeitungen, die Rodríguez Ibarra am selben Ort präsentieren. In der Region hat man sich diese Darstellung zu eigen gemacht, aber nicht, weil sie mehr der Wirklichkeit entspricht, sondern weil sie sich besser anfühlt.

Zwischen den Kiefern nähert sich ein Moped dem Stauwehr. Der Fahrer ist ein Bauer um die fünfzig, vielleicht um die sechzig. Das Land lässt schneller altern. Er ist groß und dick, offensichtlich aber sehr beweglich. Das Moped zwischen seinen Beinen wirkt wie ein Spielzeug. Zusammen machen sie einen komischen Eindruck, wie aus der Zeichentrickserie *Wacky Races*. Ich sehe sie vom Ufer aus, das zur Provinz Cáceres gehört. Der Bauer ist auf der anderen Seite, die zur Provinz Salamanca gehört. Der Fluss markiert die Grenze zwischen Kastilien und León sowie der Extremadura, die hier jedoch für niemanden eine Rolle spielt. Die Grenzschilder auf der Brücke rosten unbeachtet vor sich hin. Der Mann steigt ab, stellt das Moped auf den Ständer und reißt sich mit einer Gier, wie ich sie bloß von der Sexszene aus *Wenn der Postmann zweimal klingelt* kenne, das T-Shirt vom Leib, streift die Turnschuhe ab, schlüpft aus der Hose und stürzt sich ins Wasser, das genau genommen ein vom Stauwehr gebildetes Schwimmbecken ist. Sein Gesicht kann ich nicht sehen, ich stelle mir aber vor, wie sich

Erleichterung darauf abzeichnet, als hätte er sich auf einen Schlag von mehreren Jahrhunderten glühender Hitze befreit.

Mich hatte es heute Morgen beim Aufstehen gefröstelt, weshalb ich mich bis jetzt nicht ins Wasser getraut habe. Auf einmal aber spüre ich das dringende Bedürfnis, mich ebenfalls ins Wasser zu stürzen. Ich ziehe mein T-Shirt aus, lege die Brille neben das Handtuch und springe in den Río Ladrillar. Ich spiele toter Mann, lasse mich mit den Ohren unter der ruhigen Wasseroberfläche dahintreiben. Ich höre den Fluss und sehe die Kiefern am Ufer, die Brücke und die wattebauschartigen Wolken am Himmel. Besser geht's nicht. Ein schönerer Ort ist nicht vorstellbar. Und ein erfrischenderes Bad ebenso wenig. Da höre ich erneut das Moped. Ich hebe den Kopf. Der Bauer sitzt schon wieder auf seinem Gefährt und rast davon, ohne sich abgetrocknet oder das T-Shirt wieder angezogen zu haben. Die Hitze und was ihn sonst noch belastet hat, hat er im Fluss zurückgelassen. Auch ich fühle mich leicht. Es ist Sommer. Kinder spielen im Wasser, auf der Terrasse der Bar sitzen Leute und trinken Bier, fitte Rentner wandern vorbei. Sanfte Heiterkeit liegt über allem. Ich atme durch und lasse mich von einer sehr schlichten Form des Glücks anstecken. Von den Freuden eines bescheidenen Wohlstands, wie im Ferienheim einer Gewerkschaft.

Auf einer Restaurantterrasse am Río Ladrillar esse ich später Zicklein. Aus dem Backofen, gut gewürzt und mit wunderbar knuspriger Haut. Dazu trinke ich einen fünfzig oder sechzig Kilometer südlich von hier abgefüllten Wein. Die Leute um mich herum essen ähnliche Sachen und trinken ähnliche Weine. Nichts Besonderes. Die Normalität eines schönen Tals in einer Ecke Europas, die nur von wenigen, höflichen und gutgelaunten Touristen aufgesucht wird. Dass mir die Situation trotzdem ungewöhnlich vorkommt, liegt daran, dass die Leute in dieser Gegend vor noch nicht allzu langer Zeit höchstens Zicklein aßen, wenn eins aus ihrer Herde einen Hang hinuntergestürzt und zu Tode gekommen war. Als Gregorio Marañón 1922 hier unterwegs war, verzeichnete er jedes Mal, wenn er in einem Dorf gewesen war, in seinem Notizbuch: »Chronischer Hunger.« Kröpfe und Sumpffieber waren weit verbreitet. Und zahllose Erkrankungen, die der Unterernährung geschuldet waren. Auch hier, wo ich gerade sitze und Zicklein esse. Ich kann die ganze Portion allein verschlingen, ohne dass ein rachitisches Kind bettelnd an meinen Tisch tritt. Nachdem Marañón an einer Stelle ausführlich die erbärmliche Kost und die Krankheiten der Bewohner eines Dorfes geschildert hat, fügt er hinzu: »Zum Mittagessen köstliches gebackenes Zicklein.«[62] Die Leute aus dem Ort hatten bloß Kartoffeln und hartes Brot zum Essen, für den Herrn Doktor und seine Begleiter aber gab es Zicklein. Marañón äußert sich dazu nicht. Das Essen scheint ihm jedenfalls gut bekommen zu sein. Mir wird es bestimmt auch gut bekommen. Verdauen werde ich es jedoch in einer Gegend, die nichts mehr mit derjenigen zu tun hat, die Doktor Marañón einst bereiste.

5 Matrosen des Enthusiasmus

Wann endlich erweist sich Spanien seiner Landschaft würdig?
Francisco Giner de los Ríos

Beim Schreiben werde ich schläfrig und verfalle ungewollt in magisches Denken, spiele einmal mehr den allwissenden Erzähler und Weltenschöpfer. Denn wie ein Historiker Dinge von anderen Dingen abzuleiten, Punkte zu verbinden, Vorläufer und Nachfolger zu bestimmen und das Heute durch das Gestern zu erklären ist etwas völlig anderes, als esoterische Verknüpfungen aufzudecken und sich von den Las-Hurdes-Mythen anstecken zu lassen, wie es mir gerade erneut passiert. Denn das Ziel der ersten spanischen »pädagogischen Mission« war ausgerechnet Las Hurdes. Als die modernen Pädagogen Spaniens sich daranmachten, das Land aus seinem Zustand der Unwissenheit zu befreien, beschlossen sie, mit jenem verfluchten Landstrich anzufangen. Ich jedenfalls erkenne darin ein Zeichen, das der Sache insgesamt einen höheren Sinn verleiht.

Ehrlich gesagt, führte die erste pädagogische Mission nicht nach Las Hurdes, für meine Geschichte aber würde es ausgezeichnet passen. Die erste wirkliche Mission führte nach Ayllón in der Provinz Segovia, und das im Dezember 1931. Im Jahr zuvor hatte jedoch bereits eine Expedition nach Las Hurdes stattgefunden, allerdings noch nicht in einem wie auch immer gearteten offiziellen Auftrag. Das Patronato de las Misiones Pedagógicas (Hilfswerk der Pädagogischen Missionen) existierte damals noch nicht, und auch sonst gab es keinerlei staatliche Unterstützung. Das Ganze war bloß eine der zahlreichen Exkursionen, die die Leute von der berühmten Institución Libre de Enseñanza (Freies Bildungsinstitut) organisierten. Trotzdem ist diese Unternehmung als erste gemeinsame Reise jener Gruppe junger Städter aus gutem Hause in die Geschichte eingegangen, die sich vorgenommen hatten, die Kultur auf die Dörfer zu bringen. Dieses Projekt kann also nicht als exklusiv republikanisches gelten, es hatte vielmehr einen langen Vorlauf. Die Republik beschleunigte und organisierte lediglich etwas, was schon seit einiger Zeit in der Luft lag.

Um die Sache besser in den Blick zu bekommen, gehe ich noch weiter zurück: ins Jahr 1875, das für die spanische Geschichte von entscheidender Bedeutung war. Benito Pérez Galdós beginnt mit der Veröffentlichung der zweiten Serie seiner historischen Romane *Episodios Nacionales*, gleichzeitig feilt er an der Endfassung seines Romans *Doña Perfecta*. Der Staub, den das Pferd von General Pavía aufgewirbelt hat, als dieser mal eben schnell ins Parlamentsgebäude geritten ist, um der Ersten Republik ein Ende zu bereiten, hat sich noch nicht gelegt. Nach sechs Jahren Geschrei und ständigen Erhebungen aufsässiger Generäle herrscht jedoch seit mittlerweile einem Jahr Ruhe. Die Bourbonen sind in ihre Paläste zurückgekehrt, die Provinzfürsten an ihr heimisches Herdfeuer. Auch den Katholizismus drängt es nach so viel atheistischen Umtrieben wieder an die früheren Wirkungsstätten. Der neue Minister für Finanzen und Entwicklung Manuel Orovio erweckt ein altes Dekret zu neuem Leben, das die freie Lehre an den Universitäten einschränkt und alle Vorlesungen verbietet, die den christlichen Dogmen zuwiderlaufen. Eine Gruppe liberaler Professoren weigert sich, die Anordnung zu befolgen, woraufhin ihre Mitglieder von der neuen Regierung, tolerant, wie sie nun einmal ist, umgehend ihres Amtes enthoben und ins Gefängnis gesteckt werden. Gleich mehrere Minister sorgen für Ruhe im Land, indem sie mögliche Aufwiegler vorsorglich hinter Schloss und Riegel bringen.

Einer der Inhaftierten war ein junger, in Malaga geborener Professor für Rechtsphilosophie: Francisco Giner de los Ríos. Nach seiner Freilassung scharte er mehrere Gleichgesinnte um sich, um in Spanien eine Universität nach dem Vorbild der Berliner Friedrich-Wilhelms-Universität zu gründen. Ein Jahr später, 1876, nahm sie in Madrid unter dem Namen Institución Libre de Enseñanza den Lehrbetrieb auf und wurde sukzessive zum wichtigsten pädagogischen Reformprojekt der neueren spanischen Geschichte. Politisch veränderte sich das Land zu ihren Gunsten. Das von Premierminister Antonio Cánovas del Castillo entworfene oligarchische System sorgte für

Stabilität im Land, die durch einen ungewöhnlichen Aufschwung der Weltwirtschaft im Anschluss an die Krise von 1873 unterstützt wurde. Die damit verbundene Phase wachsenden Wohlstands sollte erst 1914 durch den Ersten Weltkrieg unterbrochen werden. Unter solch günstigen Bedingungen konnte die neue Lehranstalt sich in aller Ruhe entwickeln und schließlich in eine der Säulen des spanischen Kulturlebens verwandeln: Nichts von dem, was sich in der spanischen Literatur, Kunst und im Kino in der ersten Hälfte des 20. Jahrhunderts ereignete, lässt sich ohne die Institución Libre de Enseñanza und die von ihr angestoßene pädagogische Arbeit verstehen. Besonderen Anteil daran hatten die zu ihr gehörende Junta para la Ampliación de Estudios (wörtlich: Zusammenschluss für die Erweiterung des Lehrplans), die durch Auslandsstipendien die Lehrerfortbildung beförderte, und die Residencia de Estudiantes in Madrid, das Studentenwohnheim der Institución und später ein wichtiger Treffpunkt von Kunst und Wissenschaft. Den Erfolg seiner Unternehmung hatte Giner de los Ríos paradoxerweise den Leuten zu verdanken, die ihn einst ins Gefängnis gesteckt hatten und die er deutlich kritisierte, schließlich hätten sich doch ohne den langanhaltenden Frieden und Wohlstand der in den Schulbüchern als Restauration bezeichneten Zeit viele grundlegende Institutionen des modernen spanischen Staates gar nicht etablieren können, so unter anderem die 1879 gegründete Sozialistische Partei und die 1888 gegründete Gewerkschaft Unión General de Trabajadores (UGT). Im Windschatten der scheinbar friedlichen Verhältnisse, für die die korrupten und kleptokratischen Herren mit Bart sorgten, die sich mittels Wahlbetrug und geheimer Absprachen mit den quasi-feudal herrschenden Kaziken auf dem Land an der Regierung abwechselten, wuchs das Beste, Modernste und Nachhaltigste des Spanien heran, das wir heute kennen.

In den Städten, natürlich. Zwischen 1875 und 1923, vielleicht auch 1930, mussten die spanischen Bauern zusehen, wie bestimmte Städte ein wundersames Wachstum erfuhren, allerdings nicht so explosionsartig wie in den schlimmsten Jahren der späteren Landflucht, während sie in ihren Käffern weiterhin ein isoliertes und immer noch denselben Adligen unterworfenes Leben führten, die im Mittelalter die Mauren vertrieben hatten. Barcelona erlebte eine gewaltige Erweiterung in Gestalt des Ensanche und gemäß des Plan

Cerdà. Madrid hatte eine erste große Welle der Immobilienspekulation zu überstehen. In dem Roman *Fortunata und Jacinta* erzählt Galdós, wie damals der Stadtteil Chamberí entstand und die Felder im Norden der Stadt sich in bürgerliche Wohnsiedlungen verwandelten, während sich im Süden, jenseits des Rastro, die ärmliche Arbeiterschaft der ersten Fabriken zusammendrängte.[63] Zahlreiche Bauern machten sich auf den Weg in die Städte. Diejenigen, die in den Dörfern blieben, versuchten ihren Hunger mit trockenem Brot zu bekämpfen. Die einen wie die anderen lernten, die neuen Großstädte zu hassen, wo man voll Verachtung auf ihre Sprechweise und ihre Art, sich zu bewegen und zu kleiden, herabblickte. Und umgekehrt: die Städte als Verkörperung allen Übels. Das war nichts Neues, diese Geschichte gehörte seit Urzeiten zu dem, was man sich auf dem Land erzählte. Jeden Sonntag sprach der Priester in der Kirche von Babylon, der Anmaßung seiner Bewohner, ihrem teuflischen Charakter und von Gottes Strafe für ihren Hochmut. Es war also ebenfalls nichts Neues, dass die Dörfler ihrerseits voll Verachtung, aber auch voller Angst und Hass auf die Städte blickten. Und je größer diese Städte wurden, desto größer wurden ihre Verachtung, ihre Angst und ihr Hass. Der 1876 einsetzende Wandel bestand nun darin, dass einige der kultiviertesten und städtischsten Bewohner jener babylonischen Türme auf einmal den Blick aufs Land richteten. Und zwar so, als sähen sie es zum ersten Mal. In vielerlei Hinsicht fingen sie daraufhin an, das Land zu entdecken.

Über Giner de los Ríos' Begeisterung fürs Wandern ist viel geschrieben worden. Seit Anfang des 19. Jahrhunderts war es unter den von der Romantik beeinflussten europäischen Intellektuellen in Mode gekommen. Mit einigen Jahrzehnten Verspätung breitete diese Mode sich auch in Spanien aus. Dass Giner de los Ríos und die Schüler der Institución Libre de Enseñanza ihr so begeistert nachgehen konnten, lag auch daran, dass auf dem Land nicht mehr so viele Bewaffnete unterwegs waren wie noch einige Zeit davor. Zwischen 1808 und 1876 musste Spanien die französische Invasion samt anschließendem Befreiungskrieg, einen neuerlichen Krieg zur Wiederherstellung des Absolutismus, drei Bürgerkriege, zwölf Militärputsche, eine liberale und eine kantonalistische Revolution über sich ergehen lassen. In den Städten war man sicher, aber niemand konnte für die körperliche Unversehrtheit derjenigen garantieren, die über schlechte Wege – Eisenbahnstrecken gab es noch so gut wie keine – aufs Land vorstießen, wo es von Räuberbanden, Karlisten, von der Front heimkehrenden Anhängern der unterschiedlichsten Generäle, Revolutionären aller Art und bewaffneten Guerrilleros wimmelte, die egal welche Regierung bekämpften. Die Restauration setzte dem ein Ende und sorgte dafür, dass man zum ersten Mal seit vielen Jahren wieder sicher über Land reisen konnte. Weitere Kriege gab es auf dem spanischen Festland bis 1936 nicht,[64] und bis auf eine Reihe von politischen Attentaten, anarchistischen Bombenanschlägen, gewaltsam unterdrückten Streiks und die eine oder andere barbarische Hinrichtung von Dissidenten wie dem katalanischen Pädagogen Francesc Ferrer i Guardia passierte in Spanien nichts, was nicht auch in jedem anderen europäischen Land oder den USA jener Zeit hätte passieren können. Giner de los Ríos konnte sich also Spanien erwandern oder es auf dem Rücken eines Pferdes erkunden, weil die vorgebliche Ruhe und der gewachsene Wohlstand es nun erlaubten, sich, mit einem kleinen Mundvorrat im Gepäck, weitgehend unbesorgt den Schönheiten der Natur und den architektonischen Überraschungen hinzugeben, auf die man noch im abgelegensten Dorf stoßen konnte.

Es ist kein Zufall, dass beide Einrichtungen, die das Wandern in Spanien befördern, im selben Jahr 1876 auftauchen: neben der schon erwähnten Institución Libre de Enseñanza auch der Cercle Excursionista de Catalunya (Wanderkreis Katalonien). Auch wenn das Wandern für Erstere weniger Selbstzweck (wie für Letzteren) denn pädagogisches Instrument war: In beiden Organisationen ging es darum, die Landschaft zu entdecken, ja gewissermaßen überhaupt erst zu »erfinden«, um sie dann in eine neue Vision der Nation einzufügen. Es ging darum, wie man auf Katalanisch über das Wandern sagt, »Land zu machen«. Das Paradoxe daran ist, dass aus ihrer Sicht das Land erst gemacht werden musste, bevor man es durchwandern konnte.

Die peripatetische Lehre, das Lernen durch Wandern und Umherspazieren, war ein wesentliches Element des Unterrichts an der Institución Libre de Enseñanza. Im Studienprogramm von 1930 hieß es zum Beispiel: »Manche Kurse, wie etwa Kunstgeschichte, finden nahezu ausschließlich *in situ* statt, vor architektonischen Denkmälern und in Museen.«[65] Mit der Zeit wurde das Exkursionsprogramm immer anspruchsvoller, die Schüler sollten schließlich nicht im Klassenzimmer vor sich hin dösen, weshalb sie bei jeder sich bietenden Gelegenheit mit den Lehrern unter freiem Himmel unterwegs waren, um sich ihre spanische Heimat zu erwandern. Allein für das Jahr 1880 verzeichnet das Archiv der Institución zweihundertzwanzig Exkursionen.[66] Nicht schlecht, wenn man bedenkt, dass ein Schuljahr selten mehr als zweihundert Unterrichtstage hat.

Der unmittelbare Nutzen dieser Methode war leicht zu erkennen: Wozu sich mit langweiligen Erklärungen an der Tafel herumschlagen, wenn sich die Merkmale der romanischen Baukunst oder die Technik der Glasbläserei viel besser durch den Besuch einer Kirche oder Glasbläserwerkstatt veranschaulichen ließen? Das leuchtete jedem ein, hier erübrigten sich alle Ausführungen über die Vorteile dieses didaktischen Prinzips. Dahinter verbarg sich aber noch eine subtilere Absicht, die vielleicht nicht von allen Schülern wahrgenommen wurde, aber zweifellos trotzdem auf sie einwirkte: Es sollte in ihnen die Liebe zum Vaterland geweckt werden.

Die Ausflüge waren also Handlungen der Liebe, Pilgerfahrten an heilige Orte – die Übertragung der christlichen Wallfahrtsrhetorik auf Giner de los Ríos' modern-laizistischen Diskurs funktionierte reibungslos. 1886 schrieb er: »Der Sonnenuntergang, den ich vergangenen Herbst in der Gesellschaft meiner Kollegen und Schüler von der Institución Libre de Enseñanza auf der Anhöhe der Guarramillas stehend bewundern durfte, wird mir für immer unvergesslich bleiben ... Nie habe ich eine stärkere, tiefere, feierlichere, im eigentlichen Sinne religiösere Erfahrung der inneren Sammlung gemacht.«[67] Das Jerusalem und Mekka dieser Gläubigen hieß Guadarrama.

Ihre Entdeckung Spaniens erfolgte in konzentrischen Kreisen, mit Madrid als Mittel- und Ausgangspunkt. Nach und nach entfernten sich die Ausflügler wagemutig immer weiter vom Zentrum, doch allezeit blieben sie ihrer ersten Liebe treu: den Bergen der Sierra de Guadarrama im Nordwesten der spanischen Hauptstadt, die durch sie ihre Heiligsprechung erfuhren. Dort, genauer in Navacerrada, errichteten sie sogar eine eigene Berghütte, *El Ventorrillo* (Das Gasthaus), und später auch eine Art Schrein oder Marienheiligtum, die *Fuente de los Geólogos* (Geologenquelle). Ihr Kult hatte sogar seine eigene Kurie, die Sociedad para el Estudio del Guadarrama (Gesellschaft zur Erforschung des Guadarrama-Gebirges), deren Präsident Giner de los Ríos selbst war, während sein Dauphin Manuel Bartolomé Cossío ihm zur Seite saß.

Niemand jedoch verkörperte die Empfindungsweise der neuen Wanderreligion auf so vollkommene Weise wie ein anderer Professor, der zwar kein Mitglied der Institución Libre de Enseñanza war, aber stets enge Beziehungen zu ihren Kreisen unterhielt und zudem bestens vertraut war mit ihren vom Werk des idealistischen deutschen Philosophen Karl Christian Friedrich Krause inspirierten pädagogischen Idealen. Er ist uns in diesem Buch schon mehrfach begegnet und wird das auch noch öfters tun: Miguel de Unamuno. Wie bereits erwähnt, liebte er zwei Dinge über alle Maßen: Den »heiligen Boden des Vaterlands« unter sich zu spüren[68] und »sich den Wind um die Nase blasen zu lassen«.[69]

»Nein, nicht durch Bücher und auch nicht durch Literaten habe ich mein Vaterland lieben gelernt. Das geschah, indem ich darin umhergewandert bin, mich demütig in seinen abgelegensten Winkeln umgesehen habe«,[70] heißt es einmal in Unamunos 1911 veröffentlichtem Buch mit Reisebeschreibungen *Por tierras de Portugal y España (Durch Portugal und Spanien)*. Und an anderer Stelle: »Um ein Land, ein Volk zu kennen, reicht es nicht, seine Seele – was wir eben als seine Seele bezeichnen – zu kennen und dazu noch, was die Menschen, die dort leben, sagen und tun; nein, darüber hinaus müssen wir auch seinen Körper, seinen Boden, seine Erde kennen. Und ich versichere euch, es gibt neben Spanien nur wenige Länder in Europa, in denen man eine vergleichbar große Anzahl unterschiedlicher Landschaften genießen kann. Flach und sanft auslaufende Küsten und steil abfallende Klippen, Auen und Ebenen, grüne Hügel und schroffe Gebirge, all dies gibt es hier.«[71]

Unamuno kannte Étienne Pivert de Senancours 1804 erschienenen Roman *Oberman*. Dessen Handlung, die Geschichte einer unerwiderten romantischen Liebe im Stil von Goethes *Werther*, ist zweitrangig, wichtig sind vor allem die vielen beschreibenden Passagen, die langen poetischen Grübeleien und Meditationen im Angesicht der Berge. Man könnte *Oberman* auch als Alpen-Roman bezeichnen. Die Hauptfigur erklimmt hohe Berge, blickt von deren Gipfeln gedankenverloren in die Ferne und findet in einer anderen Form der Liebe, der Liebe zur Landschaft, Trost für seine untröstliche Einsamkeit. Als europäischer Vorläufer Thoreaus verhalf der Protagonist des Buches den Lesern des 19. Jahrhunderts zu einem neuen Blick auf die Wüste und die Welt fernab der Zivilisation. Unamuno trug das Buch ständig bei sich, zitierte häufig daraus, las auf seinen einsamen Wanderungen darin, am Rand einer Klippe sitzend oder ausgestreckt auf dem heiligen Boden des Vaterlands. Er identifizierte sich mit der Hauptfigur Oberman, aber nicht wegen dessen unglücklicher Liebe. Andere hätten sich damit begnügt, die Lektüre zu genießen oder das Buch Freunden zu empfehlen oder in Lesekreisen vorzuschlagen. Unamuno, der eine angesehene Persönlichkeit war oder jedenfalls gerne sein wollte, benutzte das Buch, um den Regierenden Ratschläge zu erteilen. *Oberman* mache Patrioten aus den Leuten. *Oberman* enthalte die Geheimformel, wie man die Menschen fürs Vaterland entflammen lasse: »Zu patriotischen Zwecken sollte man Wander- und Alpinistenvereine und alle derartigen Unternehmungen fördern und unterstützen.«[72]

»Wann endlich erweist sich Spanien seiner Landschaft würdig?«,[73] fragte Giner de los Ríos sich seufzend. Salvador Sánchez Barbudo, ein herausragender Schüler der Institución Libre de Enseñanza, sprach davon, dass es darum gehe, das »schmerzensreiche, tiefe Spanien« zu erkunden, und der Maler Ramón Gaya behauptete, in den abgelegenen Dörfern eine »Reinheit Spaniens« vorzufinden, die in den Städten verlorengegangen sei. Das Zitat, in dem Giner de los Ríos seine »im eigentlichen Sinne religiöse« Empfindung angesichts der Einsamkeit des Guadarrama-Gebirges bekundet, geht in derselben Richtung weiter:

> Da mussten wir alle betroffen an die riesige Masse an Menschen denken, die in unseren Städten leben, dazu verdammt, sich mit dem Elend, der Engstirnigkeit und Beschränktheit unserer verachtenswerten öffentlichen Erziehung abfinden zu müssen, die keine Gelegenheit haben, in den Genuss von Erfahrungen zu kommen, wie wir sie an diesem Ort machen durften, Erfahrungen, die sie in ihrem Unglück womöglich verächtlich machen, wie der Wilde die Errungenschaften unserer Zivilisation verächtlich macht; und auch die belebende Wirkung entgeht ihnen, die – dank

> des reinigenden Kontakts mit der Natur – zur Ausdehnung der Vorstellungskraft, zur Veredelung der Empfindungen, zur Erweiterung des geistigen Horizonts, zur Verfeinerung des Geschmacks beiträgt und die Liebe zum moralischen Handeln fördert.[74]

Da ist er wieder, der altbekannte Topos vom Lob des Landlebens und der Verachtung des Hoflebens, durchsetzt mit dem hausbackenen Mystizismus eines Fray Luis de León und einer Handvoll anderer wahrhaft Weiser, die es im Lauf der Geschichte gegeben hat. Und dahinter erklingt die noch ältere Geschichte vom Turmbau zu Babel, die uns sagen will, dass die verrückt gewordenen Städter in ihrem Hochmut sich Gottes Bestrafung redlich verdient haben, wenn sie sich nicht endlich bessern und zum einfachen und wahren Landleben zurückkehren. Der hier beschworene reinigende Kontakt mit der Natur birgt allerdings auch das unberechenbare Risiko eines Kontakts mit der Landbevölkerung.

Womit wir wieder bei Las Hurdes wären. Um diesen Landstrich in der Extremadura rankten sich seit mindestens dem 15. Jahrhundert Legenden von Ungeheuern und Riesen. Wer sich dorthin wagte, hatte jahrhundertealte Vorurteile mit im Gepäck. Die Ausflügler, die in den letzten Jahren des 19. Jahrhunderts zu Fuß oder auf Pferden Spanien durchstreiften, entdeckten indes noch jede Menge andere Las Hurdes. Bei diesen Leuten handelte es sich nicht nur um Lehrer und Schüler der Institución Libre de Enseñanza, auch Mitglieder der Bergsteiger- und Wandervereine, die damals in allen größeren Städten Spaniens entstanden, machten sich auf den Weg, in der Hoffnung auf reinigenden Kontakt mit Mutter Natur – um schon bald festzustellen, dass das leere Spanien so leer gar nicht war. Hier und da gab es größere oder kleinere oder ganz winzige Dörfer. An Stellen, wo man es niemals vermutet hätte, fanden sich unversehens knorrige Bauern, die noch lebten wie im Mittelalter. Ohne fließendes Wasser, Elektrizität oder sonstige Annehmlichkeiten, wie sie in Städten wie Madrid, Barcelona, Valencia oder Bilbao längst gang und gäbe waren. Diese Menschen bearbeiteten unsäglich karge Böden, häufig als Halbpächter unter Bedingungen feudaler Abhängigkeit. In abgewetzten Kleidern, misstrauisch und verroht. Kinder, die noch nie eine Schule besucht hatten, umringten die Wanderer und bettelten um ein paar Münzen oder ein Stück Käse. Ausgezehrte Greise saßen in der Sonne vor ihren Häusern, Mütter mit unzähligen Kindern, Bauern, denen der Hunger drohte, falls es nicht bald einmal regnete.

Im Fall von Ländern mit massiven Problemen – wie dem damaligen Spanien – sind statistische Angaben aller Art mit Vorsicht zu genießen. Wenn der Staat nicht imstande ist, seinen Bauern ein Minimum an Würde zu garantieren, wenn er nicht einmal durch den Bau einer Straße oder einer Schule in ihren Dörfern in Erscheinung tritt, gibt es keinen Grund, anzunehmen, dass er über vertrauenswürdige Statistiken zu diesen Bauern und ihren Dörfern verfügt. Deshalb ist die Analphabetenrate von 45 bis 50 Prozent, die üblicherweise für das damalige ländliche Spanien genannt wird, wohl eher spekulativ. Je nach Region könnte sie durchaus noch höher liegen. Gehen wir also davon aus, dass in der Zeit zwischen 1876 und 1930 möglicherweise mehr als die Hälfte der spanischen Landbevölkerung nicht lesen und schreiben konnte. Gehen wir davon aus, dass jeder Zweite nie eine Schule betreten und ebenso wenig jemals ein Buch oder eine Zeitung in den Händen gehalten hatte. Und dann versuchen wir, uns in einen gebildeten Menschen aus Málaga hineinzuversetzen, der die Schriften des deutschen Philosophen Karl Christian Friedrich Krause studiert hat und davon träumt, sein Land in eine moderne europäische Nation zu verwandeln. Oder, noch besser, versuchen wir, uns in seinen Lieblingsschüler hineinzuversetzen. Der stammt aus La Rioja, ist der Sohn eines aufgeklärten Richters und in einem Haus voller Bücher aufgewachsen. Als Kind war er regelmäßig mit seinem Vater auf dem Land unterwegs. Dieser Vater war offenbar ein feinfühliger Mensch, der sich ernsthaft darum bemühte, der Gerechtigkeit Geltung zu verschaffen, und angesichts des Elends und der Schutzlosigkeit, die er bei der Ausübung seines Amtes sah, schier verzweifelte. Versuchen wir, uns in diesen jungen Mann hineinzuversetzen, der immer noch ergriffen an die Reisen mit seinem Vater zurückdenkt und seinen neuen geistigen Vater Francisco Giner de los Ríos leidenschaftlich verehrt. Mit ihm hat er das Guadarrama-Gebirge und Alt-Kastilien durchwandert. Seine pädagogische Berufung ist noch stärker ausgeprägt als die seines Lehrers und Meisters. Ja, er wird später der erste Professor für Pädagogik in der Geschichte Spaniens werden. Und er ist in die Kunst seines Heimatlands verliebt, kennt dessen Klassiker wie kaum ein Zweiter, geht im Prado ein und aus und beklagt bei seinen Ausflügen regelmäßig, wie weit das Spanien, das er mit seinen Bastschuhen durchstreift, von dem Spanien entfernt ist, das jenes grandiose Museum repräsentiert. Ist das wirklich ein und dasselbe Land? Bis er sich eines Tages sagt, dass es so nicht weitergehen kann. Es darf nicht sein, dass all diese Leute nicht wissen, über welch große und reiche Kultur ihre Heimat verfügt und dass einige ihrer Landsleute zu den größten Genies der Menschheit zählen.

Obgleich Giner de los Ríos schon seit Längerem etwas in der Art der pädagogischen Missionen vorschwebte, war sein Schüler Manuel Bartolomé Cossío schließlich derjenige, der 1881 vorschlug, eine Reihe von »Wandermissionen« durchzuführen. Das Projekt besaß die Einfachheit, ja Arglosigkeit, wie sie zu Aposteln oder den ersten Christen passt. Es bestand darin, die Kultur in die einsamsten und abgelegensten Winkel des Landes zu bringen – und zwar Kultur in einem weit gefassten Sinn: Dichtung, Theater, Musik, Malerei, Filme. Und als ihre Sendboten nicht irgendwer, vielmehr sollten Dichter, Schauspieler und bildende Künstler selbst mit dieser Aufgabe betraut werden.

Eine der ersten Institutionen, die 1931 nach Ausrufung der Zweiten Spanischen Republik geschaffen wurden, war das Patronato de Misiones Pedagógicas. Für angehende Kulturmissionare, die sich an dessen Aktivitäten beteiligen wollten, galt:

> Es ist zulässig, sich im Rahmen des dargebotenen Werks und all dessen, was damit notwendiger- und berechtigterweise zusammenhängt, ausgelassen zu vergnügen. Unbedingt zu vermeiden ist jedoch, dass unter dem zusehenden Volk der demoralisierende Eindruck entsteht, der Darsteller habe sich nur eben dieses Vergnügens willen an den jeweiligen Ort begeben. Es gilt, von den städtischen Gewohnheiten abzusehen, die nur selten zu denen der Dorfbevölkerung passen, diesen heißt es vielmehr Rechnung zu tragen und tunlichst alles zu vermeiden, was skandalös wirken oder auch nur aufgrund seiner Ungewöhnlichkeit oder seines provokativen Gehalts für Unwillen sorgen könnte. Im Benehmen sollten weder affektierte Bedürfnislosigkeit noch demonstrative Unbekümmertheit an den Tag gelegt werden.[75]

Takt, Feingefühl und Vernunft im Umgang mit den Dörflern, lautet also die Parole. Es bleibt aber nicht bei diesen vom gesunden Menschenverstand geleiteten praktischen Ratschlägen. Es gibt auch die epische und mystische Perspektive: »Als Kämpfer in vorderster Front muss der Kulturmissionar, dem Propheten gleich, stets bedenken, dass dies nicht der Ort ist, um auszuruhen oder Kräfte zu sparen, nein, er wird hier womöglich Zeiten pausenloser körperlicher und geistiger Anspannung durchstehen müssen. Woraus ersichtlich wird, dass das Amt des Missionars anstrengend ist und Opfer verlangt.«[76] Gleichzeitig Mönche und Krieger, wie die Templer. Kreuzfahrer der Kultur. Mit diesen Ausführungen sollen die Lauen und all diejenigen abgeschreckt werden, die glauben, hier auf exotische und originelle Weise ihren Urlaub verbringen zu können.

Rafael Dieste, einer der hingebungsvollsten pädagogischen Apostel und Leiter des Puppentheaters Retablo de fantoches, das überall auf den Dörfern riesige Erfolge feierte, erklärte es so: »Am wichtigsten war eine besondere, wahrhaft brüderliche innere Haltung, wenn man eine Verbindung zum Volk aufbauen wollte.«[77] Auf diesem durchaus rutschigen Terrain folgten die Kulturmissionare ihren sowjetischen und mexikanischen Vorläufern. (Die pädagogischen Missionen ziehen eindeutig Inspiration aus den bolschewistischen Plänen zur Sozialisierung des kulturellen Erbes.) Und in der Wortwahl – »brüderlich«, »Volk« – zeigen sich ihre utopistisch-christlichen Wurzeln. Die Kultur war hier also das Evangelium, die Frohe Botschaft, und die Missionare ihre Verkündiger. Ihr Tun erlebten sie als religiöse Erfahrung, und den Dörflern, schenkte man den Missionaren Glauben, erging es ebenso. Auch Jahre später erinnerte Dieste seine Zeit als pädagogischer Missionar noch immer, als wäre ihm damals ein dem des Apostels Paulus vergleichbares Erweckungserlebnis zuteilgeworden. Im Gespräch mit Eugenio Otero, dem wohl besten Kenner des Themas, erzählte er unter anderem von einer Ansprache, die er vor einer Gruppe gekränkter Bauern gehalten habe, die zuvor vom Schulinspektor mit harschen Worten gedemütigt worden seien. Um sie zu trösten, habe er gesagt, die von ihnen »so wunderbar bestellten Felder« seien »der schönste Teppich«, den er in seinem Leben gesehen habe. Sie selbst bezeichnete er als »die Bewahrer der Sprache, die Cervantes und seine Zeitgenossen einst in die Welt getragen« hätten, und lobte ihre Lieder, ihre »anmutigen Mädchen« und ihre Güte. »Was genau ich damals alles sagte, weiß ich nicht mehr, ich beschrieb jedoch ausführlich ihre Kultur und ihr Wissen, und am Ende kamen sie auf mich zu und wollten mich berühren. Ein alter Mann umklammerte mit seiner knochigen Hand die meine und küsste sie.«[78] Ein Alter mit knochiger Hand, der die Hand des pädagogischen Missionars küsst – ein vollkommeneres Bild des von der Institución Libre de Enseñanza angestrebten Ideals ist schwer vorstellbar.

Cossío rief die Kulturmissionare eindringlich dazu auf, »das heilige Sakrament des Wortes« zu erteilen. In der Zeitschrift der Residencia de Estudiantes wiederum erschienen viele unbemerkt bei Veranstaltungen der pädagogischen Missionen gemachte Fotos. Darauf sieht man Dorfbewohner, die verzückt den Mund öffnen oder mit glänzenden Augen lächeln, während sie den ersten Film oder die erste Theatervorführung ihres Lebens genießen. Sie zeigen die Leute vom Land quasi im Moment der Offenbarung. Es sind wirklich wunderschöne, in keiner Weise gestellte Bilder spontaner Begeisterung. Diese Fotos verwenden die Missionare, um den Vertretern der Regierung und dem städtischen Publikum ihre Arbeit zu präsentieren. Sie selbst sind nicht darauf zu sehen, wie sie Verse deklamieren, auf der Bühne agieren oder – von Künstlerhand angefertigte – Kopien der großen Werke des Museo del Prado herumzeigen. Die Welt soll nicht sehen, was sie *getan*, sondern was sie *erreicht* haben. Damit auch hartnäckige Skeptiker und andere Wichtigtuer den Beweis erhalten, dass Kultur jeden Menschen glücklich machen kann, ja, genauso wichtig ist wie das tägliche Brot. Cossío selbst versuchte gelegentlich auf das religiös überformte Missionierungsvokabular zu verzichten und bezeichnete seine Mitstreiter dann als »fahrende Sänger«, die von Dorf zu Dorf zögen, um Freude zu verbreiten.

In noch viel höheren Tönen feierte der spätere Literaturnobelpreisträger Juan Ramón Jiménez die Gründung des Patronato de las Misiones Pedagógicas. In einer am 6. Oktober 1931 unter der Überschrift »Manuel B. Cossío, ein spanischer Held« in der Zeitung *El Sol* erschienenen Hymne schrieb er: »Nur wenige scheinen mir so mit unserer Landschaft eins geworden wie er.« Giner de los Ríos' Schüler muss sich überaus geschmeichelt gefühlt haben, war er doch so erpicht darauf, in der Landschaft seiner spanischen Heimat aufzugehen, mit dem Schnee des Guadarrama-Gebirges zu verschmelzen. Wie zum Beweis starb er 1935 in Collado Mediano, einem Ort inmitten seiner geliebten Berge. Juan Ramón Jiménez wiederum, wo er schon einmal dabei war, fuhr um nichts weniger überschwänglich mit der Feststellung fort: »Wenn Cossío spricht, gerät der Boden unter unseren Füßen in Bewegung und schlägt Wellen wie ein tragfähiges Meer, und wir alle sind dann Matrosen des Enthusiasmus.«[79]

Dieses Bild vom Meer ist, wie wir wissen, nicht neu. Die Meseta beziehungsweise das spanische Landesinnere – das ich hier als das leere Spanien bezeichne – so zu nennen war fast schon ein Gemeinplatz. Ist das Land ein Meer, sind die, die es bereisen, Matrosen, Seefahrer. Auf der Suche nach abgelegenen Inseln beziehungsweise Dörfern, die es zu erobern gilt, durchpflügen die pädagogischen Missionare unter dem Kommando von Kapitän Manuel Bartolomé Cossío die staubigen Wellen des kastilischen Meeres. Um diese Orte zu erreichen, wo seit Jahrhunderten nichts geschehen zu sein scheint, braucht es eine gehörige Portion Optimismus, wie er die »Matrosen des Enthusiasmus« auszeichnet, junge Leute, die die peripatetischen Ideale der Institución Libre de Enseñanza verinnerlicht haben, gewissenhafte Liebhaber ihrer spanischen Heimat, begeisterte Wanderer. Sie können es nicht erwarten, das Meer der Meseta zu durchpflügen. Zahlreichen jungen Intellektuellen dieser Zeit geht es so: Als Rafael Alberti für seinen Gedichtband *Sobre los ángeles (Von den Engeln)* mit dem Nationalpreis für Lyrik ausgezeichnet wird, verwendet er das Preisgeld, um sich ein Auto zu kaufen und kreuz und quer durch Kastilien zu fahren.

Enthusiasten neigen leider oft zur Übertreibung. So auch in Spanien, wo es zwar nicht allzu viele Enthusiasten gab, die wenigen aber haben es fast immer geschafft, sich in der Nähe der Mikrofone in Stellung zu bringen. Wenn von den pädagogischen Missionen die Rede ist, die mit Unterstützung der republikanischen Regierung zwischen 1931 und 1937 durchgeführt wurden, beschreibt man sie für gewöhnlich als revolutionäres Projekt mit tiefgreifenden Auswirkungen. Dass sich mythische Gestalten des spanischen Kulturlebens wie Antonio Machado oder María Zambrano daran beteiligten, hat dazu beigetragen, das Unterfangen noch bedeutender erscheinen zu lassen, ganz zu schweigen von der Theatergruppe La Barraca, die unter Leitung des nicht weniger mythischen Federico García Lorca etwas

Ähnliches unternahm. Manche sprechen davon, dass die Missionen fünf-, vielleicht auch siebentausend Dörfer mit weniger als fünftausend Einwohnern in beinahe ganz Spanien aufgesucht hätten. Die Archive der Residencia de Estudiantes verzeichnen allerdings lediglich 122 vom Patronato de las Misiones Pedagógicas und weitere 62 von deren regionalen Ablegern durchgeführte Missionen. Macht zusammen 184. In immerhin 34 von 50 spanischen Provinzen. Und doch ist die Verteilung ziemlich ungleichmäßig: 45 Missionen, also fast ein Viertel, betrafen Dörfer in den Provinzen Madrid und Segovia. Die angrenzenden Provinzen Ávila, Guadalajara, Cuenca und Toledo dazugerechnet, sind es 67. Das heißt: Ein gutes Drittel aller pädagogischen Missionen fand folglich im Umkreis von etwa 150 Kilometern um Madrid statt. Allzu weit reichte der Enthusiasmus also offensichtlich nicht, angemessener wäre es wohl, hier von Leichtmatrosen zu sprechen.[80]

Eine andere Sache ist die jeweilige Dauer dieser Missionen. Für gewöhnlich waren die Beteiligten zwischen drei Tagen und einer Woche unterwegs. Manchmal einen Monat – wenn eine ganze Provinz bereist wurde –, manchmal auch nur ein Wochenende. So voll ihr Programm gewesen sein mag, und so viele enthusiastische Matrosen, beladen mit Filmprojektoren, Kopien berühmter Gemälde und Brettern für einen Bühnenboden, in den Dörfern auch von Bord gegangen sein mögen – wie nachhaltig kann die Wirkung von ein paar Tagen Kulturfest tatsächlich gewesen sein? Was blieb, nachdem das Gelächter und die erstaunten Ausrufe über die auf der Leinwand dahinrasenden Lokomotiven verstummt waren? Dieselbe Frage lässt sich in Bezug auf die künstlerischen Wanderausstellungen und die Konzertreisen von Coro y Teatro del Pueblo (Volkschor und -theater) ebenfalls stellen. Normalerweise suchten sie ein Dorf nur ein einziges Mal auf, und das bestenfalls für ein paar Tage, manchmal bloß für einen Abend. Danach kehrte wieder Stille ein. Die Missionare selbst, von Antonio Machado über Rafael Dieste bis María Zambrano, haben zahlreiche Berichte hinterlassen, nicht so jedoch die von ihnen besuchten Dörfler. Es ist wie in den Evangelien: Lazarus' eigene Schilderung seiner Auferstehung kennen wir nicht.

Es gab indes auch nachhaltigere und entscheidendere Aktivitäten, so etwa die Unterstützung von Lehrern und die Einrichtung von Bibliotheken. Auf Antrag wurde den Lehrern am jeweiligen Ort von den Missionen eine kleine, sorgfältig zusammengestellte Bibliothek zugeschickt. (Die Auswahl war regelmäßig Gegenstand von Parlamentsdebatten, was zu erhöhter Aufmerksamkeit bei der Zusammenstellung zwang, um zu vermeiden, dass eine der konservativen Parteien das Vorhaben durch ihr Veto blockierte; hegte die Rechte doch stets den Verdacht, dass die Missionen es in Wirklichkeit auf marxistische Indoktrinierung abgesehen hatten.) Die Grundausstattung umfasste einhundert Bände, darunter bewusst ein großer Anteil an Kinderbüchern. Dahinter steckte die Absicht, zunächst vor allem die Kinder zu regelmäßigem Lesen zu verführen, denn man ging davon aus, dass die Erwachsenen, schon um zu wissen, was die Kleinen da lasen, früher oder später selbst anfangen würden, zu lesen. Es wurde Wert darauf gelegt, ein Bewusstsein dafür zu schaffen, dass diese Bücher etwas Besonderes, ja Heiliges waren und allen gehörten. Schildchen forderten liebevoll dazu auf, sorgsam mit den Bänden umzugehen und sie im gleichen Zustand zurückzugeben wie beim Entleihen. Anfangs kümmerten sich die Lehrer selbst um die Bibliotheken, wurden sie jedoch versetzt und ihre Nachfolger waren nicht ganz so enthusiastische Leseförderer, ging es mit den Bibliotheken oftmals bergab, wenn sie nicht sogar ganz geschlossen wurden. Um ihren Fortbestand zu sichern, ernannte man Freiwillige aus dem Dorf zu Bibliothekaren, was sich als sehr erfolgreich erweisen sollte. So kam es zwischen 1931 und 1936 zu einer geschätzten halben Million Entleihungen aus den Beständen der kleinen Missionsbibliotheken, und das zu einer Zeit, zu der es nur sehr wenige öffentliche Bibliotheken gab, die außerdem kaum genutzt wurden. An viele abgelegene Orte, deren Bewohner bis dahin außer dem Schulausweis kein einziges Stück bedrucktes Papier in die Hände bekommen hatten, gelangten nun Klassiker der spanischen Literatur in modernen Ausgaben, zeitgenössische Lyrik und Jugendromane. Waren die Lehrer der Ansicht, das einhundert Bände umfassende Grundsortiment sei nicht ausreichend, konnten sie Nachschub anfordern. Ein Gutteil des Etats der pädagogischen Missionen wurde so für Bücher verwendet, die, wenn es nicht zum Bürgerkrieg gekommen wäre, sicherlich weiterhin auf den Dörfern in Umlauf gewesen wären.

Die Missionsbibliotheken waren ein Erfolg, weil sie ein so einfaches und bescheidenes Projekt waren. Hundert Bücher in ein Dorf zu schicken kostete nicht die Welt. Für die Auswahl verantwortlich waren Antonio Machado und María Moliner, die sich sogar persönlich darum kümmerten, dass »Einwickelpapier und Karteikarten« mit dabei waren, »damit keine Bücher verlorengehen«. Erfolg hatte das Projekt aber auch, weil, im Unterschied zu anderen Unternehmungen der pädagogischen Missionare, die Menschen vom Dorf daran beteiligt waren. Das Ziel lag ja gerade darin, dass sie eines Tages die Bibliotheken selbst betreiben würden. Und dass sie beim Lesen andere Bücher entdecken und diese von sich aus anfordern würden. Die Nutzer dieser Bibliotheken hatten den Eindruck, es höre tatsächlich jemand auf das, was sie sagten. Es muss eine wunderbare Überraschung gewesen sein, zu erleben, dass man freundlich und gewissenhaft auf ihre Bitten einging.

Doch nach etwa fünf Jahren war all dies schon wieder vorbei. Als das Projekt gerade im Begriff war, sich zu konsolidieren, und seine Betreiber, in erster Linie María Moliner, anfingen, Schlüsse aus den bisher gemachten Erfahrungen zu ziehen und ihre Planungen entsprechend anzupassen, brach der Bürgerkrieg aus. Wie alles, was ihr Mutterhaus, die Institución Libre de Enseñanza, auf den Weg brachte, waren die pädagogischen Missionen eine Art Labor, in dem man am Fernziel eines gesellschaftlichen Wandels arbeitete. Einem von Beginn an klar abgesteckten Plan folgten die Missionare dabei nicht. Das Projekt veränderte sich laufend, Schritt für Schritt, was auch erklärt, weshalb der Aktionsradius sich zunächst auf die unmittelbar an Madrid angrenzenden Gebiete beschränkte, weil es zuerst darum ging, sich an verschiedenen Orten zu behaupten. Doch als die Betreiber gerade den Eindruck gewannen, dass das eine oder andere funktionierte, wenngleich noch sehr schwach und ungefestigt und zudem bloß in einigen wenigen Dörfern, wurde das Projekt insgesamt abgewürgt. Man kann den Kulturmissionaren nicht den Vorwurf machen, es nicht versucht zu haben. Die Umstände schränkten die Reichweite der Missionen gnadenlos ein, eine Erklärung für deren spätere Glorifizierung sind diese Umstände aber nicht.

Oder vielleicht doch. Es gibt nämlich noch in anderer Hinsicht Parallelen zur Geschichte der christlichen Missionierung. So wie aus den Aposteln irgendwann Heilige wurden, wurden viele pädagogische Missionare zu Märtyrern und fanden daraufhin Aufnahme in einen Kreis nichtchristlicher spanischer Nationalheiliger, der sich mindestens so starker Verehrung erfreute wie der der katholischen Heiligen. García Lorca war zwar selbst kein Mitglied der pädagogischen Missionen, die Arbeit seiner Theatergruppe La Barraca jedoch in ihren Ansätzen dem Vorhaben sehr ähnlich. Zwischen den beiden Projekten bestand darüber hinaus eine große Nähe, beispielsweise über die Beteiligung einer Reihe von Menschen am einen wie am anderen. Neben Lorca ist Antonio Machado Spaniens wichtigster literarischer Märtyrer. Dazu kommen noch Dutzende Persönlichkeiten, die zwar weder Passionen noch Kreuzwege erleben mussten, dafür aber zum Kreis der heiligen Exilrepublikaner gehören wie etwa Rafael Alberti und María Zambrano. Die Fundación Francisco Giner de los Ríos bezifferte 2006 die Anzahl der Menschen, die sich seinerzeit auf die eine oder andere Weise an den pädagogischen Missionen beteiligten, auf über siebenhundert. Ein beträchtlicher Teil von ihnen stellte sich im Krieg auf die Seite der Republik und erfuhr anschließend wegen ihrer demokratischen Neigungen vielfach Repressalien. Nach ihrem Sieg lösten die Franquisten das gesamte Projekt auf, das sie als kommunistisches Propagandaunternehmen betrachteten. Jahre später – die Institución Libre de Enseñanza war längst ausgeblutet und vollständig zerstört – griff man die Idee teilweise wieder auf (ja, es gab auch während des Franquismus pädagogische Missionen), allerdings in völlig veränderter Gestalt: Jetzt verbreitete man nichts als die orthodoxe katholische Lehre und hatte für die Dörfler ausschließlich Katechismen und fromme Schriften mit im Gepäck.

Wie bei vielen anderen Reformprojekten der Republik war das Ergebnis der pädagogischen Missionen, verglichen mit den hochtrabenden Absichtserklärungen, letztlich ernüchternd bescheiden. Von den Plänen zur grundlegenden Veränderung des Landes und der Intention, ihm Demokratie, Wohlstand und einen Lebensstandard auf europäischem Niveau zu bringen, blieb nicht viel mehr als eine stattliche Anzahl von Ausflügen in die Umgebung Madrids, wo Gruppen gebildeter junger Menschen Theaterstücke aufführten und Gedichte vorlasen. Viel war das nicht, doch selbst das war noch sehr viel für ein Land, in dem bis dahin nie jemand auf die Idee gekommen war, einen Stapel Bücher in ein gottverlassenes Dorf zu tragen. Die anschließende Katastrophe, die Zerstörungen des Krieges und die Unerbittlichkeit, mit der Franco diese Ansätze des Wandels im Keim erstickte, haben andererseits die glorifizierende Übertreibung begünstigt, mit der die Geschichte der pädagogischen Missionen später erzählt wurde. In den Memoiren der Exilanten wurden die Tage auf dem Land zu einer Zeit der Erlösung und der verlorenen Paradiese verklärt. Außerdem fanden sie Nachahmer in Argentinien, Brasilien, Uruguay und anderen Ländern Lateinamerikas – Mexiko konnte ja bereits mit Vorgängern aufwarten –, die zur Verbreitung ihres Mythos beitrugen. Die tatsächliche Wirkung der Missionen war marginal, die symbolische dagegen ist gewaltig und eng mit den demokratischen Idealen der Republik verbunden. Ihr Geist hat alle späteren Versuche beflügelt, die Schulbildung auf dem Land zu fördern – bis heute.

Kehren wir ins Jahr 2015 zurück. Es ist sieben Uhr an einem beliebigen Oktobermorgen. Ich bin in Saragossa, der Stadt, in der ich lebe. Ich könnte aber auch in Valladolid, Sevilla, Valencia oder sonst einer Provinzhauptstadt mit mehr als einer halben Million Einwohnern sein. Selbst Madrid oder Barcelona kämen infrage. Es ist sieben Uhr, vielleicht auch sechs. Oder fünf. Hängt davon ab, wohin es an diesem Morgen gehen soll. Es ist kalt. Vier junge Menschen im Alter von fünfundzwanzig bis dreißig schlagen ihre Mantelkragen hoch, reiben sich die Hände, während sie gähnend an einer Straßenecke stehen und warten. Ein Auto hält an, sie steigen ein. Das Auto fährt los und lässt schließlich die Stadt hinter sich. Jeden Tag ist es ein anderes Auto. Die jungen Leute wechseln sich ab, so muss nicht jeden Tag deroder dieselbe am Steuer sitzen. Vier von den fünf, die hier gemeinsam unterwegs sind, können während der Fahrt dösen. Der Wagen biegt irgendwann von der Hauptstraße ab, fährt auf immer kleineren Nebenstraßen weiter, die durch eine graubraune Ebene führen. Ab und zu überholt er einen Traktor oder ein Moped, auf dem ein Bauer sitzt, oder einen Lastwagen, der Vieh oder Viehfutter transportiert. Ansonsten gibt es so gut wie keinen Verkehr. Als sie im Dorf ankommen, ist es gerade erst richtig hell geworden. Sie strecken ihre Glieder und machen sich an die Arbeit. Es sind die Lehrer der örtlichen Schule.

Eine Wohnung haben sie hier nicht, das würde sich nicht lohnen. Sie haben noch keine feste Stelle, wahrscheinlich werden sie im nächsten Jahr an eine andere Schule in der Provinz oder im Landkreis versetzt. Aber sie behalten ihre Wohnung in der Stadt nicht nur, weil sie ungern in ein winziges Dorf umziehen würden, in dem sie voraussichtlich bloß für kurze Zeit bleiben, sie planen vielmehr, längerfristig eine feste Stelle in der Stadt zu bekommen. Dafür sammeln sie Punkte, erwerben sich Meriten.

Das scheinbar meritokratische Punktesystem, das bei der Arbeitsplatzvergabe für Lehrer zum Tragen kommt, zwingt junge Lehrer in Spanien, zu Beginn ihrer Laufbahn zunächst befristete Stellen in abgelegenen Dörfern ihrer Provinz anzunehmen. Die guten Stellen sind von den älteren Kollegen besetzt, weshalb die jungen erst nach einigen Jahren »notwendiger Buße« auf dem flachen Land auf Versetzung in die Stadt hoffen können. Viele dieser jungen Lehrer, die jeden Morgen Fahrten von siebzig, hundert, ja teils hundertfünfzig Kilometern bis zu ihrem Arbeitsplatz antreten, gehen ihrem Beruf mit großem Einsatz und einer Begeisterung nach, die oft auch nach Jahren nicht erloschen ist. Sie glauben an den Sinn ihrer Tätigkeit, sind überzeugt von der Bedeutung des Lehrerberufs, und nicht wenige bilden sich aus eigenem Antrieb weiter, lesen eine Menge pädagogischer Fachliteratur und versuchen, neue Wege innerhalb der eng gezogenen Grenzen des Bildungssystems zu gehen. Die Schulen auf dem Land bieten ihnen hierfür ein großartiges Experimentierfeld. Alte und erfahrene Lehrer sind dort für gewöhnlich Mangelware, weil kaum jemand hier allzu lange durchhält, die jungen Lehrer punkten dagegen mit der Leidenschaft, mit der sie zu Werke gehen, und ähneln in dieser Hinsicht den Matrosen des Enthusiasmus, von denen Juan Ramón Jiménez schrieb. Eine gehörige Portion Enthusiasmus ist allerdings nötig, um für ein ziemlich bescheidenes Gehalt und ungewisse Zukunftsaussichten Tag für Tag um fünf Uhr morgens ins Auto zu steigen und ein womöglich zwei Stunden entferntes Ziel mitten im leeren Spanien anzusteuern.

Auch und besonders diesen jungen, unvoreingenommenen Lehrern ist es zu verdanken, dass an den Schulen auf dem Land inzwischen alle möglichen neuen pädagogischen Ansätze erprobt worden sind. Im Schulzentrum von Ariño, einem Dorf mit 775 Einwohnern in der Provinz Teruel, wurden so etwa zum ersten Mal in Spanien interaktive Tafeln im Unterricht eingesetzt. In Alpartir – 574 Einwohner, ebenfalls in Aragón – fanden Schachspiele und Legosteine als Hilfsmittel im Unterricht Verwendung. Dies nur als Beispiele für eine leicht fortzusetzende Reihe von Versuchen, mit Blick auf ganz Spanien an der Entwicklung einer besseren Didaktik zu arbeiten.

Heute handelt es sich aber nicht mehr nur um siebenhundert Freiwillige, die versuchen, einer schlecht ausgerüsteten und vom Rest der Welt weitgehend abgeschnittenen Lehrerschaft beizuspringen, im Gegenteil, jetzt haben wir es mit einem System tausender verbeamteter Pädagogen zu tun. Selbst wenn kein Rafael Alberti oder Antonio Machado unter ihnen ist, handelt es sich doch um wesentlich besser ausgebildetes Personal als bei den jungen Missionaren aus den dreißiger Jahren. Ihr Einsatz beschränkt sich nicht auf ein paar Theateraufführungen und die Übergabe eines bescheidenen Buchsortiments. Heute findet eine beständige und intensive Arbeit mit den Schülern statt. Der ihr zugrundeliegende Geist besitzt jedoch Ähnlichkeiten mit damals – man kann sich kaum vorstellen, dass nicht manche dieser jungen Lehrer sich ein wenig wie Missionare vorkommen. Trotzdem sind sie letztlich ebenfalls nur auf der Durchreise. Sie bringen Kultur und Erziehung auf die Dörfer, bleiben selbst aber nicht dauerhaft dort. Nach Unterrichtsende kehren sie in ihre Städte zurück. Wirklich heimisch wird selten einer von ihnen auf dem Land, das sie doch so gerne erlösen würden.

6 Die Schönheit von Maritornes

So, so, der Herr gehört zu denen,
welche aus den Dingen Geschichten machen.
Azorín, *Auf den Spuren Don Quijotes* (1905)

Am Zugang zum Kloster Veruela steht ein Steinkreuz auf einem mehrstufigen Podest. Es heißt Bécquer-Kreuz, weil – so will es die Legende – der romantische Dichter Gustavo Adolfo Bécquer regelmäßig auf diesen Stufen gesessen und auf Inspiration durch die Musen gehofft haben soll. Oder, in ihrer Begleitung, Texte in sein Notizheft geschrieben haben soll, die später als Gedichte, Legenden und *Briefe aus meiner Zelle* das Licht der Öffentlichkeit erblickten. Ein mittelalterliches Kreuz am Beginn einer Allee, ringsum eine weite Hochebene, Wind und der Dichter. Dem Kreuz gegenüber das säkularisierte Kloster, das auf dem besten Weg zur Ruine war und erst durch die künstlerische Tätigkeit Gustavo Adolfos und seines Bruders, des Malers Valeriano Bécquer, seinen Heiligenstatus zurückgewann.[81] Eine romantischere, ja gewissermaßen iberischere Postkartenansicht – zudem noch mit dem sagenumwobenen Berg Moncayo als Hintergrund – ist schwerlich vorstellbar.

Das Kreuz, das sich heute dort erhebt, ist allerdings nicht mittelalterlich, sondern eine moderne Kopie. Im August 2007 stürzte eine abgestorbene, vom Blitz getroffene Ulme auf das alte Kreuz und zerstörte es. Seltsamerweise hat bislang niemand auf den symbolischen Sieg Antonio Machados über Gustavo Adolfo Bécquer hingewiesen, der sich hinter diesem Ereignis verbirgt: Schließlich machte hier eine abgestorbene Ulme, Gegenstand eines berühmten Gedichts des Ersteren, der Inspirationsquelle des Letzteren ein Ende. Um Machados Sieg angemessen zu würdigen, hätte man die Trümmer des alten Kreuzes an Ort und Stelle liegen lassen sollen, der Landkreis zu Füßen des

Moncayo lebt aber schon viel zu lange von den Mythen, die sich an seine Landschaft knüpfen, weshalb man es sich nicht leisten konnte, auf dieses Denkmal zu verzichten, das zu den Hauptattraktionen auf einer der beliebtesten Ausflugstouren der Gegend gehört. Es wurde also umgehend eine Kopie des Kreuzes aufgestellt, damit die Touristen sich weiterhin ausmalen können, wie an dieser Stelle den Dichter Gustavo Adolfo Bécquer mit seinem vom Sturm zerzausten Haar die Muse küsst.

Einige Verdachtsmomente stören jedoch das Bild. Gustavo Adolfo Bécquer saß offenbar nicht aus bloßer Liebe zu diesem romantischen Topos auf jenen Stufen, sondern weil dies schlicht der beste Platz war, um das Eintreffen der Kutsche zu erwarten, die die Post und die neuesten Zeitungen aus Madrid brachte. Während er wartete, womöglich verärgert, weil die Kutschenpferde so langsam und die Wege hierher so kurvig und in schlechtem Zustand waren, fragte er sich, was wohl in der Hauptstadt gerade vor sich ging. Das wenigstens legen manche Stellen in den *Briefen aus meiner Zelle* nahe. Bécquer scheint jedenfalls kein in den Anblick der Landschaft versunkener Dichter gewesen zu sein, sondern davon geträumt zu haben, sich wieder auf den Parlamentsfluren herumzutreiben und anschließend seine Kolumne über das dort Gehörte und Gesehene zu schreiben oder sich in den Salons der eleganten Damen der Hauptstadt zu zeigen. Dort, wo er sich stattdessen befand – weit weg von allem –, gefiel es ihm dagegen offensichtlich nicht besonders.

Die Brüder Bécquer waren im Oktober 1863 ins Kloster Veruela gekommen. Gustavo Adolfos Tuberkulose hatte sich wieder bemerkbar gemacht, und das Kloster war einer der Orte, den die Ärzte wohlhabenden Patienten wie ihm als Rückzugsort empfahlen. Für Bécquer (wenn ich hier und im Folgenden Bécquer schreibe, ist Gustavo Adolfo gemeint) war dies ein schwerer Schlag, hatte er doch gerade erst eine sehr gut bezahlte Stellung bei der ein wenig sensationslüsternen Tageszeitung *El Contemporáneo* ergattert, die der schwerreiche Marquis von Salamanca aus seiner schier unerschöpflichen Westentasche finanzierte. In gesellschaftlicher wie journalistischer Hinsicht genoss er also gerade eine süße Zeit der Anerkennung. In privater Hinsicht war ein kleiner Rückzug indes durchaus von Vorteil, bot sich ihm dadurch doch die Möglichkeit, sich von seiner Ehefrau Casta Esteban zu entfernen, die er nicht mehr ertrug. Sich mit seinem geliebten Bruder in einen abgelegenen Winkel zu verziehen schien so gesehen keine schlechte Idee, an der Ungeduld, mit der Bécquer an dem Kreuz Tag für Tag das Eintreffen der Postkutsche erwartete, zeigt sich jedoch, dass ihm sein Dasein fernab des Geschehens keineswegs behagte. Woraufhin Bécquer – der sich nur beim Dichten naiv gab – den Spieß kurzerhand umdrehte und fortan just sein Exil aus therapeutischen Zwecken zum Anlass nahm, sich in Madrid bemerkbar zu machen. Dem Kutscher, der ihm die Nachrichten aus der Hauptstadt überbrachte, gab er im Gegenzug die jeweils neuesten Beiträge seiner Kolumne *Briefe aus meiner Zelle* für die Redaktion des *Contemporáneo* mit. Das Madrider Publikum wiederum las tief bewegt die Überlegungen, Beschreibungen und Seufzer des romantischsten aller spanischen Romantiker, der auf diese Weise, ohne körperlich anwesend zu sein, im Mittelpunkt der Aufmerksamkeit stand – ganz wie eine jener irrlichternden Seelen, die er so gerne in seinen Gedichten beschwor.

Die Sache beruhte auf einem Grundprinzip der Verführung: Nichts lässt das Begehren so unfehlbar wachsen wie die Unerreichbarkeit. In seinen Briefen entdeckten die Leser einen sich spirituell gebenden Bécquer, der sich deutlich von dem weltläufigen Dichter unterschied, den sie von seinen persönlichen Auftritten kannten. Einen entschlackten, erholten, aufs Wesentliche konzentrierten, exotischen und geheimnisvollen Bécquer. Einen endlich einmal verliebten Bécquer – aber verliebt in die Landschaft: »Auf dem Grund dieses Tales, dessen melancholische Schönheit tief beeindruckt, dessen ewige Stille gleichermaßen verzückt und überwältigt, sehe ich mich von Bergen umschlossen, die mich wie eine unüberwindliche Mauer vom Rest der Welt trennen. Welch gewaltiger Gegensatz bietet sich meinen Augen dar! Wie schattenhaft und verloren nehmen sich in diesem Gewirr neuer Ideen und Empfindungen selbst die Erinnerungen an jüngst Vergangenes aus!«, schreibt er im ersten seiner *Briefe aus der Zelle*.[82] Dort erzählt er auch, dass er »schweigend« eine Tasse Kaffee zu sich nimmt, das einzige Laster, das er sich in dieser »Einsamkeit« erlaubt. Dieser idyllischen Abgeschiedenheit stellt er das Madrider Getöse entgegen, die erregten Auseinandersetzungen im Parlament, das Geschrei im Café, die Streitereien in der Zeitungsredaktion, kurz: die Welt, vor der er auf der Flucht ist, ohne deshalb die Verbindung zu ihr aufgeben zu wollen.

Glaubt man dem Bécquer-Spezialisten Edmund L. King von der Princeton University, einem Philologen alter Schule, schildern Bécquers Briefe »den allmählichen Übergang von der hyperzivilisierten modernen Welt hin zu einer Natur, die sich fast noch im Urzustand befindet«.[83] In Wirklichkeit zeigen die Briefe eher eine Form der Resignation. Bécquer passt sich der Landschaft um ihn herum an, bis er irgendwann fast vollständig darin aufgeht, nimmt seine Lektüren deutscher Dichter zu Hilfe und macht sich daran, so viel als möglich aus der ihn umgebenden »Einsamkeit« herauszuholen, um mit dem so entstandenen Werk triumphierend in den Madrider Salons Einzug zu halten. »Der Moncayo ist gewissermaßen die Matrix, die die Quintessenz von Bécquers Versen hervorbringt«, heißt es bei King.[84] Ich würde es genau andersherum formulieren: Bécquers Verse bringen die Quintessenz des Moncayo hervor. Kings Zitat offenbart eine sehr klassische und etwas aus der Zeit gefallene Naivität, einen ungebrochenen Glauben an das Konzept der romantischen Inspiration. Aus der Landschaft kann aber nichts hervorgehen, weil die Landschaft an und für sich nichts ist – sie befindet sich nicht in dem, was ausgebreitet vor den Augen des Betrachters liegt, sondern im Betrachter selbst. Der Moncayo ist im Grunde bloß ein riesiger Haufen Jurakalkstein. Die dazugehörige Landschaft ist eine Erfindung des Dichters Bécquer, dessen Madrider Leser dem Ganzen dann noch den letzten mythologischen Schliff verpassen.

Dass die Schönheit des Moncayo tatsächlich beeindruckend ist und aller kulturellen Konstruktion vorausgeht, lässt sich nicht bestreiten, weshalb es verständlich ist, dass King und andere Gelehrte, die sich mit dem Gegenstand befasst haben, der Versuchung erliegen, Rückschlüsse von der Landschaft auf Bécquers Verse zu ziehen – obwohl die Logik nahelegt, den umgekehrten Weg zu beschreiten und von den Versen Rückschlüsse auf die Landschaft zu ziehen. Mit seinen 2.314 Metern hebt sich der Moncayo deutlich vom Rest des dazugehörigen Gebirgszugs ab und ist daher stellenweise aus über einhundert Kilometern Entfernung auszumachen. Auf seinem Gipfel laufen drei ehemalige Königreiche der Iberischen Halbinsel zusammen, aus denen, wie man uns in der Schule beigebracht hat, das heutige Spanien hervorgegangen ist: Navarra, Kastilien und Aragón. Von dort oben – wohin man bei gutem Wetter mühelos in wenigen

Stunden Fußmarsch gelangt, besondere bergsteigerische Fähigkeiten sind dafür nicht nötig – überblickt man einen ausgedehnten Teil der Meseta, Navarra bis zu den ersten Ausläufern der Pyrenäen und das breite Ebrotal. Schon in römischen Quellen findet sich der Hinweis, dass manche iberischen Stämme diesen Berg als Gottheit verehrten, so wie es an vielen Stellen dieser Welt mit geografischen Ausnahmeerscheinungen geschieht. Und auch dem lateinischen Dichter Martial, seinerseits ein großer Wanderer, hat die schneebedeckte graue Silhouette des Moncayo offenkundig Eindruck gemacht: »O Freund, du bist zu preisen bei den Völkern Keltiberiens,/ zum Ruhm für unser Spanierland!/ Bald wirst du, Licinian, das hohe Bilbilis erblicken/ – durch Pferdezucht und Waffen wohlbekannt – / den weißen, schneebedeckten Caius-Berg,/ den heiligen Vadavero/ mit seinen Gipfeln, die zerklüftet sind,/ den angenehmen Hain des reizenden Boterdum, das/ die glückliche Pomona schätzt,«[85] wie Martials Epigramm 1,49 beginnt, das geradezu einen Reiseführer durch die Gegend um den Moncayo darstellt. (Bilbilis war die Geburtsstadt Martials und lag in der Nähe des heutigen Calatayud, der Caius-Berg wiederum ist der Moncayo.)

Und dennoch hat sich im Kampf zwischen Dichter und Berg der Dichter durchgesetzt. Er hat den Berg auf sein Urbild reduziert, ihn für seine Zwecke eingespannt, in eine Form gezwängt, seinen Versmaßen unterworfen. Von Veruela aus betätigte Bécquer sich Mitte des 19. Jahrhunderts als erster romantischer Kartograf des leeren Spanien. Mit ihm begann dessen Mythos. Auf den elegant gestalteten Seiten des *Contemporáneo* nahmen die Madrider ihr eigenes Land zum ersten Mal als exotische und urzeitliche Welt in den Blick, eine Welt voller Hexen, Heiden und Ruinen, in der die normalen Regeln nicht zu gelten schienen.

Die erste Vorstellungswelt des leeren Spanien ist geprägt vom Übernatürlichen. In seiner romantischen Version ist das spanische Hinterland ein Ort voller Geheimnisse. Wo Ruinen, da auch Gespenster, das versteht sich von selbst. Aber das ist längst nicht alles. In den Dörfern gibt es nicht nur Hexen, sondern auch Werwölfe und andere Zwitterwesen. Beschwörungsformeln und Zaubertränke. Und Wälder voller mythologischer Kreaturen. Hier gibt es Gehörnte, Pferdefüßler und weniger bedeutende Dämonen. Heilige, die in

Wirklichkeit Götter einer anderen Religion zu sein scheinen. Und uralte Begriffe für Pflanzen und Dinge. Wie die Leute dort überhaupt eine Sprache sprechen, die irgendwo im Heidentum des Mittelalters steckengeblieben ist. In diesem leeren Spanien tut sich eine andere Dimension auf. Bécquer, der eigentlich gar nicht dort sein möchte, versteht es, sich diese Welt zunutze zu machen. Seinem städtischen Publikum, das noch nie in diesen Landstrichen gewesen ist und trotzdem die Vorstellung einer bäuerlichen, vor allem aber furchteinflößenden Gegend mit sich herumträgt, stellt er faszinierende Bilder zur Verfügung. Der erste moderne Blick auf das leere Spanien ist der des Mythologen und Essentialisten. Wirtschaftliche und gesellschaftliche Zusammenhänge lässt Bécquer, der Dichter aus Sevilla, völlig außer Betracht. Sein Interesse gilt ohnehin nicht den Menschen aus Fleisch und Blut, sondern dem, was in seinen Augen ihr Wesen ist. Etwas Elementares und Wahres, das in der Stadt nicht mehr zu finden ist, sich hier jedoch, in den eisigen Höhen des Moncayo, in wilder und ursprünglicher Form erhalten hat. Bécquer, der seine Madrider genau kennt und sich bestens auf die Kunst der Verführung versteht, weiß, dass er seinen Lesern in der Stadt mit einer wohldosierten Portion urtümlicher Folklore einen wohlig belebenden Schrecken einjagen kann.

Wenngleich es die genuin folkloristische Romantik eigentlich auf eine Wiederverbindung des Menschen mit dem in der »Volkskunst« erhaltenen Geist der Heimat abgesehen hat, erklärt sich ihr Erfolg auch über ein kommerzielles Gespür, das schließlich im viktorianischen Roman seinen vollendeten Ausdruck fand. Der Trick bestand darin, etwas Gewohntes und Traditionelles als exotisch und bisher unbekannt darzustellen. Die Botschaft kam an, weil es ihr – in semiotischen Begriffen ausgedrückt – gelang, Überschuss und Information in ein ausgeglichenes Verhältnis zu bringen: Einerseits beinhaltete sie Neues, da sie unbekannte Gegenden und Epochen in den Blick nahm, die von der Alltagswirklichkeit der städtischen Leserschaft weit entfernt waren. Andererseits rührte sie an Vorstellungen, die im kollektiven Gedächtnis durchaus noch lebendig waren. Die Faszination, die von diesen märchenhaften Geschichten ausging, war ihrer Fremdheit und der enormen Distanz geschuldet, die sie zu allem aufwiesen, was man an einem normalen Tag an der Puerta del

Sol erleben konnte, verdankte sich zugleich aber ihrer Nähe und Vertrautheit, den intimen und bis dahin unbenennbaren Empfindungen, die sie in ihren Lesern wachriefen. Wäre der Bruch zwischen der urbanen und der ruralen Gesellschaft vollständig oder unüberwindlich gewesen, hätten diese Texte keinen Widerhall gefunden. Es gelang ihnen, weil es zwischen beiden ebenso viele durchtrennte Verbindungen wie noch begehbare Brücken gab.

Hier wendet sich gewissermaßen der städtische und technologische Zeitgeist, einem trägen Drachen gleich, einem Land zu, das es eigentlich nicht mehr gibt, das aber immer noch da ist. Das wird Gustavo Adolfo Bécquer klar, als er an einem Herbstnachmittag des Jahres 1863, am Fuß eines alten Steinkreuzes sitzend, auf das Eintreffen der neuesten Zeitungen aus Madrid wartet. So klar wie die viktorianischen Schriftsteller sieht er dabei allerdings beileibe nicht – nichts in Spanien kann sich mit der Perfektion und dem Scharfsinn von *Dracula* oder *Peter Pan* messen. Nicht einmal mit den Märchen von Hans Christian Andersen oder den Brüdern Grimm. Die Romantiker und ihre kommerziellen Nachfolger waren in Spanien nicht stark genug, um auf den Ruinen der ländlichen Mythen ihre eigene Mythologie zu erschaffen, und sie erreichten auch kein so großes Lesepublikum wie ihre Kollegen auf dem Londoner Buchmarkt. Auf einem bescheideneren Niveau aber hatten sie Erfolg. Natürlich ohne dass Bécquer dies bewusst so geplant hätte. Er scheint vielmehr einfach seiner Intuition gefolgt zu sein. Er spürte, dass jene windumtoste Einöde ein literarisch bislang unerschlossenes Terrain darstellte. Etwas, das den Leuten in Madrid gefallen würde, eine urwüchsig-anregende Neuheit. Manche fuhren nach Paris, um sich die neuesten Kleider- und Literaturmoden zu beschaffen. Er würde noch viel exotischere Mitbringsel aus seinem Reisekoffer hervorzaubern: Hexen, Kobolde, irrende Seelen, getaucht in geisterhaftes Mondlicht. Alles frisch aus den Untiefen der Iberischen Halbinsel.

Die romantische Konstruktion der Landschaft ist eines der schönsten und gelungensten Beispiele einer sich selbst erfüllenden Prophezeiung, die Spanien zu bieten hat. Bécquer, Hartzenbusch,[86] aber auch Zorrilla[87] und die übrigen Autoren, die sich eifrig aus dem reichen Schatz der iberischen Traditionen bedienten, gingen davon aus, dass auf dem Gebiet, auf dem sie sich zu schaffen machten, die Zeit stehengeblieben war. Der Begriff der sogenannten »primitiven Gesellschaften« erlaubte den Anthropologen die Behauptung, dass viele indigene Völker Amerikas und Afrikas auf dem Entwicklungsstand der Steinzeit verharrten. Man konnte sie folglich wie lebende Fossilien untersuchen und behandeln. Es war gar nicht nötig, gewagte Thesen über die Lebensbedingungen unserer eigenen prähistorischen Vorfahren aufzustellen, ermöglichten die Buschmänner und Pygmäen es doch, diese Bedingungen gewissermaßen live zu beobachten. In ähnlicher Weise nahmen die spanischen Romantiker an, auf den kahlen Höhen des Moncayo oder in den Mumien aus einer Kirche in Teruel sublimierte Überbleibsel aus dem Mittelalter oder noch älterer Zeit vorzufinden, eine Art Essenz des Iberischen. Die Bewohner jener Einöden wiederum machten sich diese Erzählungen im Lauf der Zeit zu eigen und begannen ihr Leben danach auszurichten. Was vom einsetzenden Tourismus zusätzlich befördert wurde. Die Menschen, die in Gegenden ausharrten, wo man kaum sein tägliches Brot verdienen konnte, entdeckten in der Vergangenheit ein lohnendes Geschäft. Umso mehr, seit Franco ein eigenes Tourismusministerium geschaffen und man mit dem Ausbau eines landesweiten Netzes von Parador-Hotels begonnen hatte. Das Mittelalter erwies sich dabei als die reinste Goldmine. Oder doch zumindest als nicht ehrenrührige und zuverlässige Einnahmequelle. Wenn die Touristen extra angereist kamen, um vor Ort den Legenden eines Bécquer und Hartzenbusch nachzuspüren – die sie womöglich nicht einmal gelesen hatten –, warum sollte man ihnen dann das Vergnügen nicht ermöglichen? Auch das Kloster Veruela beherbergt inzwischen ein Parador-Hotel. Und in den Dörfern der Umgebung veranstaltet man regelmäßig irgendwelche Hexen-Feste, vor allem in Trasmoz, wo man die Hexerei geradezu zum neuen Identitätsmerkmal erkoren hat. Im nahegelegenen Tarazona wiederum heißt eines der beliebtesten Hochzeitsrestaurants Las Brujas de Bécquer (Bécquers Hexen).

Die stilisierte beziehungsweise literarische Vergangenheit ist in vielen Gegenden des leeren Spanien zum größten Versprechen für die Zukunft geworden. Vergleichbares gab es jedoch schon 1905. Damals reiste der Schriftsteller Azorín im Auftrag der Zeitung *El Imparcial* durch die Mancha. Das dreihundertjährige Jubiläum der

Veröffentlichung des ersten Teils des *Don Quijote* sollte durch eine Reihe von Reiseberichten gewürdigt werden, für die der Autor verschiedene Schauplätze des Romans besuchte. In Argamasilla de Alba, wo Cervantes eine imaginäre Akademie angesiedelt hatte – eine ländliche Parodie literarischer Treffpunkte in Madrid –, unterhielt Azorín sich mit dem Dorfpfarrer Don Cándido. Der fragte Azorín, welchen Eindruck die historischen Sehenswürdigkeiten des Ortes auf ihn machten:

> »Don Cándido« – wage ich mich hervor – »ich besuchte heute Morgen das Haus, in welchem Cervantes gefangen war; aber ...«
> Hier warte ich ein Weilchen; Don Cándido, dieser saubere und freundliche Geistliche, blickt mich an mit ängstlicher Unsicherheit. Ich fahre fort:
>
> »Was nun das Gefängnis anbelangt, so sagen die Gelehrten, dass ...«
>
> Wieder halte ich einen Augenblick ein; die Blicke von Don Cándido werden noch furchtsamer, gepeinigter. Ich gehe weiter:
>
> »Die Gelehrten sagen heute, dass Cervantes dort nicht gefangen war.«
>
> Ich bin nicht ganz sicher, ob die Gelehrten wirklich so etwas sagen; aber das Antlitz des Don Cándido erfüllt sich mit Überraschung, Erstaunen, Verblüffung.
>
> »Jesus, Jesus!« – bricht Don Cándido aus, indem er entsetzt mit den Händen nach dem Haupte greift. »Sagen Sie nicht solche Sachen, Herr Azorín! Großer Gott, dass man so unglaubliche Dinge mit anhören muss! Was gibt es weiter, Herr Azorín? Hat man doch behauptet, Cervantes stamme aus Galicien! Haben Sie jemals etwas so Haarsträubendes gehört?«[88]

Ein klassisches Beispiel für die scheinbar arglose Boshaftigkeit des Schriftstellers Azorín. Sein Spott über den Dorfpfarrer soll die im Kaffeehaus sitzenden Leser von *El Imparcial* zum Lächeln bringen. Nicht auszumalen, was für ein Geschrei Don Cándido angestimmt hätte, hätte er lange genug gelebt, um das 2012 erschienene Buch von Lluís Maria Mandado i Rossell in die Hände zu bekommen. Unter dem Titel *El Quixote va esborrar el Quixot* (Der Quijote wird den

Quijote auslöschen) wird darin die Behauptung aufgestellt, Cervantes sei in Jijona in der Provinz Alicante zur Welt gekommen, habe in Wirklichkeit Servent geheißen und den *Quijote* auf Katalanisch verfasst. So wie Don Cándido geraten alle Bewohner des leeren Spanien in Wallung, wenn wieder einmal ein Philologe oder Historiker oder sonst ein Bescheidwisser daherkommt und die Mythen infrage stellt, auf denen der touristische Wohlstand ihres Landkreises beruht. Oder ihre Identität und ihr Selbstwertgefühl. Mag sein, dass Villanueva de Sigena, ein Dorf mit 434 Einwohnern inmitten der Steppe von Los Monegros, nicht einen einzigen Euro mit dem Museum verdient, das es im angeblichen Geburtshaus des 1553 in Genf auf Betreiben Calvins hin als Ketzer verbrannten Arztes und Theologen Miguel Servet eingerichtet hat, und dennoch reagiert man im Dorf empört, wenn es jemand wagt, die Tatsache anzuzweifeln, dass er in ihrem Heimatort zur Welt gekommen ist. Ihren Miguel Servet lassen sie sich von niemandem nehmen.

Es gibt aber noch etwas Schlimmeres, als all den spanischen Don Cándidos zu erklären, die mythische Schlacht, tragische Liebesgeschichte oder Geburt dieser oder jener Geistesgröße, auf die sie so stolz sind, habe sich niemals – oder wenigstens nicht in ihrem Dorf – zugetragen: Und das ist die Behauptung, das betreffende Ereignis habe sich in Wirklichkeit im Nachbarort zugetragen.

So oder so hat die Vergangenheit sich in etwas Sakrosanktes verwandelt, in dem sich geschäftliche und quasireligiöse Aspekte untrennbar vermischen – und das sich allen Attacken der Wissenschaft widersetzt. Was niemanden verwundern sollte, schließlich hat man im leeren Spanien irgendwann begriffen, dass einem dort außer der Vergangenheit nichts bleibt. Weshalb diese Vergangenheit zwangsläufig wahr sein muss. Was auch für den *Don Quijote* gilt. Immer wieder geht jemand die Geburtsregister von Campo de Montiel durch, in der Hoffnung, dort auf jemanden zu stoßen, der Cervantes zu seiner berühmten Hauptfigur angeregt haben könnte, wie es auch eine eigene Forschungsrichtung gibt, die sich ausschließlich mit den Ortsnamen und sonstigen Schauplätzen von Cervantes' Roman beschäftigt. Der Romananfang »An einem Ort in der Mancha, ich will mich nicht an den Namen erinnern« sowie die Frage nach der Identität seines berühmten Bewohners haben eine der aberwitzigsten und reichhaltigsten Bibliografien der Literaturgeschichte hervorgebracht.[89] Es gibt sogar einen geradezu theologisch klingenden Namen, der damit verknüpft ist: »die Lehre von den lebenden Vorbildern«. Herausragende Cervantes-Kenner wie Francisco Rico, der die wohl beste Ausgabe des *Quijote* ediert hat, nehmen derlei Forschungsvorhaben weder ernst noch machen sie sich die Mühe, sie zu widerlegen: »Kaum stößt der erstbeste verdiente Lokalhistoriker auf eine alte Urkunde, auf der ein Señor Quijano, Panza oder ein Priester mit Namen Pedro Pérez erscheint, ist sie wieder da, die ›Lehre von den lebenden Vorbildern‹. Von der Presse lautstark unterstützt, begnügt sich unser Hobbyforscher jedoch nicht, in seinem Fund einen weiteren Beleg für die Wahrhaftigkeit des *Quijote* zu erkennen. Stattdessen entwickelt er umgehend eine neue Theorie über die Entstehungsgeschichte des scharfsinnigen Ritters«, schrieb Rico,[90] als 2014 wieder einmal eine derartige Theorie über »die wahre Identität« des *Quijote* lanciert worden war.[91]

Aber nicht einmal den feinsinnigsten und ausdauerndsten Cervantes-Spezialisten gelingt es, diesen Leuten Einhalt zu gebieten, die, wie einst Heinrich Schliemann angesichts der Ruinen von Troja, fest überzeugt sind, in den Dörfern der Mancha archäologische Fundstücke aufspüren zu können, die beweisen, dass Don Quijote *tatsächlich gelebt* hat. Wer die Funktionsweise von literarischen Fiktionen auch nur halbwegs begriffen hat, mag all diese Theorien und Forschungen naiv oder einfach nur peinlich finden. Für einen geübten Leser gibt es nichts Schlimmeres, als das Gelesene wörtlich zu nehmen. Dass Cervantes sich wie jeder Schriftsteller beim Verfassen seines Romans auf seine Kenntnisse und persönlichen Erfahrungen stützte, versteht sich von selbst. Das heißt aber noch lange nicht, dass er einfach die ihn umgebende Wirklichkeit eins zu eins kopierte. An manchen Schauplätzen der von ihm erzählten Handlung ist er möglicherweise nie gewesen und hat sich bei ihrer Beschreibung stattdessen an den Schilderungen anderer orientiert, mit aller in der Literatur zulässigen Freiheit. Trotzdem ist es unangebracht, wenn die anerkannten Cervantes-Forscher es mit dem Spott über solcherlei Engagement übertreiben (das oftmals von öffentlichen Institutionen und Tourismuseinrichtungen in der Hoffnung gefördert wird, später in ihren Dörfern Informationstafeln anbringen zu können, die auf die eine oder andere Episode des berühmten Romans verweisen). Sie müssten begreifen, dass die Bewohner des leeren Spanien auf die fortwährende und immer wieder erneuerte Bestätigung ihrer Mythen angewiesen sind. Viele Cervantes-Spezialisten konzentrieren sich allzu sehr auf den Text und lassen dabei den Kontext des Buches außer Acht, der Bereiche weit außerhalb der Literatur miteinschließt und schon seit Langem zum Identitätsmerkmal und zur Daseinsberechtigung für einen großen Teil der südlichen Meseta geworden ist. Der geradezu religiöse Charakter, den dieser Text als, wenn man so will, Gründungsmythos besitzt – was von der modernen Philologie als einer selbstverständlich nichtgläubigen Wissenschaft verachtet wird –, ist für den Zusammenhalt und das Selbstbewusstsein wenig stabiler Teile der Bevölkerung, die sich selbst als unbedeutend und marginalisiert erleben, von großer Bedeutung. Francisco Rico, Martín de Riquer und all die anderen Cervantes-Forscher leisten hervorragende Arbeit, ich frage mich aber wie Azorín, ob Don Cándido wirklich so viel Spott und Häme verdient hat. So wie ungläubige Enkel ihre alte Großmutter das Essen segnen und am Weihnachtsabend ein Tischgebet sprechen lassen, auch wenn sie sich heimlich darüber lustig machen, wäre es vielleicht angemessen und rücksichtsvoll, man ließe den Bewohnern der Mancha den Glauben, dass die Mühlen von Campo de Criptana tatsächlich die aus Cervantes' Roman sind, und gönnte auch den Leuten vom Moncayo ihren wohligen Schauder beim Anhören romantischer Hexengeschichten oder denen aus Teruel das Mitfiebern mit dem Schicksal ihrer berühmten »Liebenden«. Das mag sich ein wenig herablassend anhören, aber ein wenig Herablassung scheint mir besser als der Hochmut des Enkels, der zu seiner Großmutter sagt, sie solle ihre Zeit nicht mit Beten vergeuden, Gott existiere nun einmal nicht.

Wer die Fernsehserie *Akte X – Die unheimlichen Fälle des FBI* kennt, wird sich daran erinnern, dass Special Agent Fox Mulder an der Wand seines Büros – eines fensterlosen Kellerlochs, in dem er ein von den Kollegen belächeltes Außenseiterdasein fristet – ein Poster aufgehängt hat, auf dem ein UFO und dazu der Spruch *I Want to Believe* zu sehen sind. Seine Kollegin, die Ärztin Dana Scully, versucht, Mulder von seinen in ihren Augen abergläubischen Vorstellungen zu befreien, indem sie ihm als streng wissenschaftsgläubige

Naturwissenschaftlerin angesichts all der von ihm angeblich beobachteten paranormalen Erscheinungen rationale Erklärungen entgegenhält. Die beiden sind die ich weiß nicht wievielte Verkörperung der Paarung Don Quijote versus Sancho Panza beziehungsweise des Gegensatzpaars Idealismus und Vernunft. Wie bei Cervantes kommt es im Lauf der Handlung jedoch zu einer wechselseitigen Annäherung. Die Wahrnehmung des Idealisten Mulder wird allmählich ein wenig kritischer, während die nichtgläubige Ärztin Scully mit der Zeit ein klein wenig Glauben hinzugewinnt. Zum völligen Rollentausch wie am Ende des *Quijote* kommt es hier allerdings nicht. Das Poster an der Wand lässt Mulder bis zuletzt hängen und bekundet damit, wie mir scheint, eine Willensstärke, die Respekt verdient. Eben diesen Wunsch, zu glauben, zeigen auch die Bewohner des leeren Spanien. Mitunter offensichtlich aus wirtschaftlichen Gründen, und doch ist das nicht alles. Denn der Tourismus, der auf diese Weise unterstützt werden soll, bewegt sich auf einem bescheidenen Niveau und sorgt gerade einmal für den Lebensunterhalt einiger weniger Familien. Hier geht es um kein Huhn, das goldene Eier legt. Falls es hier überhaupt ein Huhn gibt, so ist es alt und bringt es bestenfalls auf ein mickriges Ei pro Monat. Es geht um etwas deutlich Unbestimmteres und Tiefschürfenderes – um den Willen, an eine Gegend zu glauben, in der man sich verwurzelt fühlt und dies auch bleiben möchte. Eine Gegend, die einen immer wieder zum Fortgehen zwingt, schon seit Jahrhunderten. Es geht um die mythische Konstruktion einer Landschaft, um die Verwandlung von Ebenen und Bergen in Götter, um die Überzeugung, dass sich hier einst große Dinge abgespielt haben. Beeindruckende, geheimnisvolle, einzigartige Dinge, wie es just die infrage stehenden Geschichten und Legenden beglaubigen. Man hat die literarischen Konstruktionen der Landschaft immer als quasi-heilige Texte gelesen, deshalb gibt es um sie herum so viele Auslegungsversuche und gelehrte Argumentationen, nur um ihren Wirklichkeitsgehalt zu untermauern. Das ist die reinste Theologie, und sie ruft bei modernen Philologen bestenfalls ein verächtliches Lachen hervor, doch Gläubigen ist mit Wissenschaft nicht so einfach beizukommen. Darum sollte man sie auch in Frieden ihrem Glauben nachgehen lassen, so lange sie niemandem schaden. Weder wird Fox Mulder jemals seinen Glauben an Überirdische aufgeben noch Don

Cándido sich ausreden lassen, dass Cervantes einst in seinem Dorf im Gefängnis gesessen hat. Ebenso wenig wird die Großmutter sich von ihrem weihnachtlichen Gebet abbringen lassen. Es ist deshalb klüger und vor allem einfühlsamer, sich nicht aufs Spotten und Widersprechen zu verlegen, sondern zu versuchen, zu verstehen, weshalb hier jemand so entschieden an seinem Glauben festhält.

Wenn man so will, identifiziert man sich im leeren Spanien auf ganz ähnliche Weise mit seinen eigenen romantischen Mythen, wie viele Leute sich mit den romantischen Liebesgeschichten identifizieren, die sie im Kino sehen. Diese Geschichten haben über mehrere Generationen eine Vorstellung von der Liebe vermittelt, an deren Modell man sich in den eigenen Liebesbeziehungen orientiert, inklusive der daraus sich unweigerlich ergebenden Enttäuschungen. So wie viele Menschen von ihren Partnern verlangen, sich zu verhalten wie ihre Leinwandvorbilder, erwarten die Bewohner des leeren Spanien, dass die Ergebnisse historischer Forschungen ihre Legenden bestätigen – sie wollen, dass die Geschichte so verlaufen ist, wie sie verlaufen sein soll. Und wenn nicht, feilt man eben so lange an ihr herum, bis alles passt. »So, so, der Herr gehört zu den Leuten, welche aus den Dingen Geschichten machen«, sagt ein Bauer aus Argamasilla de Alba zu dem Journalisten Azorín, der im Auftrag der Zeitung *El Imparcial* in sein Dorf gekommen ist.[92] Die Bewohner des leeren Spanien wussten genau, worin die Arbeit dieser Schriftsteller bestand: aus den Dingen Geschichten zu machen.

Abgesehen davon: Zu dieser »Landschaftstheologie« haben oft genug die Gelehrten selbst beigetragen. So veröffentlichte 2005 ein von neun Spezialisten angeführtes interdisziplinäres Forschungsteam anlässlich des vierhundertjährigen Jubiläums der ersten Ausgabe des *Don Quijote* (fast immer ist solch ein Jahrestag der Grund für diese Art Aktivitäten) unter der Schirmherrschaft der renommierten Madrider Universidad Complutense eine Studie mit dem Titel *El lugar de La Mancha es... El Quijote como un sistema de distancias/tiempos* (Der Ort in der Mancha ist ... Der *Quijote* als Raum-Zeit-System). Auf dreihundert Seiten voller Landkarten, Skizzen und mehr oder minder halsbrecherischen Berechnungen – geschätzte Wegzeiten je nach Reittier, Reitzeug, Wetter oder Tagesstunde (eine Meile zurückzulegen ist im Winter schwieriger als im Sommer, morgens als abends, je nachdem, ob es regnet oder die Sonne scheint, et cetera) – wird ein Gebiet im Campo de Montiel vermessen, mit dem Ergebnis, dass zuletzt nur mehr drei mögliche Kandidaten für den berühmten »Ort in der Mancha« infrage kommen: Villanueva de los Infantes, Alcubillas und Fuenllana. Neun gestandene Akademiker samt Unterstützerstab verwandten tausende Arbeitsstunden darauf, ein Rätsel zu lösen, das, wie jeder halbwegs vernünftige Leser weiß, gar kein Rätsel ist. Die Ungenauigkeiten, Auslassungen und Vagheiten des *Quijote* sind keine eigens ausgelegten Fährten, an deren Ende sich irgendein Geheimnis aufklärte. Sie gehören schlicht und ergreifend zu einem literarischen Text. Die Mancha fungiert hier als Szenerie einer Fiktion, als Kulisse, als vom Verfasser imaginierter Raum, in dem er seine Figuren verortet. Außerdem passiert im *Quijote* ungeheuer viel, in raschem Wechsel folgt eine Episode der anderen. Der Erzähler hält sich bloß mit Landschaftsbeschreibungen oder Ortsnamen auf, wenn diese Landschaftsbeschreibungen oder Ortsnamen eine bestimmte Funktion erfüllen und helfen, die Handlung voranzutreiben. Die Auslassungen wie auch die eingestreuten Zitate sind allein dem Zweck erzählerischer Wirksamkeit unterworfen.

Seit den ersten ernsthaften philologischen Untersuchungen des *Quijote* im 18. Jahrhundert ist klar, dass Cervantes ein ziemlich nachlässiger Autor war, was niemanden verwundern sollte, schrieb er sein Buch doch im Gefängnis und dazu in ziemlicher Eile (»ohne sich den Beschränkungen zu unterwerfen, die einem das Schreiben normalerweise auferlegt«, wie Francisco Rico es ausdrückt): »Cervantes' ›Vergesslichkeit‹ ist sprichwörtlich geworden. Die Frau seines Schildknappen heißt bald Juana, bald Mari Gutiérrez, Teresa Panza, Cascajo oder Sancha; die Gäste in der Schänke essen zwei oder auch drei Mal zu Abend; Don Quijote hat Dulcinea noch nie oder schon vier Mal gesehen; Ginés de Pasamonte entwendet ihm sein Schwert oder entwendet es ihm nicht ... und immer so weiter. Berühmt sind auch seine Anakoluthe, unfreiwilligen Mehrdeutigkeiten und anderen sprachlichen Ausrutscher.«[93]

Dass der *Quijote* innerhalb der spanischen Kultur schon seit Langem den Status einer heiligen Schrift genießt, dürfte bekannt sein. Kein Wunder also, dass zu Sentimentalitäten neigende Gelehrte jedes seiner Worte mit fast schon lächerlicher Ehrfurcht auf die Goldwaage legen. Die mühseligen Versuche des Forscherteams von der Universidad Complutense, den »Ort in der Mancha« auf der Landkarte zu entdecken, ähneln den Anstrengungen der Thomisten, mittels aristotelischer Logik die Existenz Gottes zu beweisen. Beide treibt das Bedürfnis an, zu glauben. Beide *wollen* glauben. So wie Fox Mulder. Die Gründungsmythen des Vaterlands müssen wahr sein, damit sie mit Leben gefüllt werden können. Die Staaten, die wirksamste und kälteste Manifestation der Rationalität, können ohne die Irrationalität der Mythen nicht existieren. Was in dem Buch steht, muss wahr sein, sonst existiert die Mancha nicht.

Der spanische Staat – nicht Spanien, sondern der Staat, in dem dieses Land organisiert ist – wurde seit Mitte des 18. Jahrhunderts nach und nach von der Calle de Alcalá im Zentrum Madrids aus aufgebaut, wo die ersten Institutionen des modernen Staates entstanden – die Zentralbank, die Post et cetera –, bis er zu Beginn des 20. Jahrhunderts auch noch das letzte Dorf auf dem entlegensten Berg erreicht hatte. Langsam, aber unaufhaltsam nahm das seinen Lauf, was die klassischen Liberalen den Fortschritt, wir dagegen, die wir mit anderen Begriffen groß geworden sind, lieber die Moderne nennen. Die Schatten des Mittelalters verschwanden – die regionalen Sonderrechte, die Allgegenwart der Kirche, das Kazikentum, diverse Irredentismen und so gut wie alle Räuberbanden, wie auch der Analphabetismus, der Isolationismus, der Hunger. Ebenso Traditionen, Institutionen und Sprachen, an deren Stelle das Bürgerliche Gesetzbuch und die Grammatik der Real Academia traten. Während dieser Staat sich in Gestalt von Bahnhöfen, Posten der Guardia Civil, Regionalbanken, Schulen und Postämtern immer weiter ausbreitete, legte sich gleichzeitig eine mythische Schicht über die Landschaft des leeren Spanien. Die Modernisierung ging paradoxerweise einher mit einer Mythisierung der Vergangenheit, der Legenden, der Landschaft, der Orte Spaniens und der Vorstellungen, die man sich allgemein davon machte. Letztere wäre ohne Erstere jedoch undenkbar gewesen. Ohne das literarische Leben Madrids, ohne die dort erscheinenden Zeitungen und ohne eine debattierende Öffentlichkeit – anders gesagt, ohne diese grundlegenden Elemente eines modernen Staates – wäre es Bécquer nicht gelungen, den Vorstellungen vom sturmgepeitschten, herbstlichen Moncayo ihre spezifische literarische Form zu verleihen.

1840 begegneten sich Heinrich Heine und der französische Schriftsteller Théophile Gautier bei einem Klavierabend in Paris. Letzterer hatte zuvor angekündigt, dass er vorhabe, nach Spanien zu reisen, wo er im Auftrag einer Zeitung vom Karlistenkrieg berichten solle. Maliziös fragte Heine den Kollegen: »Und wie werden Sie das anstellen, etwas über Spanien zu erzählen, wenn Sie es erst einmal mit eigenen Augen gesehen haben?«[94]

Bereits 1830 war Victor Hugos Theaterstück *Hernani oder die kastilische Ehre* in Paris uraufgeführt worden. 1845, kurz nach Gautiers Rückkehr aus Spanien, veröffentlichte Prosper Mérimée seine Novelle *Carmen*. 1832 wiederum war die erste Fassung von Washington Irvings *Erzählungen von der Alhambra* erschienen, die schon bald in viele Sprachen übersetzt werden sollten. 1836 wurde in Madrid mit riesigem Erfolg Antonio García Gutiérrez' Zarzuela *El trovador* uraufgeführt, die ihrerseits von Giuseppe Verdi in seinem *Troubadour* (1853) adaptiert wurde. Mozarts *Don Giovanni* wurde im Paris jener Jahre häufig gespielt, und einem Romantiker wie Gautier war die mythische Geschichte des spanischen Frauenhelden Don Juan bestimmt auch in der unvollendeten Fassung Lord Byrons bekannt. Zahlreiche in Frankreich vielgelesene Autoren, unter ihnen der polnische Schriftsteller Jan Potocki, Verfasser des Romans *Die Handschrift von Saragossa*, schrieben zwischen 1790 und 1840 Bücher, die von Spanien handelten. Unter den Romantikern war Spanien als Thema überaus beliebt, und doch war kaum einer dieser Autoren selbst in Spanien gewesen. Ganz offensichtlich genügte es, sich auf die kursierenden Klischeebilder zu stützen, um ein für europäische Leser akzeptables »typisch spanisches« Szenario zu präsentieren. Selbstverständlich war auch der *Quijote* ein vielgelesenes Buch. 1863, als Gustavo Adolfo Bécquer für sich und sein Madrider Publikum den Moncayo entdeckte, erschien in Frankreich eine der schönsten Ausgaben des *Quijote*, die mit den berühmten Illustrationen von Gustave Doré.

Heines Bemerkung war also mehr als ein boshafter Scherz. Sie enthielt eine tiefgründige Überlegung zu der Frage, wie Mythen konstruiert werden und wie sie durch die Begegnung mit der ihnen zugrundeliegenden Wirklichkeit zerstört werden können. Wie die scharfsichtigeren Romantiker sehr wohl wussten, war Spanien weniger ein Land als eine Idee, kein konkreter Ort, sondern ein Schauplatz für alle möglichen Tragödien. Manche von ihnen gaben allerdings irgendwann der Neugier nach und wagten es, in von Maultieren gezogenen Postkutschen die spanische Grenze zu überqueren und die glühend heiße oder eisig kalte Meseta zu bereisen, obwohl ihnen klar war, dass all die Mythen, die sie so liebten, der Konfrontation mit der Wirklichkeit kaum standhalten würden. Diese immer zahlreicheren romantischen Abenteurer brachten im Lauf der Zeit ein eigenes literarisches Subgenre hervor. Nach dem Vorbild des Engländers Richard Ford – der den ersten praktischen Reiseführer für britische Touristen verfasste, *A Handbook for Travellers in Spain* (1845), wenn man so will das Urmodell der *Lonely Planet*-Bücher – bezeichneten viele von ihnen sich selbst als »neugierig und draufgängerisch«. Fast immer beklagten sie sich über das spanische Essen und die durchdringenden Gerüche, kamen fast um vor Hitze oder Kälte, zitterten vor Angst wegen der umherziehenden Banditen, schlugen sich zum Frühstück den Bauch mit zähflüssiger heißer Schokolade voll, verfolgten mit Grausen die Prozessionen während der *Semana Santa* und übergaben sich – oder gerieten in Begeisterung – beim Anblick eines Stierkampfes. In ihren Texten äußerten sie bald Spott, bald Grausen, um sich dazwischen immer wieder einmal bewegt zu zeigen von urwüchsigem Edelmut und Charakterzügen, die so perfekt zu den aus Opern oder Büchern wie dem *Quijote* bekannten Figuren zu passen schienen. Zumeist schilderten sie ein wahrhaft barbarisches Spanien, allerdings erzählten sie von einer Barbarei und Rückständigkeit, die sich erheblich von der erwarteten oder ausgemalten unterschied. Da war nichts Episches, nichts, was für Verse von Victor Hugo taugte. Alexandre Dumas verzog angewidert das Gesicht, als er von einem Kanincheneintopf kosten sollte, für ihn war es, als würde man ihm gekochte Ratten vorsetzen (die in einigen besonders armen Gegenden des Landes tatsächlich gegessen wurden).[95] Hans Christian Andersen wiederum wagte es etwas später, in den siebziger Jahren des 19. Jahrhunderts, angesichts der finsteren Gestalten, die sich auf den alten und dunklen Straßen herumtrieben, kaum, sich von seiner jeweiligen Unterkunft zu entfernen.[96] Was diese reisenden Romantiker vorfanden, war ein schmutziges, heruntergekommenes, unkultiviertes Land ohne alle Annehmlichkeiten, dafür mit einer erbärmlichen Küche. Zudem gefährlich wegen der überall lauernden

Banditen. Wie Gautier schrieb, wäre die Kutsche der spanischen Königin Isabel II. auf Londoner Straßen kaum aufgefallen, gar nicht erst zu sprechen von den klapprigen Kaleschen der übrigen Adligen, deren ruinöser Zustand beispielhaft für den des gesamten Landes sei. »In Spanien«, hieß es bei Richard Ford (der die meisten Fakten liefert, weil er den nach ihm Reisenden von Nutzen sein will), »gibt es, mit Ausnahme einiger Großstädte, keine Bibliotheken, Zeitungen, Stadtführer oder sonstigen Hilfsmittel, die dem Reisenden in anderen europäischen Ländern so nützlich sind.«[97]

Madrid ist ein staubiges Kaff voller Tagediebe und Prostituierter, die abscheuliche Landschaft der Umgebung bietet nirgendwo auch nur den geringsten Schatten gegen die erbarmungslos vom Himmel brennende Sonne. In den Dorfschänken gibt es abends oftmals nichts als einen Schluck Wasser aus einem Tonkrug oder ein Glas sauren Valdepeñas-Wein. Nur sehr wenige Gebildete sprechen Französisch, und das meistens nur schlecht, weshalb die Reisenden verloren sind in Kauderwelsch und monströsen Grimassen und außerdem den vielen Betrügern, die sich an sie heranmachen, rettungslos ausgeliefert. Lauter solche Dinge stehen in den Reisebeschreibungen und Tagebüchern der europäischen, vor allem französischen Romantiker, die das Land auf der Suche nach den Mythen Spaniens bereisen. Wie Germond de Lavigne 1859 schreibt, »gehört Spanien zu den Ländern, die nur besuchen sollte, wer zuvor sein Testament gemacht hat«.[98] Neben all den Klagen und dem Gejammer wohlerzogener junger Herren über das eigene Unglück klingt jedoch fast überall noch etwas ganz anderes mit: ein enormer Spaß an der Sache. Man merkt den Berichten die geradezu rauschhafte Freude darüber an, auf eine so andere und eigenwillige Welt zu stoßen: und das quasi vor der eigenen Haustür, soll heißen, kaum dass man die Pyrenäen überquert hat.

Richard Ford fasst all die Spanienbilder der europäischen Romantiker an einer Stelle elegant zusammen:

> Wer sich zum Romantischen, Poetischen, Empfindsamen, Künstlerischen, Alten, Klassischen, mit einem Wort: zum Sublimen und Schönen hingezogen fühlt, wird im gegenwärtigen wie vergangenen Spanien, diesem so seltsamen Land, das zwischen Europa

> und Afrika, zwischen Zivilisation und Barbarei schwebt, hinreichend davon vorfinden, wenn er mit Stift und Notizheft umherwandert. Grüne Täler und kahle Berge, grenzenlose Ebenen und schroffe Gebirge, elysische Gärten voller Weintrauben, Oliven, Orangen und Aloen, und spurlose, riesig weite, stille, brachliegende Einöden, wo die Wildbienen herrschen. Aus der langweiligen Einförmigkeit und zivilisierten Monotonie Europas hat es uns hierher getragen, in die blitzende Frische dieses ursprünglichen, unveränderten Landes, in dem sich Vergangenheit und Gegenwart die Hand reichen, wo Luxus und Ausschweifung neben bitterer Armut bestehen, wo sich ein Mangel an allem Großzügigen oder Gnadenreichen vermischt mit der hingebungsvollsten heldenhaften Tugend, wo kaltblütigste Grausamkeit auf feurige afrikanische Leidenschaften trifft, wo völlige Unbildung und äußerste Gelehrsamkeit einander fast gewaltsam gegenüberstehen.[99]

Die Begegnung mit dem wirklichen Land widerlegt die darüber erzählten Mythen. »Bald wird sich Frankreich in meinem Rücken verlieren«, schreibt Gautier, bevor er die Grenze überquert, »und womöglich verliere ich damit auch eine meiner großen Illusionen. Vielleicht verschwindet das Spanien meiner Träume für immer, das Spanien des Romancero, der Gedichte Victor Hugos, der Romane Mérimées und der Erzählungen Alfred de Mussets.«[100] Genau wie Heine Gautier gewarnt hatte, konnte man nichts mehr über Spanien erzählen, wenn man das Land erst einmal mit eigenen Augen gesehen hatte. Dafür aber war dieses Land, was die erwartete Barbarei und Heftigkeit anging, noch viel besser als alles, was sich diese Dichter und Opernkomponisten in ihren Werken ausgedacht hatten. Die zahlreichen Reiseberichte, die zwischen 1840 und 1870 veröffentlicht wurden und immer neue Reisende anlockten, die ihrerseits »neugierig und draufgängerisch« über ihre Eindrücke schrieben, bildeten die Grundlage einer neuen spanischen Mythologie, die nach ihrem Siegeszug durch die Hauptstädte Europas wiederum auf Spanien selbst zurückwirken sollte.

Mit am meisten wunderten sich die Spanienreisenden darüber, wie spärlich besiedelt dieses Land war. Kaum hatten sie die baskischen Gebirge hinter sich gelassen und waren über den Pancorbo-

Pass nach Kastilien gelangt, stellten sie betroffen fest, welche Einsamkeit ringsum herrschte. »Spanien ist auf schreckliche Weise entvölkert. Zur Zeit der Araber hatte es zweiunddreißig Millionen Einwohner, jetzt dagegen sind es nicht mehr als zehn oder zwölf Millionen«,[101] schreibt Gautier, der mit seiner Schätzung, wenigstens was das Jahr 1840 betraf, ziemlich richtig lag – laut der Zählung von 1833 hatte Spanien genau 12.338.283 Einwohner. Woher Gautier wissen will, dass »zur Zeit der Araber« zweiunddreißig Millionen Menschen im Land gelebt haben, ist mir dagegen schleierhaft. Nach den heutigen, notwendigerweise sehr groben Schätzungen, hatte die gesamte Iberische Halbinsel um das Jahr 1000 herum kaum mehr als fünf Millionen Einwohner. Auch dies ist ein oft wiederholter Topos: Viele reisende Romantiker glaubten, Spanien sei so leer, weil seine Bewohner irgendwann verschwunden seien. Dazu verbreiteten sie die Vorstellung von einer Art goldenem Zeitalter während der arabischen Herrschaft in Andalusien. Die Alhambra, Córdoba, Sevilla und die verlorene Pracht all der anderen arabischen Städte ließen sie im traurigen 19. Jahrhundert von einem bevölkerungsreichen Land träumen, das es allerdings nie gegeben hat.

Théophile Gautiers Buch kommt in diesem Zusammenhang eine besondere Rolle zu, weil es viele spanische Schriftsteller beeinflusst hat. Die Übersetzung seines Reiseberichts *Voyage en Espagne* wurde mehrfach wiederaufgelegt und regte für die spätere literarische Konstruktion der Landschaft so wichtige Autoren wie Miguel de Unamuno dazu an, über ihr eigenes Land nachzudenken. Die apokalyptische und Erlösung anstrebende Sichtweise, die die spanische Literatur des 20. Jahrhunderts entwickeln sollte, ist stark von Gautiers hartnäckigem Beharren auf der Ödnis und Unfruchtbarkeit der entvölkerten kastilischen Hochebene beeinflusst. Als er sich Madrid nähert, schreibt der französische Romantiker: »Nirgends auch nur ein Tropfen Wasser, kein Grün, kein einziger Baum; nur gelber Sand und eisenfarbene Felsen. Hat man die Berge hinter sich gelassen, gibt es keine Felsen mehr, sondern bloß noch spitzige Steine, später dann hin und wieder ein staubiges Gasthaus oder einen korkfarbenen Kirchturm, der sich vor dem fernen Horizont abhebt.«[102] In der 1920 erschienenen spanischen Version Enrique de Mesas bekommt die Passage durch die vom Übersetzer getroffene abwertendere

Wortwahl als im Französischen allerdings einen noch viel bedrückenderen, ja verächtlicheren Klang als in Gautiers Originaltext.

Nicht viel anders verfährt derselbe Übersetzer, als Gautier und sein Begleiter nach einem mehrtägigen, sich offenbar quälend hinziehenden Aufenthalt in Madrid in südlicher Richtung weiterreisen und endlich das Gebiet erreichen, in dem sich die Abenteuer des im Buch häufig zitierten *Quijote* zugetragen haben sollen. Das erste zu diesem Gebiet gehörende Örtchen ist Puerto Lápice.

> Puerto Lápice besteht aus einigen mehr als halbverfallenen Hütten auf einer brüchigen, rissigen Hügellehne, die von der Trockenheit in bizarren Mustern ausgefurcht wird. Es ist der Gipfel von Öde und Dürre. *Die einzigen Farben sind die von Kork und Bimsstein. Das himmlische Feuer scheint darüber hinweggefahren zu sein, und ein grauer Staub, fein wie Sandsteinmehl, überzieht noch dazu das Bild.* Der Anblick dieses Elends ist umso deprimierender, als das strahlende Licht eines gnadenlosen Himmels alle Erbärmlichkeit hervorhebt. Die Melancholie unter der Wolkendecke des Nordens ist nichts verglichen mit der gleißenden Trostlosigkeit warmer Länder. Wenn man derart ärmliche Hütten sieht, packt einen das Mitleid mit den Räubern, die vom Plündern zu leben in einer Gegend gezwungen sind, wo man im Umkreis von zehn Meilen nichts findet, um ein Ei zu kochen.[103]

In diesem Absatz lässt De Mesa zwei Sätze weg (siehe meine Hervorhebung): ein bloßes Versehen? Durchaus möglich. Andererseits handelt es sich um eine der wenigen dezidiert poetischen Stellen des Originals, die als solche in der Tat nur schlecht zu dem dezidiert abschätzigen Tonfall passen, den der Übersetzer De Mesa der spanischen Fassung verleiht. Diese Art, mit der sich der Staub wie Mehl über die Landschaft legt, gerade in Puerto Lápice, neben den Windmühlen beziehungsweise Riesen, ist eine klare Anspielung auf den *Quijote*. Der aufgewirbelte Staub, der sich in Mehl verwandelt, evoziert die Stille und Verlassenheit, die zurückbleibt, nachdem Cervantes' Held gegen die Windmühlen angeritten ist. Es ist mindestens erstaunlich, dass De Mesa, der selbst ein von Cervantes' Roman wie der kastilischen Landschaft gleichermaßen besessener Dichter war, von dieser fast schon impressionistischen Formulierung nicht beeindruckt gewesen sein sollte, die im Gegensatz zu dem Widerwillen, ja dem sarkastischen Ekel steht, den Gautiers Bericht vielfach zum Ausdruck bringt. Genau den verstärkt De Mesas Übersetzung jedoch auch hier und im Folgenden immer wieder, sodass man zuletzt geradezu den Eindruck bekommen kann, der frivole und ironische Pariser Romantiker Gautier habe sich unter der Hand seines Übersetzers in einen echt spanischen, durch und durch bodenständigen Regenerationisten verwandelt.

Der in Madrid geborene Dichter Enrique de Mesa (1878–1929) ist eine weniger bekannte Gestalt aus dem Umfeld der spanischen »Generación del 98«. Auch sein großes Thema war Kastilien. Die Lyrik dieses Landschaftsdichters weist eine Verwandtschaft zu der Antonio Machados auf, an dessen Subtilität und Ausdruckskraft er aber nicht heranreicht. Umso grobschlächtiger und manchmal durchaus kitschig kommt sein Patriotismus daher, wenn er die verlorene Größe Kastiliens beschwört und dabei die gloriosen Leichen der heiligen Teresa von Ávila oder des Cid ständig im Schlepptau hat. Heute ist er nahezu vergessen, zu Lebzeiten scheint er jedoch bei Autoren wie Azorín oder Unamuno einen gewissen Anklang gefunden zu haben. Seine Neigung zu spanischen Topoi brachte ihn nicht nur dazu, Gautiers Buch zu übersetzen, auch die erste spanische Fassung von Richard Fords klassischem Handbuch für alle »neugierigen und draufgängerischen« Spanienreisenden stammt von ihm.

Seinem Lyrikband *La posada y el camino* (Die Schänke und der Weg) entstammt das Gedicht *Caminera* (Unterwegs), das später in viele Anthologien aufgenommen wurde. Dort heißt es: »Mittagssonne, Kastilien glüht. / Flaches nacktes Land, kein Wasser und kein Grün, / keine Pappel spendet Schatten, kein Haus gewährt Schutz. / Weiß der Weg, die Augen blind vor Helligkeit.« Betrachtet Gautier die Meseta nicht auf genau die gleiche Weise? Zumindest wenn Gautier Spanisch spricht, denn auf Französisch klingt er nicht ganz so finster, wie wir gesehen haben. Hat sich da der Übersetzer Enrique de Mesa von dem Dichter Enrique de Mesa vereinnahmen lassen? Hat er dem Franzosen Théophile Gautier seine eigene Art der Landschaftswahrnehmung in die Feder diktiert?

Der grausam-verächtliche Blick auf das Hinterland der Iberischen Halbinsel ist ein spanischer Blick. Die Schilderung der Dürre und

Unfruchtbarkeit fällt bei Nichtspaniern nie so drastisch aus wie bei Spaniern. Selbst wenn diese Spanier aus patriotischen Gründen schreiben, also gegen die in Europa verbreiteten Spanienbilder *an*-schreiben, erweisen sie sich als unnachgiebiger und härter als die Darstellungen, die sie angeblich zurückweisen wollen. 1772 erschien der erste Band von Antonio Ponz' *Viage de España* (Reise durch Spanien), ein grundlegendes Referenzwerk der iberischen Reiseliteratur. Obwohl der Autor eigentlich im Regierungsauftrag unterwegs war – er sollte ein Inventar der Kunstschätze erstellen, die man von den Jesuiten im Anschluss an ihre Vertreibung aus Andalusien eingezogen hatte –, trieb ihn mehr noch die Wut über die Lektüre eines Werks des italienischen Klerikers Norberto Caimo an. Dieser hatte sich in seinen *Lettere d'un vago italiano ad un suo amico* (Briefe eines italienischen Herumtreibers an seinen Freund, deutsch unter dem Titel *Briefe eines Italiäners [sic] über eine im Jahre 1755 angestellte Reise nach Spanien*, 1774) über die Spanier lustig gemacht, was man im Umkreis des Königshauses empört aufgenommen hatte. Doch kaum hatte Ponz die ersten paar Reisetage hinter sich, hatte auch er schon mehr als genug von so viel Sonne, Staub und Durst. Nach gerade einmal zehn Seiten (der insgesamt achtzehn Bände, die das Werk, das sämtliche Regionen des Landes behandelt, schließlich umfassen sollte) fängt Ponz an, sich zu beklagen. Doch weil er ja eigentlich einen Bericht abliefern soll, haben die Klagen zumeist die Form von Empfehlungen durch einen pflichtbewussten Staatsbeamten. Im ersten Brief, der die Reise von Madrid nach Toledo schildert, wiederholt er unaufhörlich, dass er nirgendwo Bäume oder bebaute Felder vorfinde, dass die fruchtbaren Auen nicht genutzt würden und das viele Ödland ihm Kummer bereite. Als konstruktiv denkender Reformer erklärt er dabei immer wieder, an welchen Stellen man Bäume pflanzen solle, damit der Wanderer seinen Weg nicht in der prallen Sonne zurücklegen müsse.

Für die Angehörigen meiner Generation ist das Waldsterben ein gängiges Thema. Wir sind mit den ersten Werbekampagnen des Instituto para la Conservación de la Naturaleza (Icona, Institut für den Erhalt der Natur) groß geworden, die von Joan Manuel Serrats Lied *Todos contra el fuego* (Alle gegen das Feuer) begleitet wurden. Jahr für Jahr bombardierte man uns mit der Anzahl verbrannter

Hektar Waldfläche, und regelmäßig kamen Feuerwehrleute in die Schule und erklärten, was zu tun sei, um Waldbrände zu verhindern. Daraufhin hielten wir ebenso regelmäßig Ausschau nach den Wäldern, von denen die Feuerwehrleute gesprochen hatten. Vom Klassenzimmer aus waren allerdings nur Felder zu sehen, und dahinter Gestrüpp und Ödland. Im Naturkundeunterricht gab sich unser sehr engagierter Lehrer große Mühe, klarzustellen, dass die mickrigen Kiefern und die Brombeerhecken dazwischen, die es in der Umgebung gab, ein Beispiel für den sogenannten »mediterranen Wald« waren. Meine Generation, also die auf die Baby-Boomer folgende, wuchs mit allen möglichen Ersatzstoffen und den No-Name-Produkten aus dem Supermarkt auf. Dazu gehörte auch die Margarine-Sorte *Tulipán*, die angeblich besser und gesünder als Butter war, weshalb unsere Eltern sie in bester Absicht ständig einkauften. Wenn die fade *Tulipán*-Margarine als Ersatz für cremige Butter durchgehen konnte, wieso sollte dann der mediterrane Wald nicht auch ein Wald sein? So dachten es sich wenigstens unsere Lehrer, überzeugen konnten sie uns damit aber nicht – das, was wir von zu Hause mitbrachten, hinderte uns daran.

Denn unsere Eltern lasen uns die Märchen der Gebrüder Grimm oder auch die von Hans Christian Andersen vor, und die meisten davon spielten in richtigen Wäldern, wo es dunkel war unter den vielen Laubbäumen, die jede Menge Verstecke boten, in denen böse Wölfe und Hexen einem auflauern konnten. Wir wussten also, was ein Wald war, wir hatten eine klare Vorstellung davon, was man in Europa unter einem Wald verstand, und ließen uns nicht mit irgendwelchen mediterranen Ersatzwäldern abspeisen. Das war auch unseren Lehrern klar, aber die mediterranen Wälder standen nun einmal auf dem Lehrplan, und so führte kein Weg an ihnen vorbei. Und das, obwohl unsere Lehrer genau wie wir Schüler mit der ständigen Klage über die uns umgebende Einöde und den Mangel an Bäumen aufgewachsen waren. Ebenso wie wir alle nicht nur einmal die Geschichte von jenen fernen Zeiten gehört hatten, in denen ein Eichhörnchen – oder, je nachdem, wer die Geschichte erzählte, auch ein Affe –, von Baum zu Baum springend oder sich hangelnd, von Irún bis Cádiz die gesamte Iberische Halbinsel hatte durchqueren können, ohne ein einziges Mal den Boden zu berühren. Jedes Mal wenn wir als Familie mit dem Auto in der Meseta unterwegs waren, erinnerte sich einer von uns daran. Wie schade. Wo waren nur all die Bäume geblieben?

Meine Generation war die letzte, die die Geschichte mit dem Eichhörnchen und dem Wald noch geglaubt hat. Meinem Sohn habe ich sie nicht erzählt, und ich denke, die anderen Eltern aus meiner Generation werden es genauso halten. Ich selbst habe einst eine Variation dieser Geschichte von dem Naturforscher Félix Rodríguez de la Fuente gehört, der sie in der Doku-Serie *El hombre y la tierra* (Mensch und Erde) zum Besten gab: »In längst vergangenen Zeiten war Spanien das reinste Waldparadies. Ein Kaiseradler, der König unserer Waldvögel, hätte beim Flug über die Iberische Halbinsel unter sich nichts als einen endlosen grünen Teppich aus Laub- und Nadelwäldern gesehen. Heute bleiben dem Adler als Rückzugsgebiet nur mehr die letzten Überreste dieser Wälder in den Pyrenäen und dem Kantabrischen Gebirge, früher dagegen stand ihm die ganze dicht bewaldete Iberische Halbinsel zur Verfügung.«[104]

Kein Mensch weiß, woher das verflixte Eichhörnchen in den endlosen grünen Wäldern Spaniens kommt. In den historischen Quellen, insbesondere Strabons Beschreibungen der Hispania als eines ausgedehnten Gebiets voller Berge und Wälder, taucht es jedenfalls nicht auf. Plinius der Ältere dagegen, der glaubwürdiger scheint, da er sich zu allem sehr viel ausführlicher äußert, schreibt in seiner *Naturgeschichte* über »die natürliche Art, das Gold zu finden«: »Die trocknen und unfruchtbaren Berge von Spanien, auf welchen sonst nichts wächset, werden zu diesem Gute fruchtbar zu seyn gezwungen.«[105]

So leid es mir tut, dem Kind in mir zu widersprechen, das sich einst von der altmodisch-onkelhaften Stimme eines Félix Rodríguez de la Fuente bezaubern ließ: In Wirklichkeit hat dieser nur dazu beigetragen, einen Mythos zu verfestigen. Denn neueste Untersuchungen zeigen, dass das genaue Gegenteil richtig ist: Noch nie hat es in Spanien so viele Bäume gegeben wie heute.[106]

Die spanischen Schriftsteller haben sich stets für die Kargheit ihrer Landschaft geschämt und ihr ironische und abschätzige, ja grausame Seiten gewidmet. Selbst wenn sie bloß nüchtern und knapp auf die sie umgebende Wüstenei verwiesen, geschah dies oft mit einem spöttischen Unterton. Obwohl sich derlei Äußerungen schon in den Epigrammen Martials und mittelalterlichen Texten finden lassen, ist die Landschaft doch eine ziemlich moderne Erfindung, weshalb das explizite Nachdenken über sie auch erst spät einsetzte. Im *Quijote* kommt es gelegentlich vor, aber stets nur am Rande und mehr oder weniger unvermittelt. In unserem Zusammenhang ist allerdings weniger der Inhalt dieser vereinzelten, sorglos und hastig aufgezeichneten Stellen von Bedeutung. Wichtiger scheint der Einfluss, den die durch Cervantes' Text vermittelte Sichtweise insgesamt auf die eigentlichen Erfinder der spanischen Landschaft, von den Romantikern des 19. Jahrhunderts bis hin zu Julio Llamazares, ausgeübt hat.

Gleich nach der Episode mit den Windmühlen machen Don Quijote und Sancho sich auf den Weg nach Puerto Lápice. Dabei erzählt Don Quijote die Geschichte des Ritters Diego Pérez de Vargas, der sich einen dicken Ast von einer Steineiche brach »und damit so viele Mauren zu Matsch zerschlug, dass er den Beinamen Machuca erhielt.« (*machacar* = zerstampfen, zerquetschen, Anm. d. Ü.) »Das erzähle ich dir«, fährt Don Quijote fort, »weil ich der ersten Stein- oder Stieleiche, die mir begegnet, ebenfalls einen Ast ausreißen will, und zwar einen so tüchtigen, wie er mir vorschwebt. Und so gewaltige Heldentaten will ich damit vollbringen, dass du dich glücklich schätzen kannst, sie sehen zu dürfen und Zeuge von Taten zu sein, die kaum zu glauben sind.« Diese Unterhaltung findet am Mittag statt, denn Sancho fängt kurz darauf an, zu essen. Im folgenden Absatz heißt es dann: »Schließlich schlugen sie ihr Nachtlager im Schutz eines Wäldchens auf, und Don Quijote brach sich einen dürren Ast ab, der halbwegs als Lanze durchgehen konnte«.[107]

Anders gesagt, sie sind fünf bis acht Stunden unterwegs gewesen, ohne an einem einzigen Baum vorbeizukommen, und als sie schließlich doch noch auf ein paar Bäume stoßen, haben diese Don Quijote gerade einmal »einen dürren Ast« zu bieten, der es nicht im Entferntesten mit dem dicken Prügel des Machuca aufnehmen kann. Man braucht weder Winkelmaß noch Taschenrechner und auch keine interdisziplinäre Forschergruppe von der Universidad Complutense, um den Witz zu begreifen. Wie so oft im *Quijote* versteckt sich der Humor hier inmitten ausschweifender Ansprachen und Unternehmungen und entgeht deshalb den Lesern nur allzu leicht. Cervantes hat nicht nachgemessen, wie viele Meilen es von den Mühlen bis zu dem Wäldchen sind. Er hat den Weg nicht auf einem Esel zurückgelegt, um sich der Exaktheit der geografischen Angaben zu versichern. Wie an anderen Stellen verweist er bloß darauf, dass die Mancha eine arme, schattenlose und unwirtliche Gegend ist. Aber nicht nur das: Die Mancha ist auch lächerlich, der reinste Witz, die Parodie einer Landschaft, so wie Dulcinea von Toboso die Parodie einer feinen Dame und Don Quijote und Sancho Panza Parodien eines Ritters und seines Schildknappen sind. Cervantes geht davon aus, dass seinen Lesern der Mangel an Bäumen bekannt vorkommen wird, er weiß um die Scham, die die Spanier ob der Dürre und Wüstenhaftigkeit ihres Landes empfinden. Trotzdem oder gerade deshalb wissen Steppenbewohner wie sie einen guten Witz über ihr baumloses Ödland zu schätzen, wo sie es sich im Innern ihrer weiß gekalkten Häuser, einen Tonkrug mit Wasser in Reichweite, so gut wie möglich eingerichtet haben.

Dass die Mancha die Parodie einer Landschaft darstellen und humoristische Wirkung entfalten soll, ist von Anfang an klar: »Doch dann fiel ihm ein, dass sich der tapfere Amadís nicht damit begnügt hatte, bloß Amadís zu heißen, sondern den Namen seines Reiches und Landes hinzugefügt und sich ihm zum Ruhm Amadís von Gallien genannt hatte. Als guter Ritter wollte er deshalb seinem Namen ebenfalls den seiner Heimat beifügen und nannte sich Don Quijote von der Mancha, denn so bekannte er sich trefflich zu seinen Vätern und seiner Heimat, die er ehrte, indem er sie als Beinamen wählte.«[108] Damit ist seine Verwandlung in einen Helden abgeschlossen, diese Namensgebung ist die letzte in einer Reihe von grotesken Vorbereitungsmaßnahmen, zu denen die Wahl eines dürren Kleppers als Reittier, das Anlegen einer Rüstung aus verrostetem Schrott und die Ausstattung mit Waffen aus umfunktionierten Ackergeräten gehört. Hätte Cervantes sich einen Ort in Alt-Kastilien zur Heimat seines fahrenden Ritters erwählt, wäre der komische Effekt verpufft. Don Quijote von Montes de Oca, Bierzo, Gredos oder Zamora hätte keinen Sinn ergeben. Die Mancha dagegen ist nicht nur ein Teil Neu-Kastiliens, also einer Region, der nur niederer Adel ohne in Heldenliedern besungene Vergangenheit entstammt (Quijote ist ein Hidalgo ohne Ländereien, die unterste Stufe der spanischen Aristokratie); sie steht auch für eine der ödesten Gegenden des Landes. Auf deren gefährlichen Wegen begegnen Don Quijote und Sancho lauter unguten Gestalten – schmutzigen und betrügerischen Gastwirten, Prostituierten, Banditen, Galeerensträflingen, Ziegenhirten, die sie mit ihren Knüppeln halbtot schlagen, Grobiane, die Kinder misshandeln ... Hier in der Mancha, sozusagen am Ende der Welt, können ausschließlich schreckliche oder lächerliche Dinge geschehen.

Am Anfang des Buches wird angedeutet, dass die Sonne schuld an den Wahnvorstellungen des Ritters sein könne, ihre Glut habe ihm das Hirn verbrannt. Diese Wahnvorstellungen gehen nur selten so weit – und werden zugleich so gut beschrieben – wie im Fall seiner Begegnung mit Maritornes, deren Name in den allgemeinen Sprachgebrauch eingegangen ist als Bezeichnung für »eine hässliche, ordinäre, wie ein Mann wirkende Dienstmagd«, wie es im Wörterbuch der Real Academia Española heißt. Es lohnt sich, die Schilderung des nächtlichen Aufeinandertreffens von Don Quijote und der jungen Frau aus Asturien genauer in den Blick zu nehmen: »Die Haare, die eher nach dem Rosshaar schlugen, nahm er für Fäden funkelnden Goldes aus Arabien, dessen Glanz sogar die Sonne verfinsterte, und wenn ihr Atem auch gewiss nach abgestandenem, saurem Fleischsalat mit Zwiebeln roch, war ihm, als wehte aus ihrem Munde ein lieblicher, aromatischer Hauch. (...) So groß war die Blindheit des armen Edelmanns, dass ihn weder Tastsinn noch Geruch, noch sonst etwas an solch feiner Dirne ernüchtern konnten, hätte es darüber auch den stärksten Mann gekotzert, der nicht gerade Maultiertreiber war. Doch ihm schien, als hielte er in seinem Arm der Schönheit Göttin.«[109]

Die Differenz in der Wahrnehmung von Romanfigur und Erzähler, die Distanz zwischen Gesehenem und Imaginiertem, die sich in der parallelen, aber auseinanderfallenden Beschreibung der Maritornes zeigt, prägt den gesamten Text. Die Leser schlagen sich auf die Seite des Erzählers, weil der vernünftig ist und sieht, was tatsächlich los ist. Dieser besserwisserische Erzähler wiederum macht es den Lesern leicht, sich mit ihm zu identifizieren, ist er doch seinerseits darauf aus, sich jene zu Komplizen zu machen, die wissen, wie es auf der Welt zugeht. Cervantes – oder Cide Hamete oder welches Heteronym auch immer – nimmt die Wirklichkeit geradewegs in den Blick, Don Quijote sieht entschlossen an ihr vorbei. Nicht Don Quijote und

Sancho verkörpern das Gegensatzpaar Wahn und Normalität, heißt es von dem Schildknappen doch, dass er für die Sache der Wahrheit verloren ist, weil er, obwohl er im selben Ort wie der Hidalgo wohnt, ihn seit jeher kennt und über sein bisheriges Leben ziemlich genau Bescheid weiß, diesem seine Wahnvorstellungen abnimmt und nicht daran denkt, sie zurückzuweisen. Und dies, obwohl ihm das jede Menge Leid und viel Prügel einbringt. Der Kampf zwischen Verrücktheit und Vernunft wird vielmehr zwischen Don Quijote und dem Erzähler des Buches ausgetragen, und das Publikum ist dabei nicht neutral. Für Cide Hamete ist es ein Heimspiel, er weiß die Leser auf seiner Seite. Deshalb zwinkert er ihnen immer wieder zu, stachelt sie an, ermuntert sie, sich über den lächerlichen Hidalgo lustig zu machen, auf den er seinerseits unablässig eindrischt. Dies hat einen verhängnisvollen Einfluss auf den Blick gehabt, mit dem die Spanier den leeren Teil ihres Landes betrachten. Denn Maritornes steht paradigmatisch für alles, was Don Quijote sieht, berührt, riecht und erleidet.

Der Roman war ein Erfolg und blieb es nach dem Tod seines Autors. Erst im 18. Jahrhundert aber erfolgte die regelrechte Heiligsprechung des Romans. Genauer gesagt während der Regierungszeit des Bourbonen Karl III., der die Grundlagen des modernen spanischen Staates schaffte. 1780, als Madrid allmählich aufhörte, ein »Kaff mitten in der Mancha« zu sein, wie der Schriftsteller Ramón de Mesonero Romanos sich noch im 19. Jahrhundert ausdrückte, und sich anschickte, mit anderen europäischen Großstädten gleichzuziehen – jedenfalls, was Marmorstatuen und öffentliche Gebäude anging –, da gab die Real Academia bei dem Verleger Joaquín Ibarra die erste kritische Ausgabe des *Quijote* in Auftrag. Samt Stichen, mehreren Vorworten, philologischen Kommentaren und biografischen Angaben zum Autor. Seitdem sind der spanische Staat und der *Quijote* in einer geradezu symbiotischen Beziehung miteinander verbunden. Cervantes' Roman verwandelte sich quasi in die offizielle Sichtweise Spaniens seiner selbst. Und in der spanischen Literatur führt seither kein Weg mehr an diesem Buch vorbei. Alle spanischen Schriftsteller und Künstler fühlen sich gleichermaßen bemüßigt, sich mit diesem Werk auf die eine oder andere Weise auseinanderzusetzen. 1780 beginnt ein Dialog, der bis heute nicht abgeschlossen ist und unter dessen

Auswirkungen wir weiterhin leiden. Seit 1780 sehen alle Spanien zwangsläufig durch den Filter des *Quijote*. Selbst die, die das Buch gar nicht gelesen haben. Keine moderne Überlegung zur Vergangenheit, Gegenwart oder Zukunft Spaniens kommt ohne Rücksichtnahme auf die cervantinische Perspektive aus. Was zu vielen Missverständnissen und Schwierigkeiten im Umgang mit der spanischen Landschaft geführt hat, zu einem »Maritornes-Syndrom«, wenn man so will.

Der Einfluss des Buchs hat dafür gesorgt, dass die Art, wie der Erzähler des *Quijote* die Dinge betrachtet, gemeinhin als normale, korrekte, intelligente und angemessene Sichtweise gilt. Weshalb in der spanischen Kultur bis heute ein Zynismus, eine Distanziertheit, ja eine gewisse Aggressivität vorherrschen, wie sie in anderen europäischen Kulturen selten zu finden sind. Shakespeare, Molière oder Dante sind frei von der Schärfe, dem Hochmut und der Ironie von Cervantes. Selbst wenn sie anfangen zu moralisieren, fallen ihre Sittenbilder um einiges freundlicher und wohlwollender aus oder werden hinter Anspielungen und Codes verborgen, die mit der klassischen Tragödie oder religiösen Archetypen verknüpft sind. Dante wählte die Form der Allegorie, Shakespeare den Mythos und die Tragödie, während Molière, der Cervantes am nächsten steht, sich zum Kritiker der, wie ein Marxist sagen würde, herrschenden Klasse aufschwang. Der *Quijote* dagegen präsentiert eine Welt der Armen und Marginalisierten. Amoralität und Hässlichkeit sind dort feste Eigenschaften der unteren Schichten. Eine Figur wie Maritornes wäre bei Molière undenkbar. Dessen *Lächerliche Preziösen* etwa sind adlige Dämchen, deren unerträgliche snobistische Dummheit bloßgestellt wird. Im *Tartuffe* wiederum wettert er gegen die Kurie, während sein *Menschenfeind* ein verbitterter Adliger ist. Eine jakobinisch-marxistische Lesart Molières als Teil einer Fünften Kolonne im Kampf gegen das *Ancien Régime* wäre wohl ohne Weiteres möglich. Doch selbst hartnäckigen Verfechtern einer Propagandaliteratur im Stil von Gorkis *Mutter* dürfte es schwerfallen, Cervantes' Text in eine Kampfschrift gegen die Tyrannei des Adels umzudeuten. Man kann das vielleicht trotzdem machen, und es ist auch gelegentlich versucht worden, aber Cervantes' Ironie und sein verschlagener Humor sind letztlich gegen jeden noch so gutgemeinten Vereinnahmungsversuch gefeit. Im *Quijote* gibt es für Maritornes kein Erbarmen.

Uns Bewohnern der westlichen Welt des 21. Jahrhunderts scheint der gehässige Blick des Erzählers auf Maritornes jedoch keineswegs angemessen. Ja, wir können es womöglich sogar nachvollziehen, dass Don Quijote sie schön findet, weil wir nicht mehr daran glauben, dass es ein objektives Schönheitsideal gibt, und wir im Gegenteil überzeugt sind, dass jeder Mensch für irgendwen schön sein kann. Sich über hässliche Menschen lustig zu machen, und erst recht über hässliche Menschen, die sich für schön halten, gilt heute zu Recht als geschmacklos.

Das Maritornes-Syndrom ist in der spanischen Kultur weit verbreitet. Spanien selbst ist immer wieder als »hässliche, ordinäre, wie ein Mann wirkende Dienstmagd« dargestellt worden, und wer das Land mit Don Quijotes Augen hat sehen oder ihm wenigstens Verständnis, ja Empathie hat entgegenbringen wollen, musste sich oftmals als Einfaltspinsel, Spießer, wenn nicht Faschist bezeichnen lassen. An der Vorstellung, dass das »Vaterland« bestenfalls eine böse Stiefmutter sein kann, ist offensichtlich nicht zu rütteln. So spielt die spanische Literatur stets an öden Schauplätzen, wo nicht ein Baum wächst, weshalb man diese Landschaft nur mit einem Höchstmaß an Verachtung beschreiben kann.

Aus eben diesem Grund machten sich Gustavo Adolfo Bécquer und die anderen spanischen Romantiker, als sie darangingen, die spanische Landschaft zu erfinden, auf die Suche nach Gegenden, die vom Einfluss des *Quijote* unberührt waren. Was sich als gar nicht so einfach erwies, gab es auf der kastilischen Hochebene doch kaum einen Ort, an dem der Hidalgo und sein Knappe nicht irgendwann vorbeigekommen wären. Weshalb Bécquer sich schließlich in die Berge schlug. Von der Höhe des Moncayo aus konnte er endlich eine weniger grausame und dafür umso empfindsamere Iberische Halbinsel ins Bild setzen, mit allen möglichen Schattierungen und Nuancen. Bei Cervantes (und für Pérez Galdós, Valle-Inclán, Baroja, ja selbst für Lorca gilt dasselbe) liegt die Welt im grellen Licht der im Zenit stehenden Sonne, die die Falten, Pickel und Haare auf Maritornes' Haut überdeutlich sichtbar macht. Bei Bécquer dagegen bekommt alles eine neue Färbung. Behutsam richtet er die Scheinwerfer aus und vermindert die Lichtstärke, sodass Maritornes' Gesichtszüge, von einem Mondstrahl gestreift, geheimnisvoll, begehrenswert, sinnlich werden. Wo die Ortsansässigen über Jahrhunderte nichts als eine feindlich-kahle Bergwelt vor Augen hatten, zeigt Bécquer, indem er durch die Brille der Dichtung der deutschen Romantik blickt, dass man mithilfe von ein wenig Schminke, der richtigen Perspektive, Dämmerlicht und einem gut geschnittenen Kleid Maritornes zur Ballkönigin machen kann. Wo Cervantes hemmungslos auf das Gelächter des Kneipenpublikums abzielt, erzählt Bécquer flüsternd das Märchen vom Aschenputtel. Dafür muss er sich Cervantes' Einfluss entziehen. So entwickelt sich das romantische Spanien von den Rändern aus und nimmt von dort nach und nach den mühsamen Kampf gegen den *Quijote* und das Maritornes-Syndrom auf.

Im Vergleich zu den englischen und französischen Schriftstellern wie Malern, die sich der künstlerischen Vermessung der Landschaft widmeten, hatten es ihre spanischen Kollegen im 19. und 20. Jahrhundert wesentlich schwerer. Bevor sie sich an die Arbeit machen konnten, mussten sie zunächst ihr Publikum davon überzeugen, dass ihr Gegenstand die Beschäftigung mit ihm überhaupt verdiente. Eine Gruppe von Intellektuellen unternahm damals geradezu theologische Anstrengungen, um eine Art Epistemologie der spanischen Landschaftsdarstellung zu begründen. Die in den Jahren vor 1936 von Unamuno, Machado, Ortega y Gasset, Marañón, Azorín und anderen mit scholastischer Hartnäckigkeit errichteten Gedankengebäude stellen einen Versuch dar, das Maritornes-Syndrom zu überwinden. In Frankreich hielt man sich mit derlei nicht lange auf – Proust brauchte seine Leser nicht davon zu überzeugen, dass die Umgebung von Combray schön ist. Unamuno dagegen muss sich anstrengen, damit wir Leser uns auf die Idee einlassen, dass die »hässliche, ordinäre, wie ein Mann wirkende Dienstmagd« ebenso aufrichtige Verse verdient haben könnte wie Petrarcas Laura.

Ohne Cervantes gänzlich hinter sich zu lassen, führen zwei quijoteske Reiseberichte vor, wie der moderne Blick auf die Landschaft das Maritornes-Syndrom abstreifen kann. In beiden Fällen handelte es sich um journalistische Auftragsarbeiten. Den ersten, hier bereits zitierten Bericht *Auf den Spuren Don Quijotes* verfasste Azorín im April 1905 für die Tageszeitung *El Imparcial*. Der zweite stammt von Julio Llamazares und erschien im Juli und August 2015 unter dem Titel *El viaje de don Quijote* (Don Quijotes Reise) in der Tageszeitung *El País*.

Azorín und Llamazares sind zwei große Erfinder der spanischen Landschaft, und an der Art, wie sie sich im Abstand von einhundertzehn Jahren in der Mancha selbst Cervantes' klassischem Text zuwenden, lässt sich die so tiefgreifende, problematische und geradezu religiöse Beziehung der Spanier zur zentral gelegenen Gegend ihres Staatsgebiets perfekt zusammenfassen.

Azorín kann neben Unamuno und Machado als Erfinder Kastiliens betrachtet werden. Es ist durchaus bemerkenswert, dass ausgerechnet ein Baske, ein Valencianer und ein Sevillaner, also drei von den Landesrändern, von der Küste stammende Autoren, die ihnen doch fremde Landschaft der Meseta konstruiert haben. Alle drei entdeckten Kastilien erst als Erwachsene, ihre Erkundungen sind also frei von sehnsuchtsvollen Erinnerungen aus Kindertagen. Ihre Liebe zu Kastilien beruht auf einer Wahlverwandtschaft. Dass sie vom Atlantik oder dem Mittelmeer kamen, mag dazu beigetragen haben, dass alle drei die kastilische Hochebene als Ozean oder Meer aus Erde betrachteten. Julio Llamazares dagegen ist aus León. Seine Beziehung zu den Landschaften des leeren Spanien ist um vieles persönlicher und ursprünglicher. Als Azorín den Auftrag erhält, auf den Spuren des *Quijote* die Mancha zu bereisen, spricht er davon, dass er dort »auf Spähposten« gehen werde. Es geht ihm allerdings nicht darum, feindliche Truppenbewegungen auszuspähen, er erklimmt vielmehr unterwegs jeden sich bietenden Aussichtspunkt, um Dinge in den Blick zu bekommen, die von unten, auf dem flachen Erdboden stehend, nicht zu erkennen wären, ist es doch seine – wenn auch unerklärte oder nur implizit angedeutete – Absicht, auf dieser quijotesken Reise das Maritornes-Syndrom zu überlisten. Er versucht, sich buchstäblich einen Überblick über diese Landschaft zu verschaffen, um ihr gerecht zu werden und weder dem boshaft-spöttischen Blick Cide Hametes noch dem träumerisch-überdrehten Don Quijotes anheimzufallen.

Azorín hat Richard Fords ebenso wie Théophile Gautiers Reiseberichte gelesen. Er kennt die Beschreibungen der Meseta von der Hand der reisenden Romantiker, weiß, wie stark sie sich an Cervantes' Schilderungen anlehnen. In seinem eigenen Text versucht er stattdessen, die Grausamkeit des traditionell gezeichneten Bildes abzumildern. Von einer Mühle in Campo de Criptana in die Ferne blickend – vermutlich gehört sie zu der Gruppe von Mühlen, mit denen Don Quijote einst den Kampf aufnahm –, hält Azorín fest: »Ich spähe durch eines dieser Fenster auf die große, unendliche, rote, stellenweise grünliche Ebene; die gelblichen Wege verlieren sich in weiten Windungen; weiße Mauern blitzen in der Ferne; der Himmel hat sich mit grauen Wolken bedeckt; es heult der Sturm. Und auf einem Pfad, der den Abhang kreuzt, nähert sich eine Gruppe schwarz gekleideter Frauen mit über den Kopf geschlagenen Röcken. Sie sind heute Morgen – also am Freitag der Fastenzeit – an einen entfernten Wallfahrtsort gewandert, um dem Christus von Villajos die Füße zu küssen. Nun kehren sie heim, durch die öde rote Ebene, langsam, düster, nachdenklich, traurig ...«[110]

Hier ist eine große, kontrastreiche Farbpalette im Spiel. Vor einem roten Untergrund leuchten grüne, gelbe, weiße Flecken auf. Grautöne am Himmel und sich bewegende schwarze Flecken, die auf die Anwesenheit von Menschen verweisen. Obwohl das Adjektiv »eintönig« häufig in Azoríns Buch vorkommt, sind seine Beschreibungen nicht nur lebhaft und vielfarbig, sondern halten auch stets Ausschau nach etwas, das es nach allgemeiner Ansicht hier gar nicht gibt: das Grün. Wie auf den Wimmelbildern der *Wo ist Walter?*-Kinderbücher sucht Azorín in der weiten Ebene der Mancha nach Bäumen. Und fast immer findet er welche. Selbst wenn es sich um noch so winzige grüne Fleckchen handelt, seinem Auge entgeht nichts. Alles, was die Monotonie der Ackerfurchen und Brachfelder unterbricht, wird von ihm verzeichnet und mit fachkundig-botanischem Vokabular gefeiert. Auf dem Weg zur Höhle von Montesinos etwa schreibt er: »Und auf den dunkeln, finstern Hügeln die zähe aufstrebende Vegetation von wildem Rosmarin, Thymian und Mastixbäumen. Dornbüsche breiten sich in weitläufigen Flecken aus, und die Steineichen mit ihren harten, unbeugsamen Stämmen erheben ihre aschgrauen Wipfel, die rund und kraftvoll vom tiefen Blau abprallen ...«[111]

Natürlich aber handelt es sich hier um Azorín, um einen Vertreter der »Generación del 98«, und wir schreiben das Jahr 1905: Natürlich gibt es hier ebenso eine nationale, ja nationalistische Mystik, eine Lehre, eine nur allzu bekannte ideologisch-moralische Programmatik. Die aus der kargen menschenleeren Landschaft das Bild eines ur- und eigentümlichen, anarchistischen und imperialen Charakters zieht. Die die Eroberung Mexikos durch die Art erklärt, wie sich die Steineichen der Extremadura den Elementen entgegenstemmen, weil Hernán Cortés und diese Steineichen derselben Erde entstammen. Ja, sogar die Umrisse des späteren Programms der spanischen Falange zeichnen sich ab, wenngleich ungewollt, in ihrer Mischung aus fundamentalistischer Teresa-von-Ávila-Verehrung und großtuerischem Gehabe von Soldaten, die mit knurrendem Magen aufs Frühstück warten: »In dieser rauen, wilden, ungebrochenen Erde liegt eine Kraft, eine düstere Herbe, eine unbesiegte Selbstherrlichkeit, die uns an Eroberer, Krieger, Mystiker, an erlesene, einsame, erleuchtete, Furcht gebietende Seelen ferner Zeiten erinnert.«[112] Was soll's, Azorín und Konsorten betrachteten die Landschaft nicht um des Betrachtens willen, sie wollten etwas beweisen. Sie stiegen nicht auf die Berge, um ein paar Farben zu entdecken, nein, sie wollten eine im Verborgenen schlummernde ewige Seele aufspüren und sie mit archaischen Adjektiven und Anrufungen zu neuem Leben erwecken. Sie waren Kinder des 19. Jahrhunderts und glaubten, die Landschaft bringe den Menschen hervor, nicht umgekehrt. Vermutlich haben die späteren Katastrophen der spanischen Geschichte dazu geführt, dass sich das Augenmerk der Spezialisten bloß auf die mystische Dimension dieser Texte gerichtet hat, die in denen Unamunos noch viel ungehemmter zum Ausdruck kommt, wohingegen sie bei Machado nahezu unsichtbar bleibt. Ich jedoch interessiere mich viel mehr für die subtile Art, mit der Azorín sanfte grüne und blaue Tupfer über die graubraun-weißliche Meseta verteilt.

In Puerto Lápice »gibt es von Zeit zu Zeit, wie zu vorübergehender Erheiterung, ein schlankes Pappelwäldchen, ein paar mächtige Erlen, die sich undeutlich, verschleiert abheben in der trüben Morgenluft.«[113] Stets ist Azorín auf der Suche nach Bäumen, und wenn er keine findet, überkommt ihn Verzweiflung: »Mein Blick schweift über diese eintönige Ebene, nicht ein Baum ist zu sehen.«[114] Ohne Grün löst sich die Verbindung zur Erde, und der Geist verliert sich »in die Regionen von Traum und Wahn. Wie sollte man sich hier nicht jeder Bande entledigt fühlen? Wie sollte man nicht ein geheimes Etwas, eine Sehnsucht, die wir nicht fassen können, ein unbestimmtes, übermächtiges Verlangen in der Seele aufsteigen fühlen? Diese Unruhe, diese Beklemmung, das ist die gelbe, rötliche Ebene, ohne jede

Erhöhung, die sich unter dem wolkenlosen Himmel breitet, um in entrückter Ferne den blauen Schleier der Höhen zu berühren. Und diese Unruhe, diese Beklemmung ist die tiefe, feierliche Stille der ausgestorbenen, verlassenen Felder.«[115]

Azorín ist den amerikanischen Hippies und der Beat Generation um Jahrzehnte voraus. Fünfzig Jahre vor Jack Kerouac und Kollegen lässt er sich von der Hitze, Einsamkeit und endlosen Weite in einen veränderten Bewusstseinszustand versetzen. Man glaubt fast, einen kalifornischen Buddhisten vor sich zu haben, der es mit dem Peyote-Essen ein wenig übertrieben hat. Ja, man könnte hier boshaft folgern, dass auch die Bäume und Farben, die Azorín an anderen Stellen seines Berichtes schildert, in Wirklichkeit von der Weite der Mancha hervorgerufene Halluzinationen sind. Wie dem auch sei, der Berichtende fühlt sich von diesem Ort keineswegs abgestoßen, sondern im Gegenteil heftig angezogen. Er flucht nicht darüber, wie trocken, heiß und staubig es hier ist. Er beklagt sich über nichts, bejubelt, was ihn umgibt, erklärt sich mit allem einverstanden, so wie es sich zeigt. Er befreit sich vom Maritornes-Syndrom, indem er sich kurzerhand in Maritornes verliebt. Selbst wenn er dafür einem eigentlich für Don Quijote typischen Sehnen und Drängen nachgeben muss.

So wie Azorín der von ihm beschriebenen Landschaft die Härte und Rauheit nimmt, lässt er auch Figuren darin auftreten, die das genaue Gegenteil der Schurken und Bösewichter darstellen, mit denen es Don Quijote und Sancho in eben dieser Gegend zu tun bekommen. Das gilt besonders für die Frauen: »Juana María ist die echte Tochter der Mancha. Und wenn eine Frau von reinem manchegischem Blut ist, wie Juana María, so ist sie mit einem feinen, scharfen, klugen Geiste begabt, so durchdringend, als eine Frau ihn überhaupt besitzen kann.«[116] Einem Cide Hamete würde es im Traum nicht einfallen, etwas Derartiges über Aldonza Lorenzo, Maritornes oder die Gattin Sancho Panzas zu äußern, auch wenn Maritornes zugegebenermaßen nicht aus der Mancha, sondern aus Asturien stammt. Auf jeder Seite seines Berichts ergeht Azorín sich in Freundlichkeiten, die die Sprödigkeit der von ihm bereisten Gegend und deren Bewohnern nicht infrage stellen, sehr wohl aber die Art, wie Cervantes sich über sie äußert. Er hebt die ironische Distanz auf – Azoríns Ironie ist ohnehin so arglos, dass man sie kaum als solche bezeichnen kann – und zeichnet stattdessen ein Sittenbild, das »stellenweise«, um es mit einem häufig von ihm verwendeten Ausdruck zu sagen, ins allzu Wohlgefällige, um nicht zu sagen: Kitschige abgleitet und trotzdem nie ganz und gar wohlgefällig oder kitschig wird.

Aber Azorín vollzieht nicht nur einen stilistischen Bruch. Vor der Abreise in die Mancha lässt sein Auftraggeber, der Direktor der Zeitung *El Imparcial*, José Ortega Munilla – der Vater des Philosophen José Ortega y Gasset –, ihn zu sich ins Büro kommen, um ihm einige Anweisungen und außerdem einen kleinen Revolver zu geben, den er aus einer Schublade holt, »für den Fall des Falles«, wie er dazu sagt. In seinem Bericht lässt Azorín diese Episode unter den Tisch fallen. Dass er bewaffnet unterwegs war, erwähnt er mit keinem Wort. Erst 1941, viele Jahre nach Veröffentlichung des Buches, hat er davon erzählt. Ortega Munilla übergab ihm die Waffe, weil es in Spanien außerhalb der großen Städte seiner Vorstellung nach gefährlich, wild und feindselig zuging. Eigentlich nicht der richtige Ort für einen gutsituierten jungen Dichter in Anzug und Hut. Dass dieser die Waffe nicht erwähnte und sich umso hartnäckiger bemühte, hervorzuheben, wie freundlich die von ihm bereiste Gegend und deren Bewohner ihn aufnahmen, könnte man auch als Versuch sehen, die Vorurteile seines großstädtischen Chefs infrage zu stellen. Als hätte Azorín dem Maritornes-Syndrom ein für alle Mal ein Ende bereiten und den Madrider Lackaffen klarmachen wollen, dass jene Teile des Landes durchaus ihre eigene Würde, Feinsinnigkeit, Schönheit und Unschuld besitzen. »Ländlicher Friede, freundlicher Friede, Friede, Trost des müden Wanderers, komm, fülle du mein Herz!«, ruft er an einer Stelle aus.[117]

Finsteres und Bedrohliches sucht man vergebens auf den einsamen Wegen, in der öden Landschaft, auf den Dorfstraßen. Das Traurigste und Erschreckendste, was Azorín entdeckt, ist die allgemeine Verlassenheit. Was er über Toboso schreibt – wobei er auf Don Quijotes und Sanchos nächtlichen Einzug in den Ort anspielt, bei dem die beiden irgendwann unversehens vor der Dorfkirche stehen, was Don Quijote mit dem vielzitierten Satz kommentiert: »Auf die Kirche sind wir gestoßen, Sancho«[118] –, wirkt wie eine Vorwegnahme der Literatur über die Entvölkerung Spaniens, die ab den sechziger Jahren entstehen sollte. Die den Ort umgebende Landschaft ist eintönig, den Trost bunter Farbtupfer, die anderswo die Stimmung aufhellen, gibt es hier nicht. »Die Steineichen, die in der Nähe von El Toboso standen und unter denen Don Quijote die Rückkehr Sanchos erwartete, sind verschwunden.« Nur selten nimmt Azorín, so wie hier, die Angaben aus dem *Quijote* für bare Münze und meint, die dort erwähnten Eichen müsse es tatsächlich gegeben haben. Hier passt ihm das einfach ins Konzept, kündigt sich in ihrem Verschwinden die Tragödie Tobosos doch bereits an. Dass sie nicht mehr da sind, verweist darauf, dass etwas Schreckliches geschehen sein muss. Was sich beim Betreten des Ortes bestätigt: »Eine tiefe Stille herrscht über der Ebene; zu beiden Seiten der Straße tauchen bröckelnde Mauern auf. In der Tiefe, rechts, sieht man eine verfallene Kapelle, schwarz, zwischen armseligen schwarzen Bäumen, die sich über dem breiten, eingestürzten Fachwerk erheben.« Düstere Adjektive, düstere Farbtöne, »wie die Synthese aller Traurigkeit der Mancha«. »Wie konnte die Ortschaft El Toboso diesen Grad von Verfall erreichen?«, fragt sich der Wanderer. Wie man ihm erzählt, ist der Ort »nur mehr ein Schatten seiner selbst«, viele Bewohner haben sich davongemacht und ihre Häuser sich selbst überlassen, sie verfallen, ohne dass jemand etwas dagegen unternimmt. Diese fast schon klassische Schilderung dessen, was Entvölkerung bedeutet, wird zusätzlich mit Anklängen an Tod und Untergang ausgeschmückt: »Und es ist ein tief bewegender Anblick, wenn zu dieser Stunde, in dieser starren Ruhe, in dieser Atmosphäre von Öde und Verfall, im Halbdunkel der Dämmerung, auf dem Hintergrund eines vermauerten Portals, einer Ecke aus geschundenen Quadersteinen, einer zerbröckelten Mauer, die von blühenden Mandelbäumen und Zypressen überragt wird – wenn da die traurige, müde Gestalt eines Hidalgo mit seinem weiten Mantel vorübergleitet.«[119]

Gegen Ende des 19. Jahrhunderts war es in Spanien zwar tatsächlich zu einer ersten großen Entvölkerungswelle gekommen. Sie war vor allem der Ausbreitung eines Schädlings geschuldet, der Reblaus, die Millionen Hektar Anbaufläche vernichtete und zahllose Bauernfamilien in den Ruin trieb, die daraufhin in die Städte zogen. Toboso war hiervon jedoch nicht betroffen. Ich habe die Einwohnerverzeichnisse des Ortes aus der Zeit von 1857 bis 1910 durchgesehen, bin aber auf keine Zahlen gestoßen, die den von Azorín 1905 beschriebenen trostlosen Verfall bestätigen würden. Die Angaben von 1857 sind womöglich nicht allzu zuverlässig, die späteren jedoch schon, und sie zeigen, dass die Bevölkerung des Ortes in der Provinz Toledo während der gesamten Zeit ziemlich stabil war. Was auch für die Jahre danach, ja bis heute gilt. Hatte Toboso 1857 2.042 Einwohner, so waren es 1900 1.895, anders gesagt: Im Lauf eines halbe. Jahrhunderts hatte der Ort gerade einmal gut fünf Prozent seiner Bevölkerung verloren. Das sieht nicht unbedingt nach einer Katastrophe aus, erst recht nicht im Vergleich zu anderen Dörfern, deren Einwohnerzahl sich tatsächlich innerhalb weniger Jahre halbierte, wenn sie nicht gleich ganz verschwanden. 1910 wies Toboso bereits wieder über 2.000 Einwohner auf – 2.179, genauer gesagt –, was bedeutet, dass der Ort zum Zeitpunkt von Azoríns Besuch eher dabei war, zu wachsen.

Woher rührte dann aber der Eindruck, Toboso leere sich, werde aufgegeben? Wir werden es nie erfahren, aber eigentlich spielt es auch keine große Rolle. Es wäre nicht das erste Mal, dass die Statistik dem subjektiven Eindruck eines Chronisten widerspricht. Länger als einen Tag hat Azorín sich jedenfalls nicht in dem Ort aufgehalten. In unserem Zusammenhang ist es dagegen wichtig, dass er hier einen der ersten Berichte über die Entleerung des spanischen Landesinneren präsentiert. Wenngleich Toboso selbst, wie soeben gezeigt, gerade kein Beispiel dafür abgeben kann. Vielleicht handelte es sich ja um eine Art Vorahnung, eine Offenbarung: Azorín sah nicht, was in diesem Augenblick passierte, sondern was eines Tages passieren würde.

Als Julio Llamazares 2015 Azoríns Reise noch einmal unternimmt und darüber schreibt, teilt er dessen einfühlsamen Blick. Das Maritornes-Syndrom hat seine Wirksamkeit verloren, an seine Stelle ist jedoch eine andere Krankheit getreten: der Glaube an die erlösende Kraft des Tourismus. Allen Anstrengungen der örtlichen Gemeindeverwaltungen zum Trotz, aus dem Ruhm des *Quijote* Kapital zu schlagen, hat er aber nie die erhofften Massen angelockt. Mag sein, dass gelegentlich eine Busladung Japaner bei den Windmühlen von Campo de Criptana aufkreuzt, ein paar Fotos macht und vor Einbruch der Dunkelheit nach Madrid zurückkehrt. Der Großteil der Touristen begnügt sich wie gehabt mit einem Besuch Toledos.[120]

Was die Autoren der »Generación del 98« betrifft, soll es hiermit erst einmal genug sein. Festzuhalten ist aber, dass ihr Einfluss auf die Art, wie wir Spanier unsere eigene Landschaft erleben und empfinden, nach den Worten von einem, der diese Erfindung der Landschaft gründlich untersucht hat – der Geograf und Schriftsteller Eduardo Martínez de Pisón –, »so stark ist, dass man ohne Übertreibung behaupten kann, wer Kastilien sieht, ohne Machado zu kennen, sieht es nicht wirklich beziehungsweise nicht in seiner wesentlichen Gestalt.«[121] Ich würde allerdings noch weiter gehen: Wenn wir, im Zug oder Auto sitzend, den Blick schläfrig über die weite Ebene der Meseta bis zum Horizont schweifen lassen, geraten wir unversehens in einen Vers Antonio Machados. Es geht dabei nicht so sehr darum, dass diese Landschaft ohne vorherige Machado-Lektüre unverständlich wäre. Wir können sie vielmehr gar nicht anders als Machado sehen, selbst wenn wir nie etwas von Machado gelesen haben. Weil wir alle Machado gelesen haben, selbst wenn wir noch nie eins seiner Bücher aufgeschlagen haben.

Bei seinen Vorlesungen zur russischen Literatur an der Cornell University zeichnete Vladimir Nabokov, als es um *Anna Karenina* ging, zur Erläuterung den Grundriss eines Erste-Klasse-Waggons der Züge an die Tafel, die Ende des 19. Jahrhunderts zwischen Moskau und St. Petersburg verkehrten. Dazu beschrieb er die Beschaffenheit der Sitze, die Anordnung der Fenster, die Farben, den Stoff der Tapeten, die Holzverkleidungen und den Geruch des auf dem Samowar köchelnden Tees. Wie Nabokov behauptete – in einem seiner launigen Einfälle, von denen wir nicht wissen, ob wir sie ernst nehmen oder als Scherz eines alten Aristokraten betrachten sollen –, ließe sich *Anna Karenina* unmöglich verstehen, wenn man nie mit einem jener Züge gefahren war. Weshalb er sich so große Mühe gab, seinen Studenten wenigstens ansatzweise eine Vorstellung davon zu vermitteln.[122] Ähnlich äußern sich viele Kenner der spanischen Literatur: Wie soll man Unamuno verstehen, ohne die Meseta gesehen zu haben? Kann ein Nichtspanier, der nie in Segovia war, die Literatur der »Generación del 98« begreifen?

Richtig wird diese Äußerung jedoch erst, wenn man sie umgekehrt formuliert: Ohne jene Literatur lässt die spanische Landschaft sich nicht verstehen. Denn die Landschaft ist, wie gesagt, eine Erfindung. Die Landschaft ist Literatur. Und diese Literatur hat die *éducation sentimentale* gleich mehrerer Generationen von Spaniern geprägt. Sie ist gewissermaßen Gemeingut. Einen Autor wie Azorín braucht man nicht zu lesen, weil er ins Kino, ins Fernsehen, in die Populärkultur ebenso Eingang gefunden hat wie in die Art, in der Eltern ihren Kindern die Welt zeigen. Wir sehen diese Welt mit den Augen jener Schriftsteller. Angesichts der kastilischen Hochebene überkommen uns unweigerlich mystische Gefühle, ja Beklommenheit, selbst wenn wir sie bloß für einen Moment durchs Fenster eines Hochgeschwindigkeitszuges in den Blick nehmen. Jenseits von Maritornes-Syndrom und Erlösungsfantasien bleibt die spanische Landschaft bis heute etwas grundsätzlich Fremdes. Für Europäer ist die Landschaft ein Park, etwas zum Spazierengehen, Genießen, Betrachten. Für Spanier ist das nicht genug, sie müssen die Menschen retten, die in der glühenden Hitze der öden Ebene vor sich hin schmoren, sie müssen sie mit Bäumen bepflanzen, mithilfe von Autobahnen modernisieren, ihr über Kanäle und Stauseen Wasser zuführen. Spanier müssen eingreifen, weil die Landschaft, mit der sie es zu tun haben, keine Landschaft ist, sondern ein zu lösendes Problem. Eine Art esoterisches Geheimnis, das die Antwort auf die Frage, was unsereins einmal war und heute ist, in Staub hüllt. In jedem Fall etwas, was nicht Teil des Betrachters ist – Spanier distanzieren sich von ihrer Landschaft, sei es durch Verachtung wie im *Quijote*, sei es durch religiöse Verehrung wie Unamuno und die anderen 98er. Aber nicht nur von der Landschaft, sondern auch von ihren Bewohnern. Umso mehr, wenn sie selbst von dort stammen. Niemand setzt sich so entschieden und endgültig von seiner Herkunft oder der seiner Eltern ab wie die Kinder der Steppe. Während sich durch Prousts Literatur der Wunsch nach Heimkehr zieht, empfinden die Spanier den Wunsch, zu fliehen. Auch ihm verdankt sich die Gleichsetzung von Meer und Erde, Reisenden und Matrosen. Menschen auf Durchreise, ohne Wurzeln. Auf der Suche nach Abenteuern, nie nach sich selbst, durchpflügen sie die seltsamsten Gegenden.

7 Weiße Hände können nicht verletzen

Calomarde sah nicht schlecht aus, und er wusste, wie man sich unter Städtern benimmt, und dennoch wirkte seine Höflichkeit hohl und geziert, mehr erlernt als angeboren. Dass er aus bescheidenen Verhältnissen stammte, war deutlich zu merken.
Benito Pérez Galdós, *Los Cien Mil Hijos de San Luis* (1877)

Er war 57, als er starb, wirkte aber älter. Vielleicht lag es an der unbeholfenen Art, sich zu kleiden, vielleicht an den wirren grauen Haarbüscheln, die seine kahle Stirn umrahmten, oder an seiner vorzeitig gealterten Stimme, die allerdings nie wirklich jugendlich geklungen hatte. Vielleicht auch weil er, wenigstens aus der Perspektive meiner Generation, immer von viel jüngeren – oder jünger wirkenden – Sprechern umgeben war. Seit ich denken kann, war Joaquín Luqui jedenfalls der Opa des spanischen Musikradios. Ein charismatischer Moderator mit brüchiger Stimme und gespielter Begeisterung, der stets von der fröhlichen Ausgelassenheit früherer Zeiten zu zehren schien. Er starb 2005. Er war das Aushängeschild von *Los Cuarenta Principales*, dem erfolgreichsten spanischen Hitsender, der König der Charts und Gott der spanischen Plattenindustrie – ein Mann, den alle hofieren mussten, die es im Popgeschäft zu etwas bringen wollten. Und der seinerseits nicht das geringste Raffinement an den Tag legte. Was jedoch nichts mit der Bescheidenheit und Demut eines Antonio Machado zu tun hatte. Luquis Frisur versuchte gar nicht erst, punkig daherzukommen, und seine Rautenmusterpullover mit Ellbogenflicken konnten damals noch nicht als Hipster-Mode durchgehen. Sie waren vielmehr Teil seiner ganz normalen Kleidung.

Dieser Joaquín Luqui gab nie vor, etwas anderes zu sein als jemand, der aus der Zweieinhalbtausend-Seelen-Gemeinde Caparroso in der Ribera de Navarra stammte. Was seine Biografie im

Zusammenhang dieses Buchs nur umso interessanter macht. Wäre Luqui in Kansas zur Welt gekommen, stünde sein Leben für die x-te Erfüllung des *American Dream*: Ein Junge aus einem gottverlassenen Kaff träumt davon, Radiomoderator zu werden, und schafft es an die Spitze des wichtigsten spanischen Musiksenders mit Studio an der Gran Vía in Madrid. Das Leben eines Menschen aus dem leeren Spanien lässt sich jedoch auch aus einem Blickwinkel betrachten, der den Weg zum Erfolg viel interessanter erscheinen lässt als den Erfolg selbst.

Wer 1948 in Caparroso zur Welt kam, wurde gewissermaßen in einem Staat im Staate geboren. Navarra war eine Karlisten-Enklave innerhalb Franco-Spaniens, die einzige Region des Landes, die über eine gewisse Autonomie, ja sogar über das verfügte, was wir heute Selbstverwaltung nennen. Das war der Dank des Regimes für die von den navarresischen Karlisten im Bürgerkrieg geleistete Unterstützung: also den putschenden Militärs vierzigtausend bewaffnete und gut ausgebildete Requetés zur Verfügung zu stellen, die entscheidend dazu beitrugen, dass die Aufständischen gleich in den ersten Kriegswochen in mehreren Gebieten die Kontrolle übernehmen konnten, und später eine bedeutende Rolle beim Sieg an der spanischen Nordfront spielten. Navarra war seit Mitte des 19. Jahrhunderts die Hochburg der Karlisten. Hier beherrschten sie das politische Leben nahezu unangefochten. Als Joaquín Luqui 1948 geboren wurde, waren sämtliche dortigen Institutionen, egal ob Fußballklub, Schule, Literaturzirkel, Zeitung, Molkerei, Stierkampf- oder Wanderverein, fest in der Hand überzeugter Anhänger des Karlismus. Im restlichen Spanien waren die Traditionalisten karlistischer und anderer Couleur mehr oder weniger vollständig im Gefüge des neuen franquistischen Staates aufgegangen, nicht so in Navarra. Hier hatte sich der Karlismus institutionell fest etabliert, dafür allerdings die Waffen niedergelegt und auf den Thronanspruch verzichtet – unter anderem, weil es keinen Thron mehr gab, auf den man Anspruch hätte erheben können –, um sich fortan auf seine kleine Parzelle der Macht zu konzentrieren, die sich über eine seit Urzeiten vertraute Region voller helden- und legendenumrankter Ortsnamen erstreckte. Es war sicher nicht übertrieben, zu behaupten, dass mit jedem neuen Navarresen ein neuer Karlist auf die Welt kam.

Joaquín Luqui, der Star des spanischen Popradios, stammte aus einer Welt, in der seit jeher dem Wort Tradition größte Bedeutung zugemessen wurde und man sich als Familie täglich zum gemeinsamen Gebet versammelte. Er besuchte die Maristenschule in Pamplona und schien sich an der dort herrschenden gottesfürchtigen, ja theokratischen Atmosphäre nicht im Geringsten zu stören. Auf dieselbe, wenig rebellische Weise trat er mit achtzehn unbekümmert ein Praktikum bei der Zeitschrift *El Pensamiento Navarro* an, dem offiziellen Publikationsorgan des Karlismus. Von dort wechselte er dann zu *Radio Requeté*, dem heutigen *Radio Pamplona*, auch dies ein Programm im Dienst des Karlismus. Dort fing Luqui an, die berühmten DJs der *BBC* zu imitieren und aufzulegen, was diese auflegten, doch immer im Wechsel mit dem Karlistenmarsch »Rote Baskenmützen« und wüsten Schlachtenhymnen, die daran erinnerten, dass die Väter der Interpreten für Gott, Vaterland und König gestorben waren, so wie auch sie eines Tages für Gott, Vaterland und König sterben würden. Von 1966 bis 1969, also während der vielleicht intensivsten und kreativsten Jahre der Popgeschichte, präsentierte Luqui mehrere Musikprogramme. Das bekannteste hieß »Requeterritmo«. Dass die alte Garde der Requetés dieses Wortspiel mit *ritmo* (Rhythmus) nicht als Gotteslästerung betrachtete, sagt viel über die Fähigkeit des navarresischen Karlismus aus, sich anzupassen und zugleich sämtliche Lebensbereiche zu durchdringen.

Im demokratischen Europa jener Tage wäre eine derartige Mischung nicht so ohne Weiteres möglich gewesen. In den sechziger Jahren war »modern« schließlich nur, wer mit Konventionen brach und Grenzen überschritt, angepasst und unpolitisch zu sein galt als reaktionär und überkommen. Der Preis dafür, modern zu leben, war allerdings häufig ziemlich hoch, man denke bloß an Pier Paolo Pasolini, der 1975 ermordet am Stadtrand Roms aufgefunden wurde, an die Ausgrenzung, die die französischen Situationisten erfuhren, oder die ständigen Auseinandersetzungen der nach 1945 geborenen Briten mit ihren Eltern, ein Generationenkonflikt von bislang ungekannter Heftigkeit. Über die USA lässt sich Ähnliches sagen, die heutigen süßlich-nostalgischen Schilderungen jenes Jahrzehnts überdecken häufig die Gewalt, die sich dort gegen alles richtete, was die bestehende Ordnung auch nur im Geringsten infrage stellte.

Die spanische Popkultur dagegen hat sich kaum je auf ernsthafte Konflikte oder Brüche eingelassen. Stattdessen hat sie es vorgezogen, zwischen einem durchaus einträglichen Verzicht auf riskante politische Äußerungen und erst recht belohnter ausdrücklicher Anpassung an den offiziellen Diskurs hin und her zu pendeln. Bis auf den einen oder anderen Skandal, der von den stärker politisierten Liedermachern der siebziger Jahre hervorgerufen wurde, oder, dies bereits zu Zeiten der Demokratie, eine Reihe kleinerer moralischer oder ästhetischer Provokationen – etwa als die Frauenpunkband Las Vulpes im spanischen Staatsfernsehen ihren einzigen Hit präsentierte, »Me gusta ser una zorra« (Ich bin gern eine Nutte) –, oder auch diverse Vorfälle im stets unruhig-aufsässigen Baskenland – der sogenannte radikale baskische Rock, der in enger Verbindung zur Unabhängigkeitsbewegung stand und des Öfteren nicht bloß rhetorisch mit der ETA kokettierte,[123] war womöglich die einzige wirklich unbequeme und offen verfolgte Musikrichtung in Spanien –, von all dem abgesehen also, hat man in der spanischen Popmusik stets die braven Unterhalter gegeben, die für Partystimmung sorgen, ohne jemals auch nur einen einzigen Politiker in Mitleidenschaft zu ziehen.

Joaquín Luqui hat einen erstaunlichen Aufstieg hingelegt, aber nicht, weil derartige Aufstiege sonst nie vorkämen. Erstaunlich ist vielmehr, dass Luqui dabei keine Verwandlung vollzogen zu haben scheint, anders als andere Ikonen der spanischen Moderne wie etwa Pedro Almodóvar (wenn ich so unterschiedliche Figuren unter diesem allgemeinen Begriff versammeln darf). Luqui floh nicht aus der erstickenden Enge des karlistischen Navarra ins liberale Madrid, er wurde einfach von einer regionalen Station, bei der er sich pudelwohl fühlte, in die Madrider Zentrale eines erfolgreichen, landesweit übertragenen Senders befördert, wo er uneingeschränkt seine Triumphe feierte. Almodóvar dagegen hat die Hassliebe zu seiner Herkunft und zur ländlichen Welt der Mancha in Filmen wie *La mala educación* und *Volver* zum Leitmotiv und Identitätsmerkmal gemacht. Dieses widersprüchliche Verhältnis zur eigenen Herkunft bestimmt auch sein öffentliches Image als Homosexueller, der sich erst als solcher zu erkennen geben konnte, nachdem er die familiären und provinziellen Ketten abgestreift hatte. Luqui hatte am Mikrofon einen ganz eigenen Stil, seine Art, Radio zu machen, war äußerst originell, und er brachte frischen Wind in die Welt affektierter Moderatoren, die ihre kitschig-schwülstigen Texte ablasen. Davon abgesehen pflegte er jedoch keinerlei Pop-Attitüde. Seine Ausstrahlung verdankte sich vielmehr teils eben seiner Erscheinung als provinzieller Neuankömmling, gerade dafür wurde er von vielen geschätzt. In einer Welt, in der Posen und Verstellung eine so wichtige Rolle zukommt, wirkt sein unverstelltes Auftreten umso exzentrischer.

Luqui war kein Karlist, an seinem Leben zeigt sich aber, wie der Karlismus, die bedeutendste antiurbane Ideologie der neueren spanischen Geschichte, sich an die Verwandlung des Landes anpasste und auf etwas merkwürdige Weise dazu beitrug, das große Trauma erträglicher zu machen. Dass diejenigen, die am vehementesten die heile, tugendhafte Welt auf dem Land priesen und das Leben in der Stadt ebenso vehement ablehnten, innerhalb des Franco-Regimes eine privilegierte Stellung einnahmen und in Navarra gewissermaßen ihr eigenes Vizekönigreich unterhielten, war überaus hilfreich, als es darum ging, die schmerzhaften Veränderungen zu verschleiern, die das Land durchmachte. Durch das Beispiel eines Joaquín Luqui, der den Übergang von einer in hohem Maß traditionell geprägten ländlichen Welt in die überdrehte und freizügige Atmosphäre der Madrider Gran Vía scheinbar mühelos bewältigte, ließ sich der unüberbrückbare Gegensatz zwischen dem leeren und dem vollen Spanien wunderbar kaschieren. Wer Luquis Geschichte verfolgte, konnte zu dem Eindruck gelangen, zwischen beiden Teilen des Landes gebe es jede Menge Verbindungen. Anders gesagt: Luqui kam in Madrid durchaus gut an, viel besser noch aber im navarresischen Caparroso und all den anderen Caparrosos Spaniens, weil er die Vorstellung vermittelte, allen jungen Leuten aus sämtlichen Caparrosos Spaniens, die am Sonntagabend über ihre Röhrenradios Rock'n'Roll hörten, stehe die Möglichkeit offen, eines Tages an der Madrider Gran Vía zu triumphieren. Und mehr noch als den jungen Leuten aus Caparroso vermittelte er das den jungen Leuten, die Caparroso längst hinter sich gelassen hatten und inzwischen eng zusammengepfercht in einer der Barackensiedlungen am Rand der spanischen Hauptstadt hausten.

Ich wollte schon schreiben, »der Karlismus *war*«, aber zumindest jetzt, da ich dieses Buch schreibe, existiert der Karlismus immer noch. Und das schon seit fast zweihundert Jahren. In Spanien gibt es heutzutage drei Parteien, die sich als karlistisch definieren – Comunión Tradicionalista Carlista, Comunión Tradicionalista und Partido Carlista. Sie spielen politisch allerdings nur eine marginale Rolle. Bis auf den baskischen Partido Carlista de Euskal Herria, der in mehreren kleinen Gemeinden im Norden Navarras regiert, sind sie weder in Parlamenten noch in sonstigen Kammern vertreten, ja, bei den letzten Wahlen schaffte es keine von ihnen auf die Liste der Parteien mit mehr als dreitausend Stimmen. Auf dem Papier existieren sie also, in Wirklichkeit stellen sie aber kaum mehr als ein folkloristisches Überbleibsel dar. Trotzdem scheint mir der Verweis auf sie unverzichtbar, war doch kaum eine andere legitimistische Bewegung Europas so langlebig und ausdauernd wie der Karlismus, der fast als einzige restaurative Kraft auch im 20. Jahrhundert noch über beträchtliche Macht verfügte.[124] Der reformierte Karlismus, der sich vom Franquismus gelöst und nach einem innerhalb der Geschichte der politischen Ideologien nahezu einzigartigen Wendemanöver in eine progressive demokratische Kraft verwandelt hatte, stand 1976 sogar im Mittelpunkt eines der herausragenden und zugleich traurigsten Ereignisse der *Transición*: Bei der alljährlich stattfindenden Wallfahrt auf den Berg Montejurra in Navarra, wo man sich im Gedenken der im Bürgerkrieg gefallenen Requetés versammelte, eröffneten Mitglieder einer ultrarechten Karlistenfraktion das Feuer auf die Teilnehmer und töteten zwei von ihnen.

Die im Juni 1815 endgültig sanktionierten Beschlüsse des nach der Niederlage Napoleons in den Koalitionskriegen abgehaltenen Wiener Kongresses hatten auch für die Verhältnisse auf der Iberischen Halbinsel drastische Auswirkungen. Die Liberalen mussten ins Exil, während König Ferdinand VII. den Absolutismus wiederherstellte. Ferdinand war jedoch krank, es schien klar, dass seine Regierungszeit nicht von allzu langer Dauer sein würde, und ein männlicher Thronfolger war nicht vorhanden. Nach dem Erbfolgegesetz wäre die Krone deshalb in absehbarer Zeit auf seinen – wesentlich gesünderen, männlichen und vor allem noch reaktionäreren – Bruder Carlos

María Isidro de Borbón übergegangen. Dieser stellte vorsorglich bereits eine eigene Schattenregierung zusammen. Minister, Adelige, Großgrundbesitzer, Bischöfe: sämtliche katholischen, demokratiefeindlichen, autoritätsgläubigen und von der Idee eines »reinen« Spanien besessenen Kräfte sammelten sich in seinem Umfeld. Es gab unter den traditionalistischen Intellektuellen des Landes zwar niemanden vom Format eines Edmund Burke, aber sehr wohl eine starke antiaufklärerische Strömung, die seit Mitte des 18. Jahrhunderts gegen die liberale Politik einiger Minister und ihren Versuch opponierte, das Land über öffentliche Investitionen und mehr oder weniger demokratische Reformen zu modernisieren. Diese intellektuelle Strömung zog viel Kraft aus patriotischen Aufwallungen im Zuge des Unabhängigkeitskriegs, und später gelang es diesen Konservativ-Reaktionären unter Ferdinand VII., die liberalen Minister an der Macht zu verdrängen. Doch erst in Carlos María Isidro de Borbón erkannten die künftigen Karlisten den König, der ihren Ansprüchen genügen würde: durchsetzungsstark, frei von opportunistischen Anflügen, bereit, den »Volkskörper« von allen schädlichen fremdländischen Einflüssen zu reinigen.

Als Ferdinand VII. im Dezember 1829 seine Nichte Maria Christina von Neapel-Sizilien heiratete – sie war bereits seine vierte Frau, ihre Vorgängerinnen waren allesamt gestorben –, stand der Karlismus als politische Kraft bereits kurz davor, die Kontrolle über den spanischen Staat zu übernehmen. Offensichtlich überzeugte die frischgebackene Königin ihren Mann jedoch, ein Dekret wieder in Kraft zu setzen, mit dem Karl IV. 1789 das salische Erbfolgegesetz aufgehoben hatte. Sollten Ferdinand und Maria Christina dann eine Tochter bekommen, würde diese, entgegen der Tradition, die Frauen vom spanischen Thron ausschloss, zur künftigen Königin. Die schlimmsten Befürchtungen der Anhänger von Ferdinands Bruder Carlos wurden Wirklichkeit, als Maria Christina im Oktober 1830 ein Mädchen zur Welt brachte – Isabella.

Das ließ den Karlisten keine Ruhe. Mit allen zur Verfügung stehenden Mitteln und Tricks versuchten sie, Ferdinand VII. dazu zu bringen, dem salischen Gesetz erneut Gültigkeit zu verleihen. Doch der Zugang zu dem kranken König führte unweigerlich über die Königin, und Maria Christina verabscheute diese Horde ungehobelter

Militärs mit ihren Kasinomanieren und das Herumgeflatter verhuschter Priester in mottenzerfressenen Soutanen. Mit regionalen Sonderrechten aus alten Zeiten, unsterblichen spanischen Werten und inbrünstiger Heiligenverehrung hatte sie nichts am Hut. Sie war am Hof in Neapel aufgewachsen, einer der damals liberalsten Städte Europas, und wollte nicht, dass ihre Tochter, die künftige Königin, von derart düsteren Gestalten umgeben wäre.

Während Ferdinands Gesundheitszustand sich weiter verschlechterte, kristallisierten sich immer deutlicher zwei verfeindete Lager heraus. Auf der einen Seite die Ultramontanen, fest zusammengeschlossen um ihren Wunschkandidaten Don Carlos. Auf der anderen, im Umkreis der Königin (und baldigen Regentin – bis zur Volljährigkeit Isabellas), die gemäßigten Monarchisten wie auch die Liberalen, die auf die Möglichkeit der Rückkehr aus dem Exil hofften. Selbst nach dem Tod von Ferdinand VII. und der Ausrufung seiner Tochter zur Königin Isabella II. 1833 hätte sich die Sache womöglich wieder einrenken lassen. Hätte Maria Christina sich nicht so eindeutig auf die liberalen Kräfte gestützt und die Rückkehr der Exilierten und die Wiederherstellung einer Reihe von Freiheiten befördert, die eine demokratische Öffnung verhießen, hätte der Karlismus als politische Kraft nach einiger Zeit womöglich wieder an Bedeutung verloren. Zudem ging es letztlich wohl weniger um die Frage der dynastischen Nachfolge selbst als um das Bewusstsein, die bereits fest errungen geglaubte Kontrolle wieder vollständig verloren zu haben. Mit etwas größerem politischem und diplomatischem Geschick hätte man den Karlisten vielleicht einen Teil der Kontrolle überlassen und sie ins Spiel um die Macht einbinden können. Doch die Umstände waren einem Dialog nicht eben zuträglich, und die spanischen Ultramontanen haben sich ohnehin nie besonders gut auf das Führen von Dialogen verstanden. Das aber ist gewissermaßen eine Konstante der spanischen Geschichte: Jedes Mal, wenn die Mächtigen sich ihrer Macht beraubt sahen, führten sie einen Umsturz herbei. So war es 1833. Und in noch viel monströserem Ausmaß im Juli 1936.

Zur Vorgeschichte des Karlismus gehört eine ziemlich düstere Gestalt, eine Art bourbonischer Rasputin. Francisco Tadeo Calomarde, in dem hoch über der Turiaschlucht gelegenen winzigen und armen Dorf Villel bei Teruel geboren, war genau wie sein Förderer Manuel

Godoy der spanische Archetypus des politischen Aufsteigers. Seine rauen schwieligen Hände verrieten seine bäuerliche Herkunft. Er hatte die widerspenstige Erde des Iberischen Gebirges bearbeitet, wusste, wie viel Kraft es kostet, mit der Hacke auch nur eine einzige Furche in dem harten Boden zu ziehen. Die unglaublichsten Machenschaften, Begünstigungen und Zufälle halfen ihm, ein Netz aus Beziehungen zu knüpfen, das ihn 1808, kurz vor der französischen Invasion, zu einer einflussreichen Figur am Hof Karls IV. werden ließ. Dass der Sohn armer Bauern es nach einer entbehrungsreichen Studienzeit nicht nur zum Anwalt am Gerichtshof in Saragossa, sondern anschließend auch zum erfolgreichen Politiker in Madrid brachte, war für spanische Verhältnisse äußerst erstaunlich, gab es für Nichtadelige derlei Aufstiegsmöglichkeiten doch im Grunde nicht. Obwohl die Leute sich über seine bäuerlichen Umgangsformen und fehlende Weltläufigkeit lustig machten, schuldeten ihm irgendwann alle einen Gefallen. Nach einem kurzen erzwungenen Exil auf dem Land während des sogenannten liberalen Trienniums von 1820 bis 1823 kehrte Calomarde nach Madrid zurück und fungierte fortan als eine Art Superminister des sehr mächtigen und revanchistischen Ferdinand VII. Von 1823 an war Calomarde dessen wichtigster Einflüsterer.

Ihm wird der Satz zugeschrieben: »Weiße Hände können nicht verletzen.« Angeblich äußerte er ihn, als die Infantin Luisa Carlota, die Schwester Maria Christinas, ihn vor versammeltem Hofstaat geohrfeigt hatte. Mir kommt es vor, als sei das für jemanden wie ihn eine allzu elegante und gewandte Antwort. Dass er äußerst zynisch sein konnte, ist dagegen ziemlich glaubhaft. In den meisten Schilderungen wird er jedoch als jemand gezeichnet, der eher nicht blitzschnell reagierte, vor allem wenn er glaubte, dem höfischen Protokoll entsprechen zu müssen, was ihm stets schwerfiel. Zeitlebens litt er seiner Herkunft wegen unter Komplexen, was seine politischen Gegner nutzten, um ihn bloßzustellen. Benito Pérez Galdós – der 1843, ein Jahr nach Calomardes Tod, zur Welt kam und sich folglich auf die Aussagen Dritter stützte – beschrieb ihn in einem seiner historischen Romane so: »Calomarde sah nicht schlecht aus, und er wusste, wie man sich unter Städtern benimmt, und dennoch wirkte seine Höflichkeit hohl und geziert, mehr erlernt als angeboren. Dass er aus bescheidenen Verhältnissen stammte, war deutlich zu merken.«[125]

Calomarde organisierte sämtliche Verschwörungen zugunsten von Don Carlos. Ihm gelang es sogar, den schwerkranken Ferdinand VII. heimlich zu überreden, das Dekret von 1789 wieder zurückzunehmen und erneut das salische Erbfolgegesetz in Kraft zu setzen (wofür er sich die oben erwähnte legendäre Ohrfeige der Infantin Luisa Carlota einhandelte). All dies half jedoch wenig, denn kaum hatte sich der König ein wenig erholt, nahm er die Entscheidung auf Betreiben seiner Gattin ein weiteres Mal zurück. Als Ferdinand VII. schließlich starb, bot Calomarde den Karlisten offen seine Dienste an, doch die wollten ihn nicht in ihren Reihen. Sie brauchten ihn nicht mehr. Er verfügte nur noch über geringe Einflussmöglichkeiten, und mit einem respektablen Stammbaum hatte er ohnehin nie aufwarten können. In der Stunde der Wahrheit wollten die Verfechter der Werte eines »ewigen Spaniens« ausschließlich echte Adelige und Bauern um sich geschart sehen, die stolz darauf waren, Bauern zu sein. Ein Verräter seiner Klasse, großer Manipulator und Opportunist wie Calomarde repräsentierte dagegen genau das, wovon die Karlisten ihr heiliges Spanien säubern wollten: das politische Intrigengeschäft, das höfische Schmeichlertum, die Verdorbenheit und Korrumpiertheit der Großstadt, vor allem aber den Verrat am eigenen Blut und an den Vorfahren. Der Sohn eines Bauern hatte seinerseits Bauer zu sein. Und seine Söhne und deren Söhne ebenso. Die Aufgabe, den Königen Ratschläge ins Ohr zu flüstern, kam Adligen und Priestern zu und nur diesen. Das traurige Paradox von Calomardes Biografie besteht darin, dass er sein ganzes Leben über für den Triumph eines Spanien kämpfte, das ihn verachtete und ihn dann nicht an seiner Seite haben wollte, nachdem er in der Stunde der schwersten Not ebendieses Spaniens einer der wichtigsten Akteure seines Aufstands gewesen war. Er starb im Exil in Toulouse, verstoßen von denen, die er für die Seinen gehalten hatte, wie auch von deren Gegnern, und so arm, wie er in Villel zur Welt gekommen war.

Dieses Ende fällt für unseren Zusammenhang jedoch weniger ins Gewicht als die Tatsache, dass der Karlismus in seinen Anfängen von Gestalten wie diesem Calomarde geprägt wurde. Es gibt einen von Hegel und der idealistischen Philosophie abgeleiteten historischen Determinismus, in dem die Kräfte der Geschichte für so mächtig gehalten werden, dass sie unabhängig von den Menschen, die ihnen unterworfen sind, ihre Wirkung entfalten. Der Glaube an die Unausweichlichkeit der großen historischen Ereignisse, unbeeinflusst vom Leben und den Entscheidungen ihrer Protagonisten, ist und bleibt jedoch Theologie: Schließlich gibt es Anführer, die sich für Krieg oder ein wie auch immer geartetes friedliches Abkommen entscheiden, dafür, den König aufs Schafott zu schicken oder ihn zu begnadigen, dafür, zu schießen oder andere genau daran zu hindern. Es gibt Aufwiegler und Friedensstifter. Unerbittliche und nachgiebige Menschen. Anders gesagt: Alle Erlässe, Vereinbarungen oder militärischen Anordnungen werden von Männern oder Frauen der einen oder anderen oben genannten Art formuliert. Im Nachhinein liest die Geschichte sich als leicht zu durchschauende Abfolge von Ursachen und Wirkungen, häufig vergessen wir jedoch, dass diese Lesart eine bloße Konstruktion ist, sich einer bestimmten Perspektive verdankt. Die Geschichte bekommt einen Sinn, weil wir erzählbegabte Tiere sind, die das Bedürfnis verspüren, unsere Welt in Form einer Erzählung zu deuten. Deshalb kommen uns die historischen Figuren wie Marionetten an der Hand eines allwissenden Erzählers vor, der sie ihrem Schicksal zuführt. Eine gewissermaßen tröstliche Vorstellung, die aber eine klar religiöse Grundlage besitzt. Der Zufall und das Unvorhersehbare taugen hingegen wenig, wenn man eine Wissenschaft oder eine Erzählung begründen will, und die Geschichte will beides zugleich sein. Deshalb werden Figuren wie Calomarde für gewöhnlich kaum wahrgenommen. Bestenfalls tauchen sie in einer Fußnote auf. Oder werden zum Gegenstand volkstümlicher Anekdoten. Mit etwas Glück lassen sie sich für eine ironische Bemerkung verwenden – so sprachen die Vertreter der Rechten während der Zweiten Spanischen Republik immer wieder davon, die linken Regierungen seien schlimmer als alles, was Spanien seit Calomarde widerfahren sei. Im Grunde bleiben sie bloße Marionetten, so bedeutungslos und nichtssagend wie alle einfachen Bauern aus Villel.

Dass die Anfänge des Karlismus und seine ersten großen Verschwörungen von einer Figur wie Francisco Tadeo Calomarde geprägt wurden, scheint mir indes keineswegs nebensächlich. Zumal dieser aus genau der abgelegenen Gebirgsgegend kam, die zur mythischen Heimat des Karlismus werden sollte. Ob das bloßer Zufall war? Ein deklassierter Mensch voller Ressentiments, der die Welt seiner

Herkunft gegen eine Welt eingetauscht hatte, die ihn nicht akzeptierte. Ohne seine machiavellistische Begabung, die es ihm ermöglichte, Politiker und andere mächtige Persönlichkeiten nach Lust und Laune zu manipulieren, und ohne seine Freude an verschwörerischen Machenschaften aller Art wären die Anhänger von Don Carlos zum Zeitpunkt des Todes von Ferdinand VII. wahrscheinlich nicht so vereint, gut organisiert und entschlossen zum Kampf gewesen. Unter der Führung einer weltgewandteren, versöhnlicheren oder auch nur weniger ehrgeizigen Persönlichkeit hätte sich die Wut der Karlisten womöglich in andere Bahnen lenken lassen und hätte Spanien insgesamt eine andere Gestalt angenommen. Die Annahme, der Karlismus sei eine vom Schicksal vorherbestimmte, unausweichliche Erscheinung gewesen, entspricht dem blinden katholischen Glauben der karlistischen Requetés an ihre Berufung durch die Vorsehung.

In jedem Fall waren die Karlisten buchstäblich Bergmenschen. Ihre Bewegung war das Sammelbecken und die Bühne für ein Spanien, das die barbarisch-babylonischen Großstädte als tödliche Bedrohung empfand, und die Rache eines Spanien, das anfing, sich zu leeren, an dem Spanien, das anfing, sich zu füllen, weshalb ich es durchaus bezeichnend finde, dass zu den Persönlichkeiten, die das karlistische Projekt nach Kräften beförderten, auch dieser von der Scholle geflohene ressentimentgeladene Intrigant und Hetzer gehörte, der den hochmütigen Bürgern und Adligen, die sich über seinen Akzent und seine rauen Hände lustig machten, wahrscheinlich den Tod an den Hals wünschte.

Zum ersten Mal schlugen die Karlisten sich 1833 in die Berge, um von dort aus einen langen Bürgerkrieg anzuzetteln, der in Nordspanien bis 1839 und im Hinterland der Ostküste bis 1840 dauern sollte. Von 1846 bis 1849 und von 1872 bis 1876 versuchten sie es erneut. Neben diesen drei sogenannten Karlistenkriegen kam es 1860 und im Oktober 1900 zu weiteren Aufständen. Im 20. Jahrhundert verwandelte der Karlismus sich dann in eine konservative politische Partei, die bei Wahlen antrat und sich weitgehend friedlich verhielt. Bis zum Juli 1936, als man erneut zu den Waffen griff, diesmal allerdings nicht, um das eigene politische Projekt zu verteidigen, sondern das Francos.[126]

Im Lauf dieser bald kriegerischen, bald friedlichen hundert Jahre fasste der Karlismus in weiten Teilen Spaniens Fuß, allerdings nahezu ausschließlich auf dem Land. Das Einzige, was einer Hauptstadt des Karlismus nahekam, war Pamplona. Im übrigen Spanien existierte er nur auf den Dörfern. In Alt-Kastilien war er sehr stark, nicht so jedoch in Valladolid. Er beherrschte fast ganz Aragón, aber nicht Saragossa. Eine große Anhängerschaft besaß er im Baskenland, in der Arbeiter- und Sozialistenstadt Bilbao hatte er dagegen nichts zu melden. Unter den katalanischen Bauern verfügte er über großen Rückhalt, wohingegen er in Barcelona mehr oder weniger unsichtbar blieb. Und obwohl sich im Maestrazgo und im gebirgigen Hinterland Valencias einige Hochburgen mit kämpferischen und widerspenstigen Karlisten befanden, war sein Einfluss in Valencia selbst marginal. Der Karlismus wurde so zu einer vor allem auf dem Land entscheidenden politischen Kraft, die sich auf den Katholizismus und traditionelle Werte stützte, ja, mancherorts zogen es die Karlisten sogar vor, sich bloß als »Traditionalisten« zu bezeichnen. Entsprechend war Comunión Tradicionalista eine der Parteien, in der sich die Anhänger einer Ideologie versammelten, die man in Europa gerne lediglich als spanische Variante der politischen Reaktion oder eines auch anderswo existenten monarchischen Legitimismus deuten wollte.[127]

In dem Roman *Fortunata und Jacinta* von Benito Pérez Galdós gibt es eine Nebenfigur mit Namen Nicolás Rubín. Er ist der Bruder des unglückseligen Maximiliano Rubín, der bei seiner Tante wohnt und sich in Fortunata verliebt. Nicolás ist eine rohe, gewalttätige Gestalt, die dem kleinmütigen Maximiliano Angst einjagt. Eines Tages taucht er unversehens im Haus der Tante auf. Einige Zeit davor war er von Madrid aus in den Norden gegangen, um sich den Karlisten anzuschließen. Außerdem ist er in dieser Zeit Priester geworden. Nicolás ist ein rustikal-bäuerlicher Typ, der sich Unmengen bäuerlich-deftiger Speisen einverleibt. Die Salatschüssel, in der er den Salat anrichtet, reibt er zunächst kräftig mit Knoblauch ein, entsprechend heftig riecht er anschließend aus dem Mund. Seine Umgangsformen sind derb und ungehobelt, er verfügt über keinerlei Manieren, ist autoritär und grob und mischt sich ständig in das Leben aller anderen ein. Er ist, wie mir scheint, der einzige Karlist im Roman, und er ist eine Karikatur.[128] Für jemanden aus Madrid war der Karlismus eine Sache von ungebildeten Bauern und Dorfpfarrern, die nicht einmal Guten Tag sagen, wenn sie einem begegnen. Nicolás Rubín hat die städtischen Gewohnheiten vollständig abgelegt und ist zum Bergmenschen und Karlisten geworden.

Wenn Ramón del Valle-Inclán die Madrider schockieren und seine Verachtung für Königshof und Hofstaat zum Ausdruck bringen wollte, erklärte er sich zum Karlisten. Sobald er sich nachts, nachdem auch die letzte Kneipe geschlossen hatte, auf den Heimweg machte und die Plaza de Oriente überquerte, fuchtelte er angeblich mit seinem Spazierstock in Richtung der königlichen Gemächer und forderte lautstark dazu auf, den Usurpator zu stürzen und seinem rechtmäßigen Besitzer Don Carlos den Thron zurückzugeben. Valle-Incláns Karlismus hat Anlass zu vielen Diskussionen gegeben, weil es nicht zu einem der revolutionärsten Schriftsteller der spanischen Literatur zu passen scheint, dass er eine reaktionäre Ideologie vertritt. Viele haben darin eine Art Punk-Pose sehen wollen, die darauf abzielte, das Madrider Establishment und die staatstragenden Schriftsteller vom Typ eines Jacinto Benavente vor den Kopf zu stoßen. Andere wie etwa Paco Umbral wollten darin einen etwas spleenigen Versuch erkennen, sich eine originelle Persönlichkeit zu erfinden, die in der Großstadt nicht so schnell übersehen wird – wofür Valle-Inclán eben auf einen dörflich-galicischen, skurril-esoterischen Auftritt gesetzt habe. So gesehen wäre sein Karlismus ein ästhetisches Ornament, vergleichbar dem überlangen Hausiererbart, den Valle-Inclán zur Schau stellte. Andererseits war sein Vater tatsächlich ein bekennender und bekannter Karlist und die galicische Provinz Pontevedra, in der er aufwuchs, eine Karlistenhochburg. Zudem ist bei einem Schriftsteller, der so esoterische Bücher wie *La lámpara maravillosa* (Die Wunderlampe) oder Gedichtbände wie *La pipa de kif* (Die Haschpfeife) veröffentlicht hat, davon auszugehen, dass das Erscheinungsbild nicht bloßen Dekorationszwecken dient und Provokationen nicht nur um ihrer selbst willen erfolgen. Dem Ganzen liegt eine nicht zu vernachlässigende tiefere Bedeutung zugrunde. Es ergibt keinen Sinn, sich mit Valle-Incláns Innovationen in Theater und Roman zu beschäftigen und dabei seine Provokationen und sein Aussehen außer Acht zu lassen, als wären sie nicht Teil seines künstlerischen Projekts. Bei Valle-Inclán ist alles Kunst. Das gilt für seine Bücher wie für seine Art, sie – stets unter dem Obertitel *Opera Omnia* – zu publizieren. Für sein öffentliches Auftreten und seine Art, Gespräche zu führen. All dies war geprägt von seinem radikal gegenwärtigen ästhetischen Archaismus, eine laufende eindringliche Befragung des Zeitgenössischen, indem er wieder und wieder unterstrich, was die Gegenwart schon zerstört hatte beziehungsweise noch zerstören würde.

Provokationen ihre Bedeutung abzusprechen, indem man sie als bloße hohle Provokationen bezeichnet, war schon immer ein wirksames Mittel, sie zu neutralisieren. So wird der Verweis auf bestimmte Umstände oder beschämende und unbequeme Erscheinungen zur bloßen Clownerie. Die man nicht genauer in den Blick, geschweige denn zum Anlass für weiter reichende Überlegungen zu nehmen braucht. Im Fall von Valle-Inclán erspart man sich auf diese Weise den unbehaglichen Gedanken, dass eine für die spanische Kultur so eminent wichtige, manche würden sagen: geniale Gestalt zugleich einer Gruppierung zuzurechnen war, die zum Verrohtesten und Hinterwäldlerischsten gehörte, was das Land zu bieten hatte. Karlisten waren wie Nicolás Rubín. Aber doch nicht wie der so raffinierte wie elegante Valle-Inclán, der Schöpfer des Marqués de Bradomín und Erfinder des »Esperpento«. In den *Sonaten*[129] wie auch in den *Barbarischen Komödien* diente ihm der Karlismus als Leitmotiv, nun gut, aber deswegen war er selbst noch lange kein Karlist. Ihn mit dem Marqués de Bradomín gleichzusetzen – der das literarische Abbild des Karlistengenerals Carlos Calderón sein sollte – war genauso undenkbar, wie ihn mit dem wilden Señor de Montenegro zu identifizieren. Bei alldem handelte es sich um Literatur, Fiktion, Taschenspielertricks. Und doch waren Valle-Incláns Posen kein bloßer Selbstzweck, es ging ihm nicht nur darum, einen Skandal hervorzurufen, sie waren zugleich ein ehrlicher Ausdruck seiner Art, sich selbst in der Welt zu verorten. Wenn er sich zum Karlisten erklärt, sollte man ihn also ernst nehmen. Das aber bedeutet, auch Nicolás Rubín ernst zu nehmen. Ihn nicht bloß als Karikatur zu betrachten, sondern zu versuchen, ihn zu verstehen, in seiner ganzen Vielschichtigkeit zu erfassen. Anders gesagt: das leere Spanien nicht nur als ländlich-barbarische Welt voller Analphabeten zu betrachten. Valle-Incláns karlistische Neigungen ernst zu nehmen bedeutet, den Karlismus insgesamt ernst zu nehmen – und der stellt sich dann nicht mehr bloß als Ausdruck der autoritären Welthaltung zurückgebliebener Dörfler dar, die sich vor den Zumutungen der Moderne fürchten.

Dass auch der Karlismus seine Intelligenzija und geschickte Politiker an der Spitze hatte, ist offensichtlich, und ebenso wenig waren ihre Anführer ausnahmslos brutale Militärs wie Tomás de Zumalacárregui oder Ramón Cabrera, »der Tiger des Maestrazgo«. So stand der Marqués de Cerralbo, einer der vornehmsten Aristokraten Madrids (sein ehemaliger Palast beherbergt heute das Museo Cerralbo, eine der originellsten und sehenswertesten Sammlungen der Stadt), lange Zeit an der Spitze des Karlismus. Andere begabte Propagandisten und Intellektuelle des Traditionalismus waren etwa Jaime Balmes, Juan Vázquez de Mella oder Juan Donoso Cortés. Und trotzdem blieben Valle-Inclán und seine literarische Welt dem, wofür der Karlismus stand, letztlich fremd. Ordnung und Familie, das waren für den Karlismus die entscheidenden Werte. Ein Karlist hätte es sich im Traum nicht einfallen lassen, frühmorgens nach durchgemachter Nacht im Zentrum Madrids für einen Skandal zu sorgen. Die Karlisten hätten Madrid im Gegenteil am liebsten dem Erdboden gleichgemacht, eben das Madrid, dem Valle-Inclán angehörte und an dessen Erscheinungsbild er zugleich tatkräftig mitwirkte. Die Bohème war ein Phänomen der Stadt – wie die streunenden Katzen, ja, es gab durchaus Ähnlichkeiten zwischen beiden. Die Bohème lebte vom Überschüssigen der großen Stadt, vom Anpumpen reicher Freunde und vom Mitleid der Kellner. In einem Dorf hätte ein Bohémien bloß mit Verachtung rechnen können – oder damit, kopfüber in der nächsten Viehtränke zu landen. Weshalb die Bohémiens es sich zweimal überlegten, bevor sie sich aufs Land hinauswagten. »Die Madrider Bohémiens hatten Angst vor allem, was sich jenseits des Teatro Real und der Kirche San José befand«, wie Ricardo Baroja schrieb.[130] Alle Bohémiens – bis auf einen.

Denn ein Freund Valle-Incláns beließ es, was den Karlismus anging, nicht bei bloßem Gerede. Es handelt sich um den wenig bekannten, ja heute fast vergessenen Schriftsteller Ciro Bayo, der mit den Schriftstellerbrüdern Pío und Ricardo Baroja befreundet war, die seine Bücher in ihrem Familienverlag Caro Raggio veröffentlichten. Neben Alejandro Sawa gilt dieser Ciro Bayo heute als einer der letzten Vertreter der spanischen literarischen Bohème. Er war 1859 geboren – wie es sich für einen Bohémien gehört, war seine genauere familiäre Herkunft unklar – und damit etwas älter als Valle-Inclán und die Baroja-Brüder, die ihn dennoch unter ihre Fittiche nahmen und nach Kräften unterstützten. Bayo war mit sechzehn von zu Hause ausgerissen, um sich als Freiwilliger den Truppen des Karlistengenerals Antonio Dorregaray anzuschließen. Während des dritten Karlistenkrieges nahm er am Feldzug im Maestrazgo teil. Dort war er bei der für den Kriegsverlauf wichtigen Einnahme des östlich von Teruel gelegenen befestigten Festungsdorfs Cantavieja dabei, in deren Folge die Karlisten die gesamte umliegende Bergregion unter ihre Kontrolle brachten und mehrere Jahre eine Art Karlistenstaat aufrechterhielten, unter der Herrschaft von Don Carlos und der alten Gesetzesordnung der sogenannten *Fueros*. Obwohl dieser Feldzug, wie alle Karlistenkriege, letztlich schlecht ausging und Ciro Bayo auf Menorca eine Haftstraße absitzen musste, blieb ihm die stolze Erinnerung an ein grandioses Abenteuer, das er viele Jahre später, 1912, in *Con Dorregaray. Una correría por el Maestrazgo* festhielt – ein ungewöhnliches, ja, wie mir scheint, in der spanischen Literatur ziemlich einzigartiges Buch: die Erinnerungen eines karlistischen Soldaten, der seine Taten nie bereut hat.

Der Karlismus hatte etwas unbestreitbar Romantisches. Die Unterschiede zwischen einem jungen Dörfler, der mit den Predigten von Priestern wie Nicolás Rubín groß geworden war und eines Tages beschloss, sich als karlistischer Kämpfer in die Berge zu schlagen, und einem Dschihadisten heutiger Tage waren vermutlich nicht allzu groß. Für einen wie Ciro Bayo bot sich so jedoch vor allem die Möglichkeit, ein echtes Abenteuer zu erleben, wie es die moderne Großstadt niemals hätte bieten können. Bayo bewunderte die Karlisten für ihren Mut, ihre Unbestechlichkeit, Unverstelltheit und Männlichkeit.

Anders als seine Bohème-Kollegen war Ciro Bayo ein großer Reisender. Er war im spanischen Hinterland – wo er unter anderem einmal in Begleitung der Baroja-Brüder von Madrid bis zum berühmten Kloster Yuste in der Extremadura wanderte – wie auch in Lateinamerika unterwegs, lebte zeitweilig in Argentinien und in der bolivianischen Stadt Cochabamba. Er verfasste nicht nur zahlreiche Reiseberichte, sondern legte auch ein großes Interesse für die indigenen Sprachen und Dialekte Südamerikas an den Tag. Obgleich er Autodidakt war, veröffentlichte er mit dem *Vocabulario criollo-español sudamericano*

(Wörterbuch Kreolisch – südamerikanisches Spanisch) und dem *Manual de lenguaje criollo de Centro y Sudamérica* (Die kreolische Sprache in Mittel- und Südamerika) zwei sehr respektable sprachwissenschaftlich-ethnografische Arbeiten. Außerdem schrieb er Bücher über die Geschichte Lateinamerikas, stellte eine Sammlung mündlich überlieferter Romanzen aus dem Gebiet des Río de la Plata zusammen und war eine allseits beliebte Figur in Cochabamba, wo man sogar eine Straße nach ihm benannte. Ein Bohémien im eigentlichen Sinne war er somit nicht – dafür war er viel zu gerne auf dem Land und unter freiem Himmel unterwegs, wie ihm auch viel zu wenig daran lag, sein Genie zu feiern und sich als *enfant terrible* oder *poète maudit* zu inszenieren. Umso mehr interessierte er sich für das Leben seiner Mitmenschen. Wenn sein Werk sich durch etwas auszeichnet, dann durch Empathie. Wer auch immer in seinen Büchern vorkommt, Räuber, Betrüger, kleine Gauner, Tyrannen, dem Alkohol verfallene Indigene, sie alle sind zuallererst Menschen. Und nie sucht er bei Karikaturen oder düster-abseitigem Esperpento Zuflucht. Bayo ist ein Beobachter, der sich Zeit nimmt und in seinen Texten festhält, was er sieht und erlebt, ohne moralistische oder reformistische Ansprüche zu stellen. Er ist buchstäblich ein Philanthrop, ein Mensch, der die Menschen liebt. »Ich kenne niemanden, der dem Geld oder dem, was das Geld uns ermöglicht, einen so geringen Wert zumisst wie Don Ciro«, schreibt einmal sein Freund Ricardo Baroja.[131] In Lateinamerika hielt er sich die meiste Zeit als Dorflehrer über Wasser, der den Kindern Lesen und Schreiben beibrachte. Umso erstaunlicher, dass er eine so enge Beziehung zu zwei so eigensinnigen Schriftstellern wie Pío Baroja und Ramón del Valle-Inclán unterhielt.

Ich glaube, dass eben dieses so große Interesse am anderen Menschen und die gleichzeitige völlige Vorurteilslosigkeit Bayo als jungen Mann dazu brachten, sich den karlistischen Truppen anzuschließen. Es ging ihm nicht um Macht oder Ruhm. Nicht einmal darum, zu gewinnen. Und auch nicht, sein Leben in den Dienst eines kommenden Gottesstaates zu stellen. Er muss einfach das Gefühl gehabt haben, die Karlisten wären der Wahrheit näher, etwas, das sich in der Stadt nirgendwo finden ließ. Doch eben dieser Impuls beziehungsweise eben diese Prämisse, die Bayo dazu brachte, Madrid zu verlassen und sich einem Trupp wilder Guerrilleros anzuschließen, brachte die Karlisten ihrerseits dazu, sich ganz auf ihre Vorurteile und fixen Ideen zu versteifen. Für den letzten Bohémien waren diese Traditionalisten keine Karikaturen, sondern Menschen, die eine unmittelbare Beziehung zu etwas Wesentlichem und Geheimnisvollem hatten, zu dem einem in der liberalen Welt der Städte alle Zugänge verbaut waren. Unglücklicherweise sahen sich die Traditionalisten ihrerseits im Besitz einer unwiderleglichen Wahrheit, die sich an keiner wie auch immer gearteten Wirklichkeit zu bewähren brauchte.

Die Ideologen des Karlismus durchforsteten die Bibel auf der Suche nach Stellen, die die Überlegenheit des Landes über die Stadt belegen sollten. Es ist nicht schwer, in den heiligen Texten des Christen- wie des Judentums Lobpreisungen der Bauern und Schmähungen der – sündigen, dekadenten und gottvergessenen – Stadtbewohner zu finden. In Wirklichkeit ging es jedoch darum, eine Not religiös zu verbrämen, indem man sie zur Tugend stilisierte, hatte der Karlismus sich das Land doch nicht aus Berufung zum Betätigungsfeld erwählt – es war ihm schlichtweg nicht gelungen, sich in den Städten durchzusetzen, im Gegenteil, man hatte ihn von dort vertrieben. Drei Mal wagten die Karlisten den bewaffneten Aufstand, jedes Mal in der Erwartung, die Liberalen an sämtlichen Fronten zu besiegen. Städte wie Saragossa oder Bilbao wurden belagert und standen irgendwann kurz davor, eingenommen zu werden. Einen Belagerungsring um Madrid zu schließen gelang den Karlisten dagegen nicht, weil die Regierungstruppen sie nicht nahe genug herankommen ließen. Dennoch gaben sie ihr Vorhaben nicht auf, ganz Spanien unter ihre Kontrolle zu bekommen. Als sie schließlich einsehen mussten, dass ihr Machtbereich vorläufig aufs Land beschränkt bleiben würde, versuchten sie, ihre traditionalistische Ideologie an die Mentalität der Bauern anzupassen, und fanden dabei im Hass auf die Städte ein höchst wirksames verbindendes Element. Ihre Tiraden gegen die Städte, diese verdorbenen Orte voller Huren, Trunkenbolde und Diebe, gottloser und korrupter Politiker und weibischer Höflinge, stießen in den Dörfern auf begeisterte Zustimmung. Bei Donoso Cortés klingt das so: »Das Christentum erst offenbarte dem Menschen die menschliche Gesellschaft; und als ob dies nicht genug gewesen wäre, offenbarte es ihm eine andere, eine größere und erhabenere Gesellschaft, deren Unermeßlichkeit weder eine Schranke noch ein Ende gesetzt ist. Die Bürger dieser Gesellschaft sind die Heiligen, die im Himmel triumphieren, die Gerechten, die im Fegefeuer leiden, und die Christen, die auf Erden kämpfen.«[132] Die Städte gehören allerdings nicht dazu, gibt es dort doch weder Heilige noch Gerechte noch Christen.

Ein Bürgerkriegslied der Requetés wiederum ging so: »Ein Hoch auf das tapfere Navarra,/ die edle mutige Provinz,/ die ihre Felder verlässt,/ um fürs Vaterland zu kämpfen.« Die Traditionalisten ziehen aus, um Babel zu reinigen, als wären sie der bewaffnete Arm eines rachsüchtigen Gottes.

Da Spanien jedoch immer städtischer wurde, bekam die gesamte karlistisch-traditionalistische Mythologie mit der Zeit etwas von einem chiliastischen Hirngespinst und verlor zusehends an Einfluss und Glaubwürdigkeit. Je weiter Madrid, Barcelona, Valencia oder Bilbao wuchsen, desto abwegiger wirkte die Vorstellung, sie könnten von einem katholischen Bauernheer erobert und einem nach altem Gesetz geordneten Gottesstaat eingegliedert werden. So verwandelte die Vorstellung von der Konterrevolution sich in ein bloßes Hintergrundrauschen, in eine Art »kollektiver Melancholie«, wie es der aus Navarra stammende Karlismus-Forscher Francisco Javier Caspistegui bezeichnet, der die antiurbane Grundlage der spanischen traditionalistischen Ideologie untersucht hat und zu dem Schluss gelangt ist, dass »die Moral der Niederlage ein notwendiges Element zum Erreichen des Endzwecks ist, der wiederum in der Wiederherstellung all dessen besteht, was man als die besten Bestandteile der guten alten Zeiten ansieht. Bezüglich der Städte hieße das, dass die idealisierte und zugleich endgültig untergegangene ländliche Welt weiterhin als Utopie fungiert, hinter der die Aufgabe des städtischen Modells stünde, so wie es sich im Lauf des 19. und 20. Jahrhunderts herausgebildet hat.«[133]

Gerade diese »Moral der Niederlage« muss meiner Ansicht nach auf romantische Geister wie Ramón del Valle-Inclán oder Ciro Bayo anziehend gewirkt haben. Aus ihrer ästhetizistischen Perspektive musste im Karlismus etwas Rätselhaftes verborgen sein, etwas, das vieles an ihrem Land und ihrer Zeit zu erklären vermochte, etwas, das sich nicht einfach mithilfe einer Karikatur wegwischen ließ, ja, vielmehr ihre Aufmerksamkeit verdiente. Außerdem haftete ihm etwas Verstörendes an, die Fähigkeit, das Establishment aus seiner selbstgefälligen Ruhe aufzuscheuchen, sodass es sich gezwungen sah, das Ganze als Unsinn abzutun und auf diese Weise zu neutralisieren. Der Karlismus drohte den Städten mit Zerstörung. Sich mitten in Madrid auf ihn zu berufen ging über eine bloße Provokation weit hinaus. Valle-Inclán war sich dessen bewusst.

Die Größe der karlistischen Bohémiens liegt in ihrer Widersprüchlichkeit. Valle-Inclán und Bayo waren Geschöpfe der Großstadt, Prachtexemplare genau jener Amoralität und Dekadenz, die ein Traditionalist, der etwas auf sich hielt, vernichten wollte. Sie arbeiteten nicht, schrieben pietätlose Dinge, verkehrten in Cafés und Kneipen, nahmen Drogen, unterhielten Beziehungen zu Sodomiten, Prostituierten und anderen Sündern, lebten auf Pump, in verdreckten Dachkammern, schliefen bis zum Mittag, waren faul und beleidigten Gott und die Nächsten durch ihre Lumpenkleidung. Sie gehörten zum Schlimmsten, was Babylon zu bieten hatte, standen für eine verdorbene Kunst, das stinkende Ferment der Kloake. Umso erstaunlicher, dass ausgerechnet sie sich zu einer Bewegung bekannten, zu deren wichtigsten Zielen ihre Auslöschung gehörte.

Der Karlismus triumphierte nicht, aber das lag nicht daran, dass er ein aussichtsloses Vorhaben verfolgte. Während der ersten siebzig Jahre seines Bestehens stellte er die größte Bedrohung des liberalen spanischen Staates dar, noch vor den sozialistischen und anarchistischen Revolutionären. Die religiösen Kräfte, die sich im 20. und 21. Jahrhundert in Ländern wie dem Iran oder Afghanistan erhoben und die Macht übernahmen, sind den Karlisten durchaus vergleichbar. Und obwohl diese sich in Spanien letztlich nicht durchsetzen konnten, hat ihre Ideologie in weiten Teilen des Landes tiefe Spuren hinterlassen. Die Rhetorik des katalanischen und baskischen Nationalismus verdankt sich zu einem guten Teil dem Karlismus, was nicht zu verwundern braucht, schlossen dessen Forderungen nach einer Wiedereinführung alter Sonderrechte und einer Rückkehr zu den Verhältnissen von vor dem 18. Jahrhundert doch ein, einheimische Sprachen und regionale Identitäten wiederzubeleben. Als die baskischen und katalanischen Nationalisten sich Ende des 19. Jahrhunderts an die Ausgestaltung ihrer ideologischen Gebäude machten, stellten sie fest, dass die Karlisten ihnen einen Großteil der Arbeit bereits abgenommen hatten. Im Einflussbereich des Karlismus pflegte man das Katalanische und Baskische. Die karlistischen Zeitungen erschienen zum Teil in diesen Sprachen, schließlich richteten sie sich an Bauern, die das Kastilische kaum beherrschten. Das war aber noch nicht alles. Die Karlisten brachten auch mittelalterliche Institutionen zurück, die ein Gegengewicht zur modernen liberalen Verwaltung bilden sollten. Statt Provinzen Königreiche. Statt Gouverneuren *Juntas Generalidades*, und *Lehendakaris*. Statt der Verfassung die alten Sonderrechte der *Fueros*.

Die 1981 und 1982 umgesetzte Neugliederung des spanischen Staates in Autonome Gemeinschaften hätte unter pragmatisch gesinnten Karlisten des 19. Jahrhunderts durchaus Zustimmung finden können. Leute wie Jaime Balmes, der Marqués de Cerralbo oder Juan Vázquez de Mella hätten ihren Anhängern die neue Landkarte Spaniens mit den darauf verzeichneten Namen der autonomen Institutionen als Beweis für den Sieg ihrer Bewegung präsentieren können: Die Bezeichnungen der meisten Parlamente und Regierungen der Autonomen Gemeinschaften verdanken sich mittelalterlichen Institutionen, die im 18., manchmal auch schon im 16. oder sogar 15. Jahrhundert abgeschafft worden waren. Die Parlamente von Aragón wie auch die von Kastilien und León und Kastilien-La Mancha heißen *Cortes*, und die Historiker sind sich bis heute nicht einig, in welchem der Gebiete nun genau die Wiege des spanischen Parlamentarismus zu verorten ist. Die Regierungen von Kastilien und León und Kastilien-La Mancha, Andalusien, der Extremadura, Asturien und Galicien wiederum heißen *Juntas*, ursprünglich die Bezeichnung einer alten Regierungsinstitution der kastilischen Krone. In Katalonien und Valencia dagegen hat die Regierung den Namen *Generalitat*, der einst im Königreich Aragón für eben diese Institution verwendet wurde. (In der heutigen Autonomen Gemeinschaft Aragón wiederum wird sie als *Diputación General* bezeichnet.) Daneben wurden weitere mittelalterliche Begriffe wiederbelebt wie der des *Justicia* oder *Sindic de greuges*, wie man heute in den Autonomen Gemeinschaften Aragón, Katalonien und Valencia den Ombudsmann bezeichnet, der in Kastilien und León den ebenfalls aus dem Mittelalter stammenden Namen *Procurador del común* erhielt.

Hinter dieser begeisterten Wiederaneignung mittelalterlicher Begriffe steckt vor allem die Absicht, die Autonomen Gemeinschaften in der Geschichte vor der Entstehung des modernen spanischen Staates zu verankern, um auf diese Weise ihre besondere Identität hervorzuheben und sie historisch zu legitimieren. Ganz nach Art der Traditionalisten. Die Schaffung der Autonomen Gemeinschaften wurde demnach nicht so sehr als Schritt hin zu einem modernen demokratischen Staat in Szene gesetzt, man verlieh ihr vielmehr den Charakter einer Restauration einst widerrechtlich abgeschaffter Institutionen.

Genau besehen haben die heutigen spanischen Parlamente und Regierungen, was ihre Struktur und Aufgaben angeht, mit ihren mittelalterlichen Namensvettern jedoch nichts zu tun. So hatte die *Diputación General* im Königreich Aragón die Aufgabe, sich um das Einziehen der Steuern zu kümmern, die eigentliche Regierungsarbeit war dagegen nicht ihre Sache. Und die mittelalterlichen *Cortes* existierten keineswegs zum Zweck einer souveränen Volksvertretung, ebenso wenig verfügten sie über die gesetzgeberische Funktion, die ihnen heute zukommt. Auch in dieser Hinsicht stellt Spanien also einen Sonderfall dar. Weder in Frankreich noch in Portugal oder Italien hat man das Bedürfnis verspürt, für die Namen ihrer Regierungsinstitutionen alte Handschriften oder Codices zu durchforsten. Nirgendwo in Europa scheint die nostalgische Sehnsucht nach den Zeiten des *Ancien Régime* so stark und hartnäckig gewesen zu sein wie in Spanien.

Was womöglich ebenfalls ein Grund dafür ist, dass die verschiedenen in Spanien gesprochenen Sprachen sich bis ins 21. Jahrhundert so hervorragend erhalten haben. Das Provenzalische beziehungsweise Altprovenzalische etwa, das im Mittelalter eine der wichtigsten Kultursprachen Europas war – die berühmte südfranzösische Troubadour-Dichtung wurde in dieser Sprache verfasst –, lebt heute nur noch in spärlichen Überresten fort, ähnlich dem Bretonischen, Westokzitanischen oder den in Frankreich gesprochenen Varianten des Baskischen und Katalanischen. In Großbritannien wiederum werden allen politischen Wiederbelebungsversuchen zum Trotz weder das Walisische noch die schottische Variante des Gälischen außerhalb begrenzter ländlicher Gebiete in größerem Umfang gebraucht. Und obgleich die irische Republik mit Beginn ihrer Unabhängigkeit 1922 das Irisch-Gälische zur zweiten offiziellen Sprache erklärte, ist es trotz aller staatlichen Bemühungen nicht gelungen, sein allmähliches Verschwinden aufzuhalten. Letztlich verfügte keine der hier genannten Regionalsprachen über eine kulturpolitische Unterstützung, die stark genug gewesen wäre, ihren Gebrauch dauerhaft und gleichberechtigt nicht nur als Amtssprache, sondern in der Gesellschaft zu verankern.

In den Romanen des berühmten spanischen Realisten Vicente Blasco Ibáñez (1867–1928) sprechen bloß die Dienstmädchen und die sehr einfachen und ungebildeten Leute Valencianisch. Die bürgerlichen Bewohner Valencias sprechen Spanisch beziehungsweise Kastilisch und verlangen von den Dörflern, mit denen sie es zu tun bekommen, sie nicht mit ihrem Dialekt zu belästigen. Die in den Pyrenäen bis ins 20. Jahrhundert erhaltenen romanischen Sprachen wiederum wurden auch mit dem vom französischen *Patois* abgeleiteten, abschätzigen Begriff *Patués* belegt. Der Karlismus dagegen bot den Baskisch oder Katalanisch sprechenden Menschen den Raum und die Möglichkeit, öffentlich, vor allem aber selbstbewusst und in Würde von ihrer Sprache Gebrauch zu machen. Während die feinen Herren aus den Städten, wie sie etwa in den Romanen von Blasco Ibáñez vorkommen, die Redeweise der Dörfler ablehnten, wurde sie von den Karlisten verherrlicht. Karlisten veröffentlichten Zeitungen in den altüberkommenen iberischen Sprachen, die sie als Säulen der Tradition betrachteten. Ihre Priester verwendeten sie während der Messe. Und ihre Soldaten stimmten beim Marsch an die Front Lieder mit den alten Dialektwörtern ihrer Heimatdörfer an. Ohne den Karlismus hätten wohl weder das Baskische noch das Katalanische die Ausbreitung des modernen spanischen Staates samt der damit einhergehenden Industrialisierung und dem Wachstum seiner Städte überlebt. Die *Bases de Manresa* (Grundsätze von Manresa), gewissermaßen das Gründungsdokument des modernen katalanischen Nationalismus, wurden 1892 abgefasst, der *Partido Nacionalista Vasco*, die baskische Nationalpartei, 1895 gegründet – beides nachdem der Karlismus beschlossen hatte, den Versuch aufzugeben, seine Ziele mit kriegerischen Mitteln zu erreichen. Seit 1876 verwandelte er sich in eine politische Bewegung, die es nicht nur auf Mitsprache im Parlament abgesehen hatte, sondern sich auch bemühte, intensiv auf jenen Teil der spanischen Gesellschaft einzuwirken, der bereits unter ihrer Herrschaft stand. Die zwanzig Jahre seit der letzten Niederlage im dritten Karlistenkrieg waren entscheidend für die Herausbildung der neuen nationalistischen Gruppierungen. In derselben Zeit entwickelten sich insbesondere Bilbao und Barcelona zu großen Industriestädten, die die erste große Emigrationswelle aus dem Inland aufnahmen, während sich die Macht des Zentralstaats festigte. Der friedliche und zugleich starke Karlismus war Zuflucht und Auffangbecken für viele Bauern, die hilflos mitansehen mussten, wie ihrer bisherigen Lebensweise von den Hochöfen und Dampfwebstühlen der unersättlichen neuen babylonischen Großstädte die Grundlage entzogen wurde. Die traditionalistischen Zirkel, ihre Zeitungen, ihre Institutionen und ihr Einfluss auf viele Bereiche der öffentlichen Meinung erlaubten es den Leuten, an ihrer bisherigen Sprache festzuhalten und mit Stolz und Selbstverständlichkeit von ihr Gebrauch zu machen, ohne sich der Verachtung der Städter aussetzen zu müssen.

Meine Kindheit habe ich auf einem Dorf in der Provinz Valencia verbracht, wo alle Welt Valencianisch sprach. Das Kastilische fand nur als Verwaltungssprache Verwendung, die Unterhaltungen auf der Straße wurden ausschließlich auf Valencianisch geführt. Nur meine Familie und noch ein paar zugezogene Leute sprachen auch untereinander Kastilisch, in fast allen Fällen waren es hier Beamte. Abschätzig bezeichnete man uns und die anderen als *castellanos*. Und dennoch schämten sich viele, besonders ältere Einheimische ihrer Sprache – wenn sie in die Stadt fuhren, nach Valencia, wandten sie sich nur dann auf Valencianisch an die dortigen Menschen, wenn sie ganz sicher zu sein glaubten, dass es sich bei ihrem Gegenüber um jemanden vom Dorf handelte, wie sie selbst. Ein großes Problem war, dass gerade die, die sich am stärksten ihrer valencianischen Muttersprache schämten, sich meist kaum auf Kastilisch ausdrücken konnten, da sie diese Sprache eigens in der Schule hätten lernen müssen, und viele von ihnen waren dafür nicht lange genug zur Schule gegangen. Sie litten fürchterlich unter dem Vorurteil, in dem sich ihre Muttersprache mit Analphabetismus verband.

Ich war damals zwar noch ein Kind, aber ich erinnere mich genau an die ersten Tage von Canal 9, dem Fernsehsender der Autonomen Gemeinschaft Valencia. Ein Teil des Programms wurde von Anfang an auf Valencianisch ausgestrahlt, so auch die Nachrichten. Ich weiß noch, wie die Großeltern meiner Freunde staunend verfolgten, wie der Nachrichtensprecher in ihrer ureigenen Sprache die Neuigkeiten des Tages verkündete. Es ging um Politik, Haushaltsberatungen, Erdbeben in fernen Ländern und die neuesten Entwicklungen an der Börse – alles auf Valencianisch. In den großen Städten wurde es vielleicht nicht so wahrgenommen, oder es ging unter im üblichen Getöse des politischen Streits, aber hier, in einem von Orangenhainen umgebenen Dorf, war es ein eindrückliches Schauspiel, die Gesichter der Alten in ihren schwarzen Arbeitsblusen im Bann des Fernsehapparats zu beobachten, der sich bis dahin ausschließlich auf Kastilisch an sie gewandt hatte.

Der Karlismus verstand sich darauf, dem Selbstwertgefühl der Menschen zu schmeicheln, die sich an den Rand gedrängt und verachtet fühlten. Er verhalf ihnen zu einer eigenen Geschichte und zu der Illusion, ihre Geschicke in die Hand nehmen zu können. Während verkommene Herumtreiber und Liberale sich über sie lustig machten und sie aufforderten, sich einer »normalmenschlichen« Sprache zu bedienen, sorgten die Karlisten dafür, dass die alten Wörter wieder einen würdigen und zeitgemäßen Klang bekamen. Die Karlisten liebten sie, so wie sie waren, behandelten sie nicht wie hinterwäldlerische Tölpel, drängten sie nicht, sich elegant zu kleiden und Parfüm aufzulegen. Heute lebt der Karlismus in Spanien in allen Verführungsstrategien fort, die auf die ländliche Bevölkerung zielen.

Obgleich der Traditionalismus im 20. Jahrhundert zunehmend auf Familientraditionen und dörfliche Bräuche zurückgedrängt wurde, war er durchaus in der Lage, sich modernen Entwicklungen zu öffnen. Joaquín Luqui beispielsweise wuchs in einer karlistischen Umgebung auf und vollzog von dort reibungslos den Übergang in die Welt der Beatles. Der Karlismus seiner Herkunft hatte ihm Sicherheit und Stärke mit auf den Weg gegeben, die er nicht dazu benutzte, sich gegen die »gottlose Moderne« abzuschotten, sondern im Gegenteil, um sich in ihr zu bewegen, ohne sich zu verleugnen. Er war imstande, nach Madrid zu gehen und ein Radiostar zu werden und dabei trotzdem Señor Luqui aus dem navarresischen Caparroso zu bleiben – warum auch nicht?

Das karlistische Biotop bringt durchaus starke, von Komplexen unbelastete Persönlichkeiten hervor, die sich auf ihrem Weg von der Überheblichkeit der anderen weder verunsichern noch zum Ressentiment der Zukurzgekommenen hinreißen lassen. Die Geschichte beginnt mit dem Bauern Francisco Tadeo Calomarde aus dem Dorf Villel, der sich am Hof Ferdinands VII. für seine rauen Hände und sein linkisches Auftreten schämte, und endet bei Joaquin Luqui, dem Burschen aus Caparroso, der nichts dabei findet, auf der Madrider Gran Vía dieselben Pullover zu tragen wie in seinem navarresischen Dorf. Hundertfünfzig Jahre nach seinem Tod hat Calomarde also doch noch triumphiert. Dazwischen viele Priester vom Schlag eines Nicolás Rubín. Luqui empfindet immer noch den wilden Gebirgsmenschen-Stolz seiner Vorfahren, verspürt aber keinerlei Bedürfnis mehr, Babylon in Schutt und Asche zu legen. Vom Karlismus ist ihm nur die Selbstgewissheit geblieben, der biblische Hass auf die Großstadt hat sich aufgelöst. Er hat sich an die Zeiten und an ihre Musik angepasst. Man spürt bei so manchem, der diesem Biotop entstammt, ein subtiles Grundvertrauen, eine Art, in einer Welt zu leben, ohne die der Herkunft zu zerstören – und umgekehrt. Innerhalb der karlistischen Kultur wurden mehrere Generationen von Landbewohnern im Stolz auf ihre Traditionen großgezogen – Traditionen aber nicht nur im Sinne pittoresker Bräuche, sondern als etwas, was den gesamten Alltag durchdringt –, und damit wurde nicht nur verhindert, dass sie wie fast überall sonst in Europa von der Moderne zum Verschwinden gebracht wurden, er hat vielmehr für ihr Weiterleben auch jenseits der ländlichen Umgebung gesorgt.

Viele Horrorgeschichten schildern das Eindringen übernatürlicher Wesen in die Großstadt. Das Musterbeispiel hierfür war Bram Stokers Roman *Dracula*. Indem er einen rumänischen Vampir in die Londoner City versetzte, wollte der Autor seinem bürgerlichen Publikum einen Schrecken einjagen. Die in den Horrorgeschichten auftretenden Vampire, Wolfsmenschen oder Riesenaffen wie King Kong stammen für gewöhnlich aus weit abgelegenen Orten, an denen Bauern leben, die unverständliche Dialekte brabbeln. Oft hat man in diesem Zusammenhang fremdenfeindliche Motive am Werk gesehen, die Rolle, die dabei der ländlichen Welt zugewiesen wird, sollte aber keineswegs übersehen werden. Die Wolfsmenschen hausen in finsterer Einöde, Dracula auf einem Schloss in Transsylvanien, und in den Märchen sind die Wälder der Ort, wo Hexen und Wölfe ihr Unwesen treiben. Anders gesagt: Wer die zivilisierte Welt verlässt und sich in die Barbarei begibt, muss sich auf einiges gefasst machen. Der Roman *Dracula* dreht den Spieß nun um. Obwohl Jonathan Harker zunächst auf Graf Draculas Schloss reist, spielt die Handlung im Weiteren zum Großteil in London. Die Barbarei stattet also der Zivilisation einen Besuch ab. Und genau darin liegt der Schrecken – die Stadt schützt nicht mehr vor der bösen Außenwelt, nichts ist mehr sicher.

Die gewöhnlichen Dorfbewohner dagegen flößen vielleicht nicht unbedingt Angst ein, wirken jedoch schnell lächerlich oder merkwürdig. In seiner Menschengestalt bittet der Vampir Dracula des Öfteren um Entschuldigung für seine derben Manieren und seinen Barbaren-Akzent – wie dies angeblich auch der Minister Calomarde gelegentlich getan haben soll. Wäre Dracula jedoch in dem navarresischen Dorf Caparroso groß geworden, würde er wohl kaum je das Bedürfnis verspüren, sich wofür auch immer zu entschuldigen. Joaquín Luqui spazierte mit einer Ungezwungenheit die Madrider Gran Vía entlang, wie sie der rumänische Vampir auf der Londoner Pall Mall des Jahres 1897 schwerlich empfunden haben dürfte.

Der Priester Nicolás Rubín aus Galdós' Roman ist vor allem aus zwei Gründen so aggressiv und grob: In der großen Stadt plagen ihn Minderwertigkeitskomplexe, außerdem will er Madrid dem Erdboden gleichmachen. Wenn man so will, möchte auch Dracula London dem Erdboden gleichmachen. Joaquín Luqui dagegen kommt nach Madrid, um zu triumphieren, er möchte hier einer wie alle anderen sein und gleichzeitig der bleiben, der er ist, ohne auch nur im Geringsten auf seine Eigenart und seine Herkunft zu verzichten. Vielleicht stellt dies das am wenigsten augenfällige, dafür aber umso tiefer reichende, unbeabsichtigte und paradoxe Erbe der langen und inzwischen fast schon vergessenen Geschichte des Karlismus dar.

Von der Höhe des nicht weit von Portugal in der Provinz Zamora gelegenen Ortes Puebla de Sanabria aus hat man einen weiten Blick über die Meseta. Im Ort selbst könnte man den Eindruck haben, sich noch im Mittelalter zu befinden. Zum einen, weil keinerlei Spuren einer wie auch immer gearteten industriellen Revolution das

Postkartenidyll stören. Zum anderen, weil mehrere Generationen von Restaurateuren fleißig daran gearbeitet haben, das Stadtbild so zu gestalten, dass es den Erwartungen der Besucher entspricht. Sanabria soll sich als durch und durch traditioneller Ort präsentieren. Stadtverwaltung und Bewohner geben sich alle Mühe, die Moderne von ihrem Gemeinwesen fernzuhalten. Es ist Sommer, und die Idee funktioniert. Alle Bars, Läden und Restaurants sind voll. Hunderte Touristen lichten sich gegenseitig vor dem Hintergrund der Stadtmauer ab, und das so, dass möglichst auch noch die romanische Kirche mit ins Bild kommt. Alle genießen die Vergangenheit in vollen Zügen, und die Sanabreser beuten dieses Mittelalter aus, das lieber nicht hinterfragt werden sollte, sondern eben nur genossen. Schließlich ist die perfekte Inszenierung der Vergangenheit das Einzige, was einem Ort wie diesem, fernab der üblichen Touristenrouten, das wirtschaftliche Überleben ermöglicht. Auf der Suche nach einem Restaurant, dessen Namensschild nicht in gotischen Lettern gehalten ist, frage ich mich, ob man aus dem ringsum wahrnehmbaren Wohlstand schließen kann, dass die Sanabreser sich tatsächlich ihre Geschichte zu eigen gemacht haben. Das leere Spanien hat, wie gesagt, bislang nie selbst seine Geschichte erzählt. Ist diese ritterromanhafte Fiktion aus Adeligen, Königen und Schlachten hier die Erzählung, die das leere Spanien gebraucht hat? Beweist das, was ich hier sehe, dass es endlich geschafft ist? Ich bezweifle es. Es kommt mir vielmehr wie die x-te Wiederholung des immer gleichen Betrugs vor. Wie der einmal mehr unternommene Versuch, zu überleben, indem man sich ganz in ein historisierendes Schneckenhaus zurückzieht und das eigene Recht auf Gegenwart rundheraus ablehnt.

Traditionen verkaufen: Darauf verstand der Karlismus sich bestens. Allen Touristenbüros, »urigen« Dorfgasthäusern mit regionaltypischem Menü und durch europäische Fonds geförderten Entwicklungsplänen für den ländlichen Raum haftet unweigerlich und allezeit etwas Karlistisches an.

Dörfer, die über die Möglichkeit verfügen, sich Traditionen auszudenken, an denen Touristen Gefallen finden können, dürfen sich glücklich schätzen. Wirklich schlimm steht es um die, die mit keiner einzigen mittelalterlichen Ruine – und sei sie noch so klein – aufwarten können. Aus Verzweiflung sind so manche Bürgermeister und

Gemeinden des leeren Spanien üblen Betrügern auf den Leim gegangen. So wie schon ihre Landsleute in dem Film *Surcos*, die sich in Madrid von allen möglichen Gaunern über den Tisch ziehen ließen. Der in der öden Ebene südlich von Madrid gelegene Ort Estremera zum Beispiel, mit kaum mehr als tausend Einwohnern, empfing 2007 den Besuch eines chinesischen Geschäftsmanns mit Namen Xiaopeng Chen, der versprach, mithilfe einer gigantischen Investition auf dem Gebiet der Gemeinde ein 2,5 Millionen Quadratmeter großes Gewerbegebiet aus dem Boden zu stampfen und dort siebentausend Arbeitsplätze zu schaffen. Im selben Jahr stellte die Regierung Aragóns an ihrem Amtssitz das Vorhaben »Gran Scala« vor. Eine britische Holding hatte angeblich vor, in dem Örtchen Ontiñena (sechshundertfünfzig Einwohner) inmitten der Monegros-Wüste einen ebenfalls gigantischen Casino-Komplex zu errichten. Über fünfundzwanzig Millionen Besucher sollten die dort geplanten dreißig Casinos, siebzig Hotels und achtzehn Themenparks alljährlich in den Ort locken. Heute weiß kein Mensch, wo Señor Chen abgeblieben ist, und die britischen Promoter, die das »Gran Scala«-Projekt durchführen sollten, verfügen nicht mal mehr über ein Büro in London. Die Leute aus Estremera und Ontiñena dagegen stehen weiterhin am Rand ihrer Brachfelder und warten darauf, dass ihre Heilsbringer mit der Arbeit beginnen.

Es ist die sich unaufhörlich wiederholende Geschichte, die schon Luis García Berlangas Filmklassiker *Bienvenido, Míster Marshall* erzählt. Hunderte, wenn nicht tausende Dörfer, die sich begeistert vom erstbesten Scharlatan das berühmte Huhn, das goldene Eier legt, aufschwatzen lassen. Während der Hochzeit der Immobilienspekulation Ende der neunziger und Anfang der nuller Jahre brach in Spanien das sogenannte »Betonfieber« aus. Noch der heruntergekommenste Gemüsegarten, den jemand von den Großeltern geerbt hatte, galt auf einmal als Goldmine. Noch die abgelegenste Parzelle versprach, für den Bau von Luftschlössern aller Art wie Flughäfen oder Autobahnen attraktiv zu sein. Und in der Mancha gingen manche Gemeinden so weit, untereinander um den Zuschlag für ein atomares Endlager auf ihrem Gebiet zu kämpfen.

Vielleicht stehen diese Beispiele ja nur für die endgültige Niederlage: die Verzweiflung von Leuten, denen man jahrhundertelang nichts als verächtliche Blicke und Spott entgegengebracht oder die

Rolle von Schreckgespenstern zugewiesen hat, um sie schließlich falschen Heilsbringern und Glücksrittern zu überlassen, die ihnen auch noch das Letzte genommen haben. Auf der Stadtmauer von Sanabria stehend sage ich mir, dass die Bewohner dieses Ortes womöglich bloß eine Geschichte aufführen, die die Städter ihnen aufgedrängt haben – diese haben den Sanabresern die Aufgabe zugeteilt, die Vergangenheit zu bewahren, damit sie sich bei ihnen eine Zeitlang von der Gegenwart erholen können. Als Triumph oder erfolgreiche Aneignung der eigenen Geschichte lässt sich das wohl kaum bezeichnen, aber es ist in jedem Fall besser, als überhaupt keine Vergangenheit zu besitzen, die man ausschlachten kann, und hilflos irgendwelchen Betrügern ausgeliefert zu sein.

In Orten wie Sanabria, Sigüenza, Albarracín, Almagro und wie sie alle heißen, wo die Autofahrer einen Zwischenstopp einlegen, um gegrilltes Fleisch zu essen und Honig oder in Essig eingelegte Auberginen zu kaufen, inszeniert man für die Besucher eine Art unendlicher Vergangenheit. Beim Betreten ihrer Plazas umfängt sie eine scheinbar andere Zeit, die noch erfüllt ist von der Vorstellung ewiger Dauer, die die einstigen Bewohner der heute verlassenen Orte dazu antrieb, ihre Häuser aus solidem Stein zu errichten. In diesen Städten versucht man, eine Empfindung wiederzubeleben, die auf dem Grund des Bewusstseins ihrer Besucher schlummert, ein sanft-vertrautes Heimatgefühl, das diese womöglich nie richtig erkundet haben und das sie in dem Schauspiel, das die Einheimischen für sie aufführen, trotzdem wiedererkennen. Es ist dasselbe Gefühl, das schon die Karlisten verführte – die Sicherheit, die einem die Identität verleiht. Dem leeren Spanien standen irgendwann nur noch zwei Möglichkeiten zur Verfügung: Seine Traditionen zu negieren und zu zerstören oder aber sie zur Schau zu stellen, nach dem Geschmack derjenigen, die seine Häuser und Straßen schon vor langer Zeit verlassen haben.

Es ist die gleiche Geschichte wie mit Lincolns Axt. Oder allgemeiner den Reliquien von Heiligen. Einer apokryphen Anekdote zufolge beharren die Aufseher in der Smithsonian Institution in Washington, sobald jemand fragt, stets hartnäckig darauf, dass die dort ausgestellte Axt Abraham Lincolns tatsächlich echt sei, obwohl Stiel und Klinge schon mehrfach erneuert worden sind. Die Axt war offenbar Teil der Ausstattung, mit der Lincoln 1860 auf Wahlkampftour ging. Er soll sie bei seinen Reden präsentiert haben. Es gibt Dutzende Lincoln-Äxte in Museen, Privatsammlungen und Antiquitätengeschäften, und stets behaupten die Eigentümer, ihre sei die echte. Schon mehrfach sind Lincoln-Äxte auf Auktionen zu einem Startpreis von 15.000 Dollar angeboten worden. Lincoln selbst soll über seine Axt geäußert haben: »Gebt mir sechs Stunden, um einen Baum zu fällen, und ich werde vier davon damit zubringen, meine Axt zu schärfen.« Es ist weder zweifelsfrei nachgewiesen, dass Lincoln tatsächlich jemals etwas Derartiges gesagt hat, noch, dass eine der vielen ausgestellten Äxte die echte ist, ja, nicht einmal, dass er wirklich auf Wahlkampftour eine Axt dabeihatte.

So geht es eben mit dem Glauben an die Vergangenheit: Traditionen sind für gewöhnlich nicht mehr als allseitig akzeptierte Erfindungen, die mit religiöser Ehrfurcht weitergegeben werden. Die Karlisten verstanden sich meisterhaft auf dieses Geschäft. Puebla de Sanabria und all die anderen alten Orte, die Traditionen verkaufen, tun es ihnen und den vielen Besitzern von Lincolns Axt im Grunde nur nach.

Dritter Teil
Der Stolz

8 Die Kinder der Erde

Seid ihr schon drauf? Wer noch nicht drauf ist,
holt das besser schnell nach, und los geht's.
Enrique Tierno Galván (Bürgermeister von Madrid, 1984)

»Guten Abend, Madrid. Long live Rock'n'Roll, und Don Enrique auch.« So begrüßte an einem Maiabend 1986 Juan Pablo Ordúñez, besser bekannt als El Pirata, mit erhobener Faust die Tausenden langhaariger Jugendlicher, die in der Madrider Ciudad Universitaria zusammengekommen waren. Obwohl er den Satz offenbar vorher eingeübt hatte, muss es ihm in diesem Augenblick selbst ein wenig unpassend erschienen sein, Don Enrique ein langes Leben zu wünschen, weshalb er umgehend hinzufügte: »Obwohl er heute nicht hier bei uns ist.« Denn Enrique Tierno Galván, hier angesprochen als »Don Enrique«, war vier Monate davor gestorben. So oder so schien sich jedoch niemand daran zu stören, dass die Hommage, die die besten spanischen Hardrock-Bands ihm an diesem Abend erweisen wollten, mit solchen Worten eingeleitet wurde. Wichtiger war die gute Absicht. Wichtiger war die zum Ausdruck gebrachte Dankbarkeit, auch dafür, an diesem Abend etwas ganz Besonderes erleben zu dürfen, in einem Land, das noch immer wie geblendet war von dem hellen Glanz, den die noch so junge Demokratie ausstrahlte. Am Himmel zogen sich Gewitterwolken zusammen, weshalb El Pirata nun nicht mehr die Faust ballte, sondern stattdessen mit ausgestrecktem Finger nach oben deutete und sagte: »In einer von den Wolken da sitzt Don Enrique jetzt mit Phil Lynott, Bon Scott und Jimi Hendrix und genehmigt sich einen Drink. Und dazu rauchen sie zusammen einen Joint auf eure Gesundheit!« Begeisterter Jubel brandete auf. Niemand schien Schwierigkeiten damit zu haben, sich den verstorbenen alten Philosophieprofessor, der Wittgensteins *Tractatus logico-philosophicus* ins Spanische übersetzt hatte und für die Präambel der neuen spanischen Verfassung verantwortlich zeichnete, in solcher Gesellschaft und mit derlei Ausschweifungen beschäftigt vorzustellen.

Während seiner Amtszeit als Bürgermeister von Madrid hatte Enrique Tierno Galván sich selbst große Mühe gegeben, regelmäßig derartige Irritationen zu befeuern. So äußerte er am 16. März 1984 bei der Eröffnung eines Popfestivals im Madrider Palacio de los Deportes seine berühmt gewordene Apologie der weichen Drogen: »Seid ihr schon drauf? Wer noch nicht drauf ist, holt das besser schnell nach, und los geht's.« Dass die Heavy-Metal-Fans ihm nach seinem Tod mit einem Open-Air-Konzert die Ehre erwiesen, hatte eine Menge mit diesem Satz zu tun, der gewissermaßen die vielen liebevoll-augenzwinkernden Äußerungen zusammenfasste, die der alte Professor den jungen Leuten der Stadt bei jeder sich bietenden Gelegenheit zugerufen hatte – wofür er stets gefeiert wurde –, auch wenn er sich damit gegen die Vorschriften stellte, auf deren Einhaltung die städtische Polizei, deren oberster Dienstherr Tierno Galván von Amts wegen war, eigentlich im selben Augenblick hätte bestehen müssen.

Eine weitere Besonderheit des Konzerts, das die Madrider Heavy-Metal-Fans ihrem verstorbenen Bürgermeister zu Ehren veranstalteten, bestand darin, dass es nicht von einer Band aus Carabanchel, Vallecas oder einem anderen Madrider Vorstadtviertel, sondern von der Gruppe Barricada aus Pamplona eröffnet wurde. Deren Sänger, auch bekannt als El Drogas, war sich bewusst, dass dies keine Selbstverständlichkeit war, weshalb er seine Begrüßung mit der entschuldigenden Bemerkung einleitete: »Wir sind vom Dorf, und so was haben wir noch nie erlebt.« In diesen schüchternen Worten, auf die donnernde Gitarrenklänge folgten, verdichtete er die eigentliche Bedeutung dessen, was sich in diesem Augenblick ereignete. Die meisten Zuhörer waren nämlich ebenfalls vom Dorf. Der eingangs erwähnte El Pirata, ein damals sehr beliebter Radiomoderator, der in dem – von der spanischen Bischofskonferenz betriebenen[134] – Radio Popular als Heavy-Metal-Missionar auftrat, war erst einige Jahre zuvor von Talavera de la Reina nach Madrid gezogen und verwies immer wieder stolz darauf, dass er aus dem »tiefen Kastilien« stamme, dessen Ödnis er höchstpersönlich mit der frohen Botschaft der angelsächsischen Rockmusik beglückt habe.

Tierno Galván wusste, dass die Madrider bis auf wenige Ausnahmen, die in den ziemlich heruntergekommenen alten Innenstadtbezirken hausten, vom Dorf stammten und wie El Drogas vieles »noch nie erlebt« hatten. Deshalb legte er sich selbst, ohne mit der Wimper zu zucken, eine Kindheit in Soria zu. Jahrelang erzählte er den Bürgern Madrids bei öffentlichen Auftritten, auch er stamme vom Dorf, genauer gesagt aus der mythischen Provinz Soria, und damit aus dem fernen, abweisenden und großartigen Kastilien. Aber das war eine Lüge. In einem 1997 veröffentlichten Buch hat der Journalist César Alonso de los Ríos zahlreiche Erfindungen in Tierno Galváns Biografie aufgedeckt.[135] So etwa, dass er angeblich einst in dem Dorf Valdeavellano de Tera gelebt habe – doch sein Vater zog schon 1894 von dort fort, vierundzwanzig Jahre vor Don Enriques Geburt in Madrid. Was trieb den alten Professor dazu an, sich eine dörflich-ländliche Herkunft anzudichten? Ihm war bewusst, dass er auf diese Weise eine engere Beziehung zwischen sich und seinen potenziellen Wählern herstellte, die zu einem Großteil irgendwann vom Dorf in die Stadt Madrid gekommen waren. Und die brauchte er, wenn er, wie es ihm 1983 schließlich gelang, die absolute Mehrheit erobern wollte – Leuten, die wie er selbst nicht viel mehr Landschaft gesehen hatten als die Dehesa de la Villa oder den Park bei der Moncloa, trauten die ehemaligen Dörfler nicht über den Weg.

Tierno Galváns Versuche, seine Biografie in diesem Sinn aufzupolieren, verweisen jedoch nicht nur auf die Herkunft eines Großteils der Madrider Bevölkerung. Die Dreharbeiten des in diesem Buch bereits vorgestellten Films *Surcos* lagen mittlerweile dreißig Jahre zurück, zwanzig Jahre die Veröffentlichung von Luis Martín-Santos' Vorstadtroman *Schweigen über Madrid*. Die Madrider wussten längst, dass ihre Stadt innerhalb kürzester Zeit durch Zuwanderung zu der Großstadt geworden war, in der sie nun lebten. Mehr als die Hälfte ihrer Bewohner waren nicht hier geboren. Indem er sich ausdrücklich als Geschöpf der Meseta präsentierte, konnte Tierno Galván nicht nur auf die Stimmen der Zuwanderer von dort hoffen. Ebenso konnte er auf diese Weise an seiner eigenen Person vorführen, in welchem Ausmaß soziale Mobilität in der Demokratie möglich war und dass man als Zuwanderer vom Land allen Grund hatte, stolz zu sein. Seht mich an, schien er sagen zu wollen, ich bin euer Bürgermeister, ich habe an der Universität studiert, ich habe das Zeug zum großen Staatsmann. Stimmt zwar, Madrid hatte bislang nur wenige Bürgermeister, die so prädestiniert dafür waren, dass man ihnen ein Bronzestandbild errichtet. Und trotzdem bin ich einer von euch. Ich stamme vom Dorf, und hier, in dieser Stadt, habe ich meinen Weg gemacht, genau wie ihr.

Es waren die achtziger Jahre des 20. Jahrhunderts, und der Großteil der jungen Leute, an die Tierno Galván sich zu Lebzeiten regelmäßig gewandt hatte und die nun zusammengekommen waren, um ihm mit Heavy Metal die letzte Ehre zu erweisen, waren tatsächlich Kinder der Landflucht. Sie waren am Stadtrand und noch jenseits des Stadtrands aufgewachsen. Vielleicht nicht gerade in elenden Wellblechhütten, aber sozusagen fast. Sie kamen aus Carabanchel, Vallecas, Villaverde, Móstoles, Getafe, Leganés. Aus Vierteln, die es zwanzig Jahre vorher noch gar nicht gegeben hatte und die innerhalb kürzester Zeit mit billigen Baumaterialien hochgezogen worden waren. Viele von ihnen waren in Madrid geboren, andere als Säuglinge oder Kleinkinder hergekommen. Bis die Stadtverwaltung irgendwann anfing, etwas zur Verbesserung der Lebensbedingungen in diesen Vierteln zu unternehmen, bekamen die Bewohner der Peripherie vor allem die Verachtung des Zentrums – wie auch die Angst vor ihnen – zu spüren. Dazugehörig fühlte man sich hier jedenfalls nicht. Wer sich ins Zentrum aufmachte, sagte meist, er fahre jetzt nach Madrid, als ginge es in eine andere Stadt. Die härtesten Rockfans, die an jenem Abend 1986 am lautesten schrien, als des alten Professors gedacht wurde, wehrten sich im Alltag mit einer aggressiv-einschüchternden Sprache. Ein Songtext von Obús, der bei den langhaarigen Jugendlichen vom Stadtrand vielleicht erfolgreichsten Band, ging so: »Für heute Abend / bist du fertig. / Sag deiner Kutte: / Bis zum Bahnhof ist es weit. / Eine Stunde brauchst du / von hier bis in die Vorstadt. / Du musst also zu Fuß / quer durch halb Madrid. / Wer dir über'n Weg läuft, / bekommt bestimmt gleich Schiss. / Und das, oh ja, gefällt dir, / da geht's dir richtig gut.«

Was hier auf dankenswert klare und unverstellte Weise ausgedrückt wird, beschrieb die Empfindungen zahlloser Mitglieder ihrer Generation. Der prollige Rocker, der zu einem Konzert ins Zentrum fährt oder dort einfach ein paar Kneipen aufsucht, erlebt die Stadt als fremd. Er weiß, dass er nicht hierhergehört, und schützt sich gegen dieses Gefühl, indem er sich selbst als bedrohliche Gestalt inszeniert. Dabei nimmt er genau genommen bloß die Rolle an, die die Stadt ihm zuweist – die von jemandem, der hier nicht erwünscht ist, sich hier nicht herumtreiben soll. Obús wandelt den von klassistischer Verachtung hervorgerufenen Komplex in stolzes Selbstbewusstsein um. Und Tierno Galván unterstützte das, intuitiv, aber ebenso sehr aus strategischen Überlegungen. Als Bürgermeister stellte er durch seine vermeintliche Biografie und seine Äußerungen klar, dass die Stadt auch diesen Menschen gehört. Dass sie hier keine Fremden sind, dass Madrid nicht nur die Sache einer Handvoll traditionsbewusster Bewohner des Zentrums ist. Dass auch, ja, vor allem sie Madrid sind, die Kinder der Vorstadt, die einst vom Dorf hierherkamen. Obwohl schon seit dreißig Jahren Menschen vom Land in die Stadt strömten und sie umgestalteten, waren diese jungen Leute die Ersten, die sich erhobenen Hauptes ins Zentrum begaben und die träge Ruhe der dort lebenden, selbstverliebt auf die Reinerhaltung ihrer Bräuche bedachten Eliten störten. Sie schämten sich nicht mehr dafür, Kinder ungebildeter Bauern zu sein. Mag sein, dass ihre Väter und Mütter sich noch möglichst unauffällig umherbewegten, bemüht, sich ihren Akzent nicht anhören zu lassen, wenn sie unterwürfig ihren Dienst im Haushalt einer besser gestellten Familie verrichteten oder deren Autos reparierten oder aus ihren Pförtnerlogen traten, um ihren Herrschaften die Tür zu öffnen, oder die Straßen fegten oder in einer Cafeteria das Frühstück servierten oder Leute im Taxi durch die Stadt kutschierten. Bei ihren Kindern war es damit jedoch vorbei, sie weigerten sich, sich kleinzumachen. Dass die Stutzer in der teuren Calle Serrano offensichtlich Angst vor ihnen hatten, war für sie erst recht ein Grund, sich gefährlich aussehende Nietenjacken anzuziehen. Zum ersten Mal seit dem Beginn der großen Landflucht verspürten deren Protagonisten Lust, sich die Stadt zu eigen zu machen, dreist, unverschämt und stolz auf ihre Herkunft.

In Barcelona, das neben Madrid die meisten Landflüchtigen aufgenommen hatte, passierte das Gleiche. Hatte Juan Marsé in den sechziger Jahren die Wut des aus dem leeren Spanien in die Stadt gekommenen Lumpenproletariats zum Thema gemacht, schilderte Francisco Casavella die Veränderungen während der *Transición*, die zu einer allmählichen Aneignung der Stadt führten.

Der Pijoaparte, der Vorstadtheld aus Marsés Roman *Últimas tardes con Teresa* (*Letzte Tage mit Teresa*, 1966),[136] glaubt, eine junge Frau aus guter Familie verführt zu haben. Als er jedoch am frühen Morgen in einem edleren Viertel Barcelonas an ihrer Seite erwacht, fällt sein Blick auf ein Kleiderbündel, das sich als Dienstmädchen-Uniform samt Haube und Schürze entpuppt. Beschämt stellt er fest, dass er nicht mit dem Mädchen aus gutem Hause, sondern mit der Hausangestellten im Bett gelandet ist. Er ist also auf dem erträumten Weg nach oben keinen Schritt weitergekommen, die Stadt hält ihn weiterhin auf Abstand, lässt ihn nicht an sich heran.

Diese vielfach gefeierte Szene, die einen großen Einfluss auf die zeitgenössische spanische Erzählliteratur ausgeübt hat, steht beispielhaft für ein ganzes Subgenre, das sich dem Thema des gesellschaftlichen Neids und des Aufstiegswunschs widmet. Gleichermaßen Erben von Stendhals *Rot und Schwarz* und Gorkis *Mutter*, sind seine Hauptfiguren offenkundig universelle Archetypen, die zudem eine enge Verbindung zum Schelmenroman aufweisen. Nichts Neues also. In der Literatur gibt es fast nie etwas Neues, weil ihre Geschichte vor allem in einer sich regelmäßig wiederholenden Aktualisierung und Infragestellung derselben Mythen besteht. Interessant ist jedoch, wie diese Archetypen sich jeweils ins Hier und Jetzt einfügen und dabei überwinden, was streng genommen eine Täuschung darstellt: die Behauptung, eine konkrete Einzelsituation lasse sich durch etwas Universelles erklären. So gesehen, stellt die archetypische Geschichte vom pikaresken Emporkömmling, der es von den Rändern der Stadt bis an deren Spitze schafft, hier weniger eine Erklärung als eine Feststellung dar. Soll heißen, dass so viele Leser die Szene aus *Letzte Tage mit Teresa* so gut nachempfinden konnten, lag weniger daran, dass der Pijoaparte aus dem Stadtviertel El Carmelo ihnen besonders echt und glaubwürdig erschien, als am implizierten, aber unausgesprochen bleibenden Kontext. Dass die Geschichte des Pijoaparte schon oft erzählt worden ist, war klar. Neu und bedeutsam daran war jedoch, was hier nicht oder nur halb erzählt wurde – die Vergangenheit des Pijoaparte, seine Herkunft, die brutale Geschichte von Landflucht und Elend, die dahintersteckte, aber nicht eigens ausgeführt zu werden brauchte, weil die Leser sie kannten. Diese fühlten sich nicht durch den Mythos angesprochen, sondern durch die Möglichkeit, dass dieser Mythos in einer ihnen vertrauten Umgebung konkrete Gestalt annahm. An diesem Punkt unterschied sich ihre Wahrnehmung von der anderer Leser – *Letzte Tage mit Teresa* liest sich für Schweden oder Japaner anders als für Spanier. Zugunsten des Hier und Jetzt der Erzählung blenden spanische Leser den universellen Gehalt des Romans häufig aus, während ausländische Leser wohl vor allem, ja vielleicht ausschließlich die Konstante wahrnehmen, die es ihnen erlaubt, den Text in einen nachvollziehbaren Rahmen einzuordnen.

Der Roman führte zur Entstehung einer ganzen *Charnego*-Literatur. *Charnego* ist der Schimpfname der Katalanen mit katalanischem Stammbaum für die Zuwanderer aus dem übrigen Spanien wie den Pijoaparte. Von den vielen zu dieser Strömung gehörenden Autoren gefällt mir Francisco Casavella am besten. Sein Name war ein Pseudonym, in Wirklichkeit hieß er Francisco Javier García Hortelano. Schon die Wahl dieses so überaus katalanisch klingenden Künstlernamens – Casavella bedeutet auf Kastilisch Casavieja (»Althaus«), als verfügte er über eine lange Ahnenreihe reinblütiger Katalanen – ist als Witz zu verstehen, war dieser Autor doch das Kind in Barcelona lebender Emigranten aus Galicien. Mit diesem Namen machte er sich nicht nur über den Karrierismus lustig, er nahm auch eines der wichtigsten Themen seines Werks vorweg, das sich als roter Faden durch sein ehrgeizigstes literarisches Unternehmen zieht, die Romantrilogie *El día del Watusi (Der Tag des Watussi).*[137]

In deren erstem Teil, *Los juegos feroces* (*Verwegene Spiele*, 2002), berichtet ein Ich-Erzähler mit Namen Fernando Atienza von den fiktiven Ereignissen des 15. August 1971, in deren Mittelpunkt er selbst und sein Freund Pepito el Yeyé stehen. Beide sind zu diesem Zeitpunkt gerade dabei, ihre Kindheit hinter sich zu lassen. Was genau sich an diesem »Tag des Watussi« zugetragen hat, erfährt man bis zuletzt nicht, es zieht sich als Geheimnis durch die gesamte Trilogie und beschäftigt Atienza noch als Erwachsenen. Auf jeden Fall handelt es sich um eine Art »Stunde null«, den Ursprung einer neuen Welt. Eine Reihe von Vorfällen wie aus einem Kriminalroman führt Fernando und Pepito el Yeyé von dem Elendsviertel am Montjuïc, wo sie wohnen, durch ein korruptes, gefährliches und delirierendes Barcelona bis in dessen wohlhabende Oberstadt. Wie in Juan Marsés *Letzte Tage mit Teresa* gelten auch hier die Gesetze des Schelmenromans und der Aufsteigergeschichten. Fernando Atienza wird vom Lazarillo de Tormes allmählich zum Julien Sorel. Da ist er wieder, der Archetypus. Aber auch diesmal kommt es wieder auf die konkrete Ausgestaltung an. Atienza und Pepito el Yeyé sind zwei Geächtete, Kinder der großen Landflucht. Atienzas Mutter bringt die Familie mit einfachsten Gelegenheitsarbeiten durch. Jeden Morgen geht sie durchs Viertel Poble Sec hinunter ins Stadtzentrum und kehrt erst am Abend zurück. Ihr Sohn und dessen Freund wiederum dringen in eine verbotene Welt ein, sie überqueren die Grenzen des Elendsviertels, in dem sie als Kinder der Landflucht eingesperrt leben, und eignen sich die Stadt an. *Der Tag des Watussi* ist neben vielem anderem die Geschichte einer Eroberung. Die Stadt Barcelona gehört eigentlich bestimmten Menschen, und die möchten nicht, dass irgendwelche *Charnegos* einfach so auf ihren Straßen umherspazieren.

Javier Pérez Andújar, ebenfalls ein schreibender *Charnego*, überhöht seine Schilderungen der Verhältnisse lieber in der Form Proustscher Erinnerungsprosa. In dem Buch *Paseos con mi madre* (Spaziergänge mit meiner Mutter, 2013)[138] erzählt er unter anderem, wie die Polizei ihn einmal auf dem Weg in die Universität anhält und seine Papiere sehen will. »Was machst du in Barcelona?«, fragen die Beamten und glauben ihm nicht, dass er Student ist und es eilig hat, da er pünktlich zur Vorlesung kommen will. Denn alles an ihm ist verdächtig – seine Kleidung, seine Frisur, die Art, wie er sich bewegt. Pérez Andújar wuchs in Sant Adrià del Besós auf, einem schäbigen *Charnego*-Hochhausviertel der untersten Kategorie. Bei ihm zu Hause sprach man Spanisch mit andalusischem Akzent. Dass sich so jemand im Zentrum von Barcelona herumtrieb, war verdächtig. Ihm war selbst klar, dass er nicht hierher passte.

Vielleicht liegt es an dem stärker ausgeprägten Klassenbewusstsein – das sich auch in der Sprachgrenze ausdrückte, schließlich ist es in Barcelona viel einfacher, Zuwanderer zu erkennen, weil sie meist kein Katalanisch sprechen – oder weil das große Trauma hier einfach länger anhielt, jedenfalls hat Barcelona eine reichhaltigere und interessantere Literatur über die Auswirkungen der Landflucht hervorgebracht als Madrid. Dafür hatte Madrid einen Bürgermeister, der sich damit brüstete, vom Dorf zu stammen.

Zumeist hat man diese Texte unter dem Aspekt der Spannungen zwischen Reichen und Armen, ja sogar des Klassenkampfs gelesen. Das würde ich auch gar nicht ablehnen, ich möchte dem Ganzen bloß eine weitere Facette hinzufügen, die mit dem (Selbst-)Bild des leeren Spanien zu tun hat. Da tat sich etwas in den achtziger und neunziger Jahren. Ein bis dahin ungekannter Stolz machte sich bemerkbar. An die Stelle des Dorfes als Bezugspunkt der Identität trat das Hochhausviertel am Stadtrand. Die eigentliche Veränderung war jedoch eine andere: Die Scham wurde von einem neuen Selbstbewusstsein verdrängt, mit dem man seine Rechte einforderte. Die Ursünde der Herkunft spielte keine Rolle mehr. Es gibt etwas, das die Heavy-Metal-Fans, die Tierno Galván die letzte Ehre erwiesen, die Texte der Band Obús und die Hauptfiguren von *Der Tag des Watussi* noch mit Juan Marsés Pijoaparte gemein haben: ihren Hochmut. Sie verstecken und verleugnen sich nicht. Anders als der Pijoaparte machen die anderen sich aber nichts mehr daraus, wenn die Frau, neben der sie aufwachen, das Dienstmädchen ist und nicht die Tochter aus reichem Hause.

Diese neue Einstellung machte den Weg frei für die Neuschöpfung des Mythos vom leeren Spanien. Sie hatten das leere Spanien in die Stadt mitgenommen, waren darin groß geworden – in den zwei Städten Adam Zagajewskis –, mit einem Gefühl für ihre Sippschaft und ihre Traditionen, die auf den Straßen ihrer neuen Wohnviertel zu nichts zu gebrauchen waren, die aber in ihren familiären Beziehungen und allem latent immer Mitschwingenden weiterlebten. In den achtziger und neunziger Jahren überwanden die Kinder der Landflucht die Scham und die damit verbundene Trägheit und bemächtigten sich, zunächst noch ganz intuitiv und ein wenig ungeschickt, oft auch aggressiv, der großen Städte, die ihre Eltern bis dahin nicht hatten erobern wollen. Das wirkliche Schöne aber kam erst danach – die bewusste und raffinierte Neuschöpfung der Mythen des leeren Spanien. Eine Konstruktion ursprünglicher Identitäten von der Stadt aus, die vererbten Mythen stets im Blick, diese jedoch mit großer Freiheit erneuernd und umgestaltend. Mit dieser subtilen, kaum wahrnehmbaren Art, sich eine imaginäre Heimat zu schaffen, ist die letzte Stufe der Dekonstruktion eines Landes erreicht. Heimat ist immer etwas Imaginäres, klar, doch normalerweise basiert Heimat oder nationale

Zugehörigkeit auf so etwas wie Schlachten, Königen und Revolutionen. Die neue Heimat, die jetzt aus der Taufe gehoben wird, verdankt ihre Entstehung dagegen vielsagendem Schweigen, Räuspern und Bildern aus Familienalben. Mehr als ein Vaterland ist diese Heimat eine Stimmung, etwas, das in der Luft liegt, mitschwingt. Und kommt damit einem vernünftigen – statt militaristisch-fahnenschwingenden und Parolen grölenden – Patriotismus näher als alles, was Spanien bislang gekannt hat.

9 Eine imaginäre Heimat

Die Immobilienagenturen verkaufen Stille heutzutage als Mehrwert.
José Vidal Valicourt, *Meseta* (2015)

In kaum einer Nation wurde das schwierige Verhältnis von Stadt und Land so hartnäckig thematisiert und zum Gegenstand philosophischer Erwägungen und Debatten gemacht wie in Argentinien. Seit mittlerweile mehr als 150 Jahren, von Domingo Faustino Sarmientos grundlegendem Essay *Civilización y barbarie* (*Barbarei und Zivilisation*, 1845)[139] bis hin zu Martín Caparrós' monumentalem Reisebericht *El interior* (Das Innere/Hinterland, 2006),[140] hat dieses Dilemma argentinische Schriftsteller beschäftigt, ohne dass sie eine Lösung für die Spannungen zwischen der »Wildnis« der Pampa und der Metropole Buenos Aires gefunden hätten. Bei alldem drückt nichts die Haltung, den Blickwinkel, ja die Heuchelei der Städter besser aus als der Begriff *Conquista del desierto* – der »Eroberung der Wüste« –, dem alle argentinischen Schüler unweigerlich mindestens einmal in ihrem Schulleben begegnen. Der Schriftsteller Patricio Pron hat einmal im Scherz erklärt, das argentinische Heer habe bloß einen einzigen Krieg gewonnen, den gegen das arme kleine Nachbarland Paraguay in den siebziger Jahren des 19. Jahrhunderts. Ein weiterer Sieg ließe sich hinzufügen, dem allerdings nur wenig Ruhmreiches anhaftet, weshalb er für gewöhnlich mit beschönigenden Umschreibungen bezeichnet wird: 1878 machte sich das argentinische Heer eben an die »Eroberung der Wüste«. Unter diesem Namen kennt man den Feldzug, den die Regierung von Buenos Aires aus gegen die araukanischen Bevölkerungsgruppen der Pampa und Patagoniens unternahm, um die Staatsmacht auf das gesamte argentinische Territorium auszudehnen. Anders gesagt, um das Argentinien zu schaffen, wie wir es heute kennen, das bis dahin auf die Region am Río de la Plata und die an die Anden grenzenden Gebiete im Norden beschränkt war.

Kann man eine Wüste erobern? Reicht es nicht, sie zu kolonisieren? Falls es sich tatsächlich um eine Wüste handelt, gibt es dort ja niemanden, gegen den man Krieg führen könnte. Es müsste eigentlich damit getan sein, auf ein paar Planwagen alles Nötige herbeizuschaffen, um Häuser zu errichten und mit der Rinderzucht zu beginnen, in der Hoffnung, eines Tages mit Wohlstand für die Anstrengungen belohnt zu werden. Dass seinerzeit Truppen losgeschickt wurden, hatte womöglich damit zu tun, dass die zu erobernde Wüste eben doch keine Wüste war, sondern von indigenen Stämmen bewohnt wurde, die sich weder dem spanischen Vizekönigreich noch seinem Nachfolger, dem neuen argentinischen Staat, unterwerfen wollten.

Fast gleichzeitig führten die US-Amerikaner ihre Wüsteneroberung durch. Genauer gesagt zwei Jahre bevor die Regierung in Buenos Aires sich an die Eroberung der Pampa und Patagoniens machte, verkündete die Regierung in Washington: Alle »Indianer«, die sich nicht in die ihnen zugewiesenen Reservate zurückzögen, würden getötet. Mit der Durchführung der Kampagne beauftragte sie General George Armstrong Custer, der daraufhin gegen die »Indianer« loszog, die auf dem Gebiet der heutigen Bundesstaaten Wyoming, Montana und Nord- und Süd-Dakota lebten. Vor allem auf Sitting Bull, den berühmtesten von ihnen, hatte er es abgesehen, weil der sich geweigert hatte, sich – mitten im Winter – mit seinem Stamm ins Reservat zu begeben. Es ist so bemerkenswert wie beunruhigend, dass an den entgegengesetzten Enden des amerikanischen Kontinents zwei Feldzüge gegen indigene Gemeinschaften zeitlich zusammenfallen. Und auch die US-Amerikaner betrachteten die infrage stehenden Gebiete als Wüsten, ganz im Sinne der Beobachtung Tocquevilles, dass die Weißen jene Orte, die sie noch nicht besiedelt hatten und besiedeln wollten, regelmäßig als unbewohnte Wüsten bezeichneten, um daraufhin die dort lebenden Menschen zu vertreiben.[141]

Argentinien besteht aus dem Wasserkopf seiner Hauptstadt, der Rest ist der ihr unterworfene Hinterhof, das sogenannte (Landes-) Innere, *el interior*. Die Beziehung dieser beiden ist höchst komplex. Aus der Sicht von Buenos Aires, und das ist die für gewöhnlich vorherrschende, haftet dem Landesinneren stets etwas Seltsames und

Exotisches an, was offenbar mit diesen eroberten Wüsten zu tun hat, in der Selbstwahrnehmung bleibt das Land jedenfalls bis zum heutigen Tag eine zu erobernde Wüste. Auch die beiden Klassiker der argentinischen Gaucho-Literatur – José Hernández' episches Gedicht *Martín Fierro* (1872)[142] und Ricardo Güiraldes' Roman *Don Segundo Sombra* (*Das Buch vom Gaucho Sombra*, 1926)[143] – legen eine Bewunderung und Faszination für die dargestellte ländlich-ferne Welt an den Tag, wie man sie eher von einem Autor wie Rudyard Kipling erwarten würde. Der Gaucho ist hier gleichermaßen fremd und vertraut. Er verkörpert das Wesen eines Vaterlands, das im Lauf des 19. Jahrhunderts Stück für Stück erfunden wurde, ist zugleich aber auch ein Wilder, ein Zivilisationsflüchtling, der den Leuten aus Buenos Aires Angst einflößt, weil er mehr von einem »Indio« als von einem Europäer hat. Sein nomadisches Leben, sein unverständlicher Dialekt, vor allem aber seine den echten »Indios« abgeguckte Kostümierung mit Poncho und Bola machen ihn zu einem Zwitterwesen, einem Wolfsmenschen der Pampa.

Die patriotische Literatur Argentiniens verwandelte den Gaucho schon früh in ein Nationalsymbol, so wie der Traditionalismus einen bestimmten Bauern-Typus zum Symbol Spaniens machte. Der Diktator Juan Manuel de Rosas (1793–1877) trat häufig in Gauchokleidung auf und benahm sich auch wie ein Gaucho, weshalb er in der Pampa so beliebt und unter den Kreolen, also den Nachkommen insbesondere der spanischen Einwanderer, in Buenos Aires so verhasst war. Für die Masse der seit Mitte des 19. Jahrhunderts vor allem aus Europa immigrierten Bewohner der argentinischen Metropole verkörperte der Gaucho die Barbarei, das Ungeheuer, das ihre Töchter zu vergewaltigen und allen Übrigen den Bauch aufzuschlitzen drohte, um ihnen die wenigen Habseligkeiten zu rauben, die sie aus der Alten Welt mitgebracht hatten. Für einen Porteño, einen Bewohner der Hauptstadt, war das Landesinnere eine gesetzlose Welt voller Wilder, die ihr Leben größtenteils zu Pferde verbrachten, Schnaps tranken und sich gegenseitig an die Gurgel gingen. Für einen Argentinier aus dem Landesinneren dagegen war Buenos Aires schon bald das reinste Sündenbabel voller Süd- und Osteuropäer – beziehungsweise »Italiener« und »Polen« –, die den anständigen Menschen in den Gassen des Stadtteils La Boca mit dem Messer auflauerten. Die Angst voreinander kennzeichnete so seit jeher die Beziehung zwischen der Hauptstadt und dem Rest des Landes und war bis zur Militärdiktatur General Videlas und dem Falklandkrieg 1982 ein Thema, um das keiner der großen Nationalschriftsteller herumkam. Dieses emotional hoch aufgeladene Verhältnis und vor allem die Art, wie man ihm in Argentinien mit Übertreibungen und Melodrama, aber auch mit Humor und genauem Blick für die feinen Unterschiede begegnet ist, macht die argentinische Version dieser Geschichte so interessant und einschlägig, wenn man die widerspruchsreiche Beziehung von Stadt und Land überall auf der Welt besser verstehen will.

Was haben die Argentinier aus den so unterschiedlichen ethnischen, gesellschaftlichen und kulturellen Elementen gemacht, die auf ihrem Territorium zusammengekommen waren? Das, was man seit jeher in der traditionellen spanischen Küche gemacht hat: einen Eintopf. In diesem Fall bekam er den Namen Tango, enthielt und enthält dieser Tanz doch Elemente aus den unterschiedlichsten Teilen der Welt, die zu einem Gemisch verschmolzen, dessen einzelne Bestandteile sich nicht mehr unterscheiden lassen. Zunächst war das der Tango *de la vieja guardia* – der alten Schule –, also aus der Zeit vor Carlos Gardel und der Verbreitung des Grammofons. So will es zumindest die Legende. Der im Tango besungene *malevo* – der Gauner und Bösewicht – ist dabei die urbane Version des Gaucho, sie sind gewissermaßen zwei Seiten derselben Medaille. Doch so zutiefst städtisch oder mehr noch vorstädtisch (aus dem sogenannten *arrabal*) der Tango ist, findet er seinen Weg trotzdem auch zu den Gauchos. Der Tango erklingt für die gesamte argentinische Nation, egal wie sehr die sich widersetzt, sich verschanzt hinter der ländlichen Folklore der Pampa, die nach Leder und gegrilltem Fleisch riecht und so gar nichts mit den eleganten Anzügen und der Pomade eines Gardel zu tun hat. Sie widersetzt sich schon früh, während der Tango immer populärer wird und schließlich »die ganze Welt beherrscht«, wie es in Manuel Romeros berühmtem Tango »Canción de Buenos Aires« heißt – *de Buenos Aires*, wohlgemerkt, nicht etwa *de Argentina* oder wenigstens *del Río de la Plata*. Damit sind wir bereits beim Tango der neuen Schule angekommen, dem Tango der sogenannten goldenen zwanziger Jahre, in denen der Kanon und die Standards dieser Musikrichtung festgelegt werden. Zufälligerweise geschieht dies gleichzeitig mit einer verstärkten Feier der Stadt Buenos Aires, wie sie etwa in den vielgesungenen Texten eines Enrique Santos Discépolo stattfindet. Der Tango, der als große Mischung – als Eintopf – aller zu Argentinien gehörenden Kulturen begann, drückte zuletzt vor allem den Stolz der Großstadt Buenos Aires auf sich selbst aus und verlor kein Wort mehr über die ländliche Welt.

Als ich 2003 zum ersten Mal in Argentinien war, hatte Néstor Kirchner gerade das Präsidentenamt angetreten, und das Land erholte sich von seiner x-ten und wie jedes Mal bloß vorletzten Krise. Die Bewohner der wohlhabenden Viertel von Buenos Aires lebten in Angst und Schrecken, die Banken wurden von schwerbewaffneten Polizisten bewacht, und die Streikkomitees waren weiterhin sehr aktiv. Und dennoch schien die Stadt allmählich zur Ruhe zu kommen und sich vom Kater mehrerer aufgewühlter Jahre zu erholen, in denen viele Scheiben zu Bruch gegangen waren, sich aber ebenso überraschende neue Möglichkeiten aufgetan hatten. Die Kulturszene von Buenos Aires schien unter Strom zu stehen, Massen junger Leute schickten sich begeistert an, die Räume in Besitz zu nehmen, die durch den Niedergang der etablierten Kultur frei geworden waren. Das Theater, das in dieser Stadt immer brummt, brummte. Neue Schriftsteller und neue Formen der Literaturverbreitung wie die Verlage, die Bücher aus Altpapier herstellten – die *editoriales cartoneras* –, tauchten auf. Und auch in der Musik herrschte Aufbruchsstimmung. Der Komponist Gustavo Santaolalla, der in Hollywood mit Filmmusik reich und berühmt geworden war, machte sich daran, dem alten Tango neues Leben einzuhauchen. Mit Musikern von beiden Ufern des Río de la Plata stellte er eine Gruppe mit dem Namen Bajofondo Tangoclub zusammen.

Ich war bei einem ihrer Konzerte in einem Club im Stadtteil San Telmo. Damals kannte ich sie noch nicht, und die Ankündigung »tango electrónico« klang nicht übermäßig attraktiv, aber dann gefielen sie mir doch sehr, gleich vom ersten Akkord an. Bis ich schließlich mein kleines Stendhal-Syndrom durchlebte. Das geschah, als ein magerer junger Kerl mit Locken aufstand und, von einem Bandoneon begleitet, einen alten Tango sang, der dem halben Saal die Tränen in die Augen trieb. Es hörte sich an, als hätte jemand ein altes Grammofon in Gang gesetzt, die Stimme klang kratzig und geisterhaft. In dem Club in San Telmo schien sich auf einmal die Vergangenheit ein Stelldichein zu geben. Für Live-Gesang bin ich sehr empfänglich, er rührt in mir an etwas schwer zu Benennendes, umso mehr, wenn er aus einer ungreifbaren Tiefe kommt wie der Kehle dieses mageren jungen Mannes, der in seinem Auftreten an einen plötzlich wiederauferstandenen Gustavo Adolfo Bécquer erinnerte.

Am nächsten Tag traf ich mich mit ein paar Freunden im traditionsreichen Café Tortoni in der Avenida de Mayo, und dort saß an einem Tisch im Hintergrund der magere Tangosänger. Jetzt wirkte er noch jünger und magerer als am Abend vorher. Er trank einen Kaffee und unterhielt sich mit einem sehr alten und sehr gut gekleideten Mann. Ein Dichter, wie wir später erfuhren. Ein Dichter, den der junge Mann verehrte. Meine Freunde und ich hatten uns nach dem Konzert noch lange über seine bewegende Stimme unterhalten. Ihm prompt am Tag darauf wiederzubegegnen hatte etwas von einem geheimnisvollen Zufall. Er hieß Cristóbal Repetto, war sehr schüchtern und fühlte sich sehr geschmeichelt, als wir ihm erzählten, wie sehr er uns bei dem Konzert beeindruckt hatte.

Als ich wieder in Spanien war, berichtete ich in einer Kolumne mehr oder weniger das, was ich gerade erzählt habe. Auf welchem Wege auch immer bekam er sie einige Monate später zu lesen, was einen sehr herzlichen Austausch unter uns einleitete. Seine Bekanntheit wuchs, er unternahm mehrere Europa-Tourneen, und überall wurde er für seine grandiose Stimme gefeiert – und dafür, dass es ihm gelang, die alten und oft reichlich verstaubten Tangos so klingen zu lassen, als wären sie erst gestern entstanden. Um diese Zeit erschien mein erstes Buch. Ich wollte ihm ein Exemplar schicken, bat ihn per Mail um seine Adresse und machte ihm außerdem Vorwürfe, weil er immer noch keine zweite Platte herausgebracht hatte. Wie lange wolle er denn noch warten? Er antwortete, das sei nicht so einfach, er arbeite gerade an einem sehr schwierigen Vorhaben, und er müsse immer ein sicheres Gefühl für das haben, was er mache. Außerdem nannte er mir seine Adresse. Zu meiner Verwunderung war sie nicht in Buenos Aires, sondern in Maipú, einem Dorf mitten in der Pampa. Da wohne ich, schrieb er, nach Buenos Aires fahre ich nur noch selten. Der Tango, wie man ihn in Buenos Aires spiele, interessiere ihn außerdem kaum noch.

Lange hörte ich nichts mehr von ihm. Bis eines Tages eine ausführliche E-Mail eintraf. Es war so weit. Der allmächtige Gustavo Santaolalla hatte Repettos zweite Platte produziert. Und zwar genau so, wie dieser es gewollt hatte. Die Stücke darauf waren in Maipú aufgenommen worden, unter freiem Himmel, nicht in der sterilen Atmosphäre eines normalen Studios. Dazwischen waren der Wind, Vogelstimmen und Blätterrauschen zu hören. Repettos Stimme, die zu fast übernatürlichen Vibrati imstande ist, blieb hier fast stumm. Er flüsterte die Lieder geradezu, die von Nächten unter einem Weinspalier oder frühmorgendlichen Spaziergängen mit den Hunden handelten. Die Platte war von Anfang bis Ende erstaunlich schlicht gehalten, sie hieß *Tiempo y silencio* (Zeit und Stille). Cristóbal Repetto hatte bereits für die Deutsche Grammophon Aufnahmen gemacht, er wurde in Deutschland und Frankreich von der Kritik gefeiert, trat, wenn er in Paris war, im *Olympia* auf und wurde in London von der *BBC* interviewt. Trotzdem lebte er in seinem Geburtsort Maipú, weit weg von Buenos Aires und allen sonstigen Städten ...

Er war und ist damit nicht allein. Der 1979 geborene Repetto ist Teil einer Gruppe von Musikern auf der ganzen Welt, die die Stadt hinter sich lassen und sich die alten Traditionen vornehmen, um Neues darin zu finden, ohne genau zu wissen, wohin sie das führen wird. Junge Menschen, die nicht so leben, wie man es von jungen Menschen erwartet. »Altjunge«, wie jemand einmal gesagt hat. Sie sind in den siebziger und achtziger Jahren geboren und alle gleichermaßen besessen von der Suche nach essentieller Leere und Ruhe. Wie die US-amerikanischen Hipster der vierziger und fünfziger Jahre sind sie ihrer ursprünglichen Kultur auf der Spur, anders als Jack Kerouac oder Allen Ginsberg führen sie jedoch kein nomadisches Leben und würden nie etwas wie *On the Road* hervorbringen. Sie sind im Gegenteil ausgesprochen sesshaft und häuslich. Sie gehen aufs Land oder in die Wüste und bleiben dort, rühren sich nicht vom Fleck, begnügen sich mit dem, was sie umgibt. Sie leben dort wirklich oder tun es wenigstens als eine Art Metapher, in jedem Fall fühlen sie sich einem vormodernen, nichtstädtischen Gebiet zugehörig. Die Plattenindustrie sortiert sie unter dem Etikett »Weltmusik« ein. Damit soll Musik gemeint sein, die aus den Quellen schöpft und fest im Boden verwurzelt ist. Sie, die Industrie, blendet aber etwas Grundlegendes aus, denn die sogenannte Weltmusik hatte von Anfang an einen kolonialistischen Beigeschmack, weil sie die Lust am Exotischen zum Geschäft macht. Europäische und US-amerikanische Kunden fanden seither in den Plattenläden unter diesem Label alle möglichen Aufnahmen afrikanischer, asiatischer, lateinamerikanischer oder auch Inuit-Musiker in möglichst authentisch-indigener Aufmachung. Die neue Weltmusik, um die es hier geht, wird jedoch von westlichen Musikern mit einer herkömmlich-klassischen Ausbildung geschaffen; teilweise haben sie sehr gute Schulen und Konservatorien besucht, aber irgendwann den Klängen der Stadt und der Gegenwart den Rücken gekehrt und sich der Rekonstruktion oder auch Erfindung einer Vergangenheit zugewandt, die ihnen bedeutsamer und tiefgründiger erscheint. Sie haben das Gefühl, dass die Brücken in diese Vergangenheit eingestürzt oder jedenfalls sehr morsch sind und dass nur sie imstande sind, die Verbindungen wiederherzustellen. In diesem Sinne passt das Etikett »Weltmusik«, weil ihre Reise ebenfalls eine Reise in eine exotische Welt darstellt. Die Vergangenheit, das Land, die Wüste, die Musik unserer Großeltern, all das sind so unerforschte und gefährliche Länder, wie es einst Ozeanien für Captain Cook war. Diese Musiker sind dort ohne Landkarte unterwegs, sie bewegen sich tastend vorwärts, auf gut Glück, kramen alle möglichen Familienerinnerungen hervor und wühlen sich durch Speicher voller Gegenstände, von denen sie weder wissen, wofür sie einst gedacht waren, noch, wie sie heißen.

Diese Internationale altjunger Musiker möchte mit ihrer eigenen Herkunftskultur in Verbindung treten, im – grob gesagt – Versuch, der globalisierten und gleichförmigen Welt des 21. Jahrhunderts etwas entgegenzusetzen oder, anders formuliert: dem Modell der westlichen Stadt, wo die Einkaufsstraßen einander immer gleichen, wo es, egal ob man sich in Seattle, Neapel oder Singapur befindet, in den Niederlassungen der immer gleichen Ketten nur die immer gleichen Dinge zu kaufen gibt. Während die europäischen Jugendlichen der Nachkriegszeit auf der Flucht vor der erstickenden Enge des Landlebens in die Städte strömten, ziehen sich diese hochempfindlichen jungen Leute geräuschlos aufs Land oder in die zerfallenden alten

Viertel jener Hauptstädte zurück, in denen der Kommerz noch nicht alles plattgewalzt hat, sodass sie sich noch ein wenig von ihrem alten Charakter erhalten haben.

Dayna Kurtz, eine ausgezeichnete Soul-Sängerin aus New York, ist in ein abgelegenes Haus in Arizona gezogen, um dort in aller Ruhe komponieren und sich mit dem alten, vergessenen Repertoire der amerikanischen Folk-Musik des 20. Jahrhunderts beschäftigen zu können, von der sie sich zu neuen Stücken anregen lässt, die sie mit immer brüchigerer und persönlicherer Stimme vorträgt. Nicht allzu weit entfernt, in Tucson, arbeitet die Band Calexico an ihrem anspruchsvollen Projekt, bei dem die Mitglieder die verschiedenen Musikstile der wüstenhaften US-amerikanisch-mexikanischen Grenzregion erkunden und mit deren Traditionen spielen. In Portugal hat sich die Sängerin Ana Moura an die Spitze einer Gruppe junger Fado-Interpreten gestellt, die dieser Musik, die zeitweilig nur mehr ein Schattendasein mit vergreister Hörerschaft führte, neue Ausdruckskraft und Lebendigkeit verleiht. Das beste Beispiel für das, worum es mir hier geht, stellt aber wohl Miguel Poveda dar. Diesem Flamencosänger aus Barcelona – der unter anderem als Erster eine Platte mit Katalanisch gesungenen Flamencostücken aufnahm – ist es tatsächlich gelungen, sich Anerkennung und Respekt unter den puristischen Vertretern dieser Musik zu verschaffen, ein für jemanden wie ihn, Sohn von Arbeitsmigranten aus Murcia ohne Bezug zur Flamencotradition, äußerst schwieriges Unterfangen. Poveda widmet sich dieser Musik mit großer Entschlossenheit, bleibt dabei aber ebenso entschlossen ein junger Mann aus Barcelona – und ist es gleichzeitig nicht mehr. Damit verfolgt er einen Weg, wie er für jemanden, der wie er in den siebziger Jahren am Stadtrand von Barcelona aufgewachsen ist, wohl am allerwenigsten vorauszusehen war.

Alle diese Musiker wenden sich von der Stadt und ihren einengenden Gewohnheiten ab, erfinden sich Biografien und Leidenschaften, die nicht zu ihrer Generation passen, und machen sich früher oder später auf in die leeren Regionen ihrer Heimatländer, weil ihnen die bewohnten hohl und allzu bekannt vorkommen. Im Grunde suchen sie dasselbe wie Gauguin in der Südsee, die Hippies in Goa oder Bruce Chatwin bei den australischen Aborigines. Aber sie suchen in ihren Familienerinnerungen, nostalgischen Sehnsüchten und Privatmythologien.

Nichts Originelles also, ja nicht einmal etwas Neues. Zu allen Zeiten haben Künstler aller Richtungen sich an die Erforschung ihrer familiären und geografischen Ursprünge gemacht. Neu ist, dass diese altjungen Musiker Beifall und Anerkennung für ihre Unternehmungen finden. Als Eliseo Parra, einer der wichtigsten Folkmusiker Spaniens, zu Zeiten der Madrider *movida* dort seine ersten Konzerte gab, buhten die Leute ihn aus und riefen: »Geh zurück aufs Dorf!« Die einzige Folklore, die die Angehörigen der damaligen Jugendkultur akzeptierten, kam aus einem mehrere Flugstunden entfernten Teil der Welt. Eben jene Leute, die vor Ravi Shankar und seiner Sitar in die Knie gingen, spotteten über einen Musiker, der die Texte kastilischer Jotas wiederbelebte und mit Rhythmen aus den leonesischen Bergen experimentierte. Schon immer und überall hat man den Blick zurückgewandt und Traditionen rekonstruiert oder verfeinert. Aber nur selten sind die Künstler dafür so gefeiert und beklatscht worden wie ihre heutigen Kollegen, die meist um die dreißig Jahre alt und auffallend gut ausgebildet sind.

Indem sie eine Art kontrollierte Barbarei wiederherstellen, lassen die Altjungen frische Luft in die gleichförmige flache Gegenwart strömen. Zugleich ermöglicht es ihnen aber genau diese flache Gleichförmigkeit, miteinander in Verbindung zu treten und ihre Ideen und Musik zu verbreiten. Was sie tun, ist gleichermaßen eine Reaktion auf die Globalisierung als auch deren Folge. Ihre Netzwerke, Vertriebswege, die Festivals, auf denen sie auftreten, und die Medien, die sie feiern, sind Teil der globalisierten Welt und gewinnen ihren Sinn ebenfalls nur dort. Und doch richten die Altjungen den Blick anderswohin. Auf die Sinnfrage, die jeder Künstler sich stellt, bieten die heutigen Städte an jeder Ecke nur das immer gleiche Bild als Antwort. Manchmal hängen die Altjungen eins dieser Bilder einfach ab, in der Hoffnung, dass sich dahinter ein Fenster auftut: zum Beispiel ins leere Land, wo sie womöglich einer kleinen Offenbarung teilhaftig werden. Früher wollten die jungen Leute einander ähneln, sie folgten denselben Moden, trugen die gleiche Kleidung, hörten dieselbe Musik, hatten dieselbe Frisur. Die Altjungen von heute dagegen haben sich von dieser Kultur ihrer Eltern losgesagt und identifizieren sich lieber mit den Toten. Sie sondern sich ab, fliehen die großen Ansammlungen, verweigern sich den vorgefertigten Mustern und sprechen mit den Geistern. Sie sind nur eine kleine Gruppe und benehmen sich vielleicht ein wenig geziert, haben etwas von ländlichen Dandys, falls derlei möglich ist, und trotzdem sind sie keine seltsamen Käuze, keine verschrobenen Einzelgänger. Im Gegenteil, sie entsprechen auf subtile Weise dem Zeitgeist, sind alles andere als Eremiten. Ob sie nun in Maipú leben oder in der Wüste von Arizona, in jedem Fall stehen sie in genauso enger Verbindung zum Zentrum der zeitgenössischen Kunst und Kultur wie die Bewohner der angesagtesten Viertel von New York. Zugleich ist, auch wenn sie im Herzen Barcelonas wohnen, ihr Denken auf eine primordiale bäuerliche Welt von gestern gerichtet. Sie sind alte Junge.

Wir sind alte Junge. Unser Alter lässt sich nicht bestimmen, und wir leben im Nirgendwo. Ich wechsle zur ersten Person Plural, weil ich nicht länger so tun kann, als gehörte ich nicht dazu. Das Staunen über die Leere des Landes, das sich immer weiter leert – innerhalb weniger Jahrzehnte werden abermals tausende Dörfer verschwinden –, ist nur die halbe Erklärung. Die andere Hälfte liegt in dem Bewusstsein, dass wir dorther stammen, von einem Ort, den es nicht mehr gibt oder schon bald nicht mehr geben wird. Wir sehen das aber nicht mit den Augen Quevedos, der über die einst so stolzen, nun aber bröckelnden Mauern seines Vaterlandes klagte, und auch nicht wie Walter Benjamins Engel der Geschichte, den der Sturm des Fortschritts in die Zukunft treibt, »der er den Rücken kehrt, während der Trümmerhaufen vor ihm zum Himmel wächst«.[144] Und erst recht nicht wie die nationalistische »Generación del 98« um Unamuno oder Azorín. Dafür vielleicht wie Machado, dessen Heimatbewusstsein so intim und verhalten war, dass heutige Leser es kaum wahrnehmen. Mit Machado könnten wir uns vertragen, uns verständige Blicke zuwerfen und spazieren gehen. Die anderen Landschaftsmaler und -schriftsteller scheinen uns dagegen aufdringlich und dogmatisch. Im Vergleich zu Machados klaren Versen hören sich fast alle anderen aufdringlich und dogmatisch an. Sein Werk hat alle Lesarten und Instrumentalisierungsversuche überlebt. Selbst Joan Manuel Serrats Vertonung auf seinem Album *Dedicado a Antonio Machado, Poeta*, und das will was heißen. Für uns ist er noch heute wie ein Freund, fast ein Zeitgenosse. Für feierliche Liturgien gibt er sich nicht her, der Machado-Kult ist eine Privatreligion, die gut ohne Institutionen und Priester auskommt. Zwei jüngere Bücher von Autoren meiner Generation illustrieren, was ich hier sagen möchte: *Camposanto en Collioure* (Friedhof in Collioure, 2015) von Miguel Barrero und *El mundo mago. Cómo vivir con Antonio Machado* (Zauberwelt. Wie man mit Antonio Machado lebt, 2015) von Elena Medel. Zwei zeitgenössische Annäherungen an Machados Welt, ein Roman und ein Essay. Beide heben die Intimität von Machados Blick hervor. Die Landschaft spielt in seinem Werk eine zentrale und bedeutsame Rolle, weil sie seine Biografie enthält. Anders als Unamuno oder Azorín sucht Machado nichts in der Landschaft. Er durchlebt sie. Er wandert darin umher und verwandelt seine Erfahrung in Verse, die an seinen Sohlen, seinem Hut, seinen Mantelaufschlägen haften bleiben, er braucht sie nur von dort abzulösen. *Er*lösen will er die Landschaft aber nicht, und er will ihre Bestandteile auch nicht zu einem metaphysischen Gebräu zusammenrühren, dessen Genuss das rauschhafte Gefühl nationaler Identität hervorruft. Und falls ihm derlei dennoch vorschwebte, können wir das beiseitelassen, weil die seinem Werk inneliegende Kraft der persönlichen Erfahrung gegen jede Kritik gefeit ist, alle anderen Lektüren und Einordnungen an sich abgleiten lässt und es uns erlaubt, ihn zu duzen.

Der einsame Spaziergänger Antonio Machado ist kein Cicerone, sondern ein Wegbegleiter. Wir erkennen uns in seiner Haltung wieder, auch wir glauben, dass die Beziehung zur Landschaft etwas Intimes und Autobiografisches ist. Wenn wir die Gegenden des leeren Spanien in den Blick nehmen, denen wir entstammen, schauen wir nach innen. Wir spazieren dort so in uns selbst versunken umher wie einst Machado. Unser Solipsismus hilft uns, die vergessene Welt unserer Großeltern und Urgroßeltern wieder ans Tageslicht zu befördern. Bald meditierend, bald Geister anrufend, glauben wir eine Vergangenheit heraufbeschwören zu können, die uns gehört und die in den alten Wörtern enthalten ist.

2013 landete der Schriftsteller Jesús Carrasco mit seinem Debütroman *Intemperie (Die Flucht)* einen Überraschungserfolg bei Kritikern und Lesern. Auf dem sehr klar und schlicht gehaltenen Umschlag war ein Schaf in Frontalansicht zu sehen. Eigentlich handelte es sich bei der Geschichte um eine Art postapokalyptischer Dystopie – ein Kind flieht von zu Hause und sieht sich der Einsamkeit einer öden weiten Landschaft ausgeliefert. Der verlorenen Welt des leeren Spanien. Was Leser wie Kritiker jedoch vor allem fesselte, war nicht die Handlung, sondern, wider Erwarten, die Sprache dieses Buches. Carrasco verwendet zahlreiche ländlich-volkstümliche Begriffe, die äußerst exotisch wirkende Dinge bezeichnen: »Dann bemerkte er einen Verschlag, der ihm vorher nicht aufgefallen war, eine pyramidenförmige Hütte aus Ästen, wohl von den Bäumen weiter hinten abgesägt. Daran hingen Gurte, Seile, Ketten, eine blecherne Milchkanne sowie eine schwarz verrußte Pfanne. Eine Hütte, die eher an ein Tabernakel erinnerte. Zwischen dem Bretterverschlag und dem Pappelhain ein Gehege, umzäunt von vier in den Boden gerammten Pflöcken, die mit Seilen aus geflochtenem Pfriemengras verbunden waren.«[145] Im Vergleich zum meist bewusst schmucklosen Stil seiner Zeitgenossen, deren Prosa auf Rationalität getrimmt ist, stellt Carrascos Buch eine auffällige Ausnahme dar.

Womöglich ist es kein Zufall, dass Schriftsteller wie Julio Llamazares und Jesús Carrasco auch als Journalisten beziehungsweise Werbetexter arbeiten. Erstere wie Letztere sind es gewohnt, gezielt die Gefühle ihrer Adressaten anzusprechen. Wir Schriftsteller natürlich auch. Wie überhaupt alle, die Texte verfassen, die anderen Menschen gefallen sollen. Das haben wir stets mit im Blick. Für Journalisten und Werbetexter aber steht die Verführung der Rezipienten unweigerlich an erster Stelle. Ich will damit nicht sagen, Llamazares' *La lluvia amarilla* und Carrascos *Intemperie* wären Literatur aus dem Labor oder romangewordenes Marketing und hätten es von vornherein opportunistisch auf Erfolg abgesehen. Aber ich glaube, beide Autoren konnten gewissermaßen aufgrund ihrer beruflichen Erfahrung abschätzen, dass viele spanische Leser überaus empfänglich für das in ihren Büchern Angesprochene sein würden. Dass sie das Gefühl haben würden, diese Romane seien für sie geschrieben und erzählten ihre eigene Geschichte.

So oder so ist die Sprache heute das Einzige, was uns bleibt, wenn wir jene Ursprünge rekonstruieren wollen. Pilar Argudo, eine Moderatorin von Radio Barcelona, hat es mir an einem sehr schönen

Beispiel veranschaulicht. Ihre Eltern sind einst von Aragón nach Katalonien umgesiedelt – ihre inzwischen hochbetagte Mutter stammt aus dem Dorf Pomer zu Füßen des Moncayo. Mit ihrem Mann und ihren Kindern spricht Pilar Katalanisch, untereinander halten ihre Kinder es genauso. Und auch Pilars Mutter spricht nach all den Jahren, die sie nun schon in Katalonien lebt, manchmal, wenngleich mit einiger Anstrengung, Katalanisch. Das aber verweigert ihr Pilar. Sie möchte, dass die Mutter ihr mit heute fast vergessenen aragonesischen Wörtern durchsetztes Kastilisch spricht, so exotisch sich das im Barcelona des 21. Jahrhunderts ausnimmt. Und das möchte sie weniger, weil ihre Mutter es dann einfacher hat, es geht ihr vielmehr um deren Enkel. Sie möchte, dass ihre eigenen Kinder die Wörter hören, mit denen sie selbst groß geworden ist, all die Ausdrücke und Redewendungen und grammatikalisch-syntaktischen Besonderheiten. In der Sprache der Großmutter können die Kinder alte Geschichten und eine Verbindung zu ihren Ursprüngen finden, die sich ansonsten nur noch fragmentarisch wiederherstellen lassen. Denn Pomer, das Dorf, in dem ihre Mutter geboren wurde, hat heute gerade noch dreißig Einwohner, es liegt in einer der am stärksten entvölkerten Regionen Spaniens, ungefähr gleich weit von Saragossa und Soria entfernt. In dem Dokumentarfilm *Estación de paso* (Durchgangsstation, 2010), der am verlassenen Bahnhof Pomers beginnt und endet, erzählt Pilar Argudo am Beispiel ihrer Mutter die Geschichte der aragonesischen Auswanderung nach Katalonien. Das große Trauma als intimes Familienbild.

Doch nicht nur hier stoßen die alten Wörter jetzt auf großes Interesse. Die 1988 geborene katalanische Schriftstellerin Jenn Díaz spielte in ihren ersten Büchern mit Elementen der Literatur des sogenannten magischen Realismus und dachte sich dafür das Dorf Belfondo aus, mit Anklängen an Gabriel García Márquez und Juan Rulfo. Schon bald wandte sie sich aber einer intimistischer ausgerichteten Schreibweise zu. In ihrem 2014 erschienenen Roman *Es un decir* (Das ist eine Redensart) geht sie den Erinnerungen der Frauen ihrer Familie nach und lässt dabei die Sprache der Extremadura wiederaufleben, wie sie in dem – wenngleich formell fiktiven – abgelegenen, seltsamen und fast unbewohnten Dorf gesprochen wird, in dem die Geschichten spielen, die die Autorin selbst als kleines Kind vor dem Einschlafen zu hören bekam. Der Romantitel – den die Figuren immer wieder floskelhaft äußern – spielt seinerseits auf die Fähigkeit der alten Wörter an, die Vergangenheit zu bewahren. Was von jener Welt übrig ist, was weitergegeben wird, ist tatsächlich *un decir*, eine Redensart.

Im Fall des 2013 veröffentlichten Romans *Por si se va la luz* (Falls das Licht verschwindet) der 1978 in Sevilla geborenen Lara Moreno wiederum sprachen manche Kritiker bereits abschätzig von einem Beispiel für den Neoruralismus und die Mode des neuen Dorfromans. Wie Jesús Carrascos *Intemperie* hat der Text postapokalyptische Züge – die allerdings mehr noch US-amerikanischen Vorbildern aus Literatur und Film folgen –, zugleich jedoch etwas Gekünsteltes, es ist fast eine Stilübung. Die Handlung spielt in einer Welt ohne Elektrizität, die dabei ist, sich wieder in eine bäuerliche Gesellschaft zurückzuverwandeln – eine Rückkehr aufs Dorf unter den denkbar schlechtesten Umständen ...

Wie Lord Byron oder die Romantiker erliegen auch wir der Faszination der Ruinen. Ehrfürchtig staunend spazieren wir zwischen ihnen herum. Den Filmemachern unserer Generation geht es offensichtlich nicht anders. Die 1978 geborene Paula Ortiz etwa verlegt ihre Verfilmung von Federico García Lorcas *Bluthochzeit* an einen ebenfalls apokalyptischen Schauplatz. Statt der Ödnis Almerías, wo Lorca selbst die Geschichte ansiedelte, wählt sie Wüstenlandschaften und einsame Häuser im anatolischen Kappadokien und in den aragonesischen Monegros. Die Hochzeit findet in einer Kirchenruine statt, was die Unwirklichkeit des Originaltextes unterstreicht, diese aber gleichzeitig nach Art der »Altjungen«, zu denen auch ich gehöre, neu in den Blick nimmt. Weder Ort noch Zeit von Paula Ortiz' Version von Lorcas *Bluthochzeit* scheinen so noch in irgendeiner Weise bestimmbar. Als die Hochzeitsgäste im Licht von etwas, das Fackeln sein könnten, unter dem eingestürzten Kirchendach *La tarara* tanzen, glaubt man, unversehens Gespenster aus einem Text Gustavo Adolfo Bécquers vor sich zu haben. Paula Ortiz' Film zeigt weniger die Hochzeit und die damit zusammenhängenden Verbrechen als deren übernatürlichen Widerschein, ihr Echo, das sich an den verlassenen Orten vernehmen lässt.

Eine stärker auf die Schilderung unmittelbarer körperlicher Empfindungen gerichtete Herangehensweise zeichnet zwei Bücher des

1970 in Aragón geborenen Ángel Gracia aus, *Pastoral* (Hirtenbrief, 2004) und *Destino y trazo* (Ziel und Weg, 2009). Ersteres ist eine Art Bildungsroman (mit Hölderlins Lyrik und Thoreaus Waldtagebuch im Gepäck), dessen Hauptfigur mit dem Fahrrad die rote Ebene von Cariñena durchquert, in der schon einer der ungewöhnlichsten Filme des spanischen Kinos spielte, Julio Medems *Tierra* (1996). Die Tonerde, der Horizont und die staubbedeckten Weinberge wirken in Buch und Film gleichermaßen wie Elemente einer magischen Welt. Auf dem Umschlag von *Pastoral* ist ein verlassener Bahnhof zu sehen, die Gleise sind von hohem Gras überwuchert. Wie in Pilar Argudos Dokumentarfilm *Estación de paso* ist von einem dazugehörigen Dorf nichts zu sehen, der Bahnhof scheint völlig für sich allein in der Landschaft zu stehen. *Destino y trazo* wiederum ist das Tagebuch einer Fahrradtour durch Aragón, im Stil der klassischen Vorgängertexte eines Azorín oder Camilo José Cela.

Auch die Dichtung kann sich dem Staunen über den Zustand der Verwüstung, in dem sich das eigene Land befindet, nicht entziehen. 2015 veröffentlichte der 1969 in Mallorca geborene Dichter José Vidal Valicourt nach einer Reise durch das leere Spanien einen Gedichtband mit dem Titel *Meseta*. Er lässt Machados Haltung auf postmoderne Weise wiederaufleben, wo dieser jedoch Spuren der Geschichte erblickte, sieht Vidal Valicourt nur Gegenwart. Die Zerstörung, die er wahrnimmt, ist zeitgenössisch, sie gründet in keiner unvordenklichen Vergangenheit. Weshalb er schreibt: »Die Immobilienagenturen verkaufen Stille heutzutage als Mehrwert.«

Der bewegendste und aufschlussreichste Text eines Schriftstellers meines Alters scheint mir jedoch der kleine Band *Niebla fronteriza* (Grenznebel) des 1982 in dem abgelegenen Baztán-Tal in Navarra geborenen Dichters Hasier Larretxea. Als Sohn eines *aizkolari*, wie Holzfäller auf Baskisch heißen, wuchs Larretxea in einer sehr isolierten und für ihn seit Kindertagen erstickend engen ländlichen Umgebung auf. Zu den typischen Problemen einer kleinen Gemeinschaft von Gebirgsbewohnern kam im Baztán-Tal das des ETA-Terrorismus, dessen grausamste Jahre mit Hasiers Kindheit zusammenfielen. Sein Heimatdorf war Teil einer Welt harter Kerle und eines übersteigerten Männlichkeitskults, für ein empfindsames und ängstliches Kind wie ihn, der in der Pubertät feststellte, dass er homosexuell war, ein unerträglicher Ort. Er floh schließlich nach Madrid und baute sich dort ein eigenes Leben auf, entwurzelt und erfüllt von Hassliebe zu seiner Herkunft. Seine Familie akzeptierte seine Veranlagung nicht, es kam zu einem so dramatischen wie heftigen Bruch. Aber die Zeit heilt bekanntlich alle Wunden, und der *aizkolari* und sein Sohn, der mittlerweile ohne Hemmungen und Scham in der großen Stadt lebte, versöhnten sich. Der Sohn verfasste eine Reihe von Gedichten auf Baskisch und bat den Vater um einen ungewöhnlichen Gefallen – er solle ihn bei seinen öffentlichen Auftritten und Lesungen in diversen Buchhandlungen begleiten. Aber als Teil der Performance. Während der Sohn also seine Gedichte vortrug, arbeitete der *aizkolari* sich an einem Stamm ab. Zur Melodie der Verse gaben die Axthiebe einen Galeerenrhythmus vor. Die Wirkung der Performance war sehr bewegend. Am Ende verteilte der Vater, stolz und den Tränen nahe, mit Filzstift signierte Späne unter den Anwesenden.

Niebla fronteriza erzählt von einer Versöhnung mit Familie, Tradition und Landschaft. Ich erkenne in dem Buch viele Eigenschaften meiner Generation, die ältere Schriftsteller empört zurückweisen würden. Deren Reisen waren Reisen ohne Wiederkehr, Fluchten, getrieben von dem unwiderruflichen Entschluss, den eigenen Ursprung für immer hinter sich zu lassen, ganz in der Fremde aufzugehen. Wir dagegen haben eine Rückfahrkarte im Gepäck. Hasier Larretxea floh nach Madrid, wo er sein Glück finden und ohne Angst leben konnte, und trotzdem vermisste er den vertrauten Boden unter den Füßen. Er wollte sich nicht damit abfinden, ihn nie wieder zu betreten. Sein Fall ist gleichzeitig typisch und merkwürdig. Es ist das genaue Gegenteil der Geschichte etwa eines Bob Dylan, der aus seinem Dorf im Landesinneren nach Manhattan floh und seine Herkunft und alles, was damit zu tun hatte, so entschieden zurückwies, dass er sogar seinen Nachnamen ablegte und stattdessen den eines walisischen Dichters und Säufers annahm. Wir sind zwar aus keinem Dorf geflohen, dafür aber auf den imaginären Straßen vieler verschiedener Dörfer aufgewachsen. Auf leeren, vom »gelben Regen« durchweichten Straßen. Umgeben von Wörtern, die unsere Großmütter vom Land mitgebracht hatten und in unseren Wohnzimmern erklingen ließen. Fast alle in diesem Kapitel zitierten Werke sind zwischen 2013 und 2015 erschienen. Und es gibt viel, was sie verbindet.

Offensichtlich fühlt meine Generation sich aufgerufen, sich ihren Ursprüngen zuzuwenden, die alten Mythen hervorzukramen und neu zu erzählen, vielleicht auch auf spielerische Weise. Man kann das als Mode abtun, und doch scheint es schwierig, in einem Ausdruck derart intimer Empfindungen nur das Ergebnis gedankenloser Nachahmung erkennen zu wollen. Auch ich habe 2014 die Heimreise angetreten, in einem Roman mit dem Titel *Lo que a nadie le importa* (Was niemanden kümmert). Er endet in dem verschwindenden Dorf, in dem mein Großvater geboren wurde und das im Zentrum meiner Familienmythologie steht.

Manche Autoren versuchen zudem, der Perspektive der Bewohner des leeren Spanien mithilfe literarischer Reportagen oder Reiseberichte Ausdruck zu verschaffen. So etwa der 1972 in dem Dorf Zaidín im katalanischsprachigen Teil Aragóns geborene Francesc Serés. Er kehrte an den Schauplatz seiner Kindheit zurück, um – in dem 2014 erschienenen Buch *La pell de la frontera* (Die Haut der Grenze) – von dessen Veränderung durch die Immigration zu berichten. Davon, wie die Leere dort von Marokkanern, Rumänen und Ecuadorianern gefüllt worden ist, und davon, wie an die Stelle der alten Wörter neue, ebenso alte Wörter, aber aus anderen Sprachen, getreten sind. Der 1975 in Katalonien geborene Schriftsteller Jorge Carrión wiederum erzählt in einem experimentellen Text mit dem Titel *Crónica de viaje* (Reisebericht, 2014) von der Wiederbegegnung mit seinen Großeltern aus den Alpujarras und seinen andalusischen Wurzeln. Und der 1980 in Asturien geborene Manuel Astur schließlich verfasste 2015 eine ganz eigene Version von *Verachtung dess Hoflebens und Lob dess Landtlebens* in Gestalt eines Buches mit dem Titel *Seré un anciano hermoso en un gran país* (Ich werde ein schöner alter Mann in einem großartigen Land sein). Darin tritt er für eine Rückkehr zum Einfachen und Ursprünglichen ein, für die Flucht aus der Stadt quasi ins Hinterland des eigenen Ich.

Viele Arten der Rückkehr. Viele Annäherungen an die Vergangenheit, die Ursprünge. Allen gemeinsam ist die geduldige Hingabe an eine Suche nach der verlorenen Zeit.

Auch zwei Beispiele aus der Welt jenseits der Hochkultur sollen hier noch Erwähnung finden. 2001 begann Televisión Española mit der Ausstrahlung der Serie *Cuéntame* (Erzähl mal), der bislang vielleicht längsten in der Geschichte des spanischen Fernsehens. Sie erzählt vom Leben der Familie Alcántara, die in einem erfundenen Viertel am Madrider Stadtrand lebt. Die Handlung erstreckt sich über die Zeit von 1969 bis in die ersten Jahre der Demokratie. Es wurde gern behauptet, die Serie sei ein Versuch der Ideologen des Partido Popular gewesen, die Kohäsionskraft der Nostalgie politisch gewinnbringend einzusetzen. Tatsächlich erinnerte die Serie an eine Reihe von Filmproduktionen aus der Francozeit wie etwa *La gran familia* (Die große Familie), und der ganzen Inszenierung, insbesondere dem kitschigen Heimweh der Protagonisten, haftete etwas überaus Konservatives an. Trotzdem handelte es sich bei *Cuéntame* in erster Linie um eine Adaption der amerikanischen Serie *The Wonder Years* (*Wunderbare Jahre*, 1988–1993), in der ein Mann aus dem Off von seiner Kindheit und Jugend in den sechziger Jahren erzählte. In *Cuéntame* gab man sich große Mühe, typische Durchschnittsbürger vorzuführen, um den Zuschauern glaubwürdig den Eindruck zu vermitteln, die auf dem Bildschirm wiedergegebene Sehnsucht nach der Vergangenheit habe etwas mit ihren eigenen Erinnerungen an die sechziger und siebziger Jahre zu tun. Dafür brauchten die Hauptfiguren natürlich eine ländliche Vergangenheit. Das Ehepaar Alcántara war schon in den fünfziger Jahren, während des großen Exodus, nach Madrid gezogen, und zwar von dem erfundenen Dorf Sagrillas in der Provinz Albacete aus. Diesem Sagrillas fiel von Beginn an eine entscheidende Rolle zu. Mehrere Folgen jeder Staffel spielten in diesem typischen Meseta-Dorf mit seinem Kirchturm samt Storchennest und ärmlich-bescheidenen Häusern. Ohne Sagrillas bliebe das Leben der Hauptfiguren unvollständig. Hier erfahren sie alle möglichen Epiphanien, ändern ihren Blick auf die Welt und machen Abenteuer durch, die in der Stadt unmöglich wären. Sagrillas steht für einen Ort im leeren Spanien, wie ihn alle Spanier, die sich im Zuge des großen Exodus auf den Weg machten, hinter sich gelassen haben. Der Familienvater Antonio überlegt regelmäßig, nach Sagrillas zurückzukehren. Wenn er wieder einmal einen Misserfolg wegstecken muss, taucht sogleich der alte Traum von der Rückkehr ins heimatliche Dorf auf, aus dem er eigentlich nie wegwollte. In den letzten Staffeln kauft Antonio dort eine Bodega, wird zum Winzer und spricht auf einmal davon, wie wichtig es doch sei, ein eigenes Stück Land zu besitzen. Einer der wenigen ernsthaften

Konflikte, die sich zwischen den Hauptfiguren entwickeln, besteht in der Weigerung der Kinder, sich an der Arbeit im Weinberg des Vaters zu beteiligen, der seinerseits damit eine Vorstellung von Vermächtnis verwirklichen möchte, wie er sie noch als Kind auf dem Land kennengelernt hatte. Seinem in der Stadt aufgewachsenen Nachwuchs dagegen bleibt dieser Gedanke gänzlich fremd. Wie alle Drehbuchautoren wissen, funktioniert die Beschwörung des leeren Spanien vor allem mit älteren Zuschauern, die stets bereits sind, sich mit den Opfern der großen Landflucht zu identifizieren.

Im zweiten Fall handelt es sich um eine nicht ganz so massentaugliche Fernsehproduktion. Mehr oder weniger gleichzeitig mit dem Start von *Cuéntame* fing eine Gruppe von Komikern um den Schauspieler Joaquín Reyes an, bei einem Bezahlsender aufzutreten. Ihr vorzugsweise absurder und derb-unflätiger Humor zeichnete sich durch die Verwendung typischer dialektaler Ausdrucksweisen der Provinz Albacete aus. Reyes' Spezialität war es, sämtliche von ihm dargestellten Figuren mit derselben Stimme und denselben Ausdrücken auftreten zu lassen. Das dadurch ausgelöste Gelächter verdankte sich jedoch weniger dem, *was*, als vielmehr der Art, *wie* es gesagt wurde. Vor allem bei einem jugendlich-großstädtischen Publikum wurden Reyes und seine Mitstreiter damit zu Kultfiguren. Was man dem üblichen Snobismus zuschreiben könnte – abgebrüht-coole junge Städter, die sich über die Bauerntölpel lustig machen. Aber die Sache war komplizierter. Die Lacher galten weniger den ungehobelten Dörflern als der Tatsache, dass hier zwei Welten beziehungsweise Generationen völlig unvermittelt aufeinanderprallten – ein postmoderner Humor, der sich mit den klassischen Kategorien nicht fassen ließ. Das Ganze hatte etwas geradezu Dadaistisches. Indem Reyes alle Figuren auf dieselbe Weise sprechen ließ, torpedierte er Begriffe wie Interpretation oder Register. Der Akzent der Leute aus Albacete wirkte in seinem Mund nicht wie eine Nachahmung, sondern als das völlig natürliche Vehikel seines Humors – Reyes schien sich in keiner Weise zu verstellen, er machte eher glauben, für ihn gebe es gar keine andere Art, sich auszudrücken. Wenn alle Schauspieler gleich reden und ihre Witze mithilfe derselben ländlich-volkstümlichen Ausdrücke konstruieren, wird ein lokaler Dialekt urplötzlich zur normsetzenden Hochsprache. Anders gesagt, Reyes und seine Kollegen machten sich nicht über die Menschen aus Albacete lustig, sondern über alle wie auch immer gearteten Versuche, die Sprache und das Verhalten der Menschen in eine für alle verbindliche Form zu bringen. In der Vergangenheit hatten sämtliche Radio- und Fernsehsprecher Spaniens sich wie selbstverständlich eines geschwollen-hochtrabenden Tonfalls bedient. Und wenn auf einmal die Redeweise der einfachen Knechte aus Albacete zur Norm erklärt würde? Indem sie deren derb-rüpelhaften Humor übernahmen, als wäre es die normalste Sache der Welt, offenbarten Reyes und Kollegen den Betrug, der den gängigen Konventionen von Sprache und Kommunikation zugrunde liegt. Wie es dreißig Jahre zuvor bereits die Schauspieler der Monty Pythons erfolgreich in England durchexerziert hatten. Innerhalb der Massenkultur verkörpert der Humor von Joaquín Reyes in jedem Fall auf unübertroffen raffinierte Weise das geisterhafte Fortleben des leeren Spanien innerhalb des urbanen Spanien.

Im Rückgriff auf zwei Gurus der Postmoderne lässt sich all dies womöglich ein wenig lacanianisch erklären. Einerseits würde Zygmunt Bauman gemäß der von ihm bestimmten flüchtigen Moderne uns sagen,[146] dass eine von der Tradition losgelöste Welt ohne feste Bezugspunkte Waisen hervorbringt. Es ist nur logisch, dass wir uns in einer Welt voller Retorten auf die Suche nach einem Ursprung machen, nach etwas, was kein bloßes Franchise-Unternehmen, keine Kopie von etwas bereits anderswo Existierendem darstellt. Unser Verhalten wäre demnach eine Reaktion auf die Gleichmacherei und die allgegenwärtige Flüchtigkeit und Obsoleszenz, die unser Leben beherrschen. Nach dem Zerfall von Religion, Klassenbewusstsein – samt den dazugehörigen politischen Identitäten – wie auch der Familie ist es nur normal, dass wir uns auf die Suche nach mythischen Vergangenheiten machen, die uns die Welt erklären oder angesichts der zügellosen Verflüchtigung um uns herum Trost bieten sollen. Andererseits würde Gilles Lipovetsky,[147] der große Kritiker des banalen Hedonismus, darauf verweisen, dass all diese Altjungen einer Transzendenz nachjagen, die der Konsumkapitalismus radikal verneint. Unser Verhalten stünde demnach für Widerstand gegen das vorherrschende Wertesystem und zugleich für den Versuch, dem religiösen Geist anderer Zeiten neues Leben einzuhauchen.

Das Problem der allumfassenden Erklärungen besteht darin, dass sie alles viel zu gut erklären. Dass an dem oben Gesagten etwas dran ist, ist offensichtlich, dass die Antwort, die darauf erfolgt, aber nur die Sache einer Minderheit ist, kaum mehr als ein Hintergrundrauschen, schränkt den Wert der Diagnose beträchtlich ein. Auch wenn manchen Lesern von der vorhergehenden Aufzählung so vieler zeitgenössischer Autoren und Werke womöglich der Kopf schwirrt, handelt es sich bei diesen doch nur um die Vertreter einer nachrangigen kulturellen Strömung, die sich bloß an einen Teil der Bewohner unseres Landes richtet und von einer letztlich kleinen Gruppe von Künstlern hervorgebracht wird. Daneben gibt es viele andere, auch entgegengesetzte Strömungen innerhalb eines Panoramas, das vielstimmiger und heterogener ist als alles, was in den letzten Jahrzehnten zu sehen war. Damit die psychoanalytische Rundumerklärung zuträfe, müsste es sich bei dieser Strömung um ein vorherrschendes Phänomen handeln, nicht bloß um eines unter vielen mit häufig ganz unterschiedlichen Eigenschaften. Anders gesagt, wenn die wachsende Flüchtigkeit einerseits und Banalität andererseits dem Individuum im Spätkapitalismus die Luft zum Atmen rauben, warum erheben sich dann nur so wenige Stimmen dagegen und bleiben dabei so leise? Müsste das Unbehagen sich nicht viel stärker übertragen? Zumindest größere Gruppen zum Handeln antreiben, an Kraft gewinnen, den Zeitgeist bestimmen?

Wäre es so offensichtlich und eindeutig, würde es mich nicht interessieren. Gerade das Leise, Intime, Zurückhaltende dieser Werke zeigt mir, dass es sich dabei um etwas Bedeutsames und keine bloße Mode oder chemisch-gesellschaftliche Reaktion handelt. Etwas tatsächlich ans Hier und Jetzt Gerichtetes, eine Faszination, die über das Bedürfnis hinausgeht, einfache Antworten auf grob umrissene Verwerfungen zu finden. Ginge es bloß darum, wären die genannten Werke zweifellos voller Unsicherheiten, weil sie in diesem Fall von Menschen verfasst worden wären, die sich vor allem in einen wie auch immer gearteten mütterlichen Schoß zurücksehnen. Diese Werke sind aber nicht nur durchweg voller gelungener ästhetischer Entscheidungen, sie sind auch formal rund und souverän erzählt, präsentieren sich als Äußerungen eines kraftvollen Selbstbewusstseins. Hier sind keine ängstlichen oder neurotischen Charaktere dabei, sich selbst zu erforschen.

Wir verwenden diese Ruinen als Spielmaterial, weil sie so fest und dauerhaft sind. Wie die Mauern von Ruesta, dem ersten verlassenen Dorf, das ich kennenlernte. Ein guter Ausgangsstoff für Fiktionen, weil sie unsere Mythen unmittelbar verkörpern, zum Kern unserer Identität gehören, Orte darstellen, an denen wir uns sehr gut auskennen. Sie bilden unsere Muttersprache. Wie die Wörter, die die Kinder Pilar Argudos aus dem Mund ihrer Großmutter hören. Was *uns* in flüchtigen und banalen Zeiten Wärme und Geborgenheit gewährt, ist weniger ein mütterlicher Schoß als unser eigener Körper und dass wir uns seiner bewusst sind. Wenn wir diese Ruinen berühren, zwischen ihnen umhergehen, gehen wir in uns selbst umher. Wir erkennen die Landschaft ringsum nicht wieder: Wir sind diese Landschaft. Wir sind das leere Spanien, wir sind aus seinen Bestandteilen gemacht. Eine andere vertretbare Form von Patriotismus bleibt uns Spaniern nicht.

Schon seit einiger Zeit spielt der Patriotismus hierzulande nur noch am Rand eine Rolle. Anders als in unseren Nachbarländern, ja anders als fast überall auf der Welt, ist die Feier patriotischer Symbole in Spanien heute die Sache von Radikalen, von Menschen jenseits der gesellschaftlichen, politischen und kulturellen Mitte. Bis vor wenigen Jahren waren kaum Fahnen auf unseren Straßen zu sehen, und im Vergleich zu Frankreich, Großbritannien, Portugal oder Italien sind es immer noch wenige. Bis zum Sieg der spanischen Nationalmannschaft bei der Fußballweltmeisterschaft 2010 präsentierten nach Ansicht der meisten Leute hierzulande die spanische Nationalflagge nur Spinner oder Faschisten an ihren Balkons oder in ihren Gärten. Bis heute befällt einen bei deren Anblick an einem nichtoffiziellen Ort ein seltsames und ungutes Gefühl. Auch das Wort »national« im Zusammenhang mit Spanien hat einen seltsamen Klang, so scheinbar selbstverständlich und unbefangen es mit Bezug auf die baskische oder katalanische Nation verwendet wird. Für uns Spanier ist beispielsweise ein Patriotismus wie in den USA schwer zu verstehen, kennen wir ihn doch normalerweise nur als grobe, aggressive, soldatisch-faschistische Attitüde. Meine Generation ist ohne spanische Fahnen aufgewachsen. Die Feier des Vaterlands kam uns bestenfalls wie billiges Schmierentheater vor, in schlimmeren Fällen wie eine Attacke auf unser demokratisches Empfinden. Aus der Literatur ist der Patriotismus folgerichtig verschwunden. Die Intellektuellen beschäftigen sich mit ihm nur aus historischer Perspektive. Dass die grausame Diktatur, die unser Land so viele Jahre beherrschte, den Patriotismus zu ihrer exklusiven Angelegenheit gemacht hat, erklärt diesen gesunden und für das Erstarken einer friedlichen demokratischen Kultur zweifellos notwendigen Verzicht. Kein Preis war zu hoch, wenn es darum ging, ein dauerhaftes zivilisiertes Miteinander zu ermöglichen. Diesem Konsens ist auch das Verschwinden von so etwas wie einer »Nationalliteratur« geschuldet.

Deren erklärtes Publikum ist die Nation. Mit dieser steht und fällt ihre Existenz. Nicht nur, was ihre Verkäuflichkeit angeht. Die Nationalliteratur beschäftigt sich mit allem – und sorgt sich um alles –, was mit der Nation zu tun hat. Die französischen Schriftsteller schreiben meist über Frankreich, die US-amerikanischen meist über die USA. Die Briten machen sich über die britischen Eigenarten lustig und nehmen sie zugleich gegen jede Kritik in Schutz, wie sie das seit jeher machen.

Die Spanier dagegen wollen seit 1975, dem Jahr, als Franco starb, nichts mehr von Spanien und seiner Geschichte wissen – ausgenommen vom Bürgerkrieg, der allerdings weniger Platz einnimmt, als man denken könnte, und fast immer aus derselben Perspektive und nach demselben Muster abgehandelt wird. Jedes Thema ist ihnen lieber als Spanien und die Spanier, bestenfalls findet beides irgendwo am Rand Erwähnung, wie nebenbei. Zum Spaß sage ich gelegentlich, das Letzte, was ein spanischer Schriftsteller sein möchte, ist ein spanischer Schriftsteller. Seit Juan Benet hat sich auch die stilistische Zurückweisung der Tradition eingebürgert – sich auf das Erbe der großen spanischen Prosaautoren des 20. Jahrhunderts zu berufen war und ist für einen jungen Schriftsteller eine riskante Angelegenheit. Namen wie Delibes, Torrente Ballester oder Cela haben seitdem nicht nur einen zwiespältigen Klang wegen der privilegierten Stellung, die sie während der Francozeit innehatten, ihnen haftet auch das Etikett des Ewiggestrig-Ländlich-Dörflichen an. Sie werden als Teil eines untergegangenen Landes betrachtet, in das niemand zurückkehren möchte. Seit dem Ende des 20. Jahrhunderts hat die spanische Literatur nicht nur an gesellschaftlicher Bedeutung verloren, abgenommen hat auch ihre Fähigkeit, die Gefühle der Leser anzusprechen. Was meiner Ansicht nach mit dem selbstauferlegten Verzicht auf einen Stil zu tun hat, der einheimische Züge aufweist, und mit der gleichzeitigen Arbeit an einer möglichst neutralen Sprache, die manchmal klingt, als wäre sie aus dem Englischen übersetzt.

Nach dem Wegfall von Heimat, Vaterland und Tradition stellen die Familie und ihre Privatmythen eine der wenigen verbliebenen Möglichkeiten für Schriftsteller dar, um die Reise in ihr Inneres antreten zu können. Dabei bewegen sie sich nicht nur in einem sicheren Umfeld – es hat etwas von einer Spielwiese, auf der man ohne Angst davor, sich zu verletzen oder zu verirren, experimentieren kann –, es bietet ihnen außerdem die Möglichkeit, die Leser auf so intime Weise anzusprechen, dass ihre Worte zweifellos einen tiefen Widerhall hervorrufen.

So kommt es zur stillen Wiederbelebung einer Tradition, die einst viel Aufhebens um sich machte und, im Regal vor einem aufgereiht, durchaus einschüchternd wirken kann. So wie Pierre Besuchow am Ende von *Krieg und Frieden* durch die zerstörten Straßen Moskaus schreitet, bewegen wir uns durch das leere Spanien, als stünde es in Flammen oder als wären diese Flammen gerade erst erloschen. Die zurückbleibende Asche und der übrige Schutt bergen die Verachtung und den Hass von Jahrhunderten in sich. Man hat dem leeren Spanien Ekel, Hochmut und Spott entgegengebracht oder es – wie im Fall der Leute von der Institución Libre de Enseñanza – zum Gegenstand von Erlösungsfantasien gemacht. So oder so hat man es stets als etwas Seltsames und Fremdes betrachtet. Etwas, das nicht zur Welt der Betrachter gehörte. Das Bild des leeren Spanien ist von außerhalb konstruiert worden, mithilfe herablassend-grausamer Metaphern wie der von Las Hurdes oder eigens zusammengesuchter beschämender Einzelheiten wie aus einem Polizeibericht oder Kriminalroman. Jahrhundertelang ist seine Landschaft mit beißendem Spott karikiert worden. Man hat es als Ort der Verbannung genutzt, und Diktatoren haben sich gewaltsam an ihm ausgelassen, um im selben Atemzug in pathetischen Reden seine Würde zu beschwören. Nie hat es über eine eigene Stimme verfügt, stets haben andere seine Geschichte erzählt. Erst jetzt, wo es fast nicht mehr existiert, wo es nur noch ein über das Bewusstsein von Millionen Familien verstreuter Mythos ist, meldet es sich zu Wort. Durch die Enkel und Urenkel derjenigen, die es einst bewohnten und eines Tages mehr oder weniger gewaltsam von dort fortgerissen wurden, nimmt es erneut Gestalt an. Als Aufzählung von Adjektiven, die auf der Straße kein Mensch mehr benutzt, die jedoch auf einer Buchseite oder vorgetragen von einem Schauspieler magische Beschwörungskraft entfalten können. Es steigt auf wie ein leichter Nebel oder verbreitet sich wie ein Duft, den nur Menschen mit außergewöhnlich verfeinertem Geruchssinn wahrnehmen. Aber es ist da, es bleibt, es hat Bestand. Das leere Spanien, das für immer leere Spanien, das sich nie wieder wird füllen lassen, hat im Spanien der Städte wieder an Präsenz gewonnen. Vieles verweist dort auf die Leerstellen, die es hinterlassen hat. Unter sephardischen Juden werden noch immer Jahrhunderte nach der Vertreibung ihrer Vorfahren, die Schlüssel zu deren Häusern in Toledo oder Gerona oder Córdoba aufbewahrt, Schlüssel zu Häusern, die in der verlorenen Heimat nicht mehr existieren, die bloß noch in den Wörtern des alten, mit hebräischen, türkischen, griechischen und arabischen Ausdrücken durchsetzten Ladino oder Judenspanisch fortbestehen. In vielen spanischen Wohnzimmern gibt es ähnliche imaginäre Schlüssel, die, wie zur Erinnerung an eine Flucht, von Generation zu Generation weitergegeben werden. Und die Enkel und Urenkel und Ururenkel betrachten unterdessen die alten Landkarten. Wir betrachten diese Karten. Und zeichnen sie neu. Verändern Entfernungen und Ortsnamen. Verzerren die Erinnerungen, um sie am Leben zu erhalten und als Vermächtnis an unsere eigenen Kinder zu übergeben. In Spanien gibt es ein Land, das nicht mehr existiert, manchmal aber stärker und beständiger wirkt als das tatsächlich existierende Land, das sich selbst verleugnet, sich seiner Runzeln und Falten schämt und von den anderen Heimatländern bedrängt wird, die sich, zur Verzweiflung der Enkel Ortega y Gassets, stolz erheben.

Coda Unverlangte Erklärungen

No hay banda! There is no band! Il n'est pas de orquestra!
This is all... a tape-recording.
David Lynch, *Mulholland Drive* (2001)

Jeden Morgen widme ich den ersten Schluck Kaffee des Tages der großen Finanzkrise, die mein Land 2007 in den Abgrund stürzte. Ihr habe ich den Kaffee zu verdanken, den ich hier trinke, und den Blick auf die Dächer und Antennen, der meine Arbeitsstunden verschönert. Vor allem aber die Geräusche, die durchs Fenster hereindringen. Vogelstimmen, die ich nicht zuordnen kann, ferne Autos, Rufe und Baulärm. Baulärm gibt es immer, als weigerte sich die Stadt, jemals fertig zu werden. Die Straße, auf die mein Fenster geht, ist eng und ruhig – Taxifahrern muss man den Weg hierher immer erklären –, aber sie saugt wie ein Schwamm den gesamten Lärm des Stadtzentrums auf. Alles, was an überschüssigen Dezibel in der Umgebung in der Luft liegt, lagert sich auf ihrem Asphalt ab, nachdem es ausgiebig vor meinem Fenster umhergeschwebt ist. Manchmal komme ich mir vor wie ein Charlie Parker im Pyjama und versuche, meine Wörter mit der Geschwindigkeit von Vierundsechzigstelnoten in die Tasten zu hacken, um den Mix aus Motoren, Presslufthammern, Gebell und Gebrüll zu überdecken.

Als wir noch zu zweit in dieser Wohnung lebten, arbeitete ich in einem kleinen Zimmer, das auf die andere Seite geht, auf die Hauptstraße. Dort drang der Lärm des Stadtzentrums völlig ungehindert herein. Im Sommer sitzt man dort gewissermaßen unmittelbar draußen auf der Straße. Dumm wie ich war, schrieb ich damals vorzugsweise nachts, weil ich mir einbildete, so würden das Gegröle und die Ausdünstungen der Betrunkenen sich in meine Texte einschleichen und sie mit echtem Leben erfüllen. Meine Kinder sorgten zum Glück dafür, dass ich umziehen musste. Ihre Wiegen, Windeln und Spielsachen vertrieben mich, sodass ich mich mitsamt meinem Computer und meiner Unordnung am anderen Ende der Wohnung niederließ – mit Blick auf die Dächer der stillen Seitenstraße. Auch für die Zeitung arbeitete ich von da an fast nur noch von zu Hause aus. Und ich gewöhnte mir an, mich schon sehr früh an den Schreibtisch zu setzen, um die ersten und frischesten Tagesstunden für meinen großen amerikanischen Roman zu nutzen. Damals gewöhnte ich mir auch das stumme Dankesritual an die Finanzkrise an, deren wohltätiges Eingreifen dafür gesorgt hatte, dass ich weiterhin hier an diesem Fenster sitzen darf. Ohne ihre Unterstützung müsste ich heute in der unerträglichen Stille einer größeren Wohnung, ja vielleicht sogar eines Hauses arbeiten, weit weg von dieser Straße, irgendwo am Stadtrand, in einer Gegend, die so tut, als bescherte sie einem dörflichen Frieden.

Vor Ausbruch der Krise hatte Cris, meine Frau, mich überredet, umzuziehen. Alle zogen damals um. Man musste schon ein echter Idiot sein, um es nicht zu tun. Unsere Freunde kauften sich größere Wohnungen, Häuser mit Gärten oder ganze Dachgeschosse mit traumhaften Terrassen. In unserer Wohnung gab es nicht mal einen geeigneten Platz, um Küchenkräuter zu ziehen. Mein Versuch, Basilikum zu säen, brachte gerade mal eine Handvoll mickrig-blässlicher Blättchen hervor. Ich war der Ansicht, ich sei schon oft genug im Leben umgezogen, mein städtisches Nest wollte ich ungern wieder aufgeben. Aber Cris redete mir erfolgreich ein, dass die Kinder Platz brauchten, dass ich Platz brauchte und dass die Bücher Platz brauchten. Und dass wir einen Aufzug brauchten. Und einen Stellplatz in der Tiefgarage. Die bloße Vorstellung, ein durch Linien markiertes Stück Betonfläche nur für unser Auto zu besitzen, irritierte mich.

Auf den Gedanken, dass Raum etwas sein könnte, das man unbedingt braucht, war ich bis dahin nie gekommen. Beim Lesen von Jack Kerouacs *On the Road* war »Raum« für mich etwas, das einem in den weiten Ebenen des amerikanischen Westens oder auch in den geräumigen Schalterhallen von Greyhound-Busstationen umsonst geboten wurde. Und an der Seite Bruce Chatwins verliebte ich mich in die Vorstellung, dass wir Menschen zum nomadischen Dasein geboren sind und eine sesshafte Lebensweise folglich etwas grob Widernatürliches darstellt. Einer anthropologischen Theorie zufolge hat

Bewegung eine beruhigende Wirkung auf Babys – während Ruhe sie unruhig macht –, weil das Schaukeln ihnen anzeigt, dass der Stamm sich in Bewegung befindet und nicht etwa angehalten und ein Lager aufgeschlagen hat, was ihn unweigerlich der Gefahr eines Raubtierüberfalls aussetzen würde. Also schlug ich Cris vor, auf Reisen zu gehen. Lass uns nach Kalifornien fahren und nach Mexiko und nach Patagonien, wie Chatwin. Lass uns unser Geld für Motels und Flugtickets verpulvern. Und da wir für einen späteren Umzug keine Ersparnisse brauchen würden – die Bank hatte den Wert unserer Wohnung unglaublich hoch geschätzt, weshalb wir uns, wenn es so weit war, jedes nur erdenkliche Haus würden leisten können –, gelang es mir, sie zu überzeugen. Wir flogen also nach Amerika, mieteten ein Auto und schliefen in Motels, deren Betten so riesig waren, dass wir das Gefühl hatten, uns in ihrer unermesslichen Weite in andere Menschen zu verwandeln. Lass uns für immer Touristen sein, vergessen wir unsere Wurzeln, Freunde und Traditionen.

Zum Glück kam das Jahr 2008 und mit ihm der Zusammenbruch der Bank Lehman Brothers. Auf einmal wurden keine Wohnungen mehr ge- oder verkauft. Niemand kam, um sich unsere anzusehen. Es rief auch niemand mehr an. Und E-Mails schickte ebenfalls niemand mehr. Wir zogen nicht um.

Nach dem üblichen stillen Dank an die Krise las ich heute Morgen in der Zeitung einen Artikel über einen Club in Paris. Er befindet sich in der Rue Montmartre und gehört David Lynch. Glaubte man dem Verfasser des Textes, reden wir von einer Art semi-klandestinem Kellerloch, die eigentliche Besonderheit besteht jedoch darin, dass es sich offenbar um eine genaue Nachbildung des *Silencio*-Clubs aus Lynchs Film *Mulholland Drive* handelt.

Dass Fiktionen sich in reale Orte verwandeln, die man besichtigen kann, gefällt mir. Welcher der beiden Clubs mit Namen *Silencio* realer ist, der aus dem Film oder der in Paris (der über eine reale Gaststättenkonzession des Pariser Gewerbeamts verfügt), weiß ich nicht. Dass Letzterer einen Besitzer hat und Steuern zahlt, macht ihn nicht weniger fiktiv. Gut möglich, dass den Leuten vom Pariser Gewerbeamt nicht bewusst ist, dass der *Silencio*-Club in Wirklichkeit eine dem realen *Silencio*-Club aus dem Film entsprungene Fantasie darstellt. Eben darum geht es in *Mulholland Drive*. Genau das verkündet – oder verschweigt – die Show im *Silencio*-Club, ihrerseits eindeutig die am einfachsten zu entschlüsselnde Szene des Films. In ihrem Verlauf ruft ein Zauberer in einem Gemisch aus mehreren Sprachen: »No hay banda! There is no band! Il n'est pas de orquestra! This is all... a tape-recording.« Hier gibt es keine Band, die Musik, die man hört, ist Playback, die Musiker spielen bloß Theater. Hier gibt es keine Band. Also ist in Wirklichkeit alles Schweigen. Lässt man alles Geplante, Eingeübte und die Rhetorik weg, bleibt nichts als Schweigen. Das Leben als eine Ansammlung von Stimmen und Liedern in Playback. Das Leben als Sinnestäuschung, die uns hindert, dem Schweigen zuzuhören. Der *Silencio*-Club in Paris als Tonspur, die sich über den *Silencio*-Club aus *Mulholland Drive* legt.

In meiner Literatur möchte ich dem Schweigen zuhören. Dieser Essay handelt vom Schweigen. Aber um ihm zuhören zu können, brauche ich viel Lärm. Deshalb ist es wichtig, dass ich hier bleibe, im lärmenden Zentrum. Dieses Fenster und diese Straße sind mein Ort auf der Welt. Nirgendwo fühle ich mich so bei mir wie hier, was daran liegt, dass dieser Ort ausschließlich mit dem Teil meiner Biografie zu tun hat, der nicht mit der Geschichte meiner Familie verbunden ist. Dass ich mir diesen Ort habe aussuchen können, betrachte ich als Privileg, denn normalerweise gibt es meiner Ansicht nach im Leben für kaum jemanden etwas zu wählen. Hier im Zentrum habe ich das Gefühl, mich am Rand zu befinden, und diese Bilokation verbindet mich tatsächlich mit meinen Landsleuten.

Ich weiß nicht, welches leere Spanien realer ist. Die Geschichte ist ein unentwirrbares Knäuel aus Fiktionen. Fast immer kommt sie einem vor wie eine »Katastrophe, die unablässig Trümmer auf Trümmer häuft«, wie es bei Walter Benjamin heißt. Manchmal sage ich mir aber, dass man die Tragödie, die mein Land aufführt, auch feiern kann. Angemessen ist es, sie zu beklagen, wie ich es in diesem Buch oft genug getan habe. Wir klagen über die verlassenen Dörfer und die demografische Wüste, an der sich wohl nichts mehr ändern lässt. Aber eben diese so seltsame und ganz und gar uneuropäische Wüste und das Gefühl der Verlassenheit, das hierzulande so viele Wohnzimmer und Fotoalben beherrscht, haben aus Spanien ein Land gemacht, in dem es ruhiger zugeht als anderswo. Obwohl die Bewohner der Iberischen Halbinsel dem Klischee zufolge laut und prahlerisch sind, zur Gewalt neigen und schnelle, womöglich drastische Entscheidungen bevorzugen, haben die letzten vierzig Jahre gezeigt, dass wir auch friedlich und geduldig sein können. Ja, sogar mutig. Dass wir die Dinge reifen lassen können, nicht ständig alles überstürzen, und dass wir gelernt haben, nicht immer wieder übereinander herzufallen. Was vielleicht mit der abschreckenden Erfahrung des Franquismus zu tun hat, die den meisten von uns den hitzigen Chauvinismus und Patriotismus ausgetrieben hat, aber auch damit, dass wir uns im Lauf der Zeit an die Einsicht gewöhnen konnten, dass wir einem fiktiven Raum angehören – aus dem wir zwar kommen, in den wir aber nicht zurückkehren können. Das Spanien, dem Millionen Spanier entstammen, existiert nicht mehr. Man könnte fast sagen, dieses Land wurde neu gegründet. In vielerlei Hinsicht ist das Land, von dem unsere alten Geschichten erzählen, mindestens so märchenhaft und unwirklich wie Alices Wunderland. So wie ich hier an meinem Fenster, das auf meine Straße geht, leben wir Spanier fast alle an Orten, die uns nur an uns selbst erinnern.

Sich bewusst zu machen, jetzt, wo mancherorts der Patriotismus wiederauflebt und das Land sich einmal mehr abrupt zu verändern droht, mit welch geradezu erhabener Gelassenheit wir uns in unserer lauten Straße den Kaffee haben schmecken lassen, kann eine Hilfe bei der Entscheidung sein, ob wir tatsächlich unsere Wohnung verkaufen und umziehen sollen.

Dass sich das Problem der Entvölkerung beheben lässt, ist schwer vorstellbar, aber falls der eine oder andere begreift, was für ein eigenartiges und besonderes Land Spanien ist, und lernt, auf die Geräusche zu lauschen, die aus der leeren Weite zu uns dringen, könnte es uns womöglich gelingen, eine Form des Zusammenlebens zu finden, die auf die demografischen und gefühlsmäßigen Eigenarten dieses großen Stücks Land im Süden Europas Rücksicht nimmt. Wir haben es geschafft, die über Jahrhunderte gepflegte Grausamkeit und Verachtung zu überwinden. Jetzt müssen wir uns dessen bloß noch bewusst werden und etwas aus dieser Erkenntnis machen.

Saragossa, Dezember 2015

Danksagung

Ich danke:

José Molina, der mir gezeigt hat, wie man ganz in der Landschaft aufgehen kann.

Dem Centro de Estudios sobre la Despoblación y el Desarrollo de Áreas Rurales für seine unverzichtbare Forschungsarbeit und die zur Verfügung gestellte Bibliografie.

Juan Domínguez Lasierra, der mir die Welt der reisenden Romantiker erschlossen hat.

Allen Provinz- und Dorfjournalisten, die, ohne sich von der Verachtung ihrer Hauptstadtkollegen beirren zu lassen, tausende Seiten mit Geschichten aus dem leeren Spanien füllen, damit es nicht ganz so verlassen wirkt.

Den Sprechern von Radio Clásica, die mich bei meinen Fahrten im Citröen C4 durchs leere Spanien begleiteten, und den Sprechern von BBC Radio 3, die mich begleiteten, während ich meinen Reisebericht zu Papier brachte. Der Rhythmus und Takt dieser Seiten ist teilweise ihnen zu verdanken.

Luis Alegre, Severiano Delgado und Alejandro Duce, deren hochkonzentrierter Lektüre das Aufspüren einer Reihe von Fehlern in früheren Ausgaben dieses Buches zu verdanken ist, die in der vorliegenden Ausgabe korrigiert wurden.

Pilar Álvarez für ihre enthusiastische Unterstützung dieses Projekts, seit wir zum ersten Mal in einem Restaurant in Madrid darüber sprachen, und für die zahllosen intelligenten Vorschläge, die meine Prosa um einiges lesbarer und zweifellos viel besser gemacht haben.

Dem gesamten Team von Editorial Turner.

Ella Sher, die mich bei all meinen unausgegorenen literarischen Vorhaben begleitet, auch in diesem Fall, und mir Mut macht und die Ergebnisse anschließend verkauft, als ergäben sie tatsächlich Sinn.

Cristina Delgado, weil sie die Verkaufsanzeige für unsere Wohnung bei *idealista.com* gelöscht hat.

Anmerkungen

1 »Thirty years since the first Welsh holiday arson«, in: *BBC News*, 12.12.2009, {news.bbc.co.uk/2/hi/uk_news/wales/north_west/8408447.stm}.

2 Helen Carter: »Police take fresh look at Sons of Glyndwr«, in: *The Guardian*, 11.03.2004, {theguardian.com/uk/2004/mar/11/helencarter}.

3 Gordon Williams: *The Siege of Trencher's Farm. The Novel that Inspired Straw Dogs*, Titan Books: London 2011.

4 Laotse: *Tao Te King*, übers. von Richard Wilhelm, Eugen Diederichs: München [9]1995, Abschnitt 5, S. 45.

5 In einem berühmten Gedicht Machados ist von den »dos Españas« die Rede, »eins, das stirbt, und eins, das gähnt«. Stark verkürzt bezieht sich dies auf die Spaltung des Landes in ein politisch linkes und ein rechtes Lager, deren Konfrontation im Bürgerkrieg 1936–1939 seinen grausamen Höhepunkt erreichte.

6 Bee Wilson: *Am Beispiel der Gabel*, übers. von Laura Su Bischoff, Insel Verlag: Berlin 2014, S. 246.

7 Aegidius Albertinus (Übers.) [Antonio de Guevara]: *Verachtung dess Hoflebens und Lob dess Landtlebens* [1598], Ed. Christoph E. Schweitzer, Peter Lang: Bern/Frankfurt a. M./New York 1986.

8 Auf Drängen der Vertreter des alten monarchischen Legitimismus, zu dessen Zielen auch die nominelle und politische Anerkennung der überkommenen Regionen gehörte, hat sich die administrative Gliederung Frankreichs seit dem Ende des 19. Jahrhunderts allmählich verändert. Die unbeugsamen Jakobiner der republikanischen Parteien widersetzten sich zwar allen Versuchen einer Dezentralisierung und verfochten hartnäckig die Beibehaltung der (Paris unterstellten und mit reinen Verwaltungskompetenzen ausgestatteten) Départements als Kernelementen der territorialen Organisation Frankreichs. Seit 1945 bildete sich aber gerade in den Randgebieten ein immer stärkeres Bewusstsein von deren Eigenständigkeit aus. 1982 wurden schließlich die Regionen geschaffen, die aus mehreren Départements bestehen und von durch allgemeine Wahlen bestimmten Regionalräten regiert werden. Auch wenn deren Kompetenzen im Vergleich zu egal welchen Regionen anderer dezentralisierter Länder wie dem gegenwärtigen Spanien oder Deutschland sehr begrenzt waren und immer noch sind, wurde ihre Schaffung als großer Sieg der französischen Provinzen über den Pariser Zentralismus betrachtet. Im Unterschied zu den Départements haben viele französische Regionen ihre ursprünglichen Namen zurückerhalten: Provençe, Normandie, Bretagne, Languedoc, Auvergne und so weiter. Diese Namen waren aus dem allgemeinen Sprachgebrauch nie verschwunden, jedoch lange Zeit von den offiziellen Landkarten und aus dem administrativen Vokabular verbannt. Am 1. Januar 2016 trat eine Reform der Regionen in Kraft, die deren Anzahl auf dreizehn plus die fünf Überseegebiete begrenzte, ihnen aber größere politische Kompetenzen zugestand.

9 In einem berühmten Beispiel erläutert Marx seine Theorie der ursprünglichen Akkumulation des Kapitals, soll heißen, den Transformationsprozess der ländlichen Ökonomie Englands, der den Landbesitzern die für industrielle Investitionen nötigen Mittel verschaffte und den Exodus der ihres Bodens beraubten Bauern in die Städte auslöste. In dem Abschnitt mit dem Titel »Expropriation des Landvolks von Grund und Boden« heißt es: »Als Beispiel der im 19. Jahrh. herrschenden Methode genügen hier die ›Lichtungen‹ der Gräfin von Sutherland. Diese ökonomisch geschulte Person beschloss gleich bei ihrem Regierungsantritt eine ökonomische Radikalkur vorzunehmen und die ganze Grafschaft, deren Einwohnerschaft durch frühere, ähnliche Prozesse bereits auf 15,000 zusammengeschmolzen war, in Schaftriften zu verwandeln. Von 1814 bis 1820 wurden diese 15,000 Einwohner, ungefähr 3000 Familien, systematisch verjagt und ausgerottet. Alle ihre Dörfer wurden zerstört und niedergebrannt, alle ihre Felder in Weide verwandelt. Britische Soldaten wurden zur Execution kommandirt und kamen zu Schlägen mit den Eingebornen. Eine alte Frau verbrannte in den Flammen der Hütte, die sie zu verlassen sich weigerte. [...] Im Jahr 1825 waren die 15,000 Gaelen bereits ersetzt durch 131,000 Schafe.« Karl Marx: *Das Kapital*, Buch I, Meißner: Hamburg 1867, S. 716 f.

10 »Jede einzelne Bauernfamilie genügt beinahe sich selbst, produzirt unmittelbar selbst den größten Theil ihres Konsums und gewinnt so ihr Lebensmaterial mehr im Austausche mit der Natur, als im Verkehr mit der Gesellschaft. Die Parzelle, der Bauer und die Familie; daneben eine andre Parzelle, ein andrer Bauer und eine andre Familie. Ein Schock davon macht ein Dorf und ein Schock von Dörfern macht ein Departement. So wird die große Masse der französischen Nation gebildet durch einfache Addition gleichnamiger Größen, wie etwa ein Sack von Kartoffeln einen Kartoffelsack bildet.« Karl Marx: *Der Achtzehnte Brumaire des Louis Bonaparte*, 2. Ausg., Meißner: Hamburg 1869, S. 88 f.

11 Vgl. zur Landflucht in Spanien aus geografischer und statistischer Perspektive Luis Alfonso Camarero: *Del éxodo rural y del éxodo urbano. Ocaso y renacimiento de los asentamientos rurales en España*, Ministerio de Agricultura, Pesca y Alimentación: Madrid 1993. Eine interdisziplinäre Untersuchung in Carlos Serrano Lacarra (Hg.): *Despoblación y territorio*, Centro de Estudios sobre la Despoblación y Desarrollo de Áreas Rurales: Saragossa 2007.

12 Francisco Ferrer Lerín: *Familias como la mía*, Tusquets: Barcelona 2011. Der erste Teil dieses Romans ist eine Abrechnung des Autors mit dem Barcelona seiner Jugend, mit viel Humor erzählt, ohne jedoch den aufgestauten Groll zu unterschlagen. Ferrer Lerín ist eine faszinierende Gestalt, vom begabten Jungpoeten wurde er zu einem anerkannten Naturforscher, der in das am Südrand der Pyrenäen gelegene Städtchen Jaca zog, wo er sich an den ersten Programmen zur Auswilderung vom Aussterben bedrohter iberischer Geierarten beteiligte.

13 *Hitler, Mein Kampf. Eine kritische Edition*, 2 Bde., herausgegeben im Auftrag des Instituts für Zeitgeschichte von Christian Hartmann u. a., Institut für Zeitgeschichte: München/Berlin 2016, Bd. I, S. 695.

14 Wenn nicht anders verzeichnet, stammen die Daten vom Instituto Nacional de Estadística und von Eurostat, Stand vom 31.12.2014.

15 *The New Rural Paradigm – Policies and Governance*, OECD: Paris 2006.

16 Zit. nach María Pilar Burillo-Cuadrado, Francisco Burillo-Mozota und Enrique Ruiz-Budría: *Serranía Celtibérica (España). Un proyecto de desarrollo rural para la Laponia del Mediterráneo*, Centro de Estudios Celtibéricos de Segeda: Saragossa 2013, S. 2, {celtiberica.es/documentos/Serrania.pdf}.

17 Michel Houellebecq: *Karte und Gebiet*, übers. von Uli Wittmann, DuMont: Köln 2011. Houellebecq hat offensichtlich eine Vorliebe für karge, wenig bevölkerte Gegenden. So veröffentlichte er 2000 eine Erzählung mit dem Titel »Lanzarote«, wo er 2008 auch den Film *La possibilité d'une île (Die Möglichkeit einer Insel)* drehte. Außerdem besitzt er ein Ferienhaus in einer abgelegenen Gegend der Provinz Almería.

18 Francisco Franco, Rede anlässlich der Verleihung des Großen Ordens der Stadt Valladolid, 29. Oktober 1959.

19 Vgl. Ginés Donaire: »Lo enterraron todo, hasta los árboles«, in: *El País*, 07.06.2008, {elpais.com/diario/2008/06/07/andalucia/1212790930_850215.html}.

20 Vgl. Josep Grau: »¿Por qué Hitler bombardeó cuatro pacíficos pueblos de Castellón?«, in: *El País*, 26.12.2015, {elpais.com/ccaa/2015/12/23/valencia/1450889224_506301.html}.

21 Auf einem kartografischen Portal, bereitgestellt vom Consejo Superior de Investigaciones Científicas, mittlerweile leider offline, konnte man viele Stadtpläne Madrids einsehen und vergleichen: {idehistoricamadrid.org}. Die Pläne, auf die ich mich hier beziehe, sind der historische Stadtplan von Madrid und umliegenden Dörfern von Facundo Cañada López (1900), die zweite fotografische Luftansicht Madrids (Instituto Geográfico Nacional, 1956) sowie die vierte Luftansicht von 1984.

22 Equipo Piedras de Papel: *Aragón es nuestro Ohio. Así votan los españoles*, Malpaso: Barcelona 2015.

23 Bei den spanischen Wahlen von 2015 entsandte beispielsweise die Provinz Soria zwei Abgeordnete nach Madrid (von insgesamt 350), einen der Partido Popular (PP) und einen die Sozialisten. Von den 70.718 Wahlberechtigten übten nur 52.210 ihr Recht aus (73,83 Prozent). PP und Sozialisten erhielten zusammen 32.214 Stimmen (62,48 Prozent), errangen damit aber 100 Prozent der zu vergebenden (zwei) Mandate. Die übrigen Parteien kamen auf 37,52 Prozent der Stimmen, blieben aber ohne parlamentarische Vertretung. Das bedeutet, dass der PP und die Sozialisten jeweils 16.107 Stimmen benötigten, um einen Abgeordnetensitz im Parlament zu erringen. In Madrid dagegen blieben von insgesamt 3.621.374 Stimmberechtigten nur 116.242 ohne Vertretung, also 3,21 Prozent, statt 37,52 Prozent wie in Soria. Allerdings waren in Madrid für einen Abgeordnetensitz 92.000 bis 94.000 Stimmen nötig.

24 So geschehen zum Beispiel bei den Wahlen des Jahres 2015. Obwohl Partido Popular wie Sozialisten wieder mehr Sitze erhielten, als ihnen ihrem Stimmenanteil nach zugestanden hätten, und obwohl die neuen politischen Kräfte (insbesondere Podemos und Ciudadanos), deren Basis vor allem aus den Städten kam, entsprechend weniger Sitze errangen, konnten die Stimmen der wenig bevölkerten Provinzen den Absturz der traditionellen Parteien nicht ausgleichen.

25 Miguel Delibes: *El disputado voto del señor Cayo*, Destino: Barcelona 1978, S. 70.

26 Adam Zagajewski: »Zwei Städte«, in: Ders.: *Ich schwebe über Krakau*, übers. von Henryk Bereska, Hanser: München/Wien 2000, S. 237f.

27 Julio Llamazares: *Der gelbe Regen*, übers. von Wilfried Böhringer, Suhrkamp: Frankfurt a. M. 1991, S. 94.

28 Ebd., S. 7.

29 Julio Llamazares: »El molino«, in: *El País*, 07.12.2015, [elpais.com/elpais/2015/12/04/opinion/1449246298_473028.html].

30 Antonio Muñoz Molina: *Der polnische Reiter*, übers. von Willi Zurbrüggen, Rowohlt: Reinbek bei Hamburg 1995.

31 Henry David Thoreau: *Walden oder Leben in den Wäldern*, übers. von Emma Emmerich und Tatjana Fischer, Diogenes: Zürich 2004. Erstmals 1854 veröffentlicht, erzählt Thoreau darin von den zwei Jahren, die er allein und zurückgezogen in einer Blockhütte am Walden Pond in Massachusetts verbrachte.

32 Mical Raz: »Alone again: John Zubek and the troubled history of sensory deprivation research«, in: *Journal of the History of the Behavioral Sciences*, Vol. 49, Nr. 4, Oktober 2013, S. 379–395.

33 Anna Gosline: »Bored to Death: Chronically Bored People Exhibit Higher Risk-Taking Behavior«, in: *Scientific American*, 26.02.2007, [scientificamerican.com/article/the-science-of-boredom/].

34 Yael K. Goldberg, John D. Eastwood, Jennifer LaGuardia und James Danckert: »Boredom: An emotional experience distinct from apathy, anhedonia, or depression«, in: *Journal of Social and Clinical Psychology*, Vol. 30, Nr. 6, Juni 2011, S. 647–666.

35 Carles Porta: *Tor. La montaña maldita*, Anagrama: Barcelona 2006; dt.: *Tor. Das verfluchte Dorf*, übers. von Charlotte Frei, Berlin Verlag: Berlin 2007.

36 Carles Porta: *Fago*, La Campana: Barcelona 2012.

37 Jesús Duva: *Emboscada en Fago. ¿Quién asesinó al alcalde Miguel Grima?*, Debate: Barcelona 2008.

38 Eduardo Bayona: *El crimen de Fago*, La Esfera de los Libros: Madrid 2008.

39 Vgl. Silvia R. Pontevedra: »Ya estás gordo para matarte. Voy a por ti«, in: *El País*, 03.12.2014, [elpais.com/ccaa/2014/12/01/galicia/1417467926_616260.html].

40 Ramón J. Sender hat die Geschichte des Massakers von Casas Viejas in gleich drei verschiedenen Publikationen behandelt: in der Zeitung *La libertad* (Januar 1933), in dem Buch *Casas Viejas* (Februar 1933) und in einem weiteren Buch *Viaje a la aldea del crimen* (Reise in das Dorf des Verbrechens, Februar 1934).

41 Auf Deutsch gibt es zwei Übersetzungen des Buchs. Ramón J. Sender: *Requiem für einen spanischen Landmann*, übers. von Walter Boehlich, Suhrkamp: Frankfurt a. M. 1964, sowie unter demselben Titel übers. von Thomas Brovot, Diogenes: Zürich 2018.

42 Zwischen 1922 und 1931 förderte das Königliche Hilfswerk für Las Hurdes (Real Patronato de Las Hurdes), im Grund eine Wohltätigkeitsorganisation, zahlreiche Investitionen in die Region. Vgl. José Pedro Domínguez Domínguez: »Real Patronato de las Hurdes (1922–1931): Una institución de beneficiencia al servicio de las Hurdes«, in: *Revista de Estudios Extremeños*, Vol. 63, Nr. 1, 2007, S. 101–114.

43 Luis Buñuel: *Mi último suspiro*, Plaza y Janés: Barcelona 1982; deutsch: *Mein letzter Seufzer*, übers. von Frieda Grafe und Enno Patalas, Athenäum: Königstein/Ts. 1983, S. 131.

44 Max Aub: *Conversaciones con Buñuel*, Aguilar Ediciones: Madrid 1985; deutsch: Luis Buñuel: *Die Erotik und andere Gespenster. Nicht abreißende Gespräche mit Max Aub*, übers. von Barbara Böhme, Wagenbach: Berlin 1986, S. 57.

45 Javier Herrera: *Estudios sobre Las Hurdes de Buñuel*, Editorial Renacimiento: Sevilla 2006.

46 Ebd., S. 136.

47 Ebd., S. 137.

48 Max Aub zit. nach Buñuel, *Die Erotik*, Anm. 44, S. 18.

49 Buñuel, *Mein letzter Seufzer*, Anm. 43, S. 216.

50 Zit. nach José L. Gurría Gascón und Julián Mora Aliseda: »Prólogo«, in: *Alcántara. Revista del Seminario de Estudios Cacereños*, Nr. 31–32, Januar–August 1994, S. 9–11, hier S. 10, {ab.dip-caceres.es/opencms-caceres/opencms/handle404?exporturi=/export/sites/default/comun/galerias/galeriaDescargas/archivo-y-biblioteca-de-la-diputacion/Alcantara/03-031-032-alc/03-031-032-002-Prxlogo.pdf}.

51 Miguel de Unamuno: *Andanzas y visiones españolas*, Alianza: Madrid 2006, S. 151.

52 Ebd., S. 163.

53 Ebd., S. 154.

54 Ebd., S. 156.

55 1833 wurde das spanische Staatsgebiet, einem Entwurf Javier de Burgos' folgend, in 49 Provinzen aufgeteilt, deren Gouverneure von der Zentralregierung in Madrid ernannt wurden. Abgesehen von der Gliederung der Kanarischen Inseln gilt diese Aufteilung bis heute. Bei der Festlegung der Provinzgrenzen wurden überkommene Demarkationslinien jedoch stärker berücksichtigt als im Fall des Vorbilds von Burgos, der französischen Départements. Das ist womöglich einer der Gründe für den Fortbestand der Provinzen auch nach der zwischen 1979 und 1983 durchgeführten Gliederung Spaniens in die sogenannten Autonomen Gemeinschaften – diese wurden in den meisten Fällen durch simplen Zusammenschluss bestimmter Gruppen von Provinzen gebildet. Ziel der Aufteilung von 1833 war es allerdings, die Strukturen der vorhergehenden Ordnung zu zerstören und durch ein einheitliches, effizientes Verwaltungssystem zu ersetzen. Fast alle Provinzen wurden so nach ihrer jeweiligen Hauptstadt benannt, in der sämtliche öffentlichen Institutionen zentral angesiedelt waren. Bei der Aufteilung der Gebiete verfuhr man nach dem grundlegenden Prinzip, dass kein Ort mehr als eine Tagesreise – mit den damals zur Verfügung stehenden Verkehrsmitteln – von der jeweiligen Provinzhauptstadt entfernt sein solle. Obgleich insbesondere die Anhänger der diversen Natonalismen dieses Modell später radikal infrage stellten und für nicht mehr zeitgemäß erklärten, hat es sich letztlich als überaus erfolgreich und beständig erwiesen und eine entscheidende Rolle bei der Ausgestaltung des gegenwärtigen spanischen Staates übernommen.

56 Maurice Legendre: *Las Jurdes – Étude de géographie humaine*, Féret et fils: Bordeaux 1927.

57 Das Video des Auftritts lässt sich im Archiv des *No-Do* nachsehen: {rtve.es/filmoteca/no-do/not-1727/1468695/}.

58 Antonio Ferres und Armando López Salinas: *Caminando por las Hurdes*, Seix Barral: Barcelona 1960.

59 José Comas: »Los Reyes ponen fin a la ›leyenda negra‹ de Las Hurdes con su visita«, in: El País, 15.04.1998, {elpais.com/diario/1998/04/15/espana/892591207_850215.html}.

60 Luis Carandell: »Crónica de las crónicas«, in: Gregorio Marañón: *Viaje a Las Hurdes. El manuscrito inédito de Gregorio Marañón y las fotografías de la visita de Alfonso XIII*, El País-Aguilar: Madrid 1993, S. 39.

61 José L. Gurría Gascón und Julián Mora Aliseda (Hg.): *Alcántara. Revista del Seminario de Estudios Cacereños*, Nr. 31–32, Januar–August 1994.

62 Marañón, *Viaje a Las Hurdes*, Anm. 60, S. 83.

63 Benito Pérez Galdós: *Fortunata und Jacinta*, übers. von Kurt Kuhn, Manesse: Zürich 1961.

64 Außerhalb der Iberischen Halbinsel gab es sehr wohl kriegerische Auseinandersetzungen. 1883 erkannte Spanien nach langen Kämpfen endlich die Unabhängigkeit Perus an. Von 1868 und 1898 gab es mehrfach unterbrochene, aber fast andauernde Auseinandersetzungen mit den separatistischen Truppen auf Kuba, die mit einem weiteren Krieg, diesmal gegen die USA, und der Unabhängigkeit der Insel 1898 endeten. Im selben Jahr – das häufig *El Desastre* genannt wird – erlangten im Zuge des Spanisch-Amerikanischen Kriegs und langer bewaffneter Konflikte zwischen Separatisten und dem spanischen Militär auch Puerto Rico und die Philippinen die Unabhängigkeit. Im sogenannten ersten Rifkrieg (bzw. Guerra de Margallo) 1893/94 kämpfte die spanische Armee gegen marokkanische Berberstämme rund um Melilla. Der zweite Rifkrieg fand 1909 statt, und die Proteste von Arbeitern gegen den Militärdienst führten im August zur *Semana Trágica* (Tragische Woche) in Barcelona, mit zahlreichen Festnahmen, Verurteilungen und sogar Hinrichtungen. Doch die längste, blutigste und für Spanien folgenreichste Auseinandersetzung war zweifellos der dritte Rifkrieg beziehungsweise der Zweite Marokkanische Krieg (1921 bis 1926). Es stimmt zwar, dass auf spanischem Territorium während der Restauration weitgehend Frieden herrschte, die Armee hingegen blieb in ständigem Mobilisierungszustand und war in verschiedene Kämpfe verwickelt.

65 Antonio Molero Pintado: *La Institución Libre de Enseñanza. Un proyecto de reforma pedagógica*, Biblioteca Nueva: Madrid 2000, S. 101.

66 Ebd.

67 Zit. nach ebd., S. 103.

68 Miguel de Unamuno: *Por tierras de Portugal y de España*, Alianza: Madrid 2006, S. 194, vgl. auch die deutsche Übersetzung: *»Wir reisen, um zu erzählen …«. Unterwegs in Portugal und Spanien*, übers. von Johann Pögl, Praesens: Wien 2021.

69 Ebd., S. 281.

70 Ebd., S. 195.

71 Ebd., S. 190.

72 Ebd., S. 187.

73 Zit. nach Eugenio Otero Urtaza (Hg.): *Las misiones pedagógicas. 1931–1936*, Sociedad Estatal de Conmemoraciones Culturales, Residencia de Estudiantes: Madrid 2006, S. 26.

74 Zit. nach ebd., S. 135.

75 Zit. nach ebd., S. 188.

76 Zit. nach ebd.

77 Zit. nach ebd., S. 138.

78 Ebd., S. 140.

79 Zit. nach ebd., S. 25.

80 Ebd., S. 507–540.

81 Das Zisterzienserkloster Santa María de Veruela wurde 1146 gegründet. Bis zum Beginn des 15. Jahrhunderts hatte es die Herrschaft über mehrere umliegende Dörfer, die ihm tributpflichtig waren. Infolge der Desamortisation durch Mendizábal kam es 1835 in staatlichen Besitz. Da es nach dem Auszug der Mönche nicht weiter genutzt wurde, setzte der Verfall ein. Um dem entgegenzuwirken, gründeten Bürger der nahegelegenen Orte Tarazona und Borja einen Verein zu seiner Erhaltung und touristischen Nutzung. 1877 überließ der Staat das Kloster den Jesuiten, die es bis 1975 als Rückzugsort verwendeten. Seit 1976 ist es im Besitz der Provinz Saragossa, die es in ein Museum und Kongress- und Kulturzentrum umgewandelt hat.

82 Gustavo Adolfo Bécquer: *Rimas y leyendas. Cartas desde mi celda*, Planeta: Barcelona 1982, S. 141.

83 Edmund L. King: »El Moncayo de las leyendas«, in: *Actas del congreso »Los Bécquer y el Moncayo«, celebrado en Tarazona y Veruela, septiembre 1990*, hg. von Jesús Rubio Jiménez, Institución Fernando el Católico: Saragossa 1992, S. 117–134, hier S. 122.

84 Ebd., S. 130.

85 Martial: *Epigramme*, 1,49, übers. von Walter Hofmann, Insel: Frankfurt a. M./Leipzig 1997, S. 44.

86 1837 kam es im Madrider Teatro del Príncipe zur Uraufführung von Juan Eugenio Hartzenbuschs Stück *Los amantes de Teruel (Die Liebenden von Teruel)*, das zu einem der größten Publikumserfolge auf den Madrider Bühnen des 19. Jahrhunderts wurde. Hierbei handelt es sich um die bekannteste moderne Bearbeitung einer mutmaßlich mittelalterlichen Legende von der unmöglichen Liebesbeziehung zwischen einem gewissen Diego de Marcilla und einer Isabel de Segura. In der Kirche San Pedro in Teruel ruhen die angeblichen Überreste der beiden Liebenden in einem 1955 von dem Bildhauer Juan de Ávalos angefertigten Grabmal. Im Rahmen eines alljährlich Mitte Februar im Zentrum von Teruel unter dem Titel »Las Bodas de Isabel« (Isabels Hochzeit) stattfindenden Volksfestes wird jedes Mal auch eine Adaption von Hartzenbuschs Stück mit Laienschauspielern unter freiem Himmel aufgeführt.

87 Der 1817 in Valladolid als Sohn eines Karlisten geborene José Zorrilla wurde vor allem bekannt für seine Bearbeitung des Don-Juan-Stoffes unter dem Titel *Don Juan Tenorio*. Hartnäckig auf der Suche nach kastilischen Mythen wie kaum ein anderer Schriftsteller der spanischen Romantik schuf er aber auch Werke über die Figur des Cid, die arabische Invasion des Jahres 711 oder den Fall Granadas 1492.

88 Zitate aus Azoríns *La ruta del Quijote* (1905) nach: Ders.: *Auf den Spuren Don Quijotes*, übers. von Anna Maria Ernst-Jelmoli, Rascher: Zürich 1923, S. 58 f.

89 Miguel de Cervantes Saavedra: *Der geistvolle Hidalgo Don Quijote von der Mancha*, Teil I, übers. von Susanne Lange, Hanser: München 2008, S. 29.

90 Francisco Rico: »Como mucho, broma entre amigos«, in: *El País*, 08.12.2014, {elpais.com/cultura/2014/12/07/actualidad/1417985018_001522.html}.

91 Winston Manrique Sabogal: »Don Quijote de La Mancha: ¿realidad o ficción?«, in: *El País*, 07.12.2014, {elpais.com/cultura/2014/12/07/actualidad/1417983722_234613.html}.

92 Azorín, *Auf den Spuren Don Quijotes*, Anm. 88, S. 73.

93 Zit. nach Miguel de Cervantes: *Don Quijote de la Mancha*, Real Academia Española: Madrid 2015, S. XVI und S. XVII.

94 Vgl. Théophile Gautier: *Voyage en Espagne*, Charpentier libraire-éditeur: Paris 1845. In der deutschen Ausgabe des Reiseberichts (Théophile Gautier: *Reise in Andalusien*, übers. von Ulrich C. A. Krebs, Büchergilde Gutenberg: Frankfurt a. M./Wien/Zürich 1977) fehlt der erste Teil des Buchs, die Reisevorbereitungen usw. Der Text setzt erst in Spanien ein, genauer gesagt: mit der Ausfahrt aus Madrid Richtung Süden (Anm. d. Ü.).

95 Auf Deutsch sind Dumas' Reise nach Spanien (*De Paris à Cadix*) sowie die nach Tanger, Algier und Tunis *(Le véloce)* zu einem Band zusammengefasst, vgl. Alexandre Dumas: *Nach Spanien und Nordafrika*, übers. von Th. P. Spiess, Hoffmann und Campe: Hamburg 1969.

96 Vgl. die deutsche Übersetzung Hans Christian Andersen: *In Spanien*, Rotbuch-Verlag: Hamburg 1998.

97 Richard Ford: *A Hand-Book for Travellers in Spain*, 2 Bde., John Murray: London [3]1855, Bd. I, S. 6.

98 Zit. nach Eduardo Martínez de Pisón: *Imagen del paisaje. La generación del 98 y Ortega y Gasset*, Caja Madrid: Madrid 1998, S. 16.

99 Richard Ford: *Gatherings from Spain*, John Murray: London 1846, S. 269.

100 Vgl. Gautier, *Voyage*, Anm. 94, S. 24; hier nach der französischen Ausgabe übersetzt.

101 Ebd., S. 58.

102 Ebd., S. 60.

103 Zit. nach Gautier, *Reise in Andalusien*, Anm. 94, S. 28.

104 Vgl. Iñaki Berazaluze: »Derribando mitos: 10. Esa ardilla que recorría España de rama en rama …«, 30.07.2010, {cookingideas.es/derribando-mitos-10-esa-ardilla-que-recorria-espana-de-rama-en-rama-20100730.html}.

105 Plinius der Ältere: *Naturgeschichte*, übers. von Johann Daniel Denso, Rostock und Greifswald 1765, 2. Band, 33. Buch, 4. Kapitel, S. 669.

106 Vgl. das nationale Waldbestandsregister von 2007: *Tercer Inventario Forestal Nacional (1997–2007)*, Ministerio de Medio Ambiente: Madrid 2007.

107 Cervantes Saavedra, *Der geistvolle Hidalgo Don Quijote von der Mancha*, Teil I, Anm. 89, S. 78 und S. 79.

108 Ebd., S. 33.

109 Ebd., S. 146 f.

110 Azorín, *Auf den Spuren Don Quijotes*, Anm. 88, S. 118.

111 Ebd., S. 104.

112 Ebd., S. 104 f.

113 Ebd., S. 93.

114 Ebd., S. 78.

115 Ebd., S. 81.

116 Ebd., S. 68.

117 Ebd., S. 99.

118 Miguel de Cervantes Saavedra: *Der geistvolle Hidalgo Don Quijote von der Mancha*, Teil II, übers. von Susanne Lange, Hanser: München 2008, S. 80.

119 Azorín, *Auf den Spuren Don Quijotes*, Anm. 88, die Zitate auf den Seiten 132–136.

120 Vgl. Julio Llamazares: »Japoneses en Criptana«, in: *El País*, 07.08.2015, [elpais.com/cultura/2015/08/07/actualidad/1438929222_373555.html].

121 Martínez de Pisón, *Imagen del paisaje*, Anm. 98, S. 83 f.

122 Vgl. Vladimir Nabokov: *Vorlesungen über russische Literatur. Gesammelte Werke*, Bd. 17, hg. von Dieter E. Zimmer und Fredson Bowers, Rowohlt: Reinbek bei Hamburg 2013, S. 341–399.

123 Der sogenannte radikale baskische Rock, eine iberische Punkvariante, die in den achtziger Jahren für ein paar der interessantesten und gewagtesten Stücke der spanischen Rockgeschichte verantwortlich zeichnete, erlebte Boykottaufrufe vonseiten des konservativen Partido Popular und der Vereinigung der Opfer des Terrorismus. Diese Organisationen argumentierten, die baskische Rockmusik enthalte eine Apologie der Gewalt durch die ETA, und übten Druck auf Kommunen aus, damit bestimmte Bands nicht auftreten durften. Wenngleich einige Bands den Terrorismus explizit verurteilten und sich davon scharf distanzierten, waren die Boykottaufrufe erfolgreich und zogen die Karrieren von Künstlern wie Fermín Muguruza und Soziedad Alkohólika ernsthaft in Mitleidenschaft: Sie konnten ab etwa dem Jahr 2000 kaum noch außerhalb des Baskenlands und von Navarra auftreten, wo sie vorher zentrale Akteure der spanischen Musikszene gewesen waren.

124 In Portugal kam es zur selben Zeit wie in Spanien zu einem Erbfolgekrieg – der sogenannten *Guerra Miguelina* –, in dem Liberale und Reaktionäre um den Thron fochten. Nach der Niederlage des Miguelismus 1834 fiel diesem jedoch nie wieder eine herausragende Rolle innerhalb der portugiesischen Geschichte zu. Der bourbonische Legitimismus in Frankreich wiederum, der im alten Adel und bei den einflussreichsten Familien des Landes, vor allem der Provinzen, stark verwurzelt war, verwandelte sich im Lauf der Zeit in ein folkloristisches Relikt und verfügte nach Ausrufung der Dritten Republik 1871 über keinerlei ernstzunehmenden Einfluss mehr. Weder der Miguelismus noch der französische Legitimismus hatten jemals so viel politische Macht wie der Karlismus, der, als die beiden Ersteren längst ihren Abstieg vollzogen hatten, für den spanischen Staat weiterhin eine ernsthafte Bedrohung darstellte.

125 Benito Pérez Galdós: *Los Cien Mil Hijos de San Luis*, in: Ders.: *Episodios nacionales*, Bd. II, Aguilar: Madrid 1979, S. 947.

126 Vgl. Jordi Canal: *Banderas blancas, boinas rojas. Una historia política del carlismo 1876–1939*, Marcial Pons: Madrid 2006.

127 Vgl. Jordi Canal: *El carlismo. Dos siglos de contrarrevolución en España*, Alianza: Madrid 2004.

128 Galdós: *Fortunata und Jacinta*, Anm. 63.

129 Vgl. Ramón del Valle-Inclán: *Frühlingssonate. Memoiren des Marqués de Bradomín*, übers. von Anneliese Botond, Suhrkamp: Berlin 2022.

130 Ricardo Baroja: *Gente del 98. Arte, cine y ametralladora*, Cátedra: Madrid 1989.

131 Ebd., S. 103.

132 Juan Donoso Cortés: »Essay über den Katholizismus, den Liberalismus und den Sozialismus, betrachtet in ihren Grundprinzipien«, in: Ders.: *Essay über den Katholizismus, den Liberalismus und den Sozialismus und andere Schriften aus den Jahren 1851 bis 1853*, hg. und übers. von Günter Maschke, Karolinger: Wien/Leipzig [3]2018, S. 32 (Erstes Buch, Kapitel IV).

133 Francisco Javier Caspistegui Gorasurreta: »›Esa maldita ciudad, cuna del centralismo, la burocracia y el liberalismo‹: la ciudad como enemigo en el tradicionalismo español«, in: *Arquitectura, ciudad e ideología antiurbana. Actas del congreso internacional de Pamplona, 14 y 15 de marzo de 2002*, T6 Ediciones: Pamplona 2002, S. 85.

134 Ein Thema, dem unbedingt einmal genauer nachgegangen werden sollte: die so entscheidende Rolle, die die katholische Kirche Spaniens bei der Verbreitung satanischer Musik par excellence hierzulande übernommen hat.

135 César Alonso de los Ríos: *La verdad sobre Tierno Galván*, Anaya & Mario Muchnik: Madrid 1997.

136 Juan Marsé: *Letzte Tage mit Teresa*, übers. von Andrea Rössler, Wagenbach: Berlin 2020.

137 Francisco Casavella: *Der Tag des Watussi. Verwegene Spiele*, übers. von Stefanie Gerhold, Kiepenheuer & Witsch: Köln 2004 sowie *Der Tag des Watussi. Wind und Juwelen. Die unverständliche Sprache*, übers. von Stefanie Gerhold, Kiepenheuer & Witsch: Köln 2005.

138 Javier Pérez Andújar: *Paseos con mi madre*, Tusquets: Barcelona 2013.

139 Vgl. die deutsche Übersetzung Domingo Faustino Sarmiento: *Barbarei und Zivilisation. Das Leben des Facundo Quiroga*, übers. und kommentiert von Berthold Zilly, Eichborn: Frankfurt a. M. 2007. Der auch unter dem Titel *El Facundo* bekannte Text kreist um die Figur Facundo Quirogas, eines Milizenführers aus der argentinischen Provinz La Rioja, der sich bei den unmittelbar nach der Unabhängigkeit ausbrechenden kriegerischen Auseinandersetzungen zwischen den Anhängern einer Föderation und denen eines Zentralstaats an die Spitze der Ersteren stellte. Sarmiento, der später auch argentinischer Präsident war, formulierte die Notwendigkeit eines ausgeglichenen Kräfteverhältnisses zwischen Stadt und Land. Seit Ende des 19. Jahrhunderts ist dies die weithin anerkannte, quasi-offizielle Sichtweise der Argentinier in Bezug auf ihr eigenes Land.

140 Martín Caparrós' Buch *El interior* (Malpaso: Barcelona 2014) beschreibt auf etwa 700 Seiten eine Reise im Auto durch die argentinischen Provinzen, mit dem Ziel, herauszufinden, wie das Land von seinen Rändern aus gesehen wird und woraus sich die Ablehnung und der Hass der Bewohner des »Landesinnern« gegen die Hauptstadt speisen.

141 Vgl. Alexis de Tocquevilles Reisebuch *Quinze jours dans le désert* (1831) – in der deutschen Übersetzung allerdings unter dem Titel *Fünfzehn Tage in der Wildnis*, übers. von Heinz Jatho, Diaphanes: Zürich/Berlin 2013. Diese Reise und der zugehörige Bericht, in dem sich der Autor mit dem Verhältnis von Grenze und »Wüste« auseinandersetzt, bilden die Grundlage für Tocquevilles *Demokratie in Amerika*.

142 Vgl. José Hernández: *Der Gaucho Martín Fierro* (Erster und Zweiter Teil), zweisprachige Ausgabe, übers. von Pedro Pluhar, 2., verbesserte Auflage, P. Pluhar: Köln 1999.

143 Ricardo Güiraldes: *Das Buch vom Gaucho Sombra*, übers. von Hedwig Ollerich, Aufbau: Berlin 1998.

144 Walter Benjamin: »Über den Begriff der Geschichte«, in: Ders.: *Gesammelte Werke*, Bd. 1/2, hg. von Hermann Schweppenhäuser und Rolf Tiedemann, Suhrkamp: Frankfurt a. M. 1991, S. 690–708, hier S. 698.

145 Zit. nach Jesús Carrasco: *Die Flucht*, übers. von Petra Strien, Unionsverlag: Zürich 2014, S. 28.

146 Vgl. Zygmunt Bauman: *Flüchtige Moderne*, übers. von Reinhard Kreissl, Suhrkamp: Frankfurt a. M. 2003.

147 Vgl. Gilles Lipovetsky: *Le Bonheur paradoxal: essai sur la société d'hyperconsommation*, Gallimard: Paris 2006.

Spanische Literatur bei Wagenbach

Sara Mesa *Eine Liebe* Roman

Dies ist keine Liebesgeschichte – oder etwa doch? Sara Mesas preisgekrönter Roman über gemischte Gefühle, ein Dorf auf der Suche nach einem Sündenbock und eine Frau, die auf schmerzhafte Weise in die Eigenbrötlerei findet: beunruhigend, betörend präzise und im besten Sinne merkwürdig.

Aus dem Spanischen von Peter Kultzen
WAT 864. Broschiert. 192 Seiten

Sara Mesa *Quasi* Roman

Von außen ist das Versteck zwischen Büschen und Bäumen nicht zu sehen. Jeden Tag begegnen sich dort ein junges Mädchen und ein deutlich älterer Mann. Ein doppelbödiger Roman, in dem vieles anders ist, als es scheint.

Aus dem Spanischen von Peter Kultzen
WAT 854. Broschiert. 144 Seiten

Rosa Chacel *Leticia Valle – Memoiren einer Elfjährigen* Roman

Leticia Valle steht kurz vor ihrem zwölften Geburtstag. Höchste Zeit also, Rechenschaft abzulegen: über ihre Befreiung von der Kindheit, ihr intellektuelles Erwachen – und eine »unerhörte« Verführung. Ein Klassiker der literarischen Moderne, lange vor Nabokovs Lolita.

Aus dem Spanischen von Maralde Meyer-Minnemann
Mit einem Nachwort von Peter Kultzen
Oktav*heft*. Elegante Klappenbrochur. 192 Seiten

Juan Marsé *Letzte Tage mit Teresa* Roman

Barcelonas Villen, Strände und die erotischen Fantasien der Bourgeoisie: ein Klassiker der spanischen Literatur.

Aus dem Spanischen von Andrea Rössler
WAT 834. Broschiert. 456 Seiten

Miguel Delibes *Frau in Rot auf grauem Grund* Roman

Miguel Delibes' vollkommenster Roman: eine vorbehaltlose Liebeserklärung und das Porträt einer faszinierenden, höchst eigenwilligen Frau.

Aus dem Spanischen von Michael Hofmann
SVLTO. Rotes Leinen. Fadengeheftet. 144 Seiten

Jenseits des leeren Spanien

Verlag Klaus Wagenbach Emser Straße 40/41 10719 Berlin
www.wagenbach.de vertrieb@wagenbach.de